资本之道系列丛书

市值管理与资本实践

马永斌 著

清华大学出版社
北京

本书封面贴有清华大学出版社防伪标签，无标签者不得销售。
版权所有，侵权必究。举报：010-62782989，beiqinquan@tup.tsinghua.edu.cn。

图书在版编目（CIP）数据

市值管理与资本实践 / 马永斌著. —北京：清华大学出版社，2018（2024.3 重印）
（资本之道系列丛书）
ISBN 978-7-302-48636-7

Ⅰ. ①市… Ⅱ. ①马… Ⅲ. ①上市公司—市场价值—研究—中国
Ⅳ. ① F279.246

中国版本图书馆 CIP 数据核字（2017）第 261715 号

责任编辑：宋丹青
封面设计：谢元明
责任校对：宋玉莲
责任印制：丛怀宇

出版发行：清华大学出版社
网　　址：https://www.tup.com.cn，https://www.wqxuetang.com
地　　址：北京清华大学学研大厦 A 座　　邮　编：100084
社总机：010-83470000　　邮　购：010-62786544
投稿与读者服务：010-62776969，c-service@tup.tsinghua.edu.cn
质量反馈：010-62772015，zhiliang@tup.tsinghua.edu.cn

印 装 者：三河市龙大印装有限公司
经　　销：全国新华书店
开　　本：185mm×235mm　　印　张：38.75　　字　数：509 千字
版　　次：2018 年 3 月第 1 版　　印　次：2024 年 3 月第 6 次印刷
定　　价：128.00 元

产品编号：075470-03

自　序

这是一本写给企业创始人的书，尤其是那些想要接触资本进行产融结合，准备向"实业+资本"转型的企业家。

做企业有很多种做法，不一定非得要IPO上市。夫妻俩做一个家庭作坊一年赚个几百万，日子也可以过得很好，但这种做法一定是做不成伟大公司的。只有通过引入VC、PE、战略投资者，利用IPO、并购重组等资本手段，才有可能将企业打造成为伟大公司。

只会"挣钱"的实业家顶多只是一个令人同情的苦干实干者，并不能算是真正成功的企业家。只有在具备"挣钱"的勤奋与刻苦之余，深谙资本市场的"生钱"与"赚钱"之道，达到"钱生钱"的至高境界，才是一个真正的企业家。也就是说一个成功的企业家 = 实业家 + 资本家，"实业 + 资本"是中国企业产融结合、转型升级的一条高效路径。

生活在今天中国的企业创始人无疑是幸福的，中国资本市场自2005年股权分置改革以来，无论用风起云涌，还是用波澜壮阔，或是用惊涛骇浪来形容其发展，都不为过。股权分置改革使得中国资本市场进入全流通时代，资本市场成为中国企业融资、再融资的主要战场；2014年开始的新三板挂牌热，意味着企业可以在多层次资本市场上开辟融资渠道；2020年开始在科创板和创业板实施的注册制将中国资本市场推入了一个新的历史阶段，上市变得比以往要简单得多。

这意味着进入"资本+"时代的中国企业，正在加速接受着资本市场前所未有的洗礼。在多层次资本市场中，越来越多的企业已经、正在或计划在不久的将来通过主板、创业板等上市，利用资本的力量助力实业，从而实现转型升级的目的。

每个企业创始人都有各自独特而精彩的故事，但经历大致都是：在创业初期艰难选择和坚持忍耐；当企业好不容易有了一些小成后，又要面临"创业难，守业更难"的生存挑战。"实业+资本"的结合，无疑将是企业成长故事的一大高潮。利用资本的力量，实现企业跨越式、可持续的发展，是企业创始人的梦想。而经历资本的考验后，企业和企业创始人都将会在浴火中"涅槃重生"。

然而，借力资本市场并不是一件容易的事情。任何一个企业背后都有两个市场——产品市场和资本市场。企业家对于产品市场是非常熟悉的，从创业开始，企业家每天都要在这个市场上面对竞争对手，努力提升技术、稳定质量、降低成本，以强势营销去抢占市场份额，追求利润最大化。而资本市场对于企业家来讲，是一个陌生的战场。资本市场的获胜者可以获得低成本的资本，反过来在产品市场上提高公司产品的竞争力，实现从"累加式增长"到"倍增式增长"的转变。但是在这个战场上，交易的不再是产品，而是企业。交易的逻辑和方法有了很大的改变，在传统的产品市场上追求的是尽量做大企业：资产尽可能多，规模尽可能大，以追求利润最大化实现企业发展；但是在资本市场上，重资产企业和规模过大的企业是不受欢迎的，资本青睐的是行业前景好、资产轻、利润增长率高、公司治理完善的企业，资本和人才将流向这样的企业，推动其股价上涨，从而获得竞争的胜利。这就意味着，所有上市公司、新三板挂牌公司，或准备从风险投资和私募股权投资等资本市场进行融资的企业创始人必须学会一个新的能力：市值管理。

市值管理是企业在资本市场上以解决产融结合问题为导向，以实现公司价值和股东价值最大化为目的的一整套逻辑和方法。高效的市值管理是在公司市值被高估或低估的情况下，综合应用商业模式创新、股权激励、投资者关系管理、并购重组、定向增发、套期保值等资本运作手段，使得公司内在价值与市场价值统一协调，并实现公司价值和股东价值最大化。

注册制实施之后，A股的投资逻辑发生了改变。资金开始流向行业的头部企业，小市值上市公司的关注度和交易量都较低。而近两年IPO的公司大部分市值都在100亿元以下，对于这些企业的创始人来讲必须学会基于价值的市值管理逻辑和方法，才有可能在上市后的竞争中立于不败之地。

本书将从企业创始人的角度出发，从企业接触风险资本时引入市值管理的逻辑，按照企业在资本市场的成长路径来描述市值管理的方法；按照市值管理的三个阶段，即价值创造、价值实现和价值经营来介绍市值管理的各种应用，并提出公司市值分别在高估和低估时的应对策略。基于这种思路，本书总共10章，具体内容如下。

第1章对市值管理概念进行了厘清，对市值管理的要素以及对上市公司的意义和作用进行了阐述。

第2~4章根据价值创造、价值实现和价值经营三个阶段构建了一套市值管理的方法和分析框架。第2章提出以客户和利润为中心的商业模式设计为公司创造价值；第3章提出通过信息披露、4R管理、公司治理和股权激励等手段使得公司的内在价值得到资本市场的认可；第4章提出通过并购、再融资、资产证券化、套期保值和多股权投资等资本运作手段，来提升上市公司的价值。

第5~10章选取了在市值管理和产融结合做得比较有特点的6家中国上市

公司进行案例分析,一个案例一章。其中第 5 章是以乐视的生态圈故事作为市值管理和产融结合的反面案例,本书认为资本市场是需要讲故事的,但是绝对不能编故事,缺乏核心利润支撑的生态商业模式最终就是南柯一梦!本版修订中补充了乐视网的结局并对其进行了反思。

第 6 章和第 7 章选取的美的集团和长园集团是在产融结合第一阶段做得不错的企业,共同点都是利用金融资本促进产业的发展,实现"内生式增长 + 外延式增长"。稍有不同的是两家公司处于不同行业,美的集团是利用产融结合和市值管理从竞争激烈的家电制造业脱颖而出,实现了产业突围;长园集团依靠产融结合和市值管理在新材料和新能源若干个细分行业处于领先的地位。在本版修订中增加了长园集团控制权争夺战对公司市值的影响,提醒企业创始人注意:对于上市公司而言,市值管理、公司治理、控制权安排、防做空、并购重组……并不是孤立的,而是一个系统,任何一个环节出问题,都会带来灭顶之灾。

第 8 章选取的是爱尔眼科。在本书第一版中选取的是海航集团,当初的海航集团市值管理最大的特点就是并购,围绕航空业进行了"航空 + 旅游"、"航空 + 现代物流"、"航空 + 产业金融"的并购布局,使得海航成为以航空业为基础的产业金融集团。我们在本书第一版中指出了海航最大的风险就是财务杠杆过高,海外并购的融资方式过多依赖"内保外贷",海航最后的结局也是被我们不幸言中。海航的模式已经不能被上市公司学习和借鉴,而并购已经成为上市公司成长和市值管理的重要手段,因此在本版修订中我们选取了将"上市公司 +PE+ 合伙人"协同并购模式作为成长和市值管理重要手段的爱尔眼科。

第 9 章选取的复星集团是在产融结合第二阶段做得不错的企业,通过实业上市,然后建立金控平台,实现产融互动,促进企业价值快速增长。复星集团的案例体现了市值管理和产融结合是如何促进一家企业进化的:复星最早通过医药和房地产起家，通过上市、并购、布局保险等产融结合手段，成为"保险+投资"双轮驱动的投资集团，再到聚焦产业智造全球家庭幸福生态系统，完美地诠释了产融结合和市值管理的真谛。

第 10 章选取的是亚洲市值第一的腾讯公司。腾讯从互联网产品公司到互联网广告公司，再到互联网游戏公司、互联网平台公司、互联网投资公司的一路进化，始终抓住"以客户为中心"的企业设计核心，通过市值管理和产融结合，成了"互联网公司中最棒的投资公司，投资公司中最好的互联网公司"。在本版修订中我们详细分析了腾讯在 2018 年遭遇的困局和从 To C 到 To B 和 To G 的突围战。

马永斌

2021 年 6 月 10 日

目 录

第 1 章　市值管理是什么

1.1　淮南为橘，淮北为枳 / 003

1.2　账面价值、内在价值和市场价值 / 007

1.3　价值创造、价值实现和价值经营 / 011

1.4　市值管理的主要影响因素 / 012

1.5　市值最大化的意义 / 018

1.6　市值管理认识的误区 / 020

1.7　市值管理的双刃性 / 024

1.8　市值管理只有上市公司需要吗 / 031

第 2 章　价值如何创造

2.1　价值创造的基本逻辑 / 037

2.2　设计商业模式的正确视角 / 040

2.3　寻找和创造利润区 / 044

2.4　以客户和利润为中心的设计逻辑 / 048

2.5　客户选择和放弃 / 056

2.6　价值创造和获取 / 059

2.7　保护利润流 / 066

2.8　定位业务范围 / 068

2.9　实施要素选择 / 069

2.10　投资者喜欢的商业模式 / 071

第 3 章　价值如何得到认可

3.1　价值实现的基本逻辑 / 077

3.2　IRM 管理与价值实现 / 079

3.3　从 IRM 到 4R 管理 / 082

3.4　从信息披露到整合营销 / 095

3.5　从单向沟通到双向互动沟通 / 104

3.6　构建高效和独立的董事会 / 108

3.7　从激励到市值管理的股权激励 / 121

3.8　从福利到市值管理的员工持股计划 / 128

第 4 章　价值如何经营

4.1　价值经营的基本逻辑 / 137

4.2　产融结合的多股权投资 / 140

4.3　股份回购与增减持 / 147

4.4　再融资 / 154

4.5　股权质押融资 / 166

4.6　并购重组 / 172

4.7 资产证券化 / 191

4.8 套期保值 / 202

第 5 章 乐视的生态圈故事

5.1 故事缘起 / 217

5.2 生态困局 / 221

5.3 故事会与"市值管理" / 225

5.4 乐视网盈利的秘籍 / 238

5.5 减持承诺难以兑现 / 245

5.6 资金链危机 / 250

5.7 尴尬境况 / 252

5.8 路在何方 / 259

5.9 真的要崩盘 / 267

5.10 以退市落下帷幕 / 274

第 6 章 美的的产业突围

6.1 市值管理的成效 / 284

6.2 聚焦客户的内生式增长 / 286

6.3 远交近攻的外延式增长 / 289

6.4 海外并购以谋求转型 / 295

6.5 与众不同的公司治理 / 300

6.6 从无先例的整体上市 / 314

6.7 丰富的价值经营手段 / 316

6.8 多层次组合股权激励 / 321

6.9 整体上市后市值表现 / 328

第 7 章 长园集团的全面市值管理

7.1 发展历程 / 333

7.2 产业布局和多点盈利 / 335

7.3 稳定的内生增长 / 338

7.4 踏实的并购增长 / 340

7.5 有竞争力的激励机制 / 349

7.6 良好的 4R 关系管理 / 353

7.7 反并购成功 / 356

7.8 顺势而为的增减持 / 361

7.9 未来市值的变化 / 363

7.10 控制权争夺的影响 / 365

7.11 长园集团能否涅槃重生 / 378

第 8 章 爱尔眼科借力并购基金驱动市值增长

8.1 湖南首富的传奇人生 / 387

8.2 分级连锁商业模式创造价值 / 391

8.3 针对性的股权激励计划 / 395

8.4 积极实施 4R 管理 / 405

8.5 "上市公司 +PE" 的并购模式 / 409

8.6 并购基金退出渠道多样化 / 418

8.7 巨大的商誉风险压身 / 425

8.8 花团锦簇下的反思 / 432

8.9 健康的市值管理之道 / 435

第 9 章 复星产融结合的进化之路

9.1 发展历程 / 449

9.2 产融模式的进化 / 460

9.3 业务布局的演变 / 468

9.4 投资逻辑与策略 / 474

9.5 具有产业深度的投资能力 / 489

9.6 CIPC 闭环生态系统 / 498

9.7 "平台 + 独角兽 + 产品力" 的产业模型 / 504

9.8 C2M 智造全球家庭幸福生态系统 / 508

9.9 全球合伙人制度与股权激励 / 516

第 10 章 腾讯的市值管理之道

10.1 腾讯的发家史 / 526

10.2 "产品 + 客户" 视角的商业模式 / 535

10.3 轻资产运营的财务战略 / 553

10.4 良好的公司治理 / 556

10.5 以内在价值为基础的市场价值实现 / 558

10.6 金融布局逻辑 / 560

10.7 腾讯的产融结合模式 / 563

10.8　从投资到并购 / 566

10.9　腾讯的困局与突围战 / 577

10.10　腾讯未来估值与研判 / 586

参考文献 / 600

后记 / 602

第 1 章

市值管理是什么

1.1 淮南为橘，淮北为枳

1.2 账面价值、内在价值和市场价值

1.3 价值创造、价值实现和价值经营

1.4 市值管理的主要影响因素

1.5 市值最大化的意义

1.6 市值管理认识的误区

1.7 市值管理的双刃性

1.8 市值管理只有上市公司需要吗

1.1 淮南为橘，淮北为枳

在西方大学的教科书里并没有"市值管理"，而只有"价值管理"一词。市值管理是具有中国特色的一个概念。

20世纪50年代，Modigliani和Miller构建了基于现金流量的价值评估体系，提出了企业价值的概念。到20世纪80年代中期，美国的一些管理咨询公司在总结分析企业实践的基础上提出了股东价值管理的理念，并经麦肯锡顾问公司和波士顿咨询公司的倡导与推广，开始得到广泛的应用。麦肯锡顾问公司Tom Copeland等人和波士顿咨询公司James A. Knight等人，明确提出了股东价值管理的概念和应用模型，他们认为只有当资本回报超过资本成本时，公司价值才被创造出来，价值管理是以价值评估为基础、以价值增长为目的的一种综合管理模式。Amee等人认为价值管理是一种用来整合企业资源和活动以实现企业的既定目标，把企业的资源分配到最有价值的投资上以创造尽可能多的财富，实现股东价值最大化的手段。

价值管理所倡导的股东价值最大化的理念唤起了市场对股东价值的高度广泛关注。美国的企业开始以股东价值最大化为导向制定公司战略、设计投融资方案、提高公司治理质量、对经理人实施股权激励，从而实现公司的价值最大化目标。

股东价值管理的逻辑直接使得做企业的目的从"利润最大化"向"价值最大化"变迁，这直接导致上市公司经营理念与目标进行了重构：股东价值最大化是上市公司经营的最高目标，也是经理人业绩考核的重要指标。上市公司不再一味追求利润增长，而是更加注重公司市值增长。当然，如果两者能兼顾则最好，如果只能择其一，那么肯定是选择市值最大化，因为这意味着股东财富必然增值，从而使得公司更具投资价值。

这是美国的情况，在中国情况就不太一样，为什么呢？这里有两个原因，首先，美国上市公司的股权是高度分散的，股东基本上都是小股东，公司的实际控制人往往是管理层，因此，追求股东价值最大化基本上就可以同时实现公司价值最大化和利益相关者的价值最大化。而在中国，到目前为止，绝大多数上市公司总有个大股东，而大股东的利益诉求和中小股东的利益诉求是有冲突的，以股东价值最大化为目标最终就变成了大股东利益最大化。其次，美国资本市场的有效性比较好。美国上市公司的股票价格基本上能够同方向反映公司价值变化，因此做好价值管理就做好了市值管理。而在中国，资本市场的有效性是比较差的，公司股票价格反映不了公司价值的变化。因此，如果直接引用美国的价值管理逻辑就不适合中国的情况。

市值管理是在2005年前后由一些独立的经济学者提出的，背景是股权分置改革。在股权分置改革之前，中国上市公司基本上都是国有企业改制上市的。在这些改制上市的公司中股权结构极其复杂：同时并存国家股、国有法人股、法人股、职工股和社会公众股等形式的股权，其中可以流通的只有社会公众股。而大股东持有的是非流通股，而且占总股本的2/3左右，因此他们根本没有动力去关心公司股价的涨跌，更不会关心公司的市值，而只是把上市公司当成了"提款机"。这种流通股和非流通股并存、同股不同权的情况极大地阻碍了中国资本市场的发展。

从当时大股东和上市公司的角度来看，不关心公司市值也是有道理的。首先，市值只是基于公司总股本1/3的流通股所反映出的市场价格，而不能真正反映上市公司的价值。其次，当时的市值没有实际意义。今天大股东大宗减持股份时的定价依据是股价,而当时由于持有的是非流通股,只能在场外按照每股净资产定价。而且当时在做股权质押融资时,定价依据也是每股净资产。所以当时中国上市公司的经营目标基本上就是利润最大化,净利润和净资产等账面价值指标成为对上市公司管理层业绩考核的重要乃至于唯一的指标。

2005—2008年的股权分置改革,使得我国资本市场进入全流通时代,上市公司大股东和中小股东同股不同权的局面才得到根本改变。大股东手里的非流通股变成了流通股,股票价格的变化和大股东的利益休戚相关了,因此,大股东开始关心公司价格变化了。但是,他们很快就发现,直接借鉴美国的价值管理是有问题的,由于中国资本市场有效性比较差,公司股票价格不能反映公司价值的真实变化。价值管理做好了,公司价值增长了,股票价格不一定涨,还有可能跌;公司价值减少了,股票价格不一定跌,还有可能大涨。

基于这种情况,中国的一些民间独立经济学者[1]就提出要做好"管好股东、管好股本、管好股价"的市值管理理念。基本思路就是上市公司要研究和顺应国家财政政策、货币政策、产业政策和宏观调控政策,基于市值信号,综合运用企业管理、公司金融、公司治理和资本运作等方法,以达到公司价值最大化,并且能够真实地反映在公司市值变化上。[2]

2007年之后,中国资本市场不断创新,诸如整体上市、资产注入、吸收合并、借壳上市、定向增发、融资融券等金融手段都逐渐可以应用,再加上实物期货和股指期货的交易规则日益完善,国内资本市场的运作手段或工具日益丰富。可供市值管理选择的方法逐渐多元,可以使用各种各样的配套工具。

---

[1] 施光耀。
[2] 蓝天翔在《市值的博弈:市值管理理论、实践与探索》一书中提出。

市值管理与资本实践
Market Value Management and Capital Practice

2008年，股权分置改革完成，我国资本市场进入全流通时代。但A股却从年初的5 272点降至年终的1 820点，从牛市进入熊市，A股市值从32万亿元降至12万亿元，市值缩水高达63%。[①]面对大起大落的资本市场，如何有效地使得股价反映价值的真实变化，如何通过市值管理向投资者和资本市场传递有效的信息，就成了上市公司及其大股东必须面对的问题。

于是，上市公司及其大股东的市值管理需求就被激发出来，大股东增减持股份、回购股份、定向增发、股权激励、并购重组等各种市值管理的配套工具被应用得越来越广泛。

2013年，"市值管理"首次被写入资本市场顶层文件，在国务院发布的《关于进一步加强资本市场中小投资者合法权益保护工作的意见》中指出，要引导上市公司承诺当公司股价低于每股净资产、市盈率低于同行业平均水平时要回购公司股份。2014年初，由于历经多年熊市，大蓝筹国有控股上市公司的股价纷纷跌破每股净资产，如农业银行、中国国航、首钢股份、中国铁建等，其股价明显被低估。证监会呼吁上市公司重视市值管理，希望对自家公司有信心并且有能力的上市公司，通过回购股份来维护公司市值。

在这样的背景下，2014年5月9日，国务院发布《关于进一步促进资本市场健康发展的若干意见》(简称为"新国九条")，明确提出要"鼓励上市公司建立市值管理制度"和"健全市场稳定机制"。在监管层的倡导下，市值管理一词成了近几年资本市场最热的财经词汇，成为一种彰显资本水平的标签，上市公司的创始人、联合创始人，以及高管在公开场合言必提市值管理。而且市值管理实践也迎来了爆发性增长的一年，上市公司基本上所有的资本运作手段，如并购重组、定向增发、大宗增减持等都被冠以目的是"市值管理"。

综上，市值管理的核心其实就是价值管理。但是，由于中国资本市场有

---

① 毛勇春. 中国资本市场市值管理三个发展阶段[N]. 上海证券报·中国证券网（上海），2015-11-21.

效性的问题,就出现了"淮南为橘,淮北为枳"的现象,在美国资本市场的"价值管理"在中国成了"市值管理"。也许有一天,当中国资本市场成为像美国一样的半强势有效市场之后,A股上市公司的目的也就成了追求股东价值最大化了。

从市值管理的概念和演变来看,分为宏观的市值管理和微观的市值管理。宏观的市值管理,主体是证监会等国家行政部门,它们通过利率政策、汇率政策、监管政策等来实现对股市波动的影响和对股市宏观的调控。微观的市值管理,主体是上市公司及其大股东,通过管理的、金融的各种方法首先实现公司价值最大化,然后使得公司市值真实反映公司价值变化。

本书只从微观视角探讨市值管理。因此,我们认为市值管理是企业在资本市场上以解决产融结合问题为导向,以实现公司价值和股东价值最大化为目的的一整套逻辑和方法。高效的市值管理是在公司市值被高估或低估的情况下,综合应用商业模式创新、股权激励、投资者关系管理、并购重组、定向增发、套期保值等资本运作手段,使得公司内在价值与市场价值统一协调,并实现公司价值和股东价值最大化。

1.2 账面价值、内在价值和市场价值

价值管理管什么呢?从投资学的角度看,企业价值可分为账面价值、内在价值和市场价值。巴菲特的投资哲学中有三条基本原则:第一,时刻牢记一个企业的账面价值、内在价值和市场价值之间是有差别的;第二,投资的基础是内在价值;第三,作为一个所有者去投资。[1]因此市值管理的第一步是要

---

[1] 谢风华. 市值管理 [M]. 北京:清华大学出版社,2008:5.

弄清楚账面价值、内在价值和市场价值之间的区别与联系。

账面价值通常所指的就是企业的净资产，决定企业账面价值的基本变量是过去的账面资产价值和现在的账面盈余。对于固定资产来讲，其计算公式为：账面价值＝固定资产的原价－计提的减值准备－计提的累计折旧；对于股份公司来讲，账面价值指的就是每股净资产。做实业追求的就是账面价值最大化，企业创始人追求利润的绝对值和净资产，越大越好。追求账面价值最大化是一种典型的产品思维，账面价值代表的是过去，账面价值越大，代表着过去越成功，但是并不代表未来还能成功。资本喜欢的不是当期，而是预期。因此，许多账面价值很好的企业在资本市场上找不到融资，或者估值比较低。那对于企业创始人来讲，应该怎么办呢？

想要产融结合的企业创始人在关注账面价值的前提下，还必须重视企业的内在价值。内在价值也叫作非使用价值（non use value，NUV），指的是一家企业在其余下的存续时间内可以产生的现金流量的折现值。内在价值对于资本市场是一个非常重要的概念，企业未来获取现金的能力是公司估值的基础，是评估投资和判断企业吸引力的唯一符合逻辑的手段。决定企业内在价值的基本变量不再是过去的账面资产价值、已经获得的市场份额和已创造的账面盈余，而是与适度风险相匹配的企业未来获取自由现金流量的规模和速度。

但是，与账面价值不同的是，内在价值是估计值，而不是精确值。内在价值无法精确的测算和观察，只能估计。而估计值的准确与否取决于很多因素，比如未来利率变化、对未来现金流的预测修正（贴现率的选取）、对行业形势和经济周期的预判等。

市场价值指的是企业整体出售可能取得的价格，也就是所谓的市值，对于股份公司来讲等于该公司发行在外的股份总数乘以股票价格的乘积，实质上就是资本市场对企业内在价值的认可程度。

在一个强势有效的资本市场上，由于所有的资产在任何时候的价格都反映了公开可得的信息，那么内在价值与市场价值应当是相等。但是，强势有效资本市场只存在理论之中，实际生活中的资本市场并不可能是完全有效的，因此，企业的内在价值与市场价值会不相等。对于企业家来讲，市值管理就是要使内在价值尽可能地等于或大于市场价值。

综上，这三种价值是有所区别的，但是，又是有联系的。从投资的角度来看，投资者是根据企业的内在价值给出市场价值的，但是，这并不代表账面价值就没有用了。账面价值是公司历史投入形成的积累，它代表着公司过去和现在的成功，是内在价值估值的基础。对于传统行业，尤其是资本密集而且有效资产占比较大的企业，账面价值是估算内在价值的重要基础，甚至可以根据市净率（P/B，股价/每股净资产）来直接测算企业的市场价值。[①]

但是，对于其他大多数企业来讲，尤其是互联网、TMT、高新技术、现代服务等有形资产占比小、轻资产的企业，根据账面价值对企业估值是不合适的。对于这些行业的企业来讲，更加看重未来的成长性。因此，账面价值在这些企业中，只是表明昨天和今天的成功而已，明天的价值是更重要的。所以除了参照账面价值之外，还要根据商业模式、盈利模式估算这些公司的内在价值，并用清算价值法、持续经营法或市场法（市盈率估值）来确认公司的市场价值。

对于所有的投资者来讲，无论是一级市场还是二级市场，都是在猎寻市场价值小于内在价值，即被低估的企业，遇到这样的企业，将大量买进公司的股份或股票。当公司市场价值高于内在价值时，将毫不犹疑地卖出。这就是价值投资的基本逻辑，在这里账面价值意义不大。

从作为融资者的企业创始人角度来看，当然希望市场价值高于内在价值，

---

① 市净率指的是每股股价与每股净资产的比率。市净率衡量的是投资者愿意以多少倍净资产的价格来购买净资产。市净率越高，表明投资者认为公司资产潜在的价值越大，升值空间大，愿意出更高的溢价来购买净资产。

这就需要从市场管理的角度提升公司的市场溢价，也就是通过商业模式创新、公司治理优化、投资者关系管理等各个方面全面提升公司股票的溢价能力，使得投资者愿意为良好的市值管理支付溢价。

股东价值以净资产、净利润和市值三种形态来表现，净资产大、净利润多，并不代表公司市值大，股东投资回报率不一定大。比如拿腾讯和工商银行相比，作为互联网企业的腾讯2013—2016年四年的净利润是155.6亿元、238.9亿元、291.1亿元和414.4亿元，净资产分别是579.5亿元、800.1亿元、1 200.4亿元和1 746.2亿元；远远小于工商银行2013—2016年三年的净利润2 615亿元、2 744亿元、2 745亿元和2 791亿元，净资产1.28万亿元、1.54万亿元、1.80万亿元和1.98万亿元；但是前三年的市值却差不多，腾讯三年的市值是8 033.7亿元、9 158.7亿元和12 415.1亿元，工商银行四年的市值是10 086.3亿元、15 610.5亿元和15 503.7亿元。[①] 而到了2016年，腾讯的市值首次超过了工商银行，9月腾讯的市值突破2万亿港元，折合人民币1.75万亿元，工商银行的市值是1.59万亿元人民币。

京东2013年IPO时，收入693亿元人民币，亏损0.49亿元人民币，市值是280.8亿美元；2014年收入1 150亿元人民币，亏损49.9亿元人民币，市值是323.3亿美元；2015年收入1 813亿元人民币，亏损9亿元人民币，市值是450.8亿美元；2016年收入2 602亿元人民币，净利润10亿元人民币，市值是361亿美元。2017年一季度收入762亿元人民币，经营利润为8.431亿元人民币，6月10日的市值是553.58亿美元。

以上对比，揭示了这样一个现象：净资产值高和净利润大，带来的股东财富价值不一定大，市值才是对股东投资回报价值最大的指标。这就给企业家提出了一个挑战，以前做实业的时候只需要面对产品市场，追求把产品质量

---

① 单位为人民币。

做得最好、成本做得最低、利润做到最大，但这只是解决了账面价值的问题。当面临资本市场的时候，企业创始人还应当学会把企业当成产品进行交易，追求企业内在价值最大化，并追求尽可能高的市场溢价。

1.3 价值创造、价值实现和价值经营

从产融结合和价值管理的角度来看，市值管理可以分为价值创造、价值实现和价值经营三个阶段。这三个阶段没有主次之分，都非常重要，其中"价值创造是基础，价值实现是目的，价值经营是手段"[①]，终极目标是实现股东价值和公司价值最大化。

把市值管理分为价值创造、价值实现和价值经营，只是从三个维度去诠释市值管理，并不是生硬地将其分为三个先后阶段。许多方法和工具在这三个阶段中是有交叉的，比如优化公司治理结构和股权激励等既是价值创造的内容，同时又属于价值实现的内容。

在市值管理三个阶段中，从不同视角看，其重要性是不一样的。商业模式专家和估值专家认为企业内部价值创造是最重要的；公司治理专家和投资者关系管理专家会认为外部资本市场的价值实现应该占更大的权重，因为市场价值准确地反映内在价值是很重要的；并购重组专家和投融资专家会认为价值经营更重要，因为资本杠杆会放大企业的市场价值。

市值管理的三个阶段是一个有机统一体，是进行产融结合，贯通产品市场和资本市场重要的工具和方法。其基本逻辑是：首先通过商业模式创新、优化公司治理结构等价值创造手段使得企业内在价值最大化；然后通过投资者

---

① 刘国芳. 市值管理：股市新生态内核 [J]. 新理财, 2015（1）: 39-40.

关系管理、媒体关系管理等价值实现方法将内在价值进行清晰地描述并传递给资本市场；当内在价值被资本市场低估或高估时，通过并购重组、再融资、大宗增减持和套期保值等价值经营工具使得市场价值与内在价值相匹配。

1.4 市值管理的主要影响因素

公司市值有两个公式，一个是市值＝股价 × 股本。这是从价值管理角度出发，认为市值管理就是管好股价、股本和股东，是一种战略管理行为。这种认识更贴近上市公司，因此，也是二级市场上很多市值管理策略设计的出发点。另一个公式是，市值＝税后净利润 × 市盈率。这是从估值理论出发，认为市值管理是资本市场对公司内在价值认可程度的"溢价管理"，这种认识比较贴近风险投资和股权私募市场。

从财务管理的角度，最能科学合理衡量公司资本价值变化的财务指标是市场增加值和经济增加值。因此，我们认为股价、股本、净利润、市盈率和市场增加值、经济增加值是影响公司市值的一级变量。虽然在一级变量之下还可以继续分为二级变量和三级变量，但是，这六个一级变量对市值的影响是最重要的。

1.4.1 股价管理

由于市值＝股价 × 股本，所以在股本数不变的情况下，市值的大小取决于股价高低。如果对市值管理的认知，简单地理解为对股价和股本两个变量的把控，上市公司的实际控制人和上市公司就容易陷入邪道：无限拉高股价。股价高低的确是影响市值大小的关键因素，但股价管理绝对不是操纵股价。

股价只是公司内在价值的一个市场反应而已,受股票市场走势和投资者情绪影响比较大,而且这些都是上市公司无法左右的。

股价管理合理合规的逻辑应该是,首先通过价值创造的方法和手段创造企业的内在价值;然后通过价值实现的方法和手段使得资本市场认可企业的内在价值;再通过价值经营的手段提升资本市场给予企业的"溢价"。

1.4.2 股本管理

在A股市场上,上市公司披露高送转必然引起上市公司的股价上涨,这表明市场对于"股本扩张=价值增长"是认同的。这种认识不全对,但是有一定道理。相对于股价来说,股本是相对静止的,有些上市公司的股本几年都没有变化,这也是不利于市值管理的。股本管理是一种典型的资本思维,主要包含股本结构优化和股本总量扩张两个方面。

中国上市公司的实际控制人基于控制权的考虑,总是尽可能多地持有股份,形成一股独大的股本结构,这种股权结构是不利于市值管理的,而且总是通过持有上市公司50%以上的股份来获得控制权的持股成本是很高的。具体来说,优化股权结构的措施有:

- 保持相对控股地位,盘活存量股权。公司上市后,实际控制人就没有必要保持一股独大的控股地位。一般来说,保留34%以上的相对第一大股东的地位,再通过公司章程和董事会议事规则的设计,就可以牢牢控制上市公司,就可以把多余的股份释放到二级市场。这样,既可以充分体现公司的内在价值,又可以增强二级市场的流动性。
- 引入资本市场"打喷嚏的股东"。上市公司在IPO前引入的战略投资者,以及上市后定增的股东,不是有钱就可以的,还得看能否给公司带来额外的资源，促使公司价值提升。要尽量寻找"打喷嚏的股东"①，因为和"谁"在一起治理公司，对公司的效益影响更加显著。

- 实施股权激励和员工持股计划，实现股权结构均衡。

由于股本过小会造成资本市场流动性不足，从而使得股票活跃度不够，上市公司市值管理的很多举措难以进行，融资变得困难，反而是便利了违规的股价操纵。因此，在公司业绩支撑的条件下，尽可能地做大股本。

- 在公司利润支撑下，上市公司的分配方案中尽量用利润送股或者用资本公积金转增股本。这是最主要的股本扩张方式。
- 在并购交易方案设计中，尽量通过配股、定增和发行股份购买资产的手段，而少用存量现金购买。

1.4.3　市盈率管理

市盈率＝普通股每股股价/上一年的每股盈余。市盈率是目前最常用的一种评估股价水平与企业盈利能力是否匹配的指标，通常被用作比较不同价格的股票是否被高估或者低估。

由于公司市值＝市盈率×净利润，所以资本市场上有一种观点认为市值管理就是市盈率管理，尽可能提升公司市盈率就是比较好的市值管理。市盈率代表资本市场对公司股价的认可，这种观点有一定道理。但是影响市盈率的因素很多，所以市盈率也不是越高越好，关键是特定时点与市场和公司的协同程度。协同程度高，就表明市盈率比较健康。

判断市盈率是否健康可以用以下两个公式判断，即合理市盈率和中枢内在市盈率。

---

① "打喷嚏的股东"，借用了营销学的概念。原意指意见领袖打个喷嚏，其他人都会被传染。"打喷嚏的股东"意指在资本市场上有影响力的投资者，如巴菲特。

合理市盈率 =（70% × 行业市盈率平均值 +30% × 不同市值规模对应的市盈率平均值）× 修正系数，修正系数指的是当年的预期增长率，由于市盈率往往使用的是上一年的数据，因此需要对增长略进行修正。①

中枢内在市盈率 = 合理市盈率额 × 市场系数，市场系数 = 所在市场长期加权平均市盈率平均值 / 目前时点加权平均市盈率。②

中枢内在市盈率用于判断公司股价的长期内在价值与市场价值的匹配度，如果公司市盈率高于中枢内在市盈率，就认为公司股价高于内在价值。当公司市盈率高于中枢内在市盈率 20% 以上，则认为公司股价被明显高估了。这时可以通过公开增发新股、并购，大宗减持等手段使市盈率下降到中枢内在市盈率的水平上。

同样，如果公司市盈率低于中枢内在市盈率，就认为公司股价低于内在价值，公司股价被低估了。当公司市盈率低于中枢内在市盈率 20% 以上，这时建议用大宗增持、回购股票、定向增发等手段使得市盈率上升到中枢内在市盈率的水平上。

1.4.4 净利润管理

在传统的财务数据中，最重要的就是净利润和净利润增长率，净利润代表着当期的内在价值，净利润增长率代表着公司的成长性。净利润水平和净利润增长率高于行业平均水平的，资本市场给予的市盈率也会高于市场平均水平，最终的市值将会高于行业平均水平。

净利润管理的核心就是提高公司净利润水平和净利润增长率，尤其是净利

---

① 毛勇春. 市值管理新论——从定性到定量 [M]. 上海：同济大学出版社，2015：30.
② 毛勇春. 市值管理新论——从定性到定量 [M]. 上海：同济大学出版社，2015：30.

润增长率。因为资本喜欢的是预期，净利润增长率代表着公司的成长性，代表着未来可能为股东创造的价值。可以通过两个办法来提升净利润和净利润增长率，一是内生式增长，主要是通过商业模式创新来实现；二是外延式增长，通过并购重组来实现。这两种方法不是割裂的，而应该是相互配合，共同起作用。

1.4.5 经济增加值

经济增加值（EVA）=税后净营业利润—资本成本，也叫作经济附加值。资本成本=（债务资本成本+股本资本的成本）=资本总额×加权平均资本成本。这种指标考虑到了资本的使用也是有成本的，能够把资本的真实增值部分计算出来，是衡量业绩最准确的尺子，能够显著减少经营和财务风险，使投资者更好地衡量收益的数量和持续性，使资本得到最有效的利用。

EVA 对企业的估值定义为当期经营价值（COV）和未来成长价值（FGV）之和，也就是

$$COV = 资本投入 + 当期 EVA 的资本化价值$$

FGV=从现有资产或新增投资获得的预期 EVA 增长的资本化价值（包含了资本品牌溢价）

市值（MV）=COV+FGV=资本投入+当期 EVA 的资本化价值+EVA 增长值+资本品牌溢价（资本化的预期）。

从这个公式可以看出，资本为什么不喜欢当期，而喜欢预期了。因为当期的 COV 只是反映了市值的基础，而决定市值大小的是 FGV，因为资本投入之后，要在未来几年增值，今天的 COV 带不来实际的增值。

由于 EVA 使公司决策与股东财富一致，一经提出，就被专业投资者所青睐，成为衡量公司为股东创造真实利润的最好方法。因此，为了实现股东财富最大化，就需要尽可能地提高公司的 EVA，方法有：

- 商业模式创新，提高公司盈利能力；
- 多股权投资，投资回报率高的项目，提高资本效率；
- 当一些项目的资本成本节约可以超过税后净营业利润的减少时，就需要撤出资本；
- 优化资本结构，实现资本成本最小化。制订高效的融资计划，同时考虑控制权和资本使用效率两个因素的前提下，合理安排股权融资和债权融资的比例、时间顺序等。

1.4.6 市场增加值

市场增加值（MVA）公司股票市值与累计资本投入之间的差额，是企业变现价值与原投入资本之间的差额，直接表明了公司累计为股东创造了多少财富价值，反映了资本市场对企业未来盈利能力的预期。

MVA 和 EVA 是关联的，市场增加值是未来经济增加值的折现。EVA 评价的是公司在过去是否获得成功，EVA 是从价值投资的角度分析企业在过去一段时间内创造的价值；市场增加值通过经济增加值来预测企业未来为股东创造价值的能力，是公司通过资本市场为股东创造或损坏了多少财富的直接反映，体现的是资本市场对公司未来获取经济增加值的预期。

在有效性比较好的资本市场，市场价值越能反映内在价值，MVA 就越能反映公司现在和未来获取 EVA 的能力，因此，MVA 越来越多地用于衡量市值管理的成效。

1.5 市值最大化的意义

市值管理的最终目的是使公司的市场价值能够反映内在价值,尽可能地获得市场溢价。通俗地理解,就是在合法合规的前提下,尽可能地最大化公司市值,这对于上市公司及其大股东来说有什么意义呢?

在资本市场上,我们经常看到在相同行业中,差不多的股本、盈利情况,但是市值规模相差1倍、2倍乃至于10倍的都有,为什么市值差距会如此大?为什么有的上市公司想要做个再融资、定向增发困难重重,但是别的上市公司却轻而易举做了很多次定增、发债、债转股?为什么有的上市公司经常用股权激励、员工持股计划、增持、回购、减持套现等方式加速股东和管理层的财富增长,但有的上市公司却做不到呢?

答案就在于上市公司有没有做市值管理,以及市值管理的水平,这其实就是市值管理的意义所在。具体来说,上市公司在合法合规的前提下,最大化市值的意义有以下几点。

1.5.1 市值的大小是衡量上市公司实力的标杆

市值的大小反映了企业所有的信息:盈利能力、成长潜力、行业地位、管理水平、团队素质能力和品牌形象等。[①]《福布斯》每年对世界500强排名主要考虑销售额、净利润、总资产和市值四个因素,其中市值的权重较大。《商业周刊》在"全球1000大公司"排名时,更是直接将市值作为唯一依据。

---

① 施光耀,刘国芳.市值管理论[M].北京:北京大学出版社,2008:10.

1.5.2 市值大小决定着上市公司的融资成本

无论是债权融资还是股权融资，市值高的上市公司，其融资成本都是较低的。公司如果采用股权融资，基本方式就是配股或定向增发，这时高市值意味着高溢价，相同的股份在高市值的时候能够融到更多的资金，就能够以较低的股本扩张数量获得较多的资本金增量，从而降低公司的资本成本。比如一个相同行业的两家上市公司，股本、净利润、资产规模都差不多，但市值不一样，A公司的市值100亿元，B公司的市值50亿元。两家公司采用定向增发募集10亿元的资金，A公司只需增发10%的股份即可，而B公司就需要增发20%的股份。

如果采用债权融资，市值高的上市公司容易得到更高的资信评级，获得商业银行更大的授信规模，从而降低融资成本。

如果采用股权质押融资，相同数量的股份质押，市值高的公司融到的资金远远多于市值小的公司。

1.5.3 市值大小决定着上市公司并购与反并购的能力强弱

市值规模和估值水平决定着上市公司并购与反并购中的融资能力和收购成本。上市公司的并购越来越多的支付方式采用股份支付或定增募集并购资金，那么就意味着市值大的公司更容易以较小的成本去并购其他公司，上市公司就可以用少量的增量股份获得并购标的，产业整合的能力就强。

市值大的公司被别的公司兼并的可能性小，尤其是当公司遭遇恶意并购时，市值规模大，而且内在价值基本上都已经反映在股票价格上，这时恶意并购者想获得上市公司控制权必然将获得巨大的代价，有可能是得不偿失。被恶意并购者青睐的上市公司有两个特征，一是股权分散；二是股价被低估。万科遭遇宝能恶意并购一个很重要的原因就是自2008年万科的股价一直被低估，股价长期低迷，反映不了其作为房地产行业"领头羊"的内在价值。因此，宝能、安邦等都纷纷抢筹万科，宝能更是当了万科的第一大股东。即使最终宝能抢不到控制权，由于举牌使得万科市场价值与其内在价值相匹配，股价回升，"炒股"也将赚不少钱。

1.5.4　市值是考核管理层绩效的一个标杆

既然市值管理是企业在资本市场上以解决实际问题为导向的一种逻辑和方法，以实现公司价值和股东价值最大化为目的，那么市值变化就是市值管理的成果，公司市值就必然成为管理层业绩考核中的重要指标。目前在上市公司的股权激励方案中，流行基于利润增长和市值增长双重指标的设计，而且市值指标的权重在逐渐加大。

1.5.5　市值大小决定着投资者财富的多少

股权资产如同个人存款、房地产资产一样，都是上市公司股东的重要资产，而且是越来越重要的资产。市值不再是纸上的数字，而是实际身价的代表。

1.6　市值管理认识的误区

市值管理由价值创造、价值实现和价值经营构成。在资本实践中，有两种认识上的误区：第一种是将市值管理等同于价值管理，认为只要做好内在价值创造就能更好地回报股东了；第二种是将市值管理等同于股价管理。

第一种认识误区带来的风险是，想为股东创造财富但实现不了。上市公司的实际控制人忽略了自己已经面对产品和资本两个市场，以为自己还只是面对产品市场，只要做好产品，提高盈利水平，就能为股东创造财富了。但实际上我们经常看到同行业中具有相同盈利水平的上市公司，市值会差几倍乃至于十几倍，为股东创造的财富也是有巨大的差距；我们也看到有些上市公司定向增发、再融资基本上是家常便饭，有些上市公司很熟练地利用增减持、回购、股权激励加速股东财富增长，但有的却什么都不会，除了IPO公开募集第一次资金之后，后续就再也没有资本运作的动作。

解决这种风险的唯一办法，是必须系统地理解和把握市值管理。对于走向资本市场的公司来讲，已经面对两个市场——产品市场和资本市场，如果说价值创造是产品市场的核心，那么对于资本市场来讲价值创造只是基础，还需要同时掌握价值实现和价值经营的各种方法与工具，才有可能使公司创造的内在价值得到资本市场的青睐，尽可能获得较高的市场溢价，从而整体提升公司价值。

【案例】千禾味业的市值为什么只有海天味业的零头不到？[①]

调味品的市场有多大？"民以食为天，食以味为先"。调味品是我们每个人身边最常见的东西，如食盐、酱油、食醋、腐乳、豆瓣酱、西红柿酱、蚝油、味精、鸡精、咖喱、花椒、芥末等。虽然每个家庭一年也用不了几袋盐、几瓶酱油或几瓶醋，但千万别看不起调味品的市场空间。根据中国调味品协会

---

① 资料来源：（1）雪球今日话题.千禾味业：中国的龟甲万. http：//mt.sohu.com/20160731/n461895923.shtml；（2）文迪.千禾味业成长堪忧. http：//money.163.com/16/0822/17/BV3E2AF400253B0H.html；（3）舒娅疆.千禾称看重业绩，暂不考虑市值管理. http：//money.163.com/16/0818/22/BUPLT9IN00253B0H.html.

统计，调味品年总产量已超过1 000万吨，销售额超过1 000亿元。① 这至少是一个千亿市场！

那么，从产品市场的思维来看，对于调味品行业来讲什么是决定竞争成败的呢？随着生活质量的提高，人们对食品安全越来越重视，而主打零添加的高端调味品应该是这个行业的一个趋势。

日本就有一家这样的企业，名字叫kikkoman，中文名叫龟甲万。龟甲万的市值为485亿元人民币，收入为216亿元人民币。做酱油300年，号称全世界最好的酱油。龟甲万的酱油的原料只有大豆、小麦、食盐和食用酒精，不含任何的添加物。国内有这样的企业吗？2016年3月初登A股市场的千禾味业（603027）主打的就是零添加的头道酱油，在国内市场，千禾味业的零添加的头道酱油占有率是第一。

千禾味业上市之初，很多分析师认为从千禾味业的基本面来看，具有有机酱油、消费升级的概念。再加上生产酿造环境好，公司又具备质量、品牌和技术优势，充满想象空间和牛股的光环。但是半年过去了，千禾味业的表现平平。其市值截至2016年10月27日只有56.46亿元人民币，而同行业中的龙头老大海天味业的市值是852.33亿元人民币。而海天的产品结构主要并不是零添加的高端产品，2013—2014年海天的高中低档产品结构比例约为2∶6∶2，至2015年才开始转型，逐步朝着3∶6∶1转型。

千禾味业的市值仅仅是海天味业的零头，原因是多方面的。比如销售渠道、生产规模等原因，但是对待市值管理的态度应该是一个主要原因。海天味业在2014年推出的股权激励计划，对公司内在价值和市场价值的增长都是正面的；而且海天的投资者关系也比较有特色，有固定调研和临时调研的预

---

① 财经啸侃. 海天酱油的对手即千禾味业一年才卖6亿元，原地踏步三年，不足人家一个零头. 2016-02-25. http://j.news.163.com/docs/4/2016022508/BGLI5DG505198DU3.html.

约。反观千禾味业，对市值管理的认识却是很不到位的。

《金融投资报》的记者在连线千禾味业的董秘办工作人员时，记者问："市场上有人将千禾味业和海天味业来做比较，同样都是调味品领域上市公司，后者目前总市值已经超过 800 亿元，而千禾味业市值尚未突破 100 亿元，公司会否向它们看齐，比如做一些市值管理之类的工作？"

千禾味业董秘办的工作人员说："作为企业，最重要的是把企业业绩做好、创造更大的利润，同时给投资者带来更丰厚的回报。这是我们认为最根本的事情。您说到的市值管理目前暂未考虑。"

记者又问："我注意到千禾味业近期连续发布好几条购买理财产品的公告，感觉现在闲置资金似乎较多。公司是否有考虑将更多资金投入主营业务进行扩大再生产，以创造更大的收益和利润？"

工作人员回答："公司肯定会做大主业。不过当资金有闲置时，也不能够浪费，要让其充分发挥作用带来更多收益。购买理财产品这些行为是短暂的，不是长期的，希望投资者能够理解。"

从以上的回答中可以看出，千禾味业虽然上市了，但是整个运作思路还是面对产品市场的思路，只强调价值创造其实很难实现价值最大化，对于上市公司来讲，产品市场和资本市场是可以相互促进的，价值创造、价值实现和价值经营是不可分割的整体。好不容易 IPO 募集到资金，却用去买银行理财，这样的资金使用方式如何能够为股东创造价值？

第二种认识误区带来的风险是，简单地将市值管理理解为管理好股价与股本，进而将市值管理引向操纵股价的方向。市值管理只是企业在资本市场上的一整套运作思路和方法，本身没有好坏之分，用之正则正，用之邪则邪。在目前法律监管不严、监管者自身并不清楚市值管理的边界、市场参与各方对市值管理认识不一的前提下，一些别有用心的上市公司实际控制人和投资机构就容易打着为股东创造价值的旗号，最终却演变为牟取利益的"伪市值管理"。

1.7 市值管理的双刃性

自 2014 年新"国九条"提出鼓励上市公司建立市值管理制度以来，不少上市公司纷纷通过跨界并购转型、拥抱"互联网+"、设立产业并购基金、推出股权激励和员工持股计划等市值管理手段以推动公司市值的快速增长。但是我们要清醒地意识到，这里面有真正在做市值管理，为股东创造价值的；但也有不少"挂羊头卖狗肉"，打着市值管理旗号从事涉嫌虚假披露、内幕交易、操纵市场为公司实际控制人牟利的行为。伪市值管理有如下五种。

第一，打着"市值管理"的旗号，一味追逐市场热门题材进行概念炒作，从而提升公司股价，达到在高点出货的目的。

这就出现了一种 A 股市场独有的"市值管理"，公司改名即可大幅提升股价。据统计，从 2015 年 1 月至 5 月，就有 71 家上市公司发布改名公告，而大部分公司在修改公司名称后，股票都收获了多个涨停。[①] 比如 2015 年 5 月 10 日主营房地产的多伦股份晚间发布公告，给自己取了个奇葩的新名字"匹凸匹金融信息服务股份有限公司"，为 P2P 的谐音，意在舍弃旧有业务向当时火爆的互联网金融转型。改名后，匹凸匹连续收获两个一字涨停。5 月 13 日起被上交所问询，停牌至 5 月 28 日复牌，又连续收获 4 个一字涨停，至 6 月 8 日涨至 25.51。匹凸匹改名后股价从 5 月 7 日的收盘价 10.96 涨至 6 月 8 日的最高值 25.21，一个月内上涨了 230%。但是匹凸匹除了改了个名，宣布主营业务从房地产转向从事互联网金融，其他什么也没干。而且其经营基本陷入停滞，2015 年一季报显示，公司营收仅有"−85 元"，净利润为"−1 125 万元"。但是通过改名就可以使得股价如此神奇拉升，叹为观止！

2017 年 2 月 24 日，证监会认为多伦股份的实际控制人鲜言在多伦股份改

---

① 吕飞，陈冉，干胜道. 上市公司市值管理五大误区 [J]. 企业管理，2016（5）：36-38.

名过程中存在三个问题：一是私自改名，鲜言在未经董事会讨论决策的情况下启动上市公司名称变更程序；二是更改后名称和主营业务无关，名称变更误导投资者；三是未及时披露，鲜言作为匹凸匹实控人未及时向公司告知实控人变更协议未能生效的信息。结果就是鲜言操纵股价牟利，证监会决定拟对鲜言操纵多伦股份（匹凸匹）股价行为罚没 34.7 亿元人民币，同时对鲜言采取终身证券市场禁入措施。

第二，打着"市值管理"的旗号，上市公司实际控制人和私募基金联手坐庄。

一些私募基金和上市公司实际控制人实为联合坐庄牟取暴利，但也"与时俱进"地与上市公司签订市值管理协议。一般先与上市公司实际控制人达成协议，事先大致确定好目标股价，然后由私募基金打压或拉升股价，而上市公司配合其披露利空或利好信息，以达到低吸高抛。成功出货后，私募基金与上市公司实际控制人按约定比例分享收益。如果接盘的是私募基金找来的公募基金，那么私募基金经理还要将收益的一部分给公募基金的经理。

第三，打着"市值管理"的旗号，进行"操盘"模式的股份大宗减持。

上市公司的实际控制人和管理层减持套现是资本市场上一种正常的行为，但是减持安排不妥或时机不恰当，就会造成股价波动，故顺利减持就会变得困难。因此，资本市场上就出现一种股份减持的市值管理新业务。

上市公司实际控制人和管理层减持一般通过大宗交易完成。大宗交易股票减持的操作流程是，在每天收市后减持方以收盘价的一个折扣率将股票通过大宗交易系统卖给大宗交易商，大宗交易商在随后的两个交易日再将股票在二级市场上直接卖出。大宗交易的折扣率决定于该股票最近的换手率，成反比关系，即换手率较高的折扣率较低，换手率较低的折扣率较高。然而，大宗交易商现在为上市公司提供的市值管理有撞红线的嫌疑，有先拉升后交易或先大宗交易后拉升两种大宗交易市值管理模式。①

这两种方式的相同点是，大宗交易商和上市公司的实际控制人，以及管理层提前签订好分成协议，事后按协议约定分享收益。不同点是，一个是先拉升后交易，另一个是先交易后拉升，效果是一样的。先拉升后交易的大宗交易市值管理的操作流程是，先由大宗交易商在二级市场拉升股价，然后将股票按照大宗交易卖给大宗交易商，大宗交易商在随后两个交易日内在二级市场卖出股票，最后大宗交易商和减持股东按协议约定分享收益；先交易后拉升的大宗交易市值管理的操作流程是，减持股东先通过大宗交易将股票卖给大宗交易商，大宗交易商在二级市场拉升股价至目标价位后卖出，最后减持股东与大宗交易商按约定的比例分享收益。②

第四，打着"市值管理"的旗号，在信息披露上选择性披露，以牟取暴利。

在一个有效性比较好的资本市场，上市公司披露的信息是"充分、完全、及时和有效"的，但是在中国资本市场上却做不到，往往是"报喜不报忧"或"报忧不报喜"式的选择性披露，这就使得中国资本市场上出现了"编故事"现象。

一般的操作方式是上市公司实际控制人与私募基金以市值管理为名操纵股价，先与私募基金签署"市值管理协议"，而后私募基金筹集资金并利用多个自然人账户逐步建仓，然后上市公司为配合私募基金低价建仓，就选择"报忧不报喜"，只发布利空消息对股价进行打压。当需要拉升股价时，上市公司再"报喜不报忧"，只发布利好消息如高送转、定增并购等，而后上市公司实

---

① 刘国芳. 上市公司市值管理制度亟须"去伪存真". 中国证券报：2014-05-09. http：//www.stcn.com/2014/0519/11425663.shtml
② 刘国芳. 上市公司市值管理制度亟须"去伪存真". 中国证券报：2014-05-09. http：//www.stcn.com/2014/0519/11425663.shtml

际控制人通过大宗交易减持，私募基金抛售股票，获利离场。

更有甚者，通过"编故事"方式制造市场热点。一些上市公司的实际控制人往往采取"披露重大重组→股价上涨？减持（股票质押）→披露重组失败→股价下跌"的手法，实现高价减持获利。"编故事"往往不是只编一次，而是会循环编下去。比如中科云网在自2014年六次谋求转型，尤其是在2014年"一年三跨界"，每次都重复了"披露重大重组→股价上涨→减持（股票质押）→披露重组失败→股价下跌"的过程。原因只有两种可能性，要么是故意的，牟取暴利；要么是中科云网的实际控制人水平太差了。我们更相信是第一种情况。

第五，打着"市值管理"旗号，利用"上市公司+PE"模式进行并购重组，看似"高大上"，实际上钻政策和制度漏洞，牟取暴利。

一般的操作流程是，私募基金通过定向增发或二级市场举牌的模式持有上市公司大量股票，进入上市公司董事会，推动上市公司进行上下游产业链的整合，寻找并购标的。一旦上市公司完成并购，私募基金持有股票市值上涨，随即退出。在整个操作过程中，为了牟取巨额利益，常常伴随着内幕交易、信息披露不规范等市场操纵手段。

【案例】宏达新材的信息操纵案，首例被证监会惩处的"伪市值管理"[①]

2016年4月8日，证监会对江苏宏达新材料股份有限公司（以下简称"宏达新材"）实际控制人朱德洪与私募机构上海永邦投资有限公司（以下简称"上海永邦"）合谋，利用信息、资金优势操纵宏达新材股价案，以及朱德

---

① 资料来源：（1）马婧妤．起底"伪市值管理"，证监会惩处首例信息操纵案．中国证券网：2016-04-11. http://www.cnstock.com/v_news/sns_yw/201604/3759361.htm；（2）左永刚．私募伪市值管理现原形，与实控人操纵股价被顶格处罚．证券日报：2016-04-11. http：// http://news.xinhuanet.com/2016/04/11/c_128882725.htm.

洪泄露内幕信息、上海金力方内幕交易"宏达新材"案依法做出处罚并发布案情。这个案子的调查工作直指饱受市场诟病的"伪市值管理",成为证监会查处"利用信息优势进行价格操纵"的第一案。

该案揭示了"伪市值管理"的价格操纵路径基本上就是赤裸裸的、"里应外合"式的市场操纵。手段包括多手法操纵、多股操纵、内幕交易、超比例持股等违法行为。最终操纵行为人虽交易亏损但仍被处以300万元的法定顶格罚款。

1. "伪市值管理"的操作手段

近年来,在利益驱动下,上市公司实际控制人和私募基金等金融中介机构将市场操纵、信息披露违规、超比例持股、利益输送等各类违法违规行为披上了"市值管理"的合法外衣,在并购重组、重大信息披露及市值管理等环节变换手法、交织发生,严重扰乱了市场秩序,损害了投资者利益。

在上市公司层面,上市公司大股东、实际控制人为了达到增发或减持股份等目的,往往存在拉升股价的冲动,特别是在牛市周期中,受高企的股价诱惑,上市公司的"大小非"减持意愿强烈。

在市场层面,一些私募机构以此为商机,打着"市值管理"为名提供"一揽子"服务已呈现出专业化趋势,与有需求的上市公司实际控制人、大股东"合作",已暗地形成了较为成熟的商业模式。私募机构与上市公司大股东捆绑形成利益共同体,上市公司的信息披露与私募机构的股票炒作相互配合,在特定时段共同推高股价。

在资金端,银行、券商资金借助两融、收益互换、信托产品渠道入市,民间资金通过出借账户形式配资给私募机构提供杠杆资金,一方面放大了违法资金金额;另一方面客观上也为违法行为人提供了隐身的"马甲"。

在资产端,上市公司在实际控制人等内部人的运作下,美化包装、虚增业绩,甚至迎合题材和热点,人为打造适合的资产以供上市公司收购。

2. 案例基本情况

上海永邦是一家以"投资二级市场,帮助上市公司股东进行市值管理"为主营业务的公司。它进行的所谓市值管理,是通过大宗交易购买上市公司股东持有的股票,为上市公司股东提供现金,并与其约定期限,由股东通过大宗交易将股票购回。

如果回购时股价上涨,上海永邦按约定收取股价上涨收益的10%或20%,再收取一定融资利息;如果亏损,损失由上市公司股东承担。

宏达新材案中,上海永邦自2014年5月起,借用45个证券账户,并使用"千石资本—海通MOM私募精选之永邦2"等11个结构化信托产品和券商收益互换产品,通过实际控制使用56个账户(以下简称"账户组"),在2014年5月至12月期间操纵宏达新材、金禾实业等股票。

该案经历了三个相互交织的阶段:

第一阶段,2014年1月到4月,朱德洪与上海永邦就通过大宗交易渠道转让宏达新材股票,由上海永邦进行所谓"市值管理"一事达成一致;

第二阶段,2014年5月到7月,朱德洪陆续将4 788万股宏达新材减持到杨绍东控制的相关账户名下,由上海永邦帮助进行"市值管理",并将减持所得大额资金交由上海永邦用于投资和操作宏达新材;

第三阶段,2014年5月至12月,朱德洪与上海永邦合谋,朱德洪寻找并购重组题材和热点,未及时披露相关信息,并提供信息、资金等支持,上海永邦则通过连续交易和在自己实际控制的账户之间进行交易方式配合,影响宏达新材股票价格。

经统计,上海永邦介入操纵宏达新材股价的2014年5月29日至12月9日期间,宏达新材累计上涨71.4%,同期中小板综指累计涨幅25.54%,宏达新材价格偏离幅度达到45.86个百分点。

朱德洪、上海永邦合谋操纵宏达新材股价期间，上海永邦还以大宗交易方式买入金禾实业2 000万股，通过其控制的账户组在二级市场进行连续交易和在自己实际控制的账户之间交易，影响金禾实业价格。

2014年11月3日至2015年3月17日期间共有90个交易日，上海永邦账户组交易金禾实业的交易量占该股市场交易总量的平均比例为10.69%，最高时占比54.91%。

3. 赔了夫人又折兵，价格操纵巨额亏损仍获顶格处罚

尽管宏达新材案缘起"伪市值管理"，但事实上案件呈现出了多种违法行为交织混杂的现象，该案中除市场操纵，还存在相关人员内幕交易、相关主体信息披露违规等多重问题。

其中，2014年宏达新材投资北京城市之光过程中，朱德洪将相关信息告知上海金力方执行事务合伙人李世雷，建议其卖出宏达新材股票，李世雷获悉后将所持的600万股宏达新材通过大宗交易出售，该行为构成内幕交易。而在上海永邦控制的账户组交易期间，其持有宏达新材、持有金禾实业持股比例超过5%未及时披露，则构成了信息披露违规。

事实上，在朱德洪、上海永邦合谋操纵宏达新材，以及上海永邦操纵金禾实业价格期间，相关账户组均出现了巨大亏损。其中，截至2015年9月16日，上海永邦账户组交易宏达新材亏损3 066.68万元；截至2015年3月17日，上海永邦账户组交易金禾实业亏损83.73万元。

然而，亏损与否并非最终确定罚则的依据。执法部门最终对该案涉及的多手法操纵、多股操纵、内幕交易、超比例持股等违法行为，逐一进行了认定和处罚。

日前，证监会公布了针对该案长达23页的行政处罚决定书。根据证监会行政处罚书，对朱德洪处以顶格罚款300万元；对上海永邦处以顶格罚款300万元。针对内幕交易行为，对朱德洪处以60万元罚款；对上海金力方处以10

万元罚款。针对信息披露违法违规行为，对上海永邦给予警告，并处以 30 万元罚款。

4. "伪市值管理"的危害

在宏达新材案中，据上海永邦董事长杨某东介绍，其之所以选择和宏达新材实际控制人合作，"重要原因也在于看重宏达新材有重组概念"。一套完整的资本运作产业链，实质为赤裸裸的"里应外合"式的市场操纵行为。

调查发现，上海永邦先后从杭州某投资管理有限公司配资使用 40 多个个人账户，这些配资账户资金主要来自宁波、温州、台州等地的私营企业主，账户交易密码由资金出借方、配资公司、融资使用方三方共同掌握，资金密码由账户出借方掌握，配资公司根据设定的警戒线和平仓线控制风险，资金杠杆比例一般为 1∶5，最高可达到 1∶9。而作为配资业务"中央对手方"的配资公司游离于金融监管体系之外，根本不具备信用中介的资格和能力，也没有任何信息隔离和风险隔离措施。

证监会相关负责人指出，此类"伪市值管理"违法模式体现为各类违法行为交织混杂。既与传统的市场操纵、内幕交易、信息披露存在关联，又体现出多种违法行为交织混杂的现象，从表现形式上，具体体现为信息披露工具化、操纵行为隐形化、内幕交易长线化，而且涉及主体众多、事项繁杂，各类违法行为间存在着复杂的累犯、牵连和竞合等问题。这种内外勾结的"信息型操纵"导致信息披露违规与操纵市场、内幕交易的影响相互叠加，对股价波动形成"共振"效应，严重损害了投资者的利益。

1.8 市值管理只有上市公司需要吗

2014—2015 年，市值管理在上市公司成为非常时髦的一件事，上市公司言必提市值管理，把所有资本运作的事宜都冠以"市值管理"之名。但进入2016年，市值管理最火的不是在上市公司，而是在新三板。原因主要有两个，首先，近万家挂牌公司进入资本市场后，由于缺乏面向资本市场的运作思路，难以融资，大多数企业成为"僵尸"企业，而市值管理可以为这批企业评估自身资本市场表现提供某种依据，而且有可能通过市值管理打破融资的僵局。其次，一个很重要的原因在于"新三板首次市场分层标准中进入创新层的不少于6个亿"的市值标准，这个标准直接刺激了某些三板公司做高股价的冲动，市面上兴起了众多的新三板市值培训班、新三板市值峰会。

市值管理是针对上市公司提出来的，但是并不只是上市公司需要。按照我们的定义，市值管理是企业在资本市场上以解决产融结合问题为导向的一种逻辑和方法，以实现公司价值和股东价值最大化为目的。

当企业从风险投资和私募股权投资等资本市场进行了A轮、B轮或C轮融资，或者企业在新三板挂牌后，这就意味着企业进入了资本市场。企业创始人的经营逻辑必须从过去的"产业逻辑"转变到"产融结合逻辑"上来。

在产品市场上，"产业逻辑"的重心在利润；在资本市场上，"产融结合逻辑"的重心则在市值。市值管理的成败在于产融互动与促进，企业如果想在资本市场有所作为，不管是主板、中小板、创业板还是新三板，还是已进行过A轮、B轮或C轮融资，市值管理都应成为工作重心。

那么，这就意味着，除了上市公司之外，新三板挂牌公司或准备从风险投资和私募股权投资等资本市场进行融资的企业创始人也都必须学会一个新的能力：市值管理。

和上市公司市值管理不一样的地方主要有两点，一是面对的投资者不一样，上市公司在二级市场面对的主要是散户投资者，而风险投资和私募股权市场和新三板市场是一个面向专业投资者的市场，专业投资者的关注的是价值投资。二是运用的手段和方法侧重点不一样，对于上市公司来说，是综合应用价值创造、价值实现和价值经营的各种工具和方法；对于非上市公司来说，市值管理的重点首先在于价值创造，其次在于价值实现，最好能用上一些价值经营的方法。具体来说，非上市公司的市值管理重要的是要做到以下三点。

第一点，最重要的就是企业创始人需要转变观念：从产品经营到市值经营理念转变。

产品经营的逻辑就是认为只需埋头把自己的产品做到极致，公司估值自然会涨上去。但是现实情况可能是竞争对手的产品做得不如自己，却注意产融结合，通过商业模式创新、完善公司治理结构、优化资本结构、上下游整合，使之符合专业投资者的偏好。这样竞争对手的市盈率就会比自己的高很多，竞争对手就会以很便宜的成本融到很多钱，再拿这些钱去做并购，未来就很可能超过自己。

有些企业创始人认为自己不懂市值管理，但 PE、VC、券商的经理懂，只要 PE、VC 投了自己，与券商签了辅导协议，利益就彼此捆绑在一块。自己虽然不懂市值管理、产融结合，但是专业人士懂，可以通过他们的专业管理来提升公司市值。这种认识有一定道理，但是市值管理是一个系统工程，是企业面向资本市场的一整套运作思路。企业中必须有人了解资本市场，因为在资本市场上犯错的成本是巨大的，一步错，就有可能步步错。如果企业内部人不懂，中介机构说什么就是什么，那么一旦中介机构和企业的利益发生冲突，中介机构就有可能挖坑让企业跳。

如果企业创始人能够找到一个深谙资本市场的联合创始人，无疑是最好的。如找不到，就只能退而求其次，企业创始人自己首先要转变观念，学习用产融结合的逻辑来运营企业，了解资本运作的规律和方法，学会用资本的语言和资本市场沟通；其次要找一个资本顾问，从商业模式、股权结构设计、公司治理结构、投融资、并购重组和市值管理等方面指导自己如何和资本市场打交道。

第二点，认认真真地从资本的视角来审视公司的产品结构和商业模式，要充分地挖掘公司利润的增长潜力和商业模式创新的成长潜力。

这是非上市公司市值管理中最重要的，因为面对的都是非常专业的机构投资者，他们关心的是价值投资。从长远看，收入持续增长、利润来源清晰而稳定、战略规划明确、商业模式能带来独特价值的公司，才能在风险投资和私募股权资本市场上获得较高的溢价。

第三点，学会用资本的语言，按照"产融结合的逻辑"进行沟通。

在市值管理的价值实现阶段，就是要将自己好的商业模式和高速的利润增长，让投资人、专业媒体和行业分析师认可，这样才能提升公司的市场溢价。但是，在新三板市场和风险投资与私募股权市场上，企业创始人没有站在投资者的角度，按照"产融逻辑"进行沟通，在价值实现上就会面临以下四个问题。

- 找不到投资者。由于新三板市场和风险投资私募股权市场是一个高度信息不对称的市场，公司不知道去哪寻找机构投资者。
- 投资者听不懂。在新三板市场和风险投资与私募股权市场，很多企业创始人不了解投资人的想法，他们用产品的思维向投资者讲述"供研产销"，而投资人想听的是净利润增长率、市盈率、行业市场规模。
- 顶层设计不清晰。只注重短期融资，而公司商业模式的持续发展、战略定位、公司治理结构、股权结构、产融互动、投融资、并购重组等资本路径没有做详细的规划。
- 估值得不到认可。或许是商业模式创新的原因，也有可能是投资人对未来承诺利润的质疑，或者是路演的原因，公司的估值并未受到资本市场的认可，投资者不愿意投资或者不愿意高价投资。

第 2 章
价值如何创造

2.1 价值创造的基本逻辑

2.2 设计商业模式的正确视角

2.3 寻找和创造利润区

2.4 以客户和利润为中心的设计逻辑

2.5 客户选择和放弃

2.6 价值创造和获取

2.7 保护利润流

2.8 定位业务范围

2.9 实施要素选择

2.10 投资者喜欢的商业模式

2.1 价值创造的基本逻辑

价值创造是产融结合的联结点,将产品市场和资本市场连在了一块。价值创造指的是在账面价值的基础上,最大化内在价值,尽可能多地获得市场溢价。一个公司的价值创造能力,决定着其市值增长的基础,主要内容包括以下几个方面。

第一,通过商业模式创新提升公司的估值,这是市值管理的第一步。

资本市场是一个"讲故事"的地方,但是不能"编故事",缺乏核心利润支撑的"编故事"是资本市场上的不道德行为。商业模式创新的核心不在于"做什么",而在于"怎么做"。一家公司提供的产品和服务如果很好地满足了顾客的需求(最好的商业模式是满足了顾客自己都没有意识到的需求),减少了顾客的麻烦,为顾客创造价值,并设置出多个盈利点。资本市场就青睐这样的商业模式,将对该公司给出较高的估值。

苹果的市值能够多年一直排在全球第一,最主要的原因就是iPhone手机颠覆式的创新满足了顾客自己尚未意识到的需求,开创了智能手机时代,抢占了移动互联网的先机。腾讯的市值能够突破万亿元,超越工商银行,非常关键的一点是微信的创新。免费的微信可以使得我们即使远隔大洋,也可以即时通过微信文字互动、语音或视频交流、传递图片文件,一切都很方便。由于微信"出乎意料"的创新,使得拥有智能手机的华人在2014年就离不开微信了,也使得许多40岁以上的没有用过QQ的用户开始成为微信的"死忠粉"。于是,腾讯的市值就达到了1.75万亿元人民币①,超过了工商银行。

第二,优化和整合价值链管理,确立以市值为导向、产融互动的经营理念和经营目标。

结合公司自身的核心竞争力和所处产业价值链进行分析,精准定位,集中公司优势资源为顾客提供某项产品或服务,作为公司的核心利润支撑。同时要培育多个潜在业务增长点,让每一个环节都创造价值,实现多点盈利。确立产融互动的思路,内生式增长和外延式增长相结合,实施具有产业深度的并购重组。

苹果的商业生态模式基本上就这样构建的,以iPhone手机为切入点,构建了一个"硬件+软件+App Store+iTunes+移动支付"的生态系统。既卖了硬件,又卖了软件,还卖了服务,同时也卖了平台。苹果除了每年投入巨额的R&D费用之外,还通过产业并购保持着高速发展。

第三,优化业务结构,通过转型升级提升公司估值。

对于一些重资产的传统行业来讲,通过商业模式创新提高市值的空间不大,这时就需要跨界来进行转型升级。对于纯做实业的非上市公司来讲,跨界转型难度极大,比断臂求生难度还大;但对于上市公司来讲,就简单多了。只要先确定未来主业目标,就可以剥离退出经营不善的业务,然后通过定增收购一两家从事未来主业的有潜力的非上市公司,就可以做到华丽转身。比如,做纺织的中源协和在10年前市值也就是10亿元左右,但自从其剥离纺织资产,通过并购进入干细胞生物工程之后,市值增长非常迅速,截至2016年9月30日的市值是126亿元,增长了12倍之多。

第四,优化资本结构,提高资本效率。

一个企业IPO之后,融资渠道就变得丰富,资金来源多元。这个时候在

---

① 2016年9月的数据。

确定采用何种方式进行融资时,就必须考虑优化资本结构,合理组合使用债权融资与股权融资,让企业的资本成本最低,尽可能使公司的资本效率最大化,从而提升公司的市值。比如,当公司股价被高估时,可以通过定向增发、配股等方式进行股权融资的同时,使得公司市值回归内在价值。公司需要债权融资时,也不要采用单一的银行贷款模式,而是要将传统的银行贷款和发行公司债券、发行可转换债券、融资租赁等组合起来使用,降低资本成本。

第五,优化公司治理,改善经营业绩,提升公司盈利能力和风险管理能力,提高股东投资回报。

"财富是创造出来的,财富更是保护出来的。"指的是进入市值管理时代的企业必须学会控制资本市场上的各种风险,尤其是大股东、小股东和经理人之间的控制权之争,才能将创造出来的价值变成股东的投资回报。公司治理主要指的是股东、董事会和管理层三者之间的决策机制、权力制衡机制和利益分配机制。资本市场的实践表明,良好的公司治理,意味着公司具有科学的决策机制、恰当的权力制衡机制和良好的利益分配机制,这必然会增强公司对资本的吸引力,给公司带来较高的市值溢价。国外的投行在评估一个企业的投资价值时,一定会根据其治理结构、管理水平、分红派现、信息披露以及董事会结构给予溢价评级。只有那些具有优良公司治理能力,以及注重股东价值回报的上市公司才会持续获得较高的公司治理溢价。

第六,有针对性地实施股权激励。将股权激励的实施纳入市值管理的体系中。

一定把市值管理的切入点放在股权激励的授予条件和行权条件的设置上,"想要什么,就考核什么",把经理人未来的长股权激励收入与股东的投资回报直接捆绑起来,把经理人和股东打造成利益共同体与命运共同体。

在以上价值创造的逻辑中,商业模式创新是关键。本章以商业模式作为突破点,结合价值链管理、优化业务结构和优化资本结构等内容,提出价值创造的整个逻辑和方法。优化公司治理和实施股权激励既是价值创造的内容，同时也是价值实现的重要手段，我们将其放在下一章价值如何得到资本市场认可中描述。

2.2　设计商业模式的正确视角

在资本市场上大家取得一致的看法是，市值管理的第一步是创造价值，价值创造的关键在于商业模式设计。由于近些年来中国资本市场风起云涌，因此"商业模式"一词也在中国企业界和学术界迅速流行开来。现在融资者和投资者在沟通的时候，往往都是根据商业模式来给公司的未来估值。

商学院的学科体系中原本是没有商业模式的，MBA和EMBA核心课程也没有商业模式这门课程。但随着资本市场的兴起，投资者和融资者在沟通的时候就如同"鸡同鸭讲"，企业创始人用产品的思维向投资者讲述"供研产销"，而投资人想听的却是"净利润增长率、市盈率、行业市场规模"等。为了产融沟通的方便，以亚德里安为代表的美国一些咨询公司的咨询师把之前散落在战略管理、市场营销、投资学和财务管理中的一些关于价值创造的知识点提炼出来，将其整合成一种新的分析方法，用于融资者和投资者建立模型沟通使用。美国的咨询师把这种分析方法叫作"企业设计"（business design），而中国的一些学者在引进这种分析方法的时候就直接将其译作"商业模式"。

因此，商业模式从其诞生那天起，就是以资本的视角来帮助和衡量企业，并为股东创造价值的一种分析方法。价值创造的第一步就是要以正确的视角设计商业模式，让投资者能够读懂企业在未来创造价值的能力，从而给企业正确估值。

设计商业模式有两个视角，一个是产品视角，一个是资本视角。

融资者的企业家往往习惯用产品思维和行业思维去设计自己企业的商业模式，在这种视角下，看重的是自己的产品，追求的是技术的极致。但是，商业不是科学研究，不是光把产品做到极致、技术领先就能挣钱，公司市值就能领先于竞争对手。在以产品为中心的商业模式设计中重视的是以下方面。

- 收入。强调收入，商业模式的所有要素都是围绕提高销售收入进行设计。收入数量的增长是这种视角最重要的概念，但是收入增长价值就增长吗？
- 市场份额。市场份额是以产品视角设计商业模式的第二个重要概念，以为只要公司的市场份额占有率不断提升就能解决公司所有的问题，即使管理层管理不善，但是只要市场份额增加了就能"一俊遮百丑"。真的是这样吗？
- 产品。公司号称顾客就是"上帝"，但是"上帝"的需求到底是什么？我们的产品有没有更好地满足"上帝"的需求？"上帝"潜在的需求是什么？
- 技术。追求极致的技术，以为技术领先，就能产品领先，就能市场份额和利润领先，获得资本的青睐。但是，在商业市场中，技术好与不好的评价并不是按领先而论，而是根据是否满足了顾客的需求来进行评价。

上述以产品为中心的商业模式设计，在20世纪90年代之前，基本上是成功的，当时对企业价值创造能力的判断基本上就是按照上述的逻辑。但是，20世纪90年代之后，尤其是进入2000年之后，全球化和互联网的影响，使得以产品为中心的思维受到严重挑战。

- 顾客的需求越来越丰富，而且变化更新非常快，公司产品难以满足顾客的需要。
- 价格战已经不是在一个很小的区域市场，而是面临全球范围竞争。
- 总有一些新颖的商业模式把公司的"盈利"客户吸引走。

如果在这种情况下，还是按照产品思维是无法摆脱困境的，结果就会出现以下情况："公司号称成功的项目很多，但是能够真正满足客户需求却寥寥无几；公司的销售额可能越来越大，但是各项成本与日俱增，甚至只能是通过价格战保证销售额增长；这边是销售额增长，那边是利润额和利润率下降，如果利润再下降，出现更多部门亏损，那么销售额的增长也不复存在。"在资本市场上这种企业是不可能得到资本青睐的，估值必然大幅下跌。

必须换种眼光看市场，传统的企业习惯并喜欢产品思维和行业思维，但是面对激烈的市场竞争，面对产融结合的需要，成功的企业一定要超越这种传统思维，掌握"客户思维"和"投资者思维"。商业模式设计的视角也要发生转换，从"产品为中心"转为"以客户为中心"，能够比竞争对手以更低成本更好地满足客户的需求，才有可能获得更多的净利润和净利润增长率。以客户为中心的商业模式设计看重的是以下方面。

- 利润。净利润反映的是公司当前的运营价值，净利润增长率反映的是公司的成长能力，未来为股东创造价值的能力。资本市场对公司估值是非常看重净利润和净利润增长率的。
- 有价值的市场份额。产品为中心的商业模式设计的逻辑是"尽可能多地占据市场份额→利润就会随之而来"，这种逻辑在现在和未来是行不通的。以客户为中心的商业模式设计逻辑中并不是不看重市场份额，而是看重能够给企业带来持续高额利润的有价值的市场份额，其逻辑是"客户最看重什么→在何处（定位）可以获利→如何在该处尽可能多地获得市场份额"。

- 顾客需求。企业最需要关注的不是能提供什么样的产品和服务，而是应该用什么样的产品和服务去以更低成本更好地满足顾客的需求。
- 商业模式。以产品为中心的商业模式设计是通过出售产品或服务来获取利润，以客户为中心的商业模式设计不再拘泥于某种产品或服务的提供，而是成为以满足客户需求为导向的综合方案提供者。在综合方案中，公司以提供融资、提供解决方案、提供售后服务、提供辅助产品、许可证经营等高度创新方式满足客户需求，从而得到高额利润回报。

将来在资本市场上成功的公司，首先得建立在掌握客户思维和投资者思维的基础之上，为获得最终成功，他们还将掌握：

- 风险思维。产融结合的公司面临诸多的风险，市值管理能否成功的一个关键就是能否使得风险可控最小化。上市公司面临的风险可以分为系统性风险[1]和非系统性风险[2]，对于系统性风险，要学会通过期货、股指期货和融券等对冲交易手段来规避，达到套期保值的目的。对于市值管理而言，非系统性风险最主要的是战略风险。降低战略风险的举措主要有两点，首先要确实了解最重要客户的需求；其次要掌握公司目前和将来可能的利润模式变化。
- 选择思维。由于客户需求变化很快，利润曲线变化也很快，因此商业模式创新的选择不应该只是2～3个备选方案，而是应该尽可能多的

---

[1] 系统性风险是指对大多数公司都会面临的风险，如利率调整、汇率调整、证券监管政策调整、宏观政策调控、股票交易印花税调整等带来的风险。
[2] 非系统性风险指的是对个别上市公司面临的风险。

战略选择。在了解现有和未来竞争对手的全部战略举措后,提供广泛而又创造性的选择能够最大化地创造价值。
- 时间思维。时间思维并不是单纯指"唯快不破",一味追求速度。而是要把握产品市场和资本市场的节奏,能够预见未来5~10年的商业模式,并能采取适当的先后顺序行动,小心翼翼地保护客户至上和利润至上之间很容易遭到破坏的平衡。
- 战略控制思维。战略控制指的是通过提升自身核心竞争力保护公司利润不受损害的能力。具体的举措可以是成为行业标准的制定者或价值链的管理者,也可以是通过拥有更多的专利和知识产权等。战略控制能力是商业模式成败的关键。

2.3 寻找和创造利润区

设计商业模式的首要问题就是盈利。资本市场对企业估值时特别看重净利润和净利润增长率,因为净利润反映的是企业当前的经营价值(COV),是判断企业未来价值增长的基础,净利润增长率直接反映的是未来成长价值(FGV)。因此以客户为中心的商业模式设计的目的就是寻找和创造利润区,在利润区,企业将从低利润转向高利润,利润增长将从普通增长转向高速增长。

利润区是指为公司带来高额利润的经济活动领域。这种利润不是平均利润,不是周期变化的利润,也不是短期利润。在利润区,持续和高额的利润将为公司带来巨大的价值。[1]因此,商业模式创新的目的只有一个,发现并进入利润区,并在那里经营。

---

[1] [美]亚德里安·斯莱沃斯基等. 发现利润区[M]. 凌晓东,等译. 北京:中信出版社,2010: XV.

但是要注意的是，利润区是会发生转移的。对于一个企业或一个行业来讲，价值被不断地创造出来，但是也不断地消失，这种"消失"不是彻底地消失，而是发生价值转移，从输家转移到赢家。图2-1所示很好地诠释了价值转移的三个阶段。

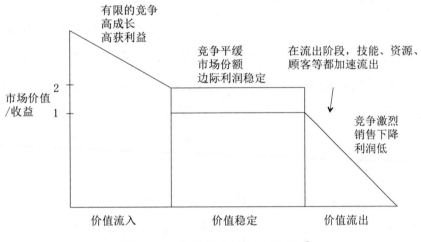

图2-1　价值转移的三个阶段[①]

在企业估值中，不同行业的市盈率倍数的差别是非常大的。这说明在不同行业采用不同的商业模式，将使得公司所处在价值转移的阶段不一样，资本市场给出的估值将是不同的。图2-1所示中的市值收益比是用于评价商业模式所处阶段的一个有用指标，反映了当前收益与预期收益的总体情况。如果市值收益比较高时（通常大于2），那么就处于价值流入阶段，投资者非常看好公司的获利前景。市值收益比在0.8~2.0，处于价值稳定阶段，市场对于未来利润增长的预期值将有所减少；当市值收益比处于0.8以下，价值处于流出阶段，企业很容易陷入"无利润区"。[②]

[①]　[美]亚德里安·斯莱沃斯基，等. 价值转移[M]. 凌郢，译. 北京：中国对外翻译出版公司，1999：62.
[②]　[美]亚德里安·斯莱沃斯基，等. 价值转移[M]. 凌郢，译. 北京：中国对外翻译出版公司，1999：62.

处于价值流入阶段的企业是非常幸福的，这个阶段就是平常我们所说的投资"风口"，基本上都处于利润区。在风口，猪都能飞起来，而在风口的正中央，大象也能飞起来。在这个阶段，竞争很少，企业只要能够生产产品就能盈利，公司的市值收益比是很高的，资本市场将给予企业较高的市场溢价。处于价值稳定阶段的行业，就已经度过了"钱好赚"的幸福时期，这个阶段的竞争开始激烈起来，边际利润开始稳定，行业的高成长性开始趋缓，价值增长的机会则属于既能改善经营效益又能满足市场需求的企业。其中，有些企业的商业模式因顺应潮流而获得了成功，有些企业则被淘汰出局。处于价值流出阶段的行业没有多少获利机会。在这种环境下，能实现价值增长的企业凤毛麟角。此时，企业必须转型，必须通过并购和商业模式创新才能达到效果，或者干脆撤资退出。

寻找和创造利润区的第一步就是要弄清行业处于哪个阶段，变化趋势是什么？行业地位的演变往往是社会、经济和技术变革的结果，基本上可以从宏观经济、区域经济和产业经济进行判断。

- 从宏观经济层面可以观察企业所处行业是否是国家政策鼓励和支持的。比如近两年来由于环保的需要，新能源汽车成为未来趋势，要发展新能源汽车就得先发展作为其基础建设的充电桩行业。因此近两年充电桩行业处于投资中"风口中的风口"。基本上就处于价值流入阶段。
- 从区域经济角度可以观察企业所处行业是否是其所在地方政府政策鼓励和支持的。如果是，该企业就会获得更多的地方资源，那么即使该企业所处行业不是国家宏观政策所鼓励的，那么至少也处于价值稳定阶段。
- 从产业经济的视角可以观察企业处于整个全球行业价值链的位置。一般来说，处于价值链最上端的，基本上处于价值流入阶段；处于价值链中间以上的，基本上处于价值稳定阶段；处于价值链中间以下的，基本上处于价值流出阶段。

价值转移并非不可控制。当我们判断出企业所处行业处于价值稳定乃至价值流出阶段，就可以通过商业模式的创新使得企业重返价值流入阶段，获得利润区。每一种商业模式都可能位于价值转移阶段中的任一阶段，即价值流入期、价值稳定期和价值流出期，但是表现是不一样的。

在价值流入阶段，商业模式顺应了顾客新的需求偏好，因而在市场中极具竞争优势。在价值稳定阶段，商业模式已经能够很好地适应消费者的需求偏好。在价值流出阶段，价值开始向那些能够有效地满足顾客需要的商业模式转移。为了判断企业的商业模式处于哪个阶段，首先要回答：

- 行业利润区今天在哪里？
- 利润区明天会在哪里？
- 为何有的公司总能先于对手发现行业不断变动的利润区？每年都能创造持久、高额的利润？
- 利润区变化和流动的原因是什么？
- 企业的商业模式设计应该如何改变？

隐藏在这些问题之间的实质是：顾客的现实需求、潜在需求以及有效需求将如何变化？何种经营策略才能最有效地适应这种变化？何种商业模式才能最有效地适应这种变化？

从顾客需求的变化可以判断出价值转移：当顾客的需求偏好首次发生变化，或者他们开始选购竞争对手的产品时，你的商业模式就很可能从价值流入阶段转入价值稳定阶段。当公司产品产量很大，销售收入越来越大，利润却没有同步增加，这就是典型从价值流入阶段向价值稳定阶段转变。这个时候如果不从顾客需求变化角度进行商业模式创新，那么极有可能从稳定阶段向流出阶段转变。

但是企业创始人经常忘记商业模式设计与顾客需求之间是一种不断变化的动态关系。必须记住：只有持续不断地分析价值转移规律，才有可能寻找到或创造利润区。

2.4 以客户和利润为中心的设计逻辑

在 50 年前的美国、20 年前的中国，由于供给稀缺，因此客户需要什么对企业来讲并不重要。这在今天的商业社会听起来有点不可思议，却是真实的。那是一个商家和供货商的年代，基本上所有的行业和企业都处于价值流入阶段，赚钱是件很容易的事。

但是现在反过来了，全球范围内生产过剩、供给过剩。市场的权利已经转移到了客户这边，由于互联网和移动互联网的普及，客户掌握了大量商品的信息。信息的高度对称，客户已经处于商品社会的中心，只有满足了客户需求的产品和服务才能获得有价值的市场份额。因此，成功的商业模式设计一定是以客户为中心进行设计的，专注满足于客户的需求。

近两年非常流行的"互联网+"商业模式设计实际上就是这种变化的体现。"互联网+"商业模式的核心并不是每个企业都需要线上线下整合，都要去建自己的电商渠道，这是对"互联网+"肤浅的认识。"互联网+"商业模式设计的核心是强调用户体验、用户参与，满足客户自己尚未发现的需求。这实际上就是以客户为中心商业模式设计逻辑的极致体现。

你知道客户的需求是什么吗？笔者在 EMBA 课堂和金融投资 EDP 课堂上问学生，他们每一个人都会说知道。我会接着问，那能说出你比竞争对手更好地满足了客户的什么需求？你能列举出客户最重要的三个需求是什么吗？客户自己都未发现的需求是什么？面对我的追问，大多数学生都回答不上了。

这说明我们很多企业创始人实际上并没有真正了解自己客户的需求，因为要一直坚持以客户为中心是件比较困难的事。

2.4.1 企业重心的变化

任何一个成功过的企业家一开始都是坚持以客户为中心的企业设计的，否则他是不会成功的，但是企业重心是会转移的，如图2-2所示。

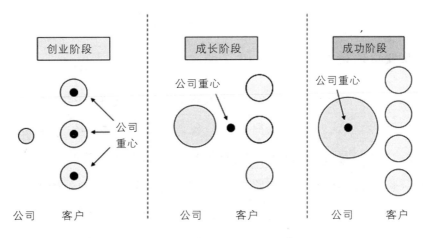

图 2-2 公司重心的变化 ①

一开始创业的时候，为了活下来，企业创始人眼里只有客户，公司并不重要，他们每天都在研究客户偏好，1周7天都在市场上盯着客户需求的变化，客户任何要求都被认为是合理的要求。能够从创业阶段存活下来的企业都是比竞争对手更好地满足了客户需求的企业，凡是以自我为中心的企业基本上都死掉了。

到了成长阶段，公司依然重视客户的需求，但也开始重视公司自身了。这时的公司已经算小有成就，不太愿意成天盯着市场研究客户需求的变化。1周7天中，2天休息，2天在公司关注内部资源分配等，只有3天在关注客户需

---

① ［美］亚德里安·斯莱沃斯基，等. 发现利润区 [M]. 凌晓东，等译. 北京：中信出版社，2010：17.

求变化。这种时间和精力的分配还算合理,但是如果公司重心继续向关注公司自身转移,就麻烦了。

到了成功阶段,公司的产品在市场上有一定的市场份额占有率。很多公司虽然把"顾客就是上帝""客户的需求必须满足"写到了员工手册中,但是实际上公司眼里只有自己了。这些公司经常会把客户正常的建议和投诉当成"无理取闹",他们考虑的不是如何替客户解决麻烦,而是如何"摆平"客户。这种企业就很危险了,基本上处于悬崖边,马上就会进入无利润区。

2.4.2 改变价值链设计的逻辑和方向

如图2-3所示,传统价值链设计的逻辑是,首先关注公司有什么资产和核心能力,然后决定公司可以提供哪些投入要素和原材料,接着再决定公司能生产什么样的产品和提供什么样的服务,然后再决定销售渠道是直销还是分销,最终才考虑到客户。按照传统价值链逻辑设计的商业模式,那些存活下来的企业只是恰好生产了满足客户需求的产品和服务。

传统价值链的设计逻辑:
从资产与核心能力开始

现代价值链的设计逻辑:
从客户开始

图2-3 两种价值链设计逻辑的比较[①]

---

① [美]亚德里安·斯莱沃斯基,等. 发现利润区[M]. 凌晓东,等译. 北京:中信出版社,2010:18.

以客户为中心的现代价值链的设计完全是反过来的。第一步关注的就是客户有什么偏好，需求是什么？第二步是根据客户定位来构建销售渠道，选择能够最好地满足客户需求和偏好的方式；第三步是选择能最好满足客户需求和偏好的产品和服务；第四步是根据需要提供的产品和服务来确定公司的资金和原材料等投入要素；最后才是根据投入要素来确定公司应该拥有什么关键资产和核心能力。

2.4.3 现代价值链逻辑的企业设计实例

如图2-4所示，特斯拉、小米和戴尔都是按照现代价值链逻辑进行商业模式设计的，而最后都成为"互联网+"的商业模式设计，市值明显高于同行。

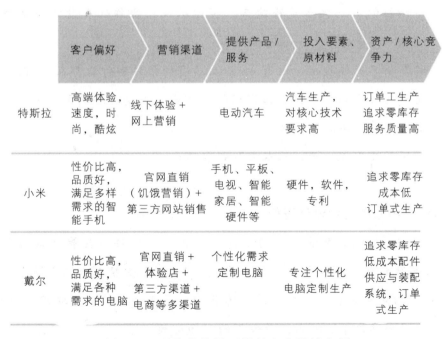

图 2-4 现代价值链逻辑的企业设计实例

【案例】特斯拉的价值链设计逻辑

宝马、奔驰、大众、通用汽车、福特、丰田和本田等各大汽车厂商在多年前就布局新能源汽车，但是在特斯拉之前，市场上没有一款纯电动汽车真正热卖，卖得最好的是丰田的油电混合汽车。为什么呢？电动汽车一个很大的问题就是成本居高不下，按照传统价值链进行的商业模式设计是降不了成本的，一般客户是不会比传统汽车多支付 1.5～2 倍的价格去购买电动车的。电动车最大的优势是什么呢？除了环保之外，电动车最大的优势是提速特别快。那么谁需要提速快的车呢？特斯拉商业模式的设计逻辑是：

- 特斯拉第一批客户盯住的是硅谷周边高科技公司的创始人及其高管，这些人追求速度、喜欢科技感十足的产品，互联网就是其生命的一部分，对价格不是很敏感。
- 特斯拉的第一代车是轿跑车，提速很快；操作仪表盘就像两个大的 iPad，科技感十足，非常酷炫。
- 特斯拉只有体验店，没有 4S 店。所有的预订和付款都在官网上进行，是对传统汽车行业销售渠道的巨大冲击，但是对终端用户来讲却是把成本确确实实降了下来。
- 实现了订单式生产，基本上做到零库存。

【案例】小米的企业设计逻辑

小米 2011 年能从智能手机的红海中杀出一片蓝海，其最初始的成功就在于按照现代价值链逻辑设计的商业模式。2011 年在智能手机市场上占据绝对市场份额的是苹果和三星。在第二阵营中，多普达、魅族、联想、OPPO、VIVO、中兴和华为等纷纷占据着余下的市场份额。

小米是一家新创业的公司，那么雷军是如何在价值流出阶段的手机行业中寻找到利润区的呢？小米手机的特点是性价比高——价格低，但是硬件配置高。那么小米关注的客户群是谁呢？我在EMBA课堂和金融投资EDP课堂上问学生谁用小米手机，基本上没有人用。我说这就对了，因为中国排名靠前的商学院的EMBA和金融EDP总裁班的学生基本上都不是小米的目标客户群，小米的目的客户是"穷小子"，就是玩手机的年轻一代。小米商业模式设计的逻辑是：

- "穷小子"的特点是玩手机的一代，对于硬件要求高，但是对价格非常敏感。对互联网的生活方式非常熟悉，对线上支付非常熟悉，也乐于参与对手机性能开发的网络讨论。
- 小米最早的销售模式就是官网直销（饥饿营销）+第三方网站销售，基本全是线上销售。这样就砍掉了传统手机行业中的分销系统，成本马上就降了下来，手机定价低但是公司的利润却不低。
- 提供性价比高的手机。同时向平板、智能电视、智能家居和智能硬件拓展，构建产品生态圈。
- 核心竞争力是订单式生产、追求零库存管理，通过商业模式创新来降低成本。

在小米商业模式刚刚出来时，大家惊叹"企业还可以这样做：什么都没有，只有商业模式，而且估值还不低"。资本市场给予小米的估值也是非常高的，2010年底，小米完成首轮4 100万美元的融资，估值2.5亿美元。2011年底，小米第二轮融资9 000万美元，估值10亿美元。2012年6月底，小米完成第三轮2.16亿美元融资，估值40亿美元。第四轮融资于2013年8月确认完成，估值超过100亿美元，不过具体融资数额没有透露。2014年12月29日下午，雷军在微博上宣布，小米完成最新一轮融资，估值450亿美元，总融资额11亿美元。投资者包括由摩根士丹利原分析师季卫东创立的全明星基金(All-Stars Investment)、俄罗斯DST、新加坡GIC、厚朴投资，以及马云的关联私募基金云锋基金等。① 小米的估值达到历史最高峰。

但是，在2016年8月的时候，法国《费加罗报》发表题为《"中国苹果"小米昙花一现的童话》的文章称，英美分析家们拿着计算器重新评估了目前"中国最有希望的新创企业"的市值，将其调低为40亿美元的估值。小米官方微博从正面否认了这个传闻，称法国《费加罗报》从未就估值一事来跟小米确认，估值暴跌说法完全不实，小米目前没有新一轮融资的计划。②

虽然小米官方否认了估值暴跌至40美元的传媒，但是一个不争的事实是小米的估值在2016年大为缩水。其主要原因有两个，一个原因是小米的商业逻辑存在与供应商难以共赢的瑕疵。作为轻资产公司的小米有商业模式和品牌，其他环节基本上外包，这也是雷军自诩的"小米生态圈"，是其核心竞争力所在。小米任何产品的质量都要追求做到极致，但是价格却要比同行低，低价策略无疑在压榨合作各方的利润空间，而生态圈战略的核心是共赢，长此以往，还有多少企业愿意成为小米生态圈的合作伙伴？另一个原因就是用户黏度的问题，小米从不隐瞒自己在学习和模仿苹果公司，小米希望以手机作为入口，构建"硬件+软件+服务"的生态系统。在硬件方面，除了手机外，小米陆续推出电视、小米盒子、手环、平衡车、路由器、空气净化器、体重秤、血压计。小米希望复制苹果的成功，买了iPhone手机后会继续购买iPad、Mac电脑等产品。但是小米没有意料到的是"穷小子"会长大，当"穷小子"成长为"高富帅"和"白富美"，再换手机时的选择往往变

---

① 雷军说小米值450亿美元，看看这是什么概念. https://zhidao.baidu.com/question/919144195210291299.html?qbl=relate_question_4&word=%D0%A1%C3%D7%20%B9%C0%D6%B5%D7%EE%B8%DF%20%CA%B2%C3%B4%CA%B1%BA%F2.

② 匡博伟. 公司估值暴跌：小米喊冤称有人恶意伤害. http://mobile.zol.com.cn/601/6019302.html.

成了苹果、华为等，这一点小米没有像苹果那样做到让一个客户从iPhone用到iPhone7。而且小米手机用户在购买智能电视时会选择海信，因为性价比更高；购买盒子时会选择乐视，因为内容更丰富。

由于以上两个原因，小米的市值大幅缩水也就在情理之中了。小米现在已经从价值流入阶段转入价值稳定阶段，现在需要做的是分析客户的真正需求，在商业逻辑和商业模式上再次创新，才有可能重新找回利润区。

【案例】戴尔的企业设计逻辑

如果说特斯拉和小米是互联网公司没有争议的话，那么戴尔是互联网公司会有不同意见吗？戴尔从成立之初就是一个基因纯正的互联网公司，从创业伊始就采用直销模式颠覆了计算机行业的传统模式，按照客户需求定制生产性价比高的计算机，获得了巨大的成功。

戴尔的创始人迈克尔·戴尔在行业内真正有影响的见解并不在技术方面，而是在商业模式设计方面。早在20世纪80年代初他就开始关注个人计算机生产企业的商业模式，并且发现了一种更好的企业设计方式。传统电脑行业的价值链的设计逻辑都是由制造商生产计算机，然后通过经销商和零售商，由他们卖给企业或者个人客户。这种企业设计逻辑下生产的计算机很多时候并不能满足客户的需求，而且分销成本和库存成本居高不下。戴尔的直销模式就是消灭中间环节、消灭库存，定制生产客户真正需要的计算机，将计算机直接卖给客户，这种模式可以让客户以更低的价格买到自己想要的计算机。戴尔的商业模式设计逻辑是：

- 直销，消灭中间层，掌握客户需求。通过电话直销、网络直销、邮购直销和人员直销，了解客户的需求，帮助客户制订购买方案。客户需要什么就生产什么，降低分销成本，让利给顾客。

- 注重客户信息反馈，真正满足客户需求。戴尔认为最好的客户，是能给公司带来最大启发的客户；是教导公司如何超越现有产品和服务，提供更大附加价值的客户；是能提出挑战，让公司想出办法后也可以惠及其他人的客户。①

- 消灭库存。通过高效的供应链管理，实现与供应商和客户的"虚拟整合"，形成了一条快速、高效的供应链，能够无缝对接，快速响应。最终实现订单式生产，追求零库存管理。

2.5 客户选择和放弃

商业模式创新是针对如何更好地满足客户需求和增加公司的获利能力这两方面，关键在于如何创造性地设计出独一无二的商业模式。没有一种商业模式能够持续永久地获得成功，昨天成功的商业模式可能今天就已经不能满足客户的需求，因此首先要了解价值转移的趋势，每隔3年至少进行一次商业模式创新。

以客户和利润为中心思考商业模式创新时，要回答和解决四个战略要素问题，客户选择、价值创造和获取、战略控制、业务范围，投资者主要就从这四个战略要素对商业模式进行估值。一个受投资者青睐的商业模式包括如下特征：

- 精准的客户定位，充分挖掘客户需求。
- 一套出色的利润捕捉模式，多个盈利点。
- 具有强大的差异化和战略控制手段，能够很好地保护利润流。
- 公司的资产尽量变轻，控制价值链的前端，其余分包、外购或协作生产。

---

① 百度文库.浅析戴尔直销模式. http://wenku.baidu.com/link?url=NjYpz9D5ewA7vvNkov3jp6aIm-YXDP2643AcquwytMSmBHpGVN2frFMbjbq35d6WP-HXSMC6CtlCvB1zylz5clNjOFzyTuaBZiR4wqObpEm.

- 内部经营决策协调一致。
- 组织结构、内控体系能够支持和强化公司的商业模式的价值。

上述 6 个受投资者青睐的商业模式特征，前面四个是战略要素，后面两个是操作实施要素。所有要素中最基本的是第一个：如何选择客户？

每一个企业面对的客户群很多，客户选择并不是说公司的产品要覆盖所有客户，而是要学会精准定位，寻找那些我们能够为其创造更多价值，他们也愿意付出更高溢价购买我们产品和服务的客户，对于那些不能为我们创造利润的客户要果断放弃。客户选择的三个重要问题[①]：

第一，谁是我的客户？

- 指出公司所处行业中的客户偏好。列举出在同行中，过去两年内最受欢迎的三种产品或服务并回答：
  - 客户为什么喜欢它们？
  - 这些产品或服务具有较高价值的原因何在？
  - 是因为它们便宜吗？还是可以减少客户麻烦？还是能够保证安全？
- 指出其他行业中你的客户的偏好：选取一个公司的客户经常光顾的、与公司无关联的市场或行业，再来回答这个问题。在那个市场，公司的客户表达了什么偏好？比如一个电影院的创始人在研究客户偏好时，就应该跨界研究酒吧客户的需求，因为晚上到电影院和酒吧的客户需求本质都是为了消遣。如果电影院既能提供传统服务，同时又能

---

① 本节余下内容引自：[美] 亚德里安·斯莱沃斯基，等. 发现利润区 [M]. 凌晓东，等译. 北京：中信出版社，2010：276-284.

满足酒吧客人的需求,那一定会将酒吧的客人吸引过来,从而寻找到自己的利润区。

第二,客户的偏好是如何变化的?

客户的需求是在不断变化的,抓住客户偏好变化并迅速做出反应的公司,一般都比同行其他公司更容易取得成功。影响客户变化的因素包括但不限于价格、产品功能、解决方案、质量、易获得性、快速交货和便利性等。可以根据这些因素,每年审查商业模式的时候,列出客户近来的变化和未来的变化。

- 公司所在行业中最近的客户偏好变化:对比三年前和现在同行最重要的前三个偏好因素。
- 公司所在行业中可预见的变化:对比现在和三年后同行最重要的前三个偏好因素。

第三,谁应该是公司的客户?

创造性的客户选择是商业模式创新成功的关键因素。分析现有客户的偏好及其变化趋势,公司尽可能地去满足他们的需求,并不是真正的以客户和利润为中心的商业模式设计。创造性的客户选择指的是要识别有价值的客户群体,要学会放弃那些给公司带不来利润的客户,要把那些潜在的、能给公司带来高额利润的客户发展为重要客户。

- 公司能够为哪些客户创造价值?
- 哪些客户可以为公司赚钱?
- 公司希望放弃哪些客户?
- 现在谁是公司的重要客户?

- 为了拓展公司的客户范围，还有哪些群体或行业参与者可以选择或开发，使之成为公司的客户？
- 这些客户群体，以及行业参与者的偏好是什么？
- 公司可以提供哪些他们感兴趣的产品或服务？
- 谁最有可能成为公司潜在的客户？

客户驱动着价值转移的全过程。客户选择最核心的问题是发现和识别顾客的需求，最好能挖掘客户自己都没有觉察的需求；而且一定要区分客户的需求到底是他自己的需求还是你以为的需求。为客户解决麻烦的过程就是在创造需求的过程，创造需求不是仅仅以满足需求为目的，而是以解决客户问题为目的。

2.6 价值创造和获取

以客户和利润为中心的商业模式设计的第二步就是要比竞争对手更好地为客户创造价值，使得客户愿意购买公司提供的产品和服务，从而获得其中一部分作为公司的利润。在资本市场上，即使能够给客户增加价值，但是如果不能带来很高的利润和利润增增长率，这种商业模式创新也是不完善的。因此要设计好公司的盈利模式，设计多个盈利点，以获得高额利润。

2.6.1 价值获取的设计逻辑 [①]

- 怎样才能为客户增加价值？
  ○ 公司的竞争者满足了客户的哪些偏好？

---

① 下文引自：[美] 亚德里安·斯莱沃斯基，等. 发现利润区 [M]. 凌晓东，等译. 北京：中信出版社，2010：284-286.

- - 有哪些客户偏好，公司能够比竞争者更好地去满足？
  - 有哪些客户偏好，公司可以比竞争者以更低的成本去满足？
  - 公司的客户能为满足自己的偏好付出多大的溢价？为了给客户提供更大的价值，公司还能满足客户的哪些其他偏好？
- 如何让客户首先选择我？
  - 对比自己和竞争对手在满足客户前三个偏好方面的情况。
- 公司的盈利模式是什么？
  - 有几种盈利模式？
  - 盈利模式之间的关系是什么？
  - 有几个盈利点？

对以上三个问题的回答既是以客户和利润为中心的商业模式设的逻辑，也是向投资者讲述公司商业模式价值创造的逻辑。

2.6.2 利润模式

以不同的视角进行设计，就有不同的盈利模式。亚德里安在其《利润模式》一书中总结了 30 种利润模式，本书从价值链、产品、渠道和组织四个维度选取了其中 15 种利润模式进行介绍，这 15 种利润模式是资本市场比较喜欢的模式。需要注意的是，这些模式并不是割裂的，而是有联系的，只是以不同的视角为出发点，对公司的盈利方式和盈利点进行了设计，有些公司会同时采用几种盈利模式，设计多个盈利点，目的当然是获得高额利润。

价值链模式就是从产业价值链的角度，根据利润和价值的转移趋势来进行商业模式设计。一共包含价值链分拆、价值链压缩、强化价值链薄弱环节和价值链重新整合 4 种模式。

- 价值链分拆。不再追求纵向一体化，而是努力成为价值链专家。专注于断裂后新的产业价值链的某个或某几个环节，并实现对其控制，将公司定位于此。将其他部分以签约方式外包给别人。比如，苹果公司掌握着品牌、设计和营销，而将制造部分外包给成本更为低廉的富士康等厂家。相反，如果苹果没有将制造外包，那么生产成本必将大增，资产使用效率变低，利润将被消耗，市值将大幅缩水。小米最初的成功也是采用价值链分拆模式，掌握了品牌、设计和营销这些利润高的环节，而将制造等利润低的环节进行外包。

- 价值链压缩。当企业上下游的供货商和顾客的力量不断增强时，他们将对公司造成很大的挤压。这时具有投资价值的是那些能够制定新的商业模式，开发价值链之外环节的企业；或者是在价值链的上下游尽可能地寻找新的供货商和客户，以削弱价值链上下游参与者谈判能力的企业。

- 强化价值链薄弱环节。如果自己的企业在整个价值链上成长较快，就必须帮助供货商和经销商成长，否则价值会被削弱。根据企业自身商业模式设计，审视企业所处价值链上是否有薄弱环节：供货商、经销商谁是薄弱环节，由于他们削减了企业所创造的价值。这种盈利模式设计的关键就在于改善那些阻碍你创造价值的价值链上下游环节。

- 价值链重新整合。当价值链出现断裂，或价值和利润向上下游转移，商业模式设计就需要整合价值链，捕捉价值链中心的盈利点。苹果最早是一个IT厂商，主要产品是硬件，陷入亏损后，乔布斯重新出山，使苹果市值成为全球第一，实际上就是对价值链重新整合，把自己定义为一个IT生态系统的管理者。苹果目前利润最大的贡献点已经不是硬件，而是App Store。

2.6.3 产品模式

以产品为中心的商业模式设计中，产品是公司盈利的中心。但是，随着权利从厂家转移到客户，为客户创造价值或增加价值更多不是单一依靠产品，而是依靠品牌、解决方案等。原先附着在产品上的价值已经迁移到品牌、解决方案等新的稀缺资产上，因此，传统的产品模式必须做出改变：

- 从产品到品牌。如果一个公司提供给客户的是独一无二的产品和服务，这个公司将会获得高额利润，公司的估值也会很高。但是，今天大多数企业面临产品、服务和竞争对手雷同，质量和价格也没有太大区别。在这种情况下，如何使客户选择你的产品就不能靠质量和价格了。那靠什么？靠品牌。品牌提供了产品服务和顾客满意度的承诺，比如京东代表的就是品质有保障的产品及假货较少。当盈利模式从产品转换到品牌时，将获得较高的利润增长率，资本市场在估值时将给予品牌溢价，市值将增加。

- 从产品到拳头产品。大多数企业的产品组合都是均衡的普通产品，盈利是行业平均水平，而且利润率越来越低。这时的盈利模式设计就要创造一系列相关的拳头产品。苹果公司的东山再起，一个非常重要的原因就是乔布斯开发了 iPhone 这个拳头产品，接着又推出了 iPad 这个拳头产品，带动了苹果所有产品和服务的盈利。

- 从产品到金字塔。建立一个多层次的产品体系，将所有层次的产品作为一个体系来管理，创造公司的利润区。在金字塔的产品结构中，低档产品的利润很低，主要是作为防火墙产品。如果没有防火墙产品，竞争对手就会从低端产品进入，从而威胁高端产品，而高端产品贡献着公司的主要利润。斯沃琪就是瑞士制表商 SMH 产品金字塔最低端的产品，这款价格低廉但依然有利可图的产品就是SMH用于阻击日本对手的防火墙产品。斯沃琪是为SMH的高档产品雷达、浪琴、欧米茄和宝珀建立保护带，以保护公司的利润区。

- 从产品到利润倍增器。利润倍增器模式指的是从单一品牌、产品、商标或服务获取最大利润到重复多次利用其获利。[①]实际上，利润倍增器战略是一个平台战略，平台产品是那些被创造出来、多次使用的资产。这种平台倍增器是对主打产品的一个补充，它们的目的是相同的，即摊销开发专利资产日益增加的成本[②]，从而获得高额利润。苹果公司是典型的利润倍增器模式，小米也是这种模式。

- 从产品到解决方案。在当今时代，价值和利润从产品转移到解决方案的趋势很明显，提供解决方案的企业比只提供产品的企业的估值要高很多。因为单一的产品不足以满足客户日益复杂的需求，创新的企业设计应该是将产品、服务和融资捆绑在一起为客户创造价值的销售方式。通用电气是一家成功从提供产品转向提供包括金融服务的解决方案的公司。解决方案的设计和开发很难，要想成为解决方案的提供者，就必须研究客户的系统，比客户更了解他们系统的经济性，创造一个独特的解决方案改进他们的系统。[③]

2.6.4 渠道模式

销售渠道的设计是商业模式设计中比较重要的一个环节，渠道倍增（专业化）、渠道集中（规模化）、渠道压缩（分销环节减少）和渠道复兴（中间商

---

① [美]亚德里安·斯莱沃斯基，等.利润模式[M].张星，译.北京：中信出版社，2001：217.
② [美]亚德里安·斯莱沃斯基，等.利润模式[M].张星，译.北京：中信出版社，2001：220.
③ [美]亚德里安·斯莱沃斯基，等.利润模式[M].张星，译.北京：中信出版社，2001：230.

再生），都有可能改变价值和利润的转移趋势，从而获得高额利润。

- 渠道倍增。在传统渠道商的基础上，开发适应现有和潜在客户的新渠道。传统线下分销的渠道再结合线上销售，就是一种渠道倍增的方式。苹果的销售模式就是渠道倍增的模式，其在中国的销售渠道为"官网直销+直营店+独立分销商（国代，中国邮电器材总公司和深圳天音公司）+运营商（三大电信运营商）+大规模零售商（DKR），也称直供商或直供客户（主要是国美和苏宁）+普通零售店（KR）"。

- 渠道集中。将数量巨大的传统的小规模零售点整合在一起，就是所谓的渠道集中模式，这能够解决效率低下、费时和不便利等问题。家乐福和沃尔玛等大型超市就是典型的渠道集中模式，它们将众多的小商店集中在一个大的超市里，为客户和供应商创造了巨大的价值，从而获得高额利润。

- 渠道压缩/无中间商。直接将产品和服务卖给客户，消灭中间商，特斯拉、小米和戴尔都是这种盈利模式，这种模式是"互联网+"商业模式设计的标志之一。渠道压缩之后，成本下降，企业就能低于市场价格提供产品和服务，却获取高额利润。

- 中间商再生。渠道压缩借助互联网消灭了中间的分销商，直接将产品和服务卖给客户，降低成本，从而使得客户享受到更低价格的产品和服务。中间商再生模式是相反的一种做法，往往也是通过互联网将"被消灭"的分销商重新进入分销渠道，当然新的中间商能够提供新的、重要的增值服务，能够向客户提供更有效的交易模式。携程就是一个典型的中间商再生的盈利模式，携程在旅行者和酒店、航空公司、汽车租赁公司之间创造了新的中间商地位，为交易双方创造了新的价值。携程通过搭建一个互联网服务平台，帮助旅行者获得更低的价格，同时帮助酒店、航空公司和汽车租赁公司等旅行机构提高其业务利用率，避免放空。

2.6.5 组织模式

商业模式最终要靠企业去实施，因此企业的组织结构的设计是否高效直接会增加或减少价值，直接影响到企业是否可以获得高额利润。最好的组织结构设计是通过组织的力量放大利润模式创造的价值和利润。

- 从金字塔到网络。金字塔的组织结构是很常见的，它意味着集权和官僚。如果企业规模大，这种组织结构就会阻碍企业内部人与外界的接触，从而导致无法关注客户，更无从了解客户的需求。为创造利润区，要尽可能地增加企业与外界的接触，关注利润增长。在组织结构上，资本青睐那些将传统金字塔组织结构改为网络型结构的企业。网络组织就是管理层级尽量扁平化，企业业务单元"小而美"，每个业务单元在 50 人左右。这样就能清晰地感受客户、投资者的压力和信号，准确把握客户好投资者的需求，从而创造更多的价值和利润。

- 基石建设。这是存储组织能量的方式，将公司中的最强战略位置加强、再加强，在某方面做到最好，然后寻找下一个机会，把握住这个机会，再做到最好，再寻找下一个机会。微软的基石模式是最成功的，在 20 年时间内，微软先是用 BASIC 树立了最佳的战略位置，然后从 DOS 发展出 Windows，又从 Windows 发展到一整套办公室应用软件。[1] 有意思的是，微软基石建设中的基石都是别人发明的，

---

① [美] 亚德里安·斯莱沃斯基，等. 利润模式 [M]. 张星，译. 北京：中信出版社，2001：279.

BASIC 来自微型电脑，MSDOS 以 QDOS 为基础，Windows 来自 Macintosh，NT 来自数码操作系统派生出来的技术。微软从来都没有把精力投入技术创新上，而是放在创造价值和利润上。①

- 从常规到"互联网+"的设计。"互联网+"企业计不是把公司整个网络化，也不是简单地上一个 IT 系统。而是一切从解决业务问题出发，利用互联网的思维，对生产率、反应时间、资产效益，以及最重要的顾客信息进行有效的整合，改善业绩，创造价值和利润。企业设计和公司面临的主要问题应该关注顾客和业务角度最可能改进的问题，而不只是信息技术角度的改进。"互联网+"的企业设计的目标不是从旧模式中获取更多利润，而是要通过与顾客新的交互作用创造利润区，带来源源不断的利润。"互联网+"企业设计既可以在传统的金字塔形组织结构中发挥作用，又可以在网络结构中发挥作用。当然，"互联网+"与网络结构相结合的企业设计将会大幅度地提升业绩。

2.7 保护利润流

商业模式设计的第三个战略要素就是战略控制，即如何通过产品差异化和战略控制手段保护住企业创造的价值和利润不被竞争对手所蚕食。战略控制手段解决以下问题②：

- 为什么公司选择的客户会向公司购买？

---

① [美]亚德里安·斯莱沃斯基，等.利润模式[M].张星，译.北京：中信出版社，2001：283.
② [美]亚德里安·斯莱沃斯基，等.发现利润区[M].凌晓东，等译.北京：中信出版社，2010：12.

- 公司拥有哪些竞争对手不具备的关键流程和关键资源？
- 公司的价值判断和竞争对手有何不同？特点是什么？
- 哪些战略控制方式能够抵消客户或竞争对手的力量？

表 2-1 列出了企业常用的战略控制手段，每一种战略控制手段都帮助企业守住利润流，使企业留在利润区。每个好的商业模式设计至少有一个战略控制手段，一些受资本青睐的商业模式往往有多个战略控制手段。多个战略控制手段代表企业的战略控制强度大，企业的业绩预测性也就越高，估值也就越高。

表 2-1 战略控制指数 [①]

保护利润的强度	指数*	战略控制手段	案例
高	10	建立行业标准	微软、阿里巴巴、Google、苹果、特斯拉、京东、腾讯
	9	管理价值链	英特尔、可口可乐、苹果、华为
	8	领导地位	可口可乐、华为、京东、腾讯
	7	良好的客户关系	GE、戴尔
中	6	品牌、版权、专利	很多
	5	2年的产品领先期	英特尔
低	4	1年的产品领先期	比较少
	3	10%~20%的成本优势	西南航空、小米、戴尔
无	2	具有平均成本	很多
	1	成本劣势	很多

*指数代表保护利润的力度强弱，指数越大，代表保护力度越大。

---

① [美]亚德里安·斯莱沃斯基，等．发现利润区[M]．凌晓东，等译．北京：中信出版社，2010：47．

2.8 定位业务范围

商业模式设计的第四个战略要素就是确定业务范围。根据公司所选择的客户、所采用的盈利模式、所拥有的战略控制手段,以及公司拥有的关键资源和能力,最终要确定公司将从事经营活动的种类和范围。[①]

- 公司希望向客户提供何种产品、服务和解决方案?
- 公司希望从事何种经营?起到何种作用?
- 公司打算将哪些业务进行分包、外购或者与其他公司协作生产?

确定业务范围时的正确逻辑要依次解决如下问题:[②]

- 公司目前的商业模式是怎样的?按照客户选择、价值获取、战略控制和业务范围进行描述,检查业务范围是否与前三个要素一块能满足客户最重要的偏好;业务范围是否与前三个要素协调一致。
- 公司真正的竞争对手是谁?尤其是要注意那些跨界的对手,也就是其他行业和公司争夺同一客户,并能满足客户需求的对手。
- 公司最难对付的竞争对手的商业模式是怎样的?
- 公司下一个商业模式的业务范围如何确定?

从创造价值的角度看,资本青睐的业务范围设计的排序是虚拟业务、提供外部支持、后续产品、窄范围产品、宽范围产品,最后是垂直一体化。

---

① [美]亚德里安·斯莱沃斯基,等.发现利润区[M].凌晓东,等译.北京:中信出版社,2010:12.
② 下文引自:[美]亚德里安·斯莱沃斯基,等.发现利润区[M].凌晓东,等译.北京:中信出版社,2010:277.

2.9 实施要素选择

一个企业的商业模式设计包含战略因素、操作因素和组织因素。前面 5-8 节分析了战略要素中的客户选择、价值获取、战略控制和业务范围，商业模式要落地创造价值，还需要在操作因素和组织因素方面做出合适的选择，最终使得设计的商业模式具有如下三个特征。

- 比竞争对手更好地满足了客户需求；
- 具有获得高额利润的能力；
- 战略因素和实施因素等各个环节具有内在一致性。

表 2-2 所示的是在商业模式设计中，如何对操作因素进行选择。一般来讲，表格右边的选项，基本上就是轻资产商业模式的设计思路，能够创造更多的价值。比如有两个企业 A 和 B，A 企业在商业模式操作要素的选择基本上都是按选择 1 进行的设计，即在采购政策上是临时交易，选择的是资本密集、固定成本高的生产系统，完全自己生产，研发完全依靠内部开发，销售依靠自销；而 B 企业的选择的是另外一种设计逻辑，与供货商具有长期的伙伴关系，选择的是资本密集度低、灵活的生产系统，大部分制造外包，研发与创新采用和外部合作开发，掌握最新技术，销售方式采用线上线下结合的混合方式。

表 2-2　操作因素的选择[①]

操作因素	选择 1	选择 2	选择 3	选择 4	选择 5
采购政策	临时交易	有保证的供应商	长期的伙伴关系		
资本密集度	资本密集，固定成本高的生产系统	资本密集度低，灵活的生产系统			
制造系统	完全自己生产	部分制造部分外购	大部分外购	完全外购	
研发与创新	内部开发	合作开发	申请许可证	最新技术	核心产品
销售机制	自销	分销渠道	混合方式	直接营销	互联网

以上两种设计思路导致的结果就是 B 企业的市场估值会明显高于 A 企业。

表 2-3 所示的是在商业模式设计中，如何对组织因素进行选择。一般来讲，尽量选择表格右边的选项，能够创造更多的价值。比如 A 企业按选择 1 进行设计，采用的是传统的金字塔组织结构，管理人员都是内部提拔，激励采用的是固定年薪；而 B 企业的组织结构采用的是网络型的利润中心模式，人员聘用和管理人员选拔既有企业内部的也有行业外部的，激励方式除了年薪之外还有年终奖和股权激励。

表 2-3　组织因素的选择[②]

组织因素	选择 1	选择 2	选择 3	选择 4	选择 5
组织结构	金字塔	网络型	功能型	利润中心	分拆为小型组织
人员聘用	行业内	行业外	混合方式		
激励方式	固定工资	固定加可变工资	可变工资	阿米巴	股权激励

以上两种设计思路导致的结果就是 B 企业的市场估值会明显高于 A 企业。

---

① [美] 亚德里安·斯莱沃斯基，等. 发现利润区 [M]. 凌晓东，等译. 北京：中信出版社，2010：301.
② [美] 亚德里安·斯莱沃斯基，等. 发现利润区 [M]. 凌晓东，等译. 北京：中信出版社，2010：301.

2.10 投资者喜欢的商业模式

投资者喜欢那些能够满足客户需求，为客户创造价值，在未来能够为投资者创造持续高额利润的商业模式，这些商业模式往往具有如下特征。

2.10.1 投资者喜欢的商业模式特征

- 大家都认同。
  - 客户认同。高度关注顾客，能够比竞争对手更好地满足客户需求，为客户创造价值。
  - 投资者认同。
  - 人才认同。高管团队和核心骨干认可企业，有一系列内部协调一致的关于经营范围的决策，而且激励方式采用了股权激励。
- 可预期的高成长、高价值。
有一套出色的价值捕捉机制或利润模型；
  - 多个盈利模式组合，多点盈利；
  - 能够快速复制性生长或成长性生长。
- 突出的竞争优势。
  - 能够使投资者对未来现金流更有信心的、强大的差异化和战略控制的来源；
  - 一看就明白，与众不同。
- 平均水平资源可以产生高水平绩效。
  - 一套精心设计的、能够支持和强化企业设计的组织体系；
  - 初始投入比较少；
  - 轻松赚钱；

- 资产比较轻。
- 和投资人能够分享合作、善于整合存量资源。

2.10.2 商业模式创新的具体做法

针对产品市场和资本市场的商业模式创新的设计逻辑是不一样的,针对产品市场的商业模式创新可以叫作初级阶段,在资本市场上吸引投资者、做大市值的商业模式创新叫作高级阶段。

初级阶段商业模式创新的要点:

- 企业"赚钱"的本质:为客户提供服务。只有为客户提供有价值的产品和服务,满足客户日益增长和变化的需求,才能获得利润。
- 创造大价值必须借助杠杆:金融杠杆、经营杠杆(连锁杠杆)。
- 采用传统的价值识别、价值来源分析方法,如 SWOT 分析法。

但是,要吸引投资者、做大企业市值还是远远不够的,还必须学会高级阶段的商业模式创新。

超越初级阶段商业模式的设计要点:识别与变现"价值新来源"。[①]

- 价值改善型创新。满足原有的生存、发展等需求,用工业化、信息化方式,或者利用技术创新的手段,改造传统产业,降低各个环节的成本,提高运行效率。可以从需求拉动和技术推动两个角度促进商业模式创新。比如,味千拉面能够成功上市,就是用制造业非常普遍的"工业化、标准化、信息化"改造餐饮业,使其能够快速地复制生长,从而产生了新价值,获得了资本市场的青睐。

---

① 下文参考:张陶伟《私募股权投资与商业模式创新》讲义。

- 价值依附型创新。满足间接第三方需求，第三方付费；注意力经济，新广告模式（楼宇广告、电梯广告等）；互联网企业（搜索、社交、微信、微博、新闻网站、视频）。
- 价值创造型创新。没有直接需求，通过创造有价值的产品或服务，引起客户的新需求，再满足这种新需求。

苹果就是价值创造型创新成功的范例。乔布斯重新出山之后，把处于充分竞争行业的、亏损的苹果，做到世界市值第一是出乎很多人意料的。因为苹果软件不如微软，硬件不如 Intel，搜索不如 Google，iPod 没有 Sony 的 Walkman 的革命性。① 苹果商业模式的设计逻辑：

- iPhone 的热卖是苹果东山再起的关键。当初设计 iPhone 的时候，乔布斯要求把 iPod 的功能全部做到 iPhone 上，而且要求 iPhone 能够上网。这曾经遭受摩托罗拉和诺基亚的嘲笑，它们认为手机就是打电话的，要这些华而不实的功能有什么用。但恰好是这些"华而不实"的功能唤起了客户新的需求，而 iPhone 又恰好满足了客户这种需求。于是，iPhone 就在当时已经是红海的手机市场上杀出了一片蓝海，而且开创了移动互联网时代。而摩托罗拉和诺基亚却没落了！
- 苹果卖的不是手机、笔记本等简单产品，而是"苹果生态系统"。苹果公司将硬件与软件、整机与服务融合于一体，构建了全球的"硬件、软件、内容"三位一体的生态系统。
- 盈利点：一是靠卖硬件产品来获得一次性的高额利润；二是卖苹果自己开发的软件获利；三是靠卖音乐和应用程序来获得重复性购买的持续利润。
- 被乔布斯、时尚、生活方式包裹，被创新、华尔街，以及商业理想主义化妆之后的苹果，成为时尚和奢侈的代表。

---

① 下文参考：张陶伟《私募股权投资与商业模式创新》讲义。

2.10.3 商业模式的价值判断模型

以客户和利润为中心的商业模式设计一定会给股东带来价值,但是究竟能创造多大价值,而且盈利模式是如何影响市值的呢?有4个关键要素决定了公司的市值[①]:

- 销售利润率。息前税前利润与销售额的比率,反映了公司获取利润的能力。当公司的销售利润率下降,就表明原来的商业模式正在偏离客户的偏好,开始滑落到利润区之外。当公司的销售利润率上升,说明商业模式为客户创造了价值,公司获得高额利润。
- 利润增长率。用近两年的数据预测反映公司未来3~5年的利润增长,反映的是公司的成长能力。
- 资产效率。公司资产(资产—现金和现金等价物—应付账款)与销售额的比率,这个比率越高,代表资产使用效率就越低,对公司盈利水平的拖累也就越大。为什么投资者比较青睐轻资产的商业模式设计?如果商业模式设计导致资产过重,那么即使强大的获利能力也会被抵消掉,将无法为投资者留下可分配的自由现金流。
- 战略控制手段。战略控制手段是用于保护公司所创造的利润流。

以上4个指标都是由公司的商业模式决定的,可以用这4个指标构建一个简单的模型用于判断公司市值的变化。如果A、B两个企业,A公司的商业模式在这4个方面都比B公司表现好,那么在资本市场上A公司的估值将高于B公司。

---

① 下文参考:[美]亚德里安·斯莱沃斯基,等. 发现利润区 [M]. 凌晓东,等译. 北京:中信出版社,2010:305.

第 3 章
价值如何得到认可

3.1 价值实现的基本逻辑

3.2 IRM 管理与价值实现

3.3 从 IRM 到 4R 管理

3.4 从信息披露到整合营销

3.5 从单向沟通到双向互动沟通

3.6 构建高效和独立的董事会

3.7 从激励到市值管理的股权激励

3.8 从福利到市值管理的员工持股计划

3.1 价值实现的基本逻辑

价值实现指的是在资本市场有效性较差的情况下，公司市值不能反映其内在价值，就需要通过信息披露、投资者关系管理、资本市场品牌策略等手段使得资本市场了解并反映公司的内在价值。价值创造过程是市值管理的基础，但是公司创造的内在价值能否准确地反映在其股票市场价值上，就要依靠价值实现这一重要的桥梁了。

价值实现的方法主要有两大类，即公司治理和以投资者关系管理为代表的消除信息不对称的4R管理。4R指的是IR、AR、MR、RR，分别代表投资者关系管理、分析师关系、媒体关系、监管层关系。

优化公司治理主要包括董事会的独立性、信息披露的质量、股权激励的业绩考核、员工持股计划的参与热情。董事会的独立性直接关系到董事会是否能够代表大多数股东（尤其是中小股民）独立、公正地行使决策和监督的职责，直接关系到上市公司是否被控制性股东或经理人操纵，资本市场的实践表明，董事会的独立性和上市公司市值呈正相关关系，董事会越独立，资本市场给予的溢价将越高。

信息披露的质量对于价值实现是非常重要的，因为及时、充分、完全、有效的信息披露能够使得公司市值准确反映内在价值。但是由于监管制度设计的缺位，中国上市公司目前依然普遍存在"报喜不报忧，报忧不报喜"的选择性披露，或者对财务数据进行"粉饰"。但是，从发展的眼光来看，对信息披露一定会进行严格监管,因此提前在信息披露中提高质量的上市公司,资本市场一定会对其市值做出正面回应。

股权激励对于价值实现来说,最关键的在于业绩考核财务指标的确定。对于上市公司,财务指标有会计指标和市场指标两大类。会计指标反映的是账面价值和内在价值,市场指标体现的是公司的市场价值。对我国上市公司的股权激励,建议将会计指标和市场指标二者结合起来同时用于业绩考核,并根据公司的目标对二者的权重进行调整,可能是一个比较符合实际的方案。[①]因为这样可以兼顾企业内在的价值创造和外部资本市场的价值实现。

员工持股计划没有业绩考核的要求,但有 12~36 个月的锁定期。员工往往是以 9 折获得认购资格,因此,有股价下跌引起财富缩水的风险。在这种情况下,上市公司推行员工持股计划时,如果员工积极参与认购,这就必然向资本市场释放正面的信号:管理层和核心骨干员工对公司未来非常看好,公司的市值被低估了。这必将推动公司股价上涨。

4R 管理主要是用于消除资本市场的投资者和公司之间的信息不对称,使得公司市值能够准确反映内在价值的变化。4R 管理包括投资者关系管理、分析师关系管理、媒体关系管理和监管机构关系管理。公司与研究机构、各类基金、证券公司、媒体机构、社会公众和监管机构等关系良好,那么意味着公司将被资本市场认可和认同,这将使得内在价值的变化真实地反映在市场价值上,甚至给公司带来市场溢价。

在危机管理中,可以通过分析师电话会议、新闻发布会、公告、媒体声明减少信息不对称,消除不确定性,减少二级市场的剧烈波动;在日常的管理中,可通过业绩发布会、分析师见面会、路演、反向路演、网上路演等互动方式减少信息不对称,保证公司市值稳定增长,提升股东价值回报。

---

① 马永斌. 公司治理之道:控制权争夺与股权激励 [M]. 北京:清华大学出版社,2013:414.

3.2　IRM 管理与价值实现

卖企业和卖产品在逻辑上是一样的，也需要在资本市场上向投资者进行营销。价值实现就是企业在资本市场上整合营销的结果。

投资者关系管理（IRM）是资本市场的产物，其产生的初衷就是在上市公司和投资者之间建立良好的沟通与信任关系，让企业的内部价值得到资本市场的认可。

在 1929 年经济危机爆发之前，美国的资本市场非常不规范，是一个弱势有效或者无效的资本市场，股票价格无法反映公司价值的真实变化。上市公司的实际控制人为了牟取私利，在信息披露上弄虚作假，上市公司和投资者之间存在高度的信息不对称。做假账、虚假信息和误导性信息披露、选择性信息披露在当时的美国资本市场也是极度盛行，最终导致了经济危机的爆发。痛定思痛后，美国资本市场回归到价值投资的思路上来，在 20 世纪 50 年代提出了上市公司需要进行投资者关系管理。认为通过与投资者建立良好的沟通和信任，消除公司与投资者之间的信息不对称，是公司内在价值得到资本市场认可的关键所在。投资者关系管理在美国发展很快，基本上每家美国上市公司都有专门的人和机构进行投资者关系管理，都有一套独特的工作逻辑和方法。

美国的全美投资者关系协会（NIRI）在 1988 年对 IRM 的定义是"公司通过财务、信息披露、市场营销等手段，与投资者等利益群体加强沟通，是一项旨在帮助公司在资本市场中获得最大企业价值的战略管理工作"。

1990 年，加拿大投资者关系管理协会（CIRI）认为"IRM 是公司通过运用金融、营销、沟通等手段，将其经营情况及发展前景传递给现有及潜在的投资者，以便其做出正确的、有利于公司发展的决策"。

1993 年，日本的投资者关系协会（JIRA）认为"IRM 是上市公司实施的，用来促进股价真实反映其自身价值的手段，最终能够起到降低融资成本的作用"。

根据投资者关系管理的实践，良好的 IRM 的意义在于：

- 使得公司价值得到资本市场认可，避免公司价值被低估。在资本市场上，酒香也怕巷子深。股票价格是公司内在价值和市场预期的外在表现，投资者只有在掌握足够多的财务信息和经营状况的信息，才能对公司未来的获利能力做出正确预测。良好的投资者关系管理可以在充分的信息披露、不断双向沟通的过程中，让投资者了解并认同公司的发展思路和经营状况，向投资者充分揭示公司的价值，防止公司价值被低估。

- 减少信息不对称，纠正市场估值偏差。建立良好的投资者关系管理，意味着上市公司除了在强制信息披露时要做到完全、及时、充分和有效之外，还要主动披露各种有关经营状况、盈利能力预测的各种自愿性信息，尽最大可能性降低公司与投资者的信息不对称，充分向投资者揭示公司价值，从而使得资本市场认可公司的内在价值。

- 降低融资成本。在有效的投资者关系管理下，信息披露解决了公司与外部投资人之间的信息不对称，投资人可以更加准确、充分地了解公司的运营状况和盈利能力，建立稳定的投资者基础，增加投资者跟随，降低企业市场价值被低估的可能性，从而以较低成本融到所需要的资金。

- 管理资本市场预期，增强市场信心。投资者对企业的估值建立在对未来公司的盈利能力基础之上。但是经济发展有周期、行业的价值流动在变化、企业经营状况也有起起伏伏，良好的投资者关系管理可以使得投资者客观、科学地看待公司业绩的波动变化，从而进行有效的预期管理，增强投资者的信心。

- 提升无形资产，获得市场溢价。投资者关系管理实际上就是一个整合营销过程，通过强制信息和自愿信息的充分披露，将公司的财务状况、资本结构、公司治理状况、商业模式、技术创新、管理方式、营销系统和企业文化等方面的情况正式地展现给资本市场的利益相关主体。除了让投资者对公司更加了解，增强持股信心之外，另一个重要的作用是通过整合营销传播向社会各界做了宣传，提高公司的知名度，从而增加了公司的无形资产，最终获得投资者给予的溢价。

- 增强价值创造能力。双向互动的投资者关系管理，在公司向投资者充分揭示内在价值的同时，还可以更好地了解投资者的意见、诉求和建议。可以使得公司的管理层更准确理解股东对价值创造的诉求，并将其体现在战略、商业模式、营销系统等价值创造环节，从而增强企业的价值创造能力。

随着投资者关系管理的实践与总结，2003年，NIRI给出了重新定义："IRM是一项战略管理责任，整合金融、沟通、营销和证券法规，在公司、投资者和其他社会公众之间使用双向沟通，最终使公司的证券得到公正的股价。"

结合中国资本市场的实际，我们认为投资者关系管理是通过信息披露，综合运用金融、整合营销、沟通等方法与手段加强与资本市场的利益相关主体进行双向互动沟通，消除公司和投资者之间的信息不对称，使得资本市场的利益相关主体对公司充分了解并认同，争取公司价值实现最大化。这里有三点趋势变化需要注意：

- 从投资者关系管理到4R关系管理的转变。资本市场的利益相关主体不再只是包括现有的投资者和潜在的投资者，而且还包含证券分析师、基金经理、媒体、监管层等。

- 从强制性信息披露到自愿性信息披露。这里的信息披露除了在强制性信息披露中要做到完全、充分、及时和有效之外，还需要尽可能充分地披露反映公司运营状况和盈利状况的自愿性信息。
- 从单向沟通到双向互动沟通转变。传统的投资者关系管理和信息披露主要指的是单向沟通，强调将强制披露信息和自愿披露信息完全、充分、及时和有效地传递给资本市场的利益相关主体；双向互动沟通是在做好单向沟通的基础之上，公司要建立专门的IRM部门收集从投资者、分析师、媒体和监管层的反馈信息和信息需求，用于帮助公司精练价值创造的环节，帮助管理层了解资本市场相关利益主体对公司特定行动的响应情况。这种双向沟通效果会直接影响到公司的决策和资本市场上股价的表现。

3.3 从 IRM 到 4R 管理

最早的投资者关系管理的对象只是单纯的投资者，但是资本市场上能够影响到公司股价的利益相关者众多，除了现在已经持股的股东之外，还包括潜在的投资者，以及证券分析师、媒体和监管层等。而且潜在的投资者可能和现有股东具有不同的投资理念、投资风格和投资偏好；证券分析师、媒体和监管层对公司股价的影响可能比股东还要大。因此近年来的投资者关系管理已经从单纯的IRM发展到4R关系管理。

4R关系管理的逻辑是：用投资者理解的语言去描述你的公司价值，并通过4R传导到资本市场。一个给定内在价值的企业，如何描述价值，并通过4R传导出去就很关键，因为这直接关系到公司的估值。

【案例】复星集团的价值实现与描述 [1]

在 2007 年整体上市之际,复星集团的产业结构由 6 个板块构成:医药、房地产、钢铁、矿业、零售、金融,这显然是一家无关多元化公司。按国际资本市场的惯例,无关多元化公司的市值不可能估得太高。

摩根斯坦利、高盛去和郭广昌聊过之后,认为国际资本市场不认这种大杂烩公司,因为完全是非相关多元化、股权投资。如果一定要 IPO 发行,只能给出 6 倍市盈率,郭广昌肯定不同意。

最后瑞银的蔡洪平也去了,问郭广昌:"这些投资都是非相关多元化,经营风险很大,可为什么你投资哪个产业,哪个都成功呢?"郭广昌回答说:"这是我们的核心能力。在中国经济高速成长中,我们能率先识别出哪个行业值得进入,所以最后就成了一个你们觉得业务结构不可理喻的公司。"

蔡洪平一听,就决定 20 倍市盈率承销。提出的概念是"复星是中国经济高速成长中的产业机会发现者"。按这个方式描述,复星的核心能力不是驾驭多元化,而是发现中国的产业机会。

3.3.1 投资者关系(IR)管理

中国 A 股市场现阶段的 IRM 基本上就是"大股东投资者关系管理"或者"董事会秘书投资者关系管理"。现在的一般做法就是上市公司的大股东利用信息优势,根据自己的利益诉求来披露公司信息。这就使得公司披露的信息失去了可信度,无法对一般投资者的投资起到指导作用。投资者关系管理基本上就是一个表面工作,起不到公司价值实现最大化的作用。

随着新股发行速度越来越快,注册制已经来了。注册制之后,上市的公

---

[1] 资料来源:王明夫. 足够重视市值管理了吗 [J]. 中欧商业评论. 2010 年 5 月刊总第 25 期. http://www.ceibsreview.com/show/index/classid/5/id/1017.

司会越来越多,而注册制之后上市的公司股本大都不会太大,那么随着IPO、上市之后的再融资和大股东减持,股权将变得分散。这时公司面临的投资者主要是中小投资者。从融资成本和控制权争夺(反恶意并购)两个视角来看,未来的上市公司竞争将是"得散户者得天下"。因此投资者关系管理关注的重点一定要从大股东转到中小股东上面,真正建立使得所有投资者价值最大化的投资者关系管理。

另外,还要寻找"会打喷嚏的股东"。在公司再融资时要在股东结构中引入"会打喷嚏的股东",对公司市值将会有正面的影响。

3.3.2 分析师关系(AR)管理

证券分析师是资本市场上对股票和债券进行分析预测的专业人员,由于分析师具有专业的分析能力,以及优于一般投资者的信息收集能力,他们可以深度分析公司的财务状况和盈利状况,对股票价格的未来走势发布预测,为投资者提供投资建议。随着资本市场的发展,分析师的作用和地位越来越重要,已经成为资本市场上的一支重要力量。

一家上市公司,如果平均每月分析师能发布5份左右的研究报告,而且报告有深度,评级一般为买入或增持,并且覆盖多个新财富研究员。那么表明这家公司的内在价值获得了资本市场认可,很有可能获得资本市场的溢价。

如何让分析师关注公司呢?A股上市公司的创始人和董秘,存在两种极端情况,第一种情况是所有分析师来都接待,所有券商的投资策略会都参加;第二种情况是上市之后完全不理会这些自选的整合营销传播过程,能不参加就不参加,美其名曰要关注实业。这两种情况对公司的价值实现没有任何帮助,第一种情况会浪费太多的时间和精力,而且有可能找不到对公司感兴趣

的分析师;第二种情况是分析师不会关注公司,公司内在价值得不到资本市场的认可。比较正确的逻辑是:

- 找到对公司感兴趣的基金公司、分析师和财经媒体。
- 组织路演和反向路演。
- 深度沟通公司的商业模式、运营状况和盈利能力状况。
- 做好预期管理。

3.3.3 媒体关系(MR)管理

在公司价值实现的整合营销传播过程中,媒体是连接上市公司和投资者的重要桥梁,媒体关系管理的效果直接关系到公司价值是否能够在资本市场上得到认可。因此,近年来上市公司逐渐开始在市值管理中重视媒体的作用。

在媒体关系管理中主要有两个重点,首先是大众媒体和自媒体的综合应用;其次是做好舆论危机管理。

大众媒体包括立体媒体、平面媒体和多媒体[①]。大众媒体是企业信息披露的重要渠道,也是广大投资者获取企业信息的主要来源;而且由于大众媒体的官方权威性,往往起到答疑解惑、引导舆论的作用;并且大众媒体也是外部公司治理结构的一种重要手段,对公司的实际控制人起着舆论监督的作用。

一些上市公司对媒体采用避而远之的做法,不但不主动邀请媒体采访沟通,而且媒体的采访要求也一律婉拒。这种做法首先会伤害媒体的感情,其次会导致记者根据公开披露的信息或者是道听途说的小道消息形成报告,这

---

① 主要指的是互联网媒体。

样的新闻报道对公司市值不可能有正面的影响，甚至有可能是负面报道。每家公司都希望媒体多发正面消息，少发负面消息。那么如何才能做到呢？

- 完善媒体沟通制度。首先要对媒体进行分类管理，对那些市场影响力大、对公司市值影响比较大的媒体，要定期主动邀请其到公司进行采访，一方面将公司的经营状况和盈利状况传播给广大投资者；另一方面也可以答疑解惑，以防市场出现对公司的误会。其次，对同一重大事件，对不同媒体要提供不同视角的素材。这样可以避免千篇一律的新闻稿传播，可成为一个多视角的立体传播，可以达到事半功倍的效果。
- 对媒体需求进行调研。媒体喜欢挖掘不为人知的信息，为了防止媒体的报道有失公允，公司要主动调研媒体的需求，向媒体提供一些它们感兴趣的新闻素材。
- 细化媒体沟通流程。媒体沟通流程是否完善，直接涉及信息沟通的正确性和沟通的效率。
- 建立统一宣传口径。这是对外信息控制的需要，否则当企业内部意见不一致时就容易导致多个渠道向媒体传递相互矛盾的信息，容易引起误解。
- 建立舆论危机预防机制。

媒体关系管理中，除了重视大众媒体之外，还要学会善用自媒体，如利用微信公众号和微博的传播作用。当今时代，有关公司的信息，尤其是负面消息在自媒体的传播可以在一夜间就传遍大江南北，因为自媒体具有以下几种特点。

- 自媒体时代，人人皆记者，处处是中心，边缘模糊化，信息杂乱，专业性差，信息传播容易出现管中窥豹或者指鹿为马的偏差。
- 病毒式传播。立体网络传播，受众是几何级增长。
- 信息化获取碎片化，容易出现一叶障目、扭曲事实的现象。
- 传播途径圈群化，事实真相容易受到意见领袖的影响。

公司应该将自媒体视为面向投资者进行整合营销传播的主要渠道，建立官方微博和企业微信公众号等自媒体，将其作为公司自选信息披露的重要渠道。而且不能只是单向的信息发布，一定要在这些自媒体上和投资者进行充分互动，将公司真实的运营状况和盈利能力等情况进行随时沟通。这样做将减少公司和投资者之间的信息不对称，有利于公司价值实现最大化。

媒体关系管理中另一个重要的内容是要做好舆论危机管理。企业的经营过程中充满了各种各样的风险，如果不能有效化解突如其来的危机，上市公司的市值就会大幅缩水。而且"好事不出门，坏事传千里"，特别是在自媒体时代，负面消息的传播速度基本上是呈几何倍增的，而且很多时候"躺着也中枪"。但是，有时候危机处理得当，也会达到坏事变好事的效果。

既然危机难以避免，那么就应该做好危机的预防和应对工作。对于舆论危机管理来讲，最糟糕的是发生后，被动挨打，股价大跌；稍好一些的是发生之后，巧妙应对，四两拨千斤；最高明的是让舆论危机发生不了，将其扼杀在摇篮之中。应对策略是做到预防、预判和预控，具体做法是：

- 研究分析行业状态、竞争对手动态，发现跨界的潜在竞争对手，目的就是保护公司自己的生态环境。
- 和具有影响力的大众媒体和自媒体建立朋友关系。
- 建立并运营官方自媒体，进行不间断的舆情监控和预警机制。
- 建立快速、真诚的危机应对机制。

- 内部协调一致，建立统一口径。
- 直面质疑。危机发生后企业应当第一时间做出积极、主动、耐心和认真的回应，如果采用漠视的态度回避，只会损害公司的形象和市值。因为对危机及时真实的回应可以改变外界对危机的看法和稳定投资者情绪。

3.3.4 监管层关系（RR）管理

关系管理的要义不是"搞关系"，而是要建立信任。好的关系管理是在各方之间建立和谐信任的氛围，使各种活动都能够顺利快速而又低成本地运行。而所谓的"拉关系"或者"搞关系"，恰恰是对关系的误用。[①]

以上对关系管理的定义非常适用于投资者关系管理，尤其是监管层关系管理。监管层关系管理是上市公司外部治理结构中的重要内容，也是上市公司如何处理政商关系的关键所在。监管层关系管理绝对不是上市公司通过走后门，和监管层进行权钱交换、权权交换、权色交换，在资本市场上操纵股价获利。

健康的监管层关系管理的逻辑是，企业所有的资本运作或市值管理手段必须是合法合规的，但这只是一个基本要求；其次还应当吻合监管层的基本诉求：保证金融市场可持续、健康地发展。这对于中国资本市场是非常重要的，因为近年来国内金融产品创新的速度远远超过了监管立法的速度，国内资本市场存在许多监管漏洞。只用合法合规来约束，就会导致大量的金融风险。

---

① 江涛. 关系管理之道. 管理学家. 2011-10-25. http：//www.nbd.com.cn/articles/2011-10-25/610526.html.

【案例】宝能集团的监管层关系管理败因分析[①]

2015—2016年在A股市场频繁举牌的宝能集团就是监管层关系管理失败的典范，其在A股市场的运作手段，基本上都没有违反现行法律法规。宝能利用的就是监管的漏洞：目前资管产品已经很普遍地混业运作，但在监管层面依然处于一行三会严重割裂的局面，存在较大的监管漏洞。在宝万之争中，宝能通过不同渠道设计杠杆进行融资。

- 万能险。这是宝能系资金中的本金，前海人寿买入万科股票、股权的近80亿元资金来自万能险筹资。万能险是一种偏好理财的产品，对投资者最大的吸引力是期限短、收益高。前海人寿的海鑫利4号（C）年金保险（万能型）产品期限20年，但3年后即可无手续费退保，预期年化收益率7.1%。像恒大人寿用万能险短线炒股、宝能用万能险举牌上市公司进行控制权争夺，属于典型的"风险错配"。

- 向银行、券商进行杠杆融资。姚振华夫妇提供连带担保，深圳宝能投资以钜盛华股权质押，深圳浙商宝能产业基金以深圳钜盛华股权质押。多重增信措施，取得来源于浙商银行理财的133亿元资金融资。同时类似的结构可能也应用于民生加银资产22亿元资金的融资。

- 以1∶2杠杆比例成立浙商宝能基金，姚振华个人控股的公司"深圳宝能投资集团"以67亿元劣后LP资金撬动总计200亿元资金投入"深圳浙商宝能产业投资合伙企业"。

- 宝能系杠杆运用的核心企业，钜盛华自身的杠杆主要是银行借款和股东借款，钜盛华从2014年开始实收资本大幅度增长，但同时其他应

[①] 资料来源：（1）宝能系对付万科的这些手段. http：//mt.sohu.com/20161221/n476532653.shtml.；（2）孙海波. 刘士余、项俊波 & 吴晓灵：围绕野蛮人收购和险资举牌的观点大PK. 金融监管研究院. 2016-12-03；（3）环球老虎财经. 南玻A选出一位不懂玻璃行业的董事长. 搜狐财经. http：//mt.sohu.com/d20161122/119642778_115708.shtml；（4）缪因知. 宝能买格力"落幕，证保监管趋严. 经济参考报. 2016-12-13. http：//jjckb.xinhuanet.com/2016/12/13/c_135900387.htm.

付款项目也大幅增长达到100多亿元，但钜盛华自身有多少金融机构借款并不清楚，从其发债申请材料看，截至2015年二季度末，各金融机构对其授信85亿元，其中已提用67.7亿元。同时关联方为向钜盛华提供资金支持，也做了大量股权质押。

- 通过资管计划进行杠杆融资。钜盛华买入万科9.95%股权的资金，来自九个资产管理计划。所谓资管计划，就是证券、基金公司及其子公司发行的类信托产品。钜盛华作为劣后级委托人（一起去投资，如果亏了先亏它的钱），以1∶2的杠杆比例参与资管计划。180亿元的资管计划，优先级120亿元融资是钜盛华最终的融资杠杆。这些资管计划随后买入万科股票，并成为钜盛华的一致行动人。

- 收益互换。钜盛华将保证金或保证品交给证券公司，证券公司按比例配资后买入万科股票。在合同期内，钜盛华支付固定利息，同时获得股票收益权。合同到期后，钜盛华可以回购这些股权。根据保证金比例不同，这种融资手段的杠杆比例可以高达2～5倍。曾经有万科8.38%（按当时股价，140亿～150亿元）的股权，是钜盛华通过收益互换拿下的。

- 连环股权质押。通过质押股权向银行申请贷款，这又是一层杠杆。钜盛华质押前海人寿及万科股权，宝能质押钜盛华股权，姚振华质押宝能股权……同样的操作发生在宝能举牌的其他上市公司，如南玻A。

- 债券。宝能系旗下的深业物流还发布了几十亿元私募债，用于还贷。

从证监会、保监会和银监会任何一个监管方的监管职责来看，宝能的手段都没有违反现行法律法规，宝能将资金组织方式用到了"极致"，积累起来的杠杆是非常高的，高得吓人。

2016年11月26日，全国财经委副主任委员、清华大学五道口金融研究院院长吴晓灵认为，在现行有关法规下，宝能的资金组织不违规，但此种组织方式确实蕴含了很多风险，需要监管方面针对监管漏洞加以弥补。宝能在资金组织方面带来的巨大风险有两点。

首先，用险资举牌进行控制权争夺的风险极大。保险资金体量大、期限长、追求绝对收益，可以是资本市场重要的机构投资人。让保险资金做积极股东，做战略投资人，有利于提高社会的资金使用效率。但是宝能的做法是把万能险这样一个成熟的保险品种变成了短期理财产品，从而造成了短期资金用于长期投资，加大了流动性风险的问题。保险是需要投资收益的，但这要围绕提高保险产品保障水平，提升保险公司的偿付能力。而不是像前海人寿一样，沦为大股东宝能的低成本融资平台，险资被用于控制权争夺。这是保监会监管的典型漏洞，宝能的做法虽然没有违规，但是给保险公司树立了一个很不好的榜样。

其次，资管计划参与举牌进行控制权争夺的风险极大。钜盛华通过九个结构化资管计划组织资金，参与对万科的举牌，形成一致行动人。但是，结构化的资管产品本质上是自带杠杆的融资工具，优先劣后的安排使得资管产品的管理人沦为办理人。本来资管计划的发起者应该是管理人，但是通过优先劣后的安排，特别是劣后层，由于他承担了很多的风险，所以他要掌控投资的方向。这个时候的管理人实际上已经沦为一个办理人。劣后级实际上是在向优先级借贷，这种安排实际上蕴藏着很多的风险。这种结构化的资管计划用于收购所面临的问题，一是信息不透明、掩盖实际控制人；二是资管计划多层嵌套有引发金融业务交叉风险的可能；三是资管计划自身的风控机制承压甚至失效。

宝万之争意义重大，影响也非常深远。宝能用它无与伦比的"找漏洞""钻空子"的能力，向一行三会展现了：现在的金融市场有多少漏洞，有多少风险！

恶意并购本是资本市场的一个纠错机制，恶意并购的标的对象是价值被低估的、有潜力的公司。为了完成这样的收购，恶意并购者要谋取控制权，得到控制权之后或者是进行产业整合，或者是完善企业的治理结构，提升企业的价值，从而能够给并购者带来收益。被并购的企业，往往会采取一些反并购的措施。

对于监管层来讲，在反并购的过程中，应该监管的是：进一步明确董事会、经理层的信义义务也就是说董事会所采取的反敌意收购的措施要代表广大股东，特别是中小股东的利益，符合合理性和适当性的标准。敌意收购很难说它是好还是坏，但是作为敌意收购的收购方，应该通过自己的行为提升企业的价值，这才有利于社会经济的发展。作为被收购方可以来拒绝和防止敌意收购，但是前提条件是要能够更好地维护企业的持续健康的发展和广大股东的利益。

但是宝能的手段是血腥的，而且为达目的是不择手段的：

2016年6月26日，宝能系提出包括罢免王石、郁亮、乔世波等10位董事以及2位监事在内的12项议案。鉴于海闻此前已提出辞职，宝能系相当于要求罢免万科本届董事会和监事会的所有董事与监事。王石团队能把万科经营成世界500强，做地产肯定是比宝能做得好，宝能系这种做法实际上已经超出了恶意并购的范畴，如果遂其愿，宝能的团队是不可能比王石团队更能给万科股东提升价值的。

宝能血洗南玻A高管，使得创始人、董事长曾南在内的13名高管在2016年11月15日到12月6日不到一个月内离职，同时大批中层和核心骨干员工离职。

南玻A高管集体辞职后，宝能系的人选迅速填补高管空缺。先是宝能系背景的陈琳出任董事长并代为履行首席执行官职责，同是宝能系背景的董事程细宝出任董秘。此后，陈琳还兼任代理总裁，负责全面管理；2016年12月14日，南玻A召开临时股东大会选举了两名独立董事；12月23日召开的第七届监事会临时会议上确定了张宛东、李新军为第七届监事会监事候选人。

陈琳历任深圳市钜华投资发展有限公司总经理秘书，深圳深业物流集团股份有限公司部门经理、总经理助理、副总经理；程细宝现任深圳市宝能投资集团有限公司财务部常务副总监；2016年1月选为董事的叶伟青现任深圳市钜盛华股份有限公司（下称钜盛华）董事长、总经理，前海人寿保险股份有限公司董事。从这几名高管过往的任职经历来看，基本集中于投资领域，对于南玻A的主业，玻璃制造业却是并未涉及。

资本市场对此的反应是：游资青睐炒作，机构却趁机用出逃的方式表示不看好。截至2016年三季度，持有公司股票的机构数量已由半年报中的73家大幅下降至6家。在2016年11月21日最近的三个交易日累计涨幅达25%，但是在21日涨停中有三家机构的大笔出货。机构出逃影射的担忧是，南玻的正常经营是否会受到影响？《中国证券报》援引原董事长曾南的一封"告别信"时提道，陈琳在2016年半年度的董事会上讲，"你们这些搞制造业的辛辛苦苦也就赚这么点，还不如去搞资本运作"，并以忠旺集团来佐证她的依据。她还说，"前海人寿要派人到公司出任常务副总，专职资本运作，通过收购买卖可以赚比制造业更多的钱"。

紧接着，宝能对"中国制造"的代表格力动手了。11月30日，格力电器发布公告称，前海人寿自2016年11月17日公司股票复牌至11月28日期间大量购入公司股票，持股比例由2016年三季度末的0.99%上升至4.13%，持股排名由公司第六大股东上升至第三大股东，目前其尚未达到持股5%的披露标准。

宝能这种没有"底线"的抢夺控制权的做法，彻底惹怒了监管层。

于是，在2016年12月3日，在中国证券投资基金业协会第二届第一次会员代表大会上，证监会主席刘士余脱稿演讲中指出："希望资产管理人，不当奢淫无度的土豪、不做兴风作浪的妖精、不做坑民害民的害人精。最近一段时间，资本市场发生了一系列不太正常的现象，你有钱，举牌、要约收购上市公司是可以的，作为对一些治理结构不完善的公司的挑战，这有积极作用。但是，你用来路不当的钱从事杠杆收购，行为上从门口的陌生人变成野蛮人，最后变成行业的强盗，这是不可以的。你在挑战国家法律法规的底线，你也挑战了你做人的底线，这是人性不道德的体现，根本不是金融创新。"

"有的人集土豪、妖精及害人精于一身，拿着持牌的金融牌照，进入金融市场，用大众的资金从事所谓的杠杆收购。杠杆收购用的钱，出资人必须有风险消化能力。现在在金融市场，直接发展一些产品，实际上最终风险承受的不是发产品的机构，而是我们广大投资者。杠杆质量在哪里，做人的底线在哪里？这是从陌生人变成了野蛮人，野蛮人变成了强盗。挑战现行的金融监管的民商法是有利应对制度的创新和推进，有利于监管部门加强监管，当你挑战刑法的时候，等待你的就是开启的牢狱大门。"

2016年12月3日，保监会副主席陈文辉也表示："保险公司不能把公司能否盈利寄希望于资产管理能力，不能指望保险公司的资产管理能力比专业机构强，不能通过各种金融产品绕开对资本和偿付能力的监管。"他甚至认为这种套利行为可能构成犯罪。

2016年12月5日，保监会下发监管函，针对万能险业务经营存在问题并且整改不到位的前海人寿采取停止开展万能险新业务的监管措施；同时，针对前海人寿产品开发管理中存在的问题，责令公司进行整改，并在3个月内禁止申报新的产品。6日，保监会派检查组入驻之前在资本市场风头最劲的前海人寿和恒大人寿。9日，暂停恒大人寿的委托股票投资业务。

这些严厉的措施，虽然不应该会追溯既往真的让人身陷牢狱，但证券资产管理领域的监管大方向已然改变了。

2016年12月9日晚间，前海人寿则就其在格力电器上的持股进展发布公告称，作为保险机构投资者，前海人寿一直按照有关法律法规要求开展投资，对于格力股票的投资属于正常的财务投资，鉴于近期市场的过度报道和持续关注，未来将不再增持格力股票，并会视市场情况和投资策略逐步择机退出。

作为"宝能系"举牌万科A的储备"弹药"，早已成立的"安信基金信心增持1号资产管理计划"和"安信基金信心增持2号资产管理计划"一直未浮出水面，目前1号资管计划已经提前清盘，2号资管计划也正在着手清盘。这两个资管计划自成立以来并未建仓，12月初刘方曾提出增持万科，但出于风险的考量，管理人和优先级投资人均持保留意见，多方协调后最终做出提前清盘决定。

2017年2月22日，时任保监会主席的项俊波在出席国新办新闻发布会时表示："对个别浑水摸鱼、火中取栗且不收敛、不收手的机构，依法依规采取顶格处罚，坚决采取停止新业务、处罚高管人员直至吊销牌照等监管措施，绝不能把保险办成富豪俱乐部，更不容许保险被金融大鳄所借道和藏身。"

2017年2月24日，继叫停万能险、派出检查组进驻、禁止申报新产品三个月等监管措施后，保监会再出重拳，对前海人寿董事长姚振华做出撤销任职资格，并禁入保险业10年的处罚。

至此，宝能在A股市场的举牌暂时告一段落，宝能被保监会扼住了咽喉。最后的结局注定是惨淡收场。

3.4 从信息披露到整合营销

信息披露既是公司治理的重要制度，同时也是市值管理中价值实现的关键。信息披露的目的就是尽量减少投资者和董事会之间，以及董事会和经理人之间的信息不对称，保护投资者的知情权，使得投资者能够了解更多的有关公司的真实信息，做出正确的投资决策。

A股上市公司信息披露内容大都是按照公司法、证券法、会计准则和监管部门规章制度要求的基本财务信息、重大关联交易信息、审计意见等强制性信息。而且由于目前上市公司少，投资者众多，投资需求大，上市公司是一个稀缺资源。因此，上市公司对于应当是"上帝"的投资者并不是很在意，在信息披露上只是按照法律法规的要求勉勉强强做到强制性信息披露的要求。而且在强制性信息披露上也是"报喜不报忧""报忧不报喜"的选择性披露，基本上做不到信息披露的完全、充分、及时和有效。因此，A股市场上存在大量的信息不对称。

为什么上市公司不愿意多披露信息呢？由于上市公司是稀缺的，A股市场目前是一个"卖方市场"，此时信息对称的诉求对于投资者很重要。尽可能少的信息披露就使得在公司实际控制人和投资者之间造成信息不对称，公司实际控制人较之投资者掌握更多关于企业经营和业绩的种种信息，而且双方对于各自在信息占有方面所处的相对地位是不公平的，由于公司实际控制人的私利诉求，其有更多的动力向外部投资人掩盖企业的真实状况。

但是，这种局面很快就会得到改变。注册制已经来了，全面推行注册制的时间也不会太久了。在注册制下，上市更容易了，上市公司的数量将出现大幅增长，上市公司资源一直存在的"僧多粥少"局面将彻底得到改观，投资者将有更多的上市公司可以选择。那么这个时候，就像在产品市场上公司需要向顾客销售产品一样，上市公司必须将投资者当成"上帝"，向"上帝"营销公司。在利润模式的设计中，必须体现以投资者为中心的理念。那么，在投资者关系管理中，信息披露就从单向的披露信息转变为以了解投资者需求为目的整合营销传播。

当资本市场从上市公司的"卖方市场"转变为"买方市场"时，信息对称的诉求对于上市公司更重要。上市公司为了吸引投资者买公司的股票，将会尽可能多地披露完全、真实、及时和有效的信息。因为投资者能够以低成本的方式获取信息，投资者就可以在事前进行合理的判断，事后可以进行良好的监督，投资者可以选择到合适的投资或融资项目，而上市公司也可以得到它们所需的资金。因此，此时上市公司的信息披露已经不再是单纯地披露信息，而是一个整合营销的过程。

3.4.1 在财务信息披露上做到充分和公允，这是最基本的要求 [①]

在所有的资本市场上，财务信息披露都是被强制性要求披露的。当一个投资者在做出是否购买一家公司股票的最初的投资决策之前，他会通过分析财务报告的基本信息来判断公司的未来价值，降低投资风险。在购买股票之后，投资人又通过公司所披露的财务信息来减少公司实际控制人和投资者之间的信息不对称，对公司实际控制人进行监督。

披露的信息要有用，财务报告就一定要达到及时、充分、相关和可靠的目的，这就需要建立充分和公允的财务信息披露制度。美国资本市场建立的就是这种信息披露制度，这也是美国资本市场信息透明度高的一个重要原因。"充分"是比较容易理解的，无非就是全面的意思，但是何为"公允"呢？公允的含义是公平而且恰当，不偏袒任何一方。

充分与公允的财务信息披露制度，意思就是公司的财务信息披露对于股东和经理人来说应该是全面、及时、公平而且恰当的。在这种披露制度下，要求公司根据会计准则真实地衡量一个会计期间内的公司的所有经济后果，对该期间内所能产生的未来现金流进行估计，从而对企业在该期间创造或毁灭的经济价值给出一个更准确的描述。具体来说，任何一个会计期间发生并应当披露的交易和事项，既不能提前，也不能推后；不能有为了预防未来"过苦日子"而隐蔽准备金的做法；不确认递延损失；不平滑各期利润，人为制造该企业发展稳定的假象等。

---

① 以下内容摘自：马永斌. 公司治理之道：控制权争夺与股权激励 [M]. 北京：清华大学出版社，2013：205-207.

充分和公允的财务信息披露直接针对的就是创造性（或叫"寻机性"）会计手法。创造性会计手法就是我们通常所说的"包装"或"粉饰"报表，创造性会计和做假账不一样，是指通过收益平滑、隐蔽准备金、窗饰、表外筹资、创造"新资产"、滥用并购会计、变更计提方法、操纵合并财务报表、资产置换等会计手法来包装或修饰公司财务报表以求达到某种目的的会计处理方式。创造性会计利用了会计准则的漏洞，其本身并不违法，但是却会使得公司财务报表信息严重失实。一家上市公司如果长时期采用创造性会计对财务报表进行粉饰，就不会将公司真实价值的信息传递给资本市场，即使公司亏损了，也可以通过创造性会计营造一种欣欣向荣的假象，迷惑投资者和监管机构，从而使得公司治理的控制机制失灵。

创造性会计产生的原因有很多，但其中最重要的一个就是控制性股东或经理人为了获取更多的私利，根据自身利益的需要，对公司的财务报表进行过分的粉饰。创造性会计对于上市公司财务信息透明度的影响是致命的，会较大地损害资本市场投资者的利益，进而损害公司的价值，最终导致资本市场有效性下降。在创造性会计手法倒下的有名大公司是非常之多的，如英国的巴林银行、日本的大和银行、美国的安然公司和世界通讯公司、中国的长江动力集团公司等。

西方国家创造性会计的典型手法有收益平滑、隐蔽准备金、窗饰、创造"新资产"等手法。①

- 收益平滑。有意压低业绩较好年度的报表利润，将当期利润转移到亏损年度。
- 隐蔽准备金。指人为地低估公司净资产或高估负债。常常和收益平滑一起使用，以达到使公司财务报表反映出持续稳定的盈利趋势的

---

① 以下描述参考和引用了百度百科 http://baike.baidu.com/view/171901.htm.

目的。

- 窗饰。指在特定时期，如结账日或债务索赔日调整公司的财务报表，"做"出良好的财务状况。这种方式往往发生在低效经营的公司，经理人往往通过在会计年度将要结束的几个月内使尽一切手段增加现金流，使得财务报表"好看"一些，从而逃避投资者的监控注意力。

- 创造"新资产"。利用金融衍生工具将一些本不属于财务资本的内容进行资本量化，创造所谓的公司"新资产"，修饰财务报表，增强资本市场投资者的信心。比如常见而且时髦的有 R&D 费用资本化、借款费用资本化、人力资源资本化、自创商誉确认等。

- 表外筹资是一种更加隐秘的创造会计手法，指不会引起资产负债表中负债与所有者权益发生变动的筹资行为。手段很多，比较典型常用的是租赁和建立秘密的附属公司等。

表外筹资经常性地和上市公司的关联交易结合在一起，对资本市场的投资者损害是非常大的，下面仅以租赁和建立秘密的附属子公司来看看其操作手段。

租赁是最常见的一种表外筹资手法，比如一家上市公司需要一批新的生产设备，他们不是采用购买而是租赁的方式，其好处就是租来的设备扩大了公司的生产能力，却可以不增加公司的资产，从而"有效"提高了公司的投资回报率。当然，这种投资回报率显然水分是比较大的，这就会误导投资者做出追加投资的错误决策，加大了投资者的投资风险。

建立秘密的附属子公司是表外筹资的另一种主要形式，通常与关联交易、操纵合并报表一块使用。具体操作方式是，上市公司通过一些方法秘密控制另外一家子公司进行筹资，而且上市公司与该公司在法律形式上并看不出是母子公司。这样，子公司的财务状况就不需要合并到上市公司的报表里，合并后的上市公司的资产负债表也就反映不出该公司真实的负债情况。比如，该公司首先购买上市公司所需要的资产,然后再以租赁的方式交付给上市公司使用。通过收取远远低于市场价格的租金,使得上市公司财务报表中成本显著降低,提高上市公司的投资回报率。如果担心这种方式容易被查出来,还可以在租赁时收取与市场价格等同的租金,然后再以高于市场的价格去购买上市公司的闲置资产、劣质资产或产品,从而将租金返还给上市公司。这种表外筹资的做法和劳务关联交易、产品关联交易和资产关联交易结合在一起,就非常隐蔽,股东和资本市场的投资者就很难发现,必然就被误导着做出错误决策。

目前的 A 股市场,由于是上市公司的"卖方市场",公司实际控制人为了私利等原因,财务报告难以做到充分和公允。我国上市公司学习这种创造性会计手法的速度是比较快的,以上西方国家常用的手段在中国上市公司都能发现,而且由于我国的会计制度的漏洞明显较大,因此一些比较直接的手段,比如滥用并购会计、变更计提方法、操纵合并财务报表、资产置换等在目前中国上市公司中也比较常见。

财务报告要求反映的是公司价值,如果经理人通过各种隐秘手段进行精心操纵,公司的会计价值与其创造财富、增加价值的能力就会大相径庭。"做"出来的会计收益并不等于经济收益,它只会造成公司欣欣向荣的假象,迷惑投资人。一旦被揭露,就会陷入一蹶不振的境地或破产倒闭。因此,充分和公允应该成为财务信息披露的最基本准则。

随着注册制的到来,资本市场进入投资者的"买方市场"时代,必然逼着上市公司将信息披露转变为公司的整合营销,那么充分和公允的财务信息披露就是最基本的要求。注册制之后,必然会建立资本市场的打假机制(做空+集体诉讼+举证倒置+惩罚性赔偿+退市),将使得上市公司在信息披露上做假的成本巨大,从而不敢作假。[1]

---

[1] 马永斌. 公司治理之道:控制权争夺与股权激励 [M]. 北京:清华大学出版社,2013:107-121.

3.4.2 强制性信息披露的内容，必须做到的规定动作[①]

强制性信息披露是为了确保投资者能够做出有效投资决策的基础信息，包括财务信息和非财务信息两大类，非财务信息包括股权结构、董事和经理人的报酬等内容。

充分、公允的财务报告。在信息披露的所有内容中，财务信息的披露是最重要的，及时、充分和有效的财务信息能够使投资者预测到企业未来的价值和风险，从而做出有利于其自身的投资决策，决定何时投资、何时撤资。财务报告中，所有的信息是围绕传统的三张表来披露的，即损益表、资产负债表和现金流量表，最基本的形式是年度报告、半年度报告、季度报告和临时报告等。三张财务报表建立起多层次的披露制度，向股东证明他们的资产是否安全，而且还用于证明管理这些资产的经理人是否履行了他们的职责。

公司所有权和控制权披露。公司所有权和控制权结构的披露对一般投资者至关重要，尤其是在股权相对集中，存在控制性股东的中国资本市场。在A股市场上，上市公司所有权和控制权结构错综复杂、盘根错节，透明度非常低，股权结构往往呈现出蜘蛛网状结构，现金流权和控制权分离程度相当高，表面上的控股股东和公司的实际控制人完全不是一回事。在这样的资本市场上，对持股超过一定比例的股东强制披露其所有权和控制权信息，尤其是在年报中一定要求对实际控制人的变化进行披露，这对于保护中小股东有着重要的意义。投资者可以根据公司所披露的所有权和控制权信息，判断实际控制人是否有黑中小股东的行为，以便做出对自己有利的投资决策。

董事和职业经理人薪酬的披露。强化董事和经理人薪酬的披露，并不是为了限制上市公司的董事和高管获得高额的薪酬。投资者并不反对给董事和

[①] 以下内容摘自：马永斌. 公司治理之道：控制权争夺与股权激励 [M]. 北京：清华大学出版社，2013：202-204.

经理人高额薪酬，关键是他们是否创造了与其所获得薪酬数量相匹配的价值，薪酬的确定是否科学合理。董事和经理人薪酬披露的主要内容包括：薪酬委员会的组成；董事和经理人的薪酬报告作为公司年度报告的组成部分或附录；公司对管理层的薪酬政策，包括薪酬水平、同行业主要竞争对手的薪酬水平、管理层的薪酬构成比例、考核业绩的指标及其标准、雇佣合同和提前解约所给予的离职补偿；薪酬报告应列明各个董事报酬的具体构成，包括基本工资、实物津贴、年度奖金和股票期权在内的长期激励计划；报酬报告应列明每个董事和管理层的股票期权的详细资料等。

3.4.3 自愿性信息披露

在价值投资时代，仅有以上的强制性信息披露还是不够的。所有一切影响企业的风险和价值驱动因素的信息，都应该在信息披露的范围中。尤其是要关注自愿性披露的智力资本信息，它们已成为与财务信息同等重要的企业价值驱动因素。

强制性信息披露以财务报告为主，自愿性信息披露以公司治理结构、人力资本结构等智力资本为主。自愿性信息披露是对强制信息披露的深化、扩展和补充，通过智力资本信息向投资者展示公司的核心竞争力和未来盈利能力，减少公司与外部投资者间的信息不对称，使投资者做出正确的投资决策。

自愿性智力资本信息披露的主要内容包括：
- 公司治理结构。公司内控体系的有效性、董事会的结构特征，以及管理层的变化等。内控体系的有效性主要按照公认的《最佳公司治理准则》的要求来披露。董事会的结构特征包括独立董事人数、内部董事和外部董事的比例、开会频率、专门委员会建设及履职情况，以及董事会自我评估状况等反映董事会独立性和有效性的信息。管理层的变化主要指离职、更替和解雇的情况，以及高管层接班人计划落实情况。
- 人力资本结构。人员招聘；员工培训与培养；研发和销售等核心团队建设；引进高端人才的条件、制度和政策。
- 组织资本结构。组织架构；企业文化；环境保护的目标、资源利用、污染排放情况等。
- 知识资本结构。技术创新，为保持竞争优势投入技术创新的人力、物力和财力；研发项目，开发新产品和新服务的情况；知识产权的布局与落实，专利、商标、著作权等的申请、批准和应用情况。
- 关系资本。企业声誉；企业品牌；社会责任；投资者关系管理的互动平台；营销战略；和主要合作伙伴的业务合作；主要供应商和客户的变化；企业获得的各种荣誉和奖励。

3.4.4 信息披露的具体原则[①]

充分和公允的财务报告和信息披露原则是为了提高所披露信息的质量，增加透明度。各国监管部门都对信息质量和透明度有过大同小异的定义。

美国FASB认为信息质量的标准是相关性（及时性、预测价值和反馈价值）和可靠性（如实反映、可核实和中立）。国际会计准则委员会认为财务信息的四个质量特征是可理解性、相关性（具有重要性）、可靠性和可比性。我国1993年的《企业会计准则》提出，信息质量特征是真实性、相关性、可比性、一致性、及时性、明晰性和重要性。

综上，信息的透明度取决于信息披露的质量，只有披露出来的信息达到了全面性、相关性、及时性、可靠性、可比性和重要性，信息的透明度才会得

---

① 以下内容摘自：马永斌. 公司治理之道：控制权争夺与股权激励 [M]. 北京：清华大学出版社，2013：205-207.

以提高，这样的信息对于投资者的决策才会有意义。投资者才能根据所获得的信息来准确评价财务状况、经营活动、价值增长、风险分布及风险管控状况，正确做出投资决策。

为了达到以上的目的，在坚持"充分和公允"的最基本准则下，具体的信息披露中要做到如下三条具体原则。

- 充分性和完整性。信息披露应该根据投资者进行投资决策的信息需求，对影响投资者决策的所需信息做出充分且完整的披露。
- 真实性和准确性。监管机构应该通过法律法规对信息的真实性和准确性做出严格的规定和要求。
- 及时性。信息披露不能提前，也不能滞后，应该对公司的重大活动及突发信息做出即时披露。

在信息披露中，不论是强制性信息披露还是自愿性信息披露，也不论是财务信息披露还是非财务信息披露，充分和公允都是最基本的准则，及时、真实、准确、充分和完整是具体的要求。

3.5 从单向沟通到双向互动沟通

在单纯信息披露的单向沟通时代，沟通的主要渠道是公司的年报和半年报。而且许多上市公司给投资者公布的电话往往打不通或没人接，公布的邮箱一般也没人及时回邮件。因为在上市公司的"卖方市场"下，上市公司只要将信息按照证监会的要求发布就行了，它们是不会关注投资者的信息反馈的。

但是，实施注册制之后，资本市场就进入投资者的"买方市场"，信息披露也将从单向的信息发布转变为公司的整合信息传播。整合营销传播更加注重与投资者的互动沟通。互动沟通的目的除了提高公司透明度，保障投资者知情权的基本要求之外；还要赋予投资者建议权，开辟投资者向上市公司反向沟通的信息渠道，使公司了解投资者的诉求，以便采纳投资者的合理化建议实现投资者与公司的双赢。这就需要构建综合的多层次的沟通渠道，开展丰富多样的投资者活动。

3.5.1 双向互动沟通的目的

- 充分在资本市场上对公司进行整合营销传播，明确公司的价值定位。
- 调研并掌握潜在的投资需求量和可能的股价区间。
- 寻找准确的发行价或定增价格。

3.5.2 多层次的沟通渠道

- 网络沟通。公司网站设有投资者信箱；网站设有投资者论坛、留言；网站设有股东天地等投资者关系板块；网站上附带常见性问题解答；网上路演（包括网上推介会、网上业绩说明会）；网站附带链接到第三方相关网站；设有股东大会网络投票功能；微信公众号；官方微博。
- 电话沟通。投资者专线电话；电话会议；电话咨询。
- 现场沟通。现场路演；业绩说明会；投资者见面会；分析师会议；媒体见面会，记者招待会；反向路演；现场参观；走访投资者（一对一拜访）。

3.5.3 双向互动沟通的方法

公司在资本市场上整合营销传播的目的是要"卖掉"企业，而不是卖掉产品，因此要学会用资本的语言去诠释公司的理念和公司的定位。行业不同，沟通的具体内容不同，但方法是相同的。一个成功的双向互动沟通最后应该给投资者留下以下清晰深刻的印象：

- 主营业务清晰明了，具有明显的特点，和同行比有明显的比较优势。
- 清晰和可落地的商业模式。
- 在行业内具有很好的地位，具有竞争优势和市场控制力。
- 具有很好的市场成长空间，财务具有可预期的成长性。
- 管理团队具有很强的专业能力和丰富的经验，能够匹配公司的成长。

为了达到上述的沟通效果，在双向沟通的内容组织中就需要做到以下两点。

- 解决公司整体的定位和"卖点"突出的定位。
    - 公司的定性和定位；
    - 业务的定性和定位；
    - 最大"卖点"定位，突出公司在成长性方面的竞争优势。让投资者既看到公司已有的成就，同时看到未来的成长，尤其看到相对于竞争对手的比较优势。
- 对公司的投资价值进一步阐明和强化，总结公司的价值投资要点。
    - 快速增长的市场和巨大的市场潜力；
    - 以利润和投资者为中心的商业模式；

- 产品、服务领先竞争对手，掌握战略控制指数；
- 稳定的盈利；
- 富有经验的管理团队。

3.5.4 丰富多样的投资者活动

投资者活动包括路演与反向路演、业绩说明会、分析师会议、现场参观、一对一沟通以及媒体说明会等。

- 路演。狭义的路演指的是公司在证券发行阶段向投资者介绍公司的商业模式、产品、业绩和融资计划等，充分阐述公司的投资价值，并回答投资者关心的问题。
- 反向路演。相对于路演的"走出去"，反向路演就属于"请进来"。上市公司邀请投资者或者媒体到公司现场进行路演展示，这种方式更加直接和主动，不但能减少因信息不对称带来的负面影响，还能营造上市公司和投资者之间的良性互动。
- 网络路演。传统的网络路演是在上交所和深交所指定的网站上（上证e平台或深交所互动易网络平台）路演，现在发展到在公司网站上开设投资者论坛，在公司网站上进行网上推介会、网上业绩说明会等网上路演活动。
- 电话会议。一般由券商牵头，通过电话和投资者进行互动交流。电话会议沟通方便、及时、成本低。
- 一对一拜访。一般是在危机爆发后，公司的实际控制人对机构投资者等重要股东进行一对一拜访，直接了解对方的意向和诉求，对事件做出澄清和说明。
- 业绩路演（业绩说明会和新股推介会）。通过分析师会议、现场路演、电话路演和网络路演同时进行的方式与投资者进行信息的互动沟通。
- 自媒体路演。通过微信公众号和官方认证的微博和投资者进行互动沟通成为上市公司投资者关系管理的一个新的趋势,未来上市公司的路演将会越来越多地通过自媒体进行。

以上的活动不是单一的,而应该是通过立体的多渠道进行信息沟通。比如在半年报和年报发布后,就可以通过现场路演和电话会议、视频会议相结合的方式召开业绩发布会和分析师会议,与投资者、境内外媒体和分析师及时沟通。还要不定期结合投资者关注热点以及公司的亮点和特色,主动邀请分析师和投资者参加反向路演或主题调研活动,使投资者更深入地了解和认识公司。同时还需丰富投资者日常沟通平台,在投资者热线电话、投资者邮箱、投资者关系网页等已有沟通渠道外,建立上证 e 平台(或深交所互动易)网络平台维护机制,与投资者进行交流。另外,还应将微信和微博纳入投资者沟通平台。

3.6 构建高效和独立的董事会 [①]

公司治理是在经营权和所有权分离的资本市场中保证公司实际控制人不侵害外部投资股东利益,并致力于股东价值最大化的控制权安排机制、风险管理机制和利益分配机制。因此,良好的公司治理结构对投资者来说就是资本市场的"防黑武器",公司治理直接决定着能否为投资者"守住"创造出来的价值。美国资本市场上 75% 的专业投资人认为在他们选择投资对象时,公司

---

① 本节内容参见:马永斌. 公司治理之道:控制权争夺与股权激励 [M]. 北京:清华大学出版社,2013:145-195,235-250.

的治理结构特别是董事会的结构和绩效至少与该公司的财务绩效指标一样重要，80%多的投资者愿意为治理结构较好的公司支付更高的价格。[①]

良好的公司治理结构保证了价值创造的能力和质量，公司治理是否健康主要看两点：首先，是否建立了有效的决策机制；其次，是否合理地配置了股东、董事会和经理人之间的权利、责任和利益，从而形成有效的权力制衡关系。其中，能否建立一个代表所有股东、独立而又高效的董事会成为关键。

董事会制度历经200年的演变，从制度设计的角度来讲已经相当完美了，但是在现实的资本市场上董事会很多时候还是不尽如人意。主要原因有两个：首先，董事都是人，只要是人就有贪欲，当利益诱惑达到一定程度时，即使是家境殷实的独立董事也容易被收买；其次，董事会高效运作取决于外部董事参与企业的程度，由于外部董事缺乏真正参与了解企业的时间和精力，就导致对企业信息的缺乏，因此难以做出有效的决策。虽然建设理想中的董事会很困难，但是董事会的确是大型企业，尤其是上市公司不可替代的有效治理制度，因此公司还得想办法让董事会制度尽量高效一些。那么什么样的董事会是独立、高效和基本上能代表大多数股东的呢？能够解决好以下十个问题的董事会，基本上就是投资者认可的。

3.6.1 董事会席位的分配是否形成了权力制衡的局面

中国上市公司董事会主要有两种，一种是大股东控制的董事会；另一种是管理层控制的董事会。这两种董事会的董事容易被大股东或管理层收买，容易出现大股东利益输送或管理层腐败的问题。

一个理想的董事会的席位构成中，有大股东、管理层和中小股东的代表，

[①] 谢风华. 市值管理[M]. 北京：清华大学出版社，2008：149.

最好独立董事占主导地位,而且独立董事由中小股东提名。董事会能够帮助管理层制定决策,创造一个董事会、管理层、股东都参与决策的平台。

3.6.2 董事会的规模多大为宜

既然决定要建一个董事会,那么一个关键的问题就是董事会需要多少人呢?《公司法》规定了股份有限公司的董事会人数是 5~19 人,这个范围是比较大的,具体选多少人为好呢?

从实践来看,A 股上市公司董事会规模最多的是 9 人。这个数字传递了两个信号:首先反映了上市公司董事会中不希望独立董事这种"外人"占的比例过高。自 2003 年开始证监会要求上市公司董事会的 1/3 成员必须是独立董事,而一旦董事会规模不能被整除,那么独立董事必须多加 1 人,而不能采用"四舍五入"的办法,也就是当董事会规模为 7 人、8 人、9 人时,都需要 3 个独立董事,而 9 个人董事会规模的时候,独立董事占的比例最小。第二,9 在中国代表的都是圆满的含义。因此,众多的中国上市公司都将自己的董事会规模设置为 9 人。

"9"刚好在我们推荐的董事会适宜的规模中。抛开以上的理由,只从高效董事会的角度出发,我们建议适宜的董事会规模是 8~15 人。董事会规模并不是越小越好,也不是越大越好。至于什么样的董事会规模最为适宜,就是看在该规模下,为公司带来的好处是否大于其所造成的弊端。一般认为,适宜的董事会规模应该保持一个"既能议论充分又能准确快速地进行科学决策"的人数。

董事会人数多的好处是可以聘请一些经验和知识都非常丰富的外部董事,弥补内部董事知识结构和阅历不足,从而使得董事会的议题得到充分的讨论,减少公司的经营风险,提高决策的准确性。但是,董事会人数也不能太多,否则将会影响董事会的效率。比如，一个公司的董事会，按照法律的上限，将自己的董事会规模设置为19人。那么，这就从两个方面降低了董事会的效率。首先，协调开会时间就是一个很麻烦的事情，19个人的董事会至少有12人是独立董事，而独立董事的日程一般安排较满，要协调这么多人的开会时间是不容易的。其次，开会的效率会很低。每次董事会不可能只讨论一件事，总得讨论四五件事吧？开会时，董事长将今天要决策的第一件事的背景资料做了介绍之后，每个董事为了证明自己是"有价值"的，总得说几句吧。一个董事说15分钟，19个董事就得将近5小时，中间还得有茶歇，那一天只能决策一件事。要决策四五件事，董事会就得连续开四五天会，这种董事会效率也太差了些，谁愿意做这种董事会的成员？

董事会人数少的主要好处就是提升效率，可以提高董事会决策效率和增强董事个体的责任心，从而提高上市公司绩效。但是，董事会人数也不能太少，太少就有可能使得各个专业委员会建设不起来，必然影响董事会的职能实现。比如，一家上市公司董事会的规模为7人，外部董事的人数最多也就是5人。如果同时要在董事会下设审计、薪酬和提名/治理这3个委员会，每个委员会都需要至少3名外部董事。那么，每个外部董事可能会被要求在多个委员会中任职，否则这些委员会就建不起来。而一旦缺少这些委员会，公司治理评级机构就会认为该董事会职能实现有问题，从而会导致该公司股价下跌。如果非要在这么点人数的情况下建立3个委员会，外部董事就必然要在多个委员会中兼职。这些委员会的工作都是很专业的，在多个委员会兼职就会对外部董事的知识结构和投入时间形成很高要求。一般来说，独立董事在知识结构和时间上是很难满足这种要求的，这必然导致这些委员会难以有效地开展工作。

为了确保委员会建设和提高董事会的效率，董事会以8~15人为宜。再考虑到中国人的喜好，具体建议9人或11人是中国上市公司比较适宜的董事会规模人数。

3.6.3 高管团队中谁可以做董事

董事会是由内部董事和外部董事构成，从董事会的决策和监督两个基本职责来看，对内部董事的需求度是不一样的。为了履行决策职责，董事会中必须要有内部董事，因为内部董事比较了解企业的专有性信息，他们参与董事会工作的好处是可以使董事会的决策过程更加合理和有效率。但是，从履行监督的职责来看，是不需要内部董事的，因为自己是不可能客观地监督自己的。

因此，为了满足董事会有效决策的需要，而又不至于使得董事会被内部人所控制，董事会中的内部董事只能是那些公司决策离不了的人。按照国际经验，管理层中有3个人可以做内部董事。

首先，CEO必须是董事。CEO是董事会和企业的桥梁，他不参加董事会，谁向外部董事传达、解释和说明战略方向？谁来执行董事会决议？

其次，CFO要进董事会。金融运作和财务监控是董事会经常而重要的议题，而CFO又是财务报表质量和财务控制的责任人，因而也应是董事会成员，即使董事会规模小，CFO不进董事会，也需要每次董事会开会的时候列席董事会。

最后，国际惯例中COO也要进董事会。中国企业中设置COO的较少，仔细研究国外大公司中COO的岗位设置，我们发现，其实COO和我国传统企业中的常务副总的职位很类似。如果你的企业中有这样的职位的人，应该和CFO一样，也需要进董事会，在董事会中向外部董事解释和说明战略执行的情况。即使董事会规模小，COO不进董事会，也需要每次董事会开会的时候列席董事会。

3.6.4 外部董事与内部董事的比例多少为好

基于董事会决策的需要，董事会中必须有内部董事。但为了实现董事会制度最基本的目的，建设成代表所有股东、独立而且公正的董事会，就必须要求外部董事的人数要显著的大于内部董事人数。

外部董事给公司带来的好处也是显而易见的。首先，从履行决策职责的角度来看，外部董事的外部人视野以及丰富的经验、专业的知识能促进董事会的决策科学化，加强公司的专业化运作，提高公司的管理绩效。其次，从履行监督的职责来看，外部董事尤其是独立董事在平衡管理层和股东的利益纷争、确保公司财务安全、确保公司信息披露真实等方面能够客观地发挥监督的作用，比内部董事更适合裁决争端。

因此，外部董事与内部董事的比例涉及董事会整体的独立性问题。一般来说，外部董事比例越高，董事会的独立性越强。董事会的独立性加强，就可以确保董事会有效地行使其决策和监督职责，并促使管理层对股东负责，以保证治理的公平和效率。

外部董事与内部董事的比例到底多少为好呢？不同国家的实践经验是不一样的，2000年之后，美国大公司的董事会中有 1/4 的只有 CEO 一个内部董事，有 1/2 的董事会中只有 CEO 和 CFO 两个内部董事，其余的都是外部董事，而且独立董事的比例高达 70% 以上。

A 股上市公司的情况和美国不太一样。证监会要求自 2003 年开始上市公司独立董事人数要占到 1/3，于是，中国绝大多数上市公司的人数恰好满足证监会的要求，这说明我国上市公司的大股东不太喜欢公司中有太多的作为独立董事的外人，这种局面也许是我国的独立董事还负有制约大股东这一特殊职责造成的。

不考虑各国历史文化传统的差异，只从建设高效董事会制度的角度出发，为保证董事会高效履行其决策和监督的基本职责，外部董事和内部董事的比例应为 3∶1 或更高。从 A 股上市公司的实践来看，做到 2∶1 的就已经很不错了。

3.6.5 董事会一年开几次会

很多上市公司一年开 2~3 次董事会，虽然满足了《公司法》要求一年至少开两次董事会的法定最低要求，但是从公司实际需要来看，显然少了一些。辛辛苦苦组建一个董事会，从企业外部请了一些人来做外部董事，每年才开 2~3 次会，纯属是浪费资源。这种董事会建立的目的估计不是为了公司治理的需要，而是为了向外界表明：你看，我已经有董事会了，公司治理结构已经完善了。

董事会开会次数太少，就会减少董事会的有效性。因为在这种情况下，大股东或管理层就会操控董事会的日程表，将大部分会议时间讨论日常经营事务，重要的事情将得不到讨论，外部董事就没有机会和缺乏信息对管理层进行有效的监督。

从理论上讲，董事会经常开会可以提高效率。因为经常开会就意味着董事们可以经常碰面，可以获得公司更多的信息，对公司的情况更加了解，更容易做出正确的决策和有效的监督。但是，会议次数也不能太多。因为，外部董事都是有本职工作的，而且一般来说一个人不会只是一家公司的董事，他可能同时兼任三四家公司的独立董事。会议次数太多，外部董事的时间和精力就得不到保证。

因此，我们对董事会会议次数的建议是每年 4~7 次。其中，每个季度一次常规董事会，年度股东大会之后，再召开一次年度董事会，还有两次会议留给突发事件。

3.6.6 什么样的人可以做独立董事

作为担任独立董事的人选，首先，要符合《公司法》要求的董事任职资格，即要能尽到忠实义务和勤勉义务。其次，要满足所在国家的法律关于独立董事的"独立性要求"。各国对独立董事独立性的规定细节不一致，但是基本思路是一致的，独立董事就是要与公司或经营管理者没有任何重要的利益关系，以及和大股东或管理者没有紧密的人际关系才可以被认为是独立的。

除了满足董事任职资格和"独立性"的要求之外，到底什么样的人适合担任独立董事呢？ 美国的做法和经验可以作为参考，美国上市公司认为最适合担任独立董事的是能够为公司带来额外资源的人，他们的独立董事往往是三种人。

在美国，担任独立董事最多的是其他上市公司的 CEO、CFO、COO，占独立董事的 70% 以上。这是非常合理的选择。谁最懂企业？绝对不是商学院的教授、经济学家们，而是做企业的人。

美国公司常用的第二类独立董事是银行官员和退休的政府官员。商业银行的行长和投资银行的经理出任独立董事，能够利用其在金融方面的知识和经验，帮助公司建立合理的投融资体系，促进公司投融资的科学决策，完善风险管理。另外，美国还常常聘请退休的政府官员出任独立董事。与中国官员的终身制不一样，美国的政府官员是任期制，当这些官员任期到而退下来的时候，他们身上的政治资源和社会资源对于一些企业来说是很重要的，因此，美国公司会增选具有政治背景的独立董事，利用他们的政治和社会资源创造更大的价值。在中国，由于反腐的原因，现在已经禁止政府官员出任独立董事。

美国公司中独立董事的第三类人是专家和学者，包括律师、会计师和大学教授等专业人士。首先，独立董事最好有一人是律师，公司虽然有法律顾问，但他们是为管理层服务的，董事会层面需要一个具有法律背景的独立董事在一些重大事项决策的时候替股东把关。其次，独立董事中最好有一个会计师或具有注册会计师资格的财会人士，这位独立董事实际上是要担任审计委员会主席的。审计委员会的工作是非常重要而且专业的,一般人是不能胜任的,会计师或注册会计师的背景,可以使得审计委员会和内外部审计师、财务管理人员进行专业的沟通,确保财务安全和信息真实。第三,可以是大学教授,公司主要利用其在管理或技术方面的知识进行决策时的咨询或把关。

3.6.7 退休的CEO应不应该再留在董事会

退休之后的CEO要不要留在董事会呢?这是一个不太好回答的问题,因为留有留的好处,不留有不留的好处。

退休的CEO留在董事会的好处是扶上马再送一程。退休后的CEO拥有大量经验,而且与其他人相比,可能掌握更多的与公司相关的知识,以及隐性资源,对公司战略的稳定性、新老交替过程有积极的意义。

退休之后的CEO留在董事会的坏处是新的CEO放不开手脚。CEO虽然退了下来,但是,只要他还是董事会成员,他在公司的影响力就存在,而且公司的管理层基本上都是他提拔的,新的CEO也有可能是他推荐的。在这种情况下,新的CEO和管理层也许出于忠心,也许出于敬畏,就不得不听他的话。

在美国,以前的一个惯例就是CEO退休之后,留在董事会担任董事,这被称之为美国公司治理的第22条军规。但是,这种做法暴露出越来越大的弊端之后,越来越多的公司不再让CEO"退而不休"。

一个合理的做法是,如果公司还需要退休之后的CEO"扶上马送一程",那么就不要让他退休,继续干下去。一旦退休,就离开公司,千万别"退而不休",因为需要给继任者留出成长和创新的空间。当然,为了利用这些退休CEO的知识和经验,可以由公司出钱将他聘请成新CEO的私人顾问。这样,就可以在离职的和新任CEO之间建立一种紧密而且相互支撑的关系,这种关系使得他们能够对一些重大问题进行非正式的磋商，新任 CEO 能够从前任 CEO 那里得到他所需要的有益的建议。

3.6.8　外部董事为什么单独开会

公司治理评级机构中有一条标准就是，外部董事是否能够单独开会，哪怕是在某次董事会中有 1~2 小时让内部董事回避，开一个外部董事的会议。如果有，评级机构就认为该董事会是独立的，公司治理得分就会增加，股价就会上升；如果没有，就认为董事会是被内部人控制的，公司治理得分就会减少，股价就会降低。

为什么会有这个标准的道理很简单。当内部董事回避，召开外部董事会议时，会议的主要议题肯定是关于对 CEO、CFO 和 COO 等内部董事的业绩考核或薪酬制定等话题，如果这时候内部董事和外部董事一起开会，人都是有人情面子的，很多话就不好说了。让外部董事单独开会，对 CEO 和内部董事进行评价，才会客观一些。

3.6.9　董事长是否兼任 CEO

董事长是否兼任 CEO，这是建设高效董事会当中非常重要的一个问题，直接关系到公司控制权的配置和董事会的独立性。董事长是否兼任 CEO，被称之为领导权结构，是董事会职能中最有争议的问题，它通常反映了公司董事会的独立性和管理层创新自由的空间，是董事会治理结构中一个基本而且重要的特性。

从公司治理的逻辑来看，公司的所有权是股东的，董事长领导整个董事会对股东负责，而公司的管理层对董事会负责，董事会和管理层的关系是决策和执行、监督和被监督的关系。当管理层的工作不能令董事会满意的时候，董事会就会解除CEO的职务。反过来，CEO也特别希望能够控制董事会，以稳定自己的工作。如果公司的CEO兼任董事长，就会出现管理层的领导机构向管理层负责的诡异情况。在这种情况下，就意味着CEO可以自己对自己的绩效进行评估，自己给自己发放高额的薪水，这样做就会引起股东、董事会和管理层三个层面之间的利益冲突。因此，为了防止CEO控制整个董事会，公司的CEO不能兼任董事长。

但是，现实的情况却和逻辑推理大不一样。在美国，90%的大公司的董事长兼任CEO；在英国，有1/3的大公司存在CEO兼任董事长的情况；在中国，上市的国有企业董事长和CEO基本上是分任的，而民营企业大部分是兼任的。

为什么会这样呢？首先还得从CEO的职位来源说起，CEO这个职位是美国公司开始设置的。美国公司中最开始是没有CEO职位的，美国小公司中管理层的老大叫作总经理，当公司做到事业部制或集团公司之后，总部的管理层老大叫作总裁，部门经理叫作总经理，所以，在美国的管理层中总裁是最大的，代表的是劳方。美国公司的董事局主席是企业内部人，要在企业上班拿薪水的，代表的是资方。董事局主席和总裁都在企业内部发号施令，下面的人不知道该听谁的，这有点像中国国有企业中的董事长和总经理的关系。中国国有企业解决这个问题的思路是通过文件明确董事长管战略，总经理管执行。貌似职责很明确，但实际上战略和执行哪能分得如此清楚？美国人解决这个问题的思路是，一山不容二虎，树立一个核心，因此设置了CEO这个职位。CEO的全称是"chief executive officer"，直译成中文就是首席执行官的意思，意译应该是"老大"的意思。美国人把CEO的位置给了董事局主席，将董事局主席作为权力的核心。这种思路也体现了美国人的在管理上强调效率的实用主义思想：该民主的时候民主，该独裁的时候独裁，因为独裁能够提高决策统一性的效率。

董事长兼任 CEO，解决了美国公司权力核心的问题，提高了公司的运作效率。但是，董事长兼任 CEO，会使这个人权力过大，他既可能控制董事会，又可能控制管理层，而美国上市公司中股权比较分散，没有大股东的监督，这个人就可能把公司变成他的个人王国。

耶鲁大学教授麦卡沃伊及其合作者米尔斯坦在《公司治理的循环性危机》一书中研究了安然、世通等公司治理丑闻后指出，这些丑闻发生的根本原因之一就是 CEO 控制了董事会，他们认为董事会最需要的改变就是公司的领导权结构，CEO 和董事长要分任。但分任，必然要回到以前的老路，又会出现董事长和 CEO 争夺权力的局面。因此，他们提出，为了避免这种局面的出现，由一名非执行董事，最好是独立董事来担任董事长。但是，由于美国上市公司的股权是比较分散的，小股东代表是没有积极性担任董事长的，独立董事考虑到风险问题，也是不愿意出任董事长的。美国的公司治理专家又提出一个折中的建议，董事长兼任 CEO 也是可以的，但必须同时增设一名由独立董事担任的"首席董事"。首席董事除了履行独立董事的基本职责之外，公司章程或董事会章程会赋予他监督董事长/CEO 的权力，具体来说就是监督议程和确保议程代表了其他独立董事所关注的问题。首席董事的职责设计很关键，他不能过多地干涉董事长/CEO 的工作，但又要在关键问题上对其实施有效的权力制约。

这种做法对传统改变比较小，比较符合实际，因此，美国的一些公司治理机构，如通用汽车公司发布的公司治理准则中也对此持支持态度，要求由独立董事选出一位首席董事。而且，美国通用汽车公司也设置了首席董事这一职位，目前美国大公司的董事会超过 50% 的有首席董事。

由于各国证券市场的发育程度、公司的治理环境和社会文化存在较大的差异，国际上关于公司的领导权结构即董事长和 CEO 合一还是分离，并没有一个统一的定论。但是，无论是集权还是分权的制度设计，美国的经验对于我们来讲还是有比较大的启发：在董事长是否兼任CEO这个问题上，首先要考虑决策的效率，其次要考虑分权制衡，不能让公司的权力掌握在一个人手里，因为绝对的权力将导致绝对的腐败。

因此，我们的建议是：如果董事长和CEO不是同一人，董事长就不能是内部人。如果董事长在内部管理层，CEO也在内部管理层，两强相遇，容易产生矛盾，而且还会比较激烈。如果董事长是外部的大股东，实际上营运公司的权力都在CEO手中，在公司治理尤其是企业日常运作上，并不会有太大的问题。

如果董事长要兼任CEO，总裁或总经理实际上就是COO的角色，主管日常业务。这时一定要有分权机制，比如像美国公司设置首席董事那样对兼任CEO的董事长进行制约。

对于我国大多数民营企业，目前大多数的公司都是创业的第一代，公司都是自己创建的，兼不兼任问题都不大。因为董事长是创始人，CEO是雇用的，公司权力的层次划分是清楚的，从精神层面上讲董事长都是老大。但在国有企业，如果谁都不服谁，问题就会很多，就需要将分权机制设置得当。

3.6.10 应该设几个专业委员会

判断董事会是否独立，除了考察独立董事本身是否真正独立之外，还要看独立董事是否具有一个独立自主行使权力的平台。委员会制度设计的初衷有两个：提高董事会效率和解决独立董事发挥作用的平台。

董事会是一个会议机关，所有事情的决策都需要董事会开会按照"一人一票，少数服从多数"的原则来进行。独立董事作为个体是不能直接做出任何决策的，他必须在董事会上发表自己的意见，以影响最终形成的决策。在委员会制度出现之前，董事会一开会就是全体会议。董事会中总有企业内部人吧，一般来说，CEO、CFO 和 COO 都会是内部董事，开会到时候他们都在场，一旦董事会讨论的议题涉及他们的利益的时候，独立董事怎么可能为了所有股东的利益而和内部董事撕破脸皮呢？因此，董事会委员会制度的出现，除了提高董事会的运作效率之外，一个主要的目的就是解决这个矛盾。在董事会下面设几个专门的委员会，并且规定一些涉及诸如审计经理人财务问题、确定经理人报酬、负责董事提名的审计委员会、薪酬委员会和提名/治理委员会只能由独立董事或作为股东代表的外部董事担任成员，但应以独立董事为主，并且委员会主席必须是独立董事。这样的安排，就为独立董事创建了一个发挥作用的平台，才有可能使得独立董事真正独立。

委员会并不是越多越好，过多地设置和关注委员会，必然会割裂董事会作为一个整体的有效性，这反而违背了设置委员会的初衷。因此，根据董事会的主要职责、委员会设置的初衷以及企业的实际需要来设置委员会是每个公司必须遵循的原则。基于以上的考虑，建议董事会考虑设置四个委员会，即审计委员会、薪酬委员会、提名/治理委员会，以及战略投资和风险管控委员会。

而且委员会一般每年都要单独开会，审计委员会一年有 4～7 次会议，薪酬委员会和提名/治理委员会有 2～3 次会议。这些委员会先单独开会拿出一个初步的议案，再到全体董事会中去做决策，这无疑是提高了董事会的工作效率。

3.7 从激励到市值管理的股权激励 [①]

严格来讲，股权激励应该称之为经理人的长期激励性报酬，与一般报酬的

[①] 详细的股权激励方案设计参见：马永斌. 公司治理之道：控制权争夺与股权激励 [M]. 北京：清华大学出版社，2013：275-445.

支付方式不同的是，长期激励性报酬90%是通过"股权"或"期权"的形式来实现，因此通常将其称为"股权激励"。经理人收入结构中的工资和年终奖主要属于短期激励，股权激励属于长期激励。

股权激励主要解决经理人和股东利益不一致的问题，通过股权或期权使经理人的身份变成劳动者和所有者的双重身份，使得股东和经理人成为利益共同体。股权激励驱动经理人不断努力提高公司业绩，将企业的长远发展、股东价值最大化与经理人自身的价值追求高度统一起来，实现"放眼未来，风险共担，利益共享"的局面，能够有效解决管理层黑股东的问题。

设计得当的股权激励制度，本身就是一种最巧妙的约束制度。如同一只"金手铐"，既充满极大的利益诱惑，又有效地约束了经理人在传统薪酬激励方式下"竭泽而渔"的短期行为，有利于实现企业的可持续健康的发展。实施股权激励，实际上就是将经济激励渗透到资本的增值过程中，将经理人的积极性问题转换为他们自己如何对待公司的未来业绩和公司股票价格走向的问题，让为公司做出突出贡献的经理人能够合理分享其辛勤创造的成果，消除他们的利益失衡心态，从利益机制和源头上防范并有效遏止了经理人黑股东的败德行为。

因此，股权激励在市值管理中，既属于价值创造的内容，激励经理人创造值；同时又属于价值实现的内容，因为管理层和核心骨干员工与公司的利益和股东的利益长期紧密地捆绑在一起，向资本市场的外部投资者传递了一个非常清晰的信号：管理层和核心骨干员工看好公司的未来。相比外部投资者，管理层和核心骨干员工更了解公司，如果他们看好公司，愿意将自己的未来利益和公司进行捆绑，就会促进外部投资者看好公司，愿意付出更多的溢价。证监会一直比较鼓励上市公司应用股权激励这种工具对管理层进行激励和约束，在2006年颁布实施了《上市公司股权激励管理办法（试行）》，并在2016年颁布实施了《上市公司股权激励管理办法》，对上市公司进行股权激励操作做了详细的规定。

3.7.1 股权激励的作用

股权激励之所以受到企业创始人、管理层和外部投资股东共同认可和重视，是因为在公司中实施股权激励将起到以下四个作用：

- 打造利益共同体，将经理人、股东和公司的利益紧密地捆绑起来。股权激励制度就是充分尊重和理解经理人的价值，将经理人及附加在其身上的人力资本要素与企业利益分配的问题制度化，按照"资本＋知识"进行分配。在这种新的利益分配模式下，不再是"资本雇佣劳动"，而是"资本与劳动的合作"，即股东以财务资本对企业进行投资，经理人以自己的人力资本对企业进行投资。在经理人的人力资本得到认可而获得股权激励后，经理人的利益与企业的发展休戚相关，经理人与老板真正形成了一种更加紧密的利益共享、风险共担、荣辱与共的新型关系。股权激励赋予了经理人以所有者和劳动者双重身份，经理人既能获得劳动报酬，又可享有资本的剩余索取权，大大增强了对经理人的激励强度。对获得股权激励的经理人来说，只有在增加股东财富的前提下才可同时获得更大收益，从而与股东形成了利益共同体。这种"资本剩余索取权"驱动经理人不断努力提高公司业绩，实现了企业长远发展及股东利润最大化与经理人自身的价值追求的高度统一，有效地解决了经理人黑老板的问题。
- 让经理人分享企业成功的喜悦，同时也让经理人分担企业发展中的风险。与传统的工资和奖金制度不同，股权激励是长期激励性报酬，其实质是一种风险收入，就是让经理人拥有一定的剩余索取权的同时承担相应的风险。当一家公司对其经理人实施了股权激励计划之后，经理人的收益来源于对公司未来的良好升值预期，但是，公司未来的发展既受经理人自身努力的影响，也受许多不确定因素的影响。这种未来风险的不确定性，导致经理人既有可能获得收益，同时也承担着不确定因素带来的风险，因此，对经理人来讲，股权激励的收益与风险并存。

- 将多大的激励给经理人的同时，将相应的约束同时给经理人。股权激励的逻辑是：公司为经理人提供股权激励计划→经理人员更加努力地工作→公司业绩持续上升→公司价值持续增长→公司股价持续上升→经理人获得持股分红和资本增值的收益，这就是股权激励的激励性。相反的是，经理人不努力工作→公司业绩下降→公司价值贬值→公司股价下跌→经理人员获得的股权激励价值下降→经理人放弃行权→经理人员的预期利益受到损失。经理人放弃行权，貌似没有经济损失，但是由于任何一个股权激励计划都要求经理人有3~5年的等待期，因此，经理人至少损失了对于人力资本来说更加重要的3~5年的时间成本和精力成本，加大了经理人的失败成本。再加上各种附加的外在约束条件，其实我们在将股权激励给经理人的同时，把相应的约束也给了他们。

- 留住人才、激励人才和吸引人才，提升公司的核心竞争力。与传统的薪酬制度相比，股权激励其实是一种市场竞争性报酬。实施股权激励，有利于企业形成开放式股权结构，可以不断吸引和稳定优秀人才。因此，真正具备企业家才能、对自己的才能有信心的经理人会被股权激励制度所吸引，他们会主动地选择股权激励占薪酬较大比重的报酬方案，主动地将自己的利益和企业的利益、股东的利益捆绑起来。

3.7.2 从激励到市值管理

股权激励最开始用于经理人的报酬时,目的就是对经理人进行长期的激励。但是随着股权激励在实践中用得越来越多,其目的已经开始发生变化。

- 激励。对于一些没有上市或产融结合计划的非上市公司,实施股权激励的目的就是对经理人进行长期利益的捆绑,主要目的就是打造利益共同体。

- 股改。对于有产融结合计划的企业,在 IPO 过程中会配合股改对管理层和核心骨干员工实施股权激励。其目的除了激励的基础目的之外,还有一个更重要的目的是把管理层变成合伙人,寻找企业发展的新动力源。

- 市值管理。上市后,公司实施股权激励的目的除了完善公司治理结构,对管理层进行长期激励之外,更重要的目的是基于市值管理的需要,向外部投资者表明管理层对公司未来是非常看好的。

3.7.3 适合市值管理的股权激励模式[①]

股权激励在实际应用中一共有股票期权、期股、业绩股票、干股、限制性股票、虚拟股票、股票增值权、账面增值权和延期支付九种模式。这九种模式适用于不同目的的股权激励。

如果一家非上市公司只是为了打造利益共同体而实施股权激励,比较适合的是干股、虚拟股票和延期支付。如果是配合股改实施股权激励,比较适合的是期股、账面增值权、业绩股票和股票期权。而上市公司基于市值管理的需求来实施股权激励,比较适合的模式是股票期权、股票增值权和限制性股票,最适合的就

---

① 详细的股权激励模式设计参见:马永斌. 公司治理之道:控制权争夺与股权激励 [M]. 北京:清华大学出版社,2013:275-445.

是股票期权和股票增值权。因为这两种模式的设计思路是将激励效果和公司市值变化紧密挂钩，经理人未来获得的收益是公司授予期权数量市值的增值部分。只有公司市值增长了，经理人获授的股票期权和股票增值权才有价值。

- 股票期权计划，是在经理人员的报酬合同中，给予经理人员在某一期限内以一个事先约定的固定价格来购买本公司股票的权利，如果经理人员在这个期限之中达到了事先规定的某些条件（业绩目标），则他就可以按事先规定的条件行使购买股票的权利。通俗的理解，股票期权计划是事先说好的，经理人可以用一个固定的价格、在未来一定时限内去购买一定数量的股票。

- 股票增值权和股票期权非常像，只不过股票期权在行权时需要先购买约定数量的股票再卖出之后才获利，而股票增值权是在行权的时候不用买卖股票，而是由公司直接将行权时的股票实际价格与授予的行权价之间的差价直接支付给激励对象，支付的方式可以是现金、股票或"现金＋股票"的组合。

- 限制性股票。为了实现某一特定目标，公司无偿将一定数量的股票或股份赠予或者以较低的折扣价格售与激励对象，只有当激励对象完成预定目标后，激励对象才可行权并从中获利，预定目标没有实现时，公司有权将免费赠予的限制性股票无偿收回或者以激励对象购买折扣进行回购。在美国，特定目标一般是一个很长的服务年限，可以白给；而在中国，《上市公司股权激励管理办法》规定的特定目的是业绩要求，不能白给，行权价最低是公允价格的50%。

3.7.4 基于市值管理的股权激励设计原则

基于市值管理的视角来设计股权激励，无论是采用何种模式，在方案设计中都必须包含和体现以下五个方面的内容。

- 一定要有科学合理的业绩考核。对经理人的股权激励，股东并不在意支付了多少，而在意支付的业绩条件。当股权激励计划中业绩基础和业绩指标的选择是科学合理的，也就是能准确测量出经理人的努力程度和贡献程度，那么投资人并不担心经理人拿高额的报酬。公司可以将公司历史业绩或同行业可比公司相关指标作为公司业绩指标对照依据，公司选取的业绩指标可以包括净资产收益率、每股收益、每股分红等能够反映股东回报和公司价值创造的综合性指标，以及净利润增长率、主营业务收入增长率等能够反映公司盈利能力和市场价值的成长性指标。以同行业可比公司相关指标作为对照依据的，选取的对照公司不少于3家。

- 一定要花点钱来买。股权激励一定要花点钱来买，不能白给，因为白给的经理人不珍惜。股权激励的一个重要目的就是风险和收益要对等，因此，股权激励与基本工资和年终奖相比，是经理人承担企业未来风险而享有的收入，属于风险收入部分。所以，经理人得到的股权激励分为两个部分：一部分是自己花钱买的部分，这相当于风险抵押金方式；另一部分是根据企业业绩送的部分，这属于激励部分。

- 一定要考虑到经理人的风险承受能力。经理人都是风险厌恶型的，他们害怕承担过高的风险，承担风险的能力较弱。在股权激励方案设计中，要求经理人一定要掏钱入股，目的是让经理人承担企业未来的一定风险，但这个风险一定不能过大，否则股权激励计划就有可能失败。

- 一定要体现递延性报酬特征。长期激励性报酬的本质是它的递延性特征。在使用递延的报酬形式中，被递延支付的报酬就是一种履行业绩目标的抵押金，为了在将来获得这些抵押金，经理们不但尽力避免被解雇，而且还会努力工作，防止偷懒和短期行为的发生。基于这样的原因，在股权激励计划设计中，一定要使股权激励计划体现递延性报酬特征。因此，现在股权激励非常流行"一次授予，多次加速行权"的方式。

- 报酬结构一定要合理。在经理人的报酬结构中，基本工资、年度奖金和股权激励是最重要的组成部分。基本设计逻辑是：基本工资和年度奖金一般采用市场平均水平，股权激励部分和公司市值增长密切相关。

3.8 从福利到市值管理的员工持股计划

股权激励的基本目的侧重于激励管理层，促进管理层付出努力完成既定业绩，从而实现上市公司业绩提升和公司价值增长。员工持股计划基本目的是为员工提供"普惠性"的福利，但是近年来员工持股计划的方案设计越来越灵活，上市公司可以根据市值管理、控制权安排，以及为员工提供杠杆投资机会等目的，量身设计适用于本公司的员工持股计划。2014年6月20日，证监会发布了《关于上市公司实施员工持股计划试点的指导意见》（以下简称《指导意见》），鼓励上市公司利用员工持股计划对员工激励长期激励及市值管理等。

具体操作思路是，公司拿出一定比例的股份由员工持股平台持有，再由持股平台按照一定的规则将股份分给每个符合条件的正式员工，公司内部员工个人出资认购本公司部分股份，并委托持股平台进行集中管理的方式。按照《指导意见》的规定，员工持股计划的持股平台是由信托公司、保险公司、证券公司、基金管理公司等资产管理机构设立的资管计划。

股权激励侧重"激励"效果，员工持股计划更加侧重"福利"和"市值管理"效果。《指导意见》规定员工持股计划的股票来源：上市公司回购、二级市场购买、认购非公开发行股票、股东自愿赠予和法律法规允许的其他方式。实践中，上市公司采用二级市场购买的做法较多，以非公开发行的也不少。以非公开发行方式实施员工持股计划的，持股期限不得低于36个月，而且非公开发行取得股票的价格不低于定价基准日前20个交易日公司股票均价的90%。在股权激励计划中，如果采用限制性股票计划，同样以非公开发行股票作为激励股票来源的，发行价格不低于定价基准日前20个交易日、60个交易日或者120个交易日的公司股票交易均价之一50%的高者。而且员工持股计划的对象并不仅仅局限于管理层和核心骨干员工，可以是满足一定条件的大多数员工。

在上市公司的员工持股计划中，如果管理层和广大员工愿意以9折的价格认购公司股票，那就给了资本市场外部投资者一个非常清晰的信号，公司内部的管理层和广大员工对公司股价未来升值有着极强的信心，因此，员工持股计划就具有提振股价的作用。

与股权激励相比，员工持股计划对于上市公司市值管理的意义[①]：

3.8.1 操作相对简单和灵活

从监管层的角度来看，在上市公司推行员工持股计划主要目的是"建立和完善劳动者和所有者的利益共享机制，使社会资金通过资本市场实现优化配置"。因此证监会对员工持股计划的实施限制较少，操作起来比较灵活。

---

① 以下内容参考：https://www.zhihu.com/question/24218376/answer/38699244。

- 股票来源。股权激励的股票来源主要是上市公司回购、二级市场购买和定向增发；员工持股计划除这三种来源之外，还可以是股东自愿赠予。这就可以用股东自愿赠予股票来设计员工持股计划，激励力度和股权激励相当，还实现了避税的目的。
- 实施的限制条件。对于员工持股计划，没有实施的限制条件。股权激励的实施限制条件是：最近一个会计年度被出具否定意见或无法表示意见；最近一年因重大违法违规被证监会行政处罚；证监会认定的其他情形。
- 是否需要聘请独立的财务顾问。对于员工持股计划，只有股票来源采用非公开发行（定向增发）的需要聘请；而对于股权激励，同时采用股票期权和限制性股票两种激励模式的或董事会薪酬委员会认为有必要时，应当聘请。
- 股东大会的表决方式。对于员工持股计划，除股票来源是非公开发行的需要 2/3 通过，其余方式只需出席股东会议的股东所持表决权的半数以上通过即可；股权激励必须经出席股东会议的股东所持表决权的 2/3 以上通过。
- 是否需证监会批准。对于员工持股计划，只有股票来源涉及非公开发行需要报证监会批准，其余的不需要证监会行政许可；股权激励必须经证监会无异议备案通过。

3.8.2 能够提高短期内市场对公司股票的需求

股权激励的股票来源以非公开发行（定向增发）居多，因此，对股票市场需求的影响不大。员工持股计划中，由于非公开发行需要证监会审批，所以比较多地采用二级市场回购的方式。而且一般规定自股东大会通过，以及董事会获得授权起 6 个月内，员工持股计划的资管产品要完成二级市场的股票购买。这就会增加短期内二级市场对公司股票的需求。

3.8.3 对公司损益影响较小

股权激励在账务处理上需按股份支付确认成本和费用，会降低上市公司的盈利水平，从此角度来看对股价提升没有帮助。员工持股计划计划的股价折扣较少（大股东无偿赠予或低价转让的除外），通常不影响公司损益。

3.8.4 便于控制权安排

上市公司股权激励计划的持股方式一般为激励对象直接持有或通过持股平台持有，如果激励对象直接持有激励股票，那么对大股东的控制权有稀释作用。而员工持股计划中员工不能直接持有股份，必须通过持股平台持有。持股平台可以由上市公司自行管理或委托资产管理机构管理，因此，员工持股计划的表决权一般掌握在公司的实际控制人手里。员工持股计划的总量可以做到总股本的 10%，因此公司实际控制人有控制权安排的空间。

3.8.5 激励作用

股权激励最基本的作用在于对激励对象的"激励"，员工持股计划最基本的作用在于"普惠"。但是，如果在员工持股计划中有杠杆融资和大股东兜底等条款设计，一样具有激励作用，对市值管理的影响也会相当正面。

- 资金来源。股权激励的资金来源主要为激励对象自筹，上市公司不得为激励对象提供任何形式的财务资助,包括提供贷款或担保。而员工持股计划可以由大股东提供担保融资。

- 杠杆作用。股权激励是激励对象自筹资金,上市公司自行管理激励计划,因此没有杠杆效应。而员工持股计划可以委托资产管理机构进行管理,这样就可以将员工持股计划设计成分级的资产管理产品,为持有人提供财务杠杆。例如,三安光电的员工持股计划按2∶1设立优先级份额和次级份额,优先级份额的年基准收益率7.4%(也就是3倍财务杠杆,年息7.4%的融资成本);新海宜的员工持股计划也按2∶1设立优先级份额和次级份额,优先级份额的年基准收益率8.1%(也就是3倍财务杠杆,年息8.1%的融资成本)。欧菲光员工持股计划的财务杠杆加到了30倍:欧菲光投资1号资产管理计划,份额上限1.5亿元,三级结构化设计,优先级份额(预期年基准收益率8.1%)、中间级份额(预期年基准收益率5%)、一般级份额,比例为20∶9∶1。员工筹资500万元认购一般级份额。实际上就是欧菲光的员工出资500万元,再向外融资1.45亿元(其中,按年息5%融资4 500万元,按年息8.1%融资1亿元)。

- 大股东兜底。通过融资加杠杆,会增大股票波动的损益,如股票升值则放大收益,如股票贬值则放大损失。一般员工是极端风险厌恶型的,风险承受能力相当脆弱,如果股价下跌,损失放大,那么员工持股计划的作用就适得其反。但是,如果采用完全自筹资金的方式从二级市场购买,又会显得激励的"成色"不足,还不如自己买股票方便。一种解决办法是实行大股东兜底,虽然大股东兜底并不是员工持股计划的必备要件,但是大股东兜底无疑是让员工和资本市场上的外部投资者吃下一颗定心丸。在安居宝的员工持股计划中,公司实际控制人提供融资资金,增持实施完毕两年后,增持员工退出时,如出现亏损，由公司实际控制人承担。实际控制人这种出钱出力的方式几乎承担了所有风险，体现了对公司未来股价的强烈信心，也给了员工和外部投资者持股的信心。

- 认购起点。员工持股计划给予了上市公司一般员工专业投资的机会，上市公司基本上都将员工持股计划委托给专业的资产管理机构进行专业的投资管理，设计成资产管理计划。一般的专项资管计划或私募产品的认购门槛往往都是100万元起，员工持股计划的认购起点可以设置很低，比如1万元。
- 个人所得税。股权激励的获益部分，按照"工资、薪金所得"项目，分摊12个月计算个人所得税。员工持股计划在个人所得税方面具有优势，股票来源是二级市场购买或非公开发行的，暂免征收个人所得税；股票来源是大股东赠予或上市公司回购的，由于授予价格可能与市场价格有较大差异，如何处理，尚无明确政策，如参考《关于个人转让股票所得继续暂免征收个人所得税的通知》，则也可暂免征收个人所得税。

第 4 章

价值如何经营

4.1 价值经营的基本逻辑

4.2 产融结合的多股权投资

4.3 股份回购与增减持

4.4 再融资

4.5 股权质押融资

4.6 并购重组

4.7 资产证券化

4.8 套期保值

4.1 价值经营的基本逻辑

价值经营，是指当公司价值被低估（公司市值没有充分体现内在价值）或被高估（公司市值大于公司的内在价值）时，顺应资本市场的周期性波动规律，运用上市公司市值的偏差和投资者的投资偏好，通过金融策略、整合公司资源、确立公司价值理念、吸引目标投资者等手段，充分分享资本市场的溢价功能，不断提升公司的价值和做大公司市值的管理行为。[①] 价值经营最能体现上市公司的市值管理和资本运作能力，可以通过资本杠杆做大公司市值。

资本市场是有周期的，有牛市，也有熊市，在牛市里面还有结构性的熊市，在熊市里也有结构性的牛市。在大牛市里市值一日千里，大熊市里市值一泻千丈，这是不可抗拒的市场规律。但是，上市公司并不是只能在股市的牛熊周期转换面前"听天由命，靠天吃饭"，其实是可以顺应市场规律，合理利用市场周期在恰当的时候做点合适的事情的。

中国资本市场的有效性比较差，基本上处于无效市场和弱势有效市场之间的阶段。在这样的市场里，容易出现上市公司估值偏离内在价值的情况，也容易出现指数和股价暴涨暴跌的剧烈波动。这对上市公司的市值管理提高了难度，同样也丰富了市值管理的内容，极大地拓展了市值管理的空间，使得上市公司可以不断地、积极探索与完善价值经营的手段和方法，以实现公司

---

① 施光耀，刘国芳. 市值管理论 [M]. 北京：北京大学出版社，2008：243.

市值最大化。①

要像重视产业周期一样重视股市周期，对于市值管理，股市周期有时甚至比产业周期还要重要。股市周期不可以左右和操纵，但可以顺势而为。当股市处于牛市中时，投资者对股市、行业和公司前景都持乐观态度，股价明显被高估，市场价值远远大于内在价值，此时价值经营的策略就是利用高估的股价从资本市场获得更低成本的融资或者去购买其他非上市公司的股权，具体策略包括：

- 通过增发或定向增发实施再融资。增发和定向增发股票扩大了公司股本规模，可以平抑高估的股价，同时以更低的成本筹措资金。②
- 换股并购。当公司股价被高估时，此时公司应当以并购非上市公司的方式进行外延式增长，交易的对价一定是直接向目标公司发行新股，通过换股完成并购。
- 资产注入。通过定增发行新股购买母公司或行业内的优质资产。
- 整体上市。
- 股份减持。当股价明显高估时，适当通过大股东减持，一定程度上促进股价回调到合理的价位。
- 套期保值。在股价被高估时，上市公司的市值管理一定要运用股指期货、融券、商品期货、利率期货和汇率期货等风险对冲工具，通过"做空"来对冲资本市场的系统性风险，以此稳定公司的市值。

当公司处于熊市时，投资者对股市、行业和公司前景都持悲观态度，股价

---

① 蓝天祥，陈阳，刘强，等. 市值的博弈：市值管理理论、实践与探索[M]. 北京：中国金融出版社，2011：83.
② 拿出相同份额的股份做定增，股价被高估时融到的资金显然多，融资成本也就下降了。

明显被低估，市场价值小于内在价值，此时价值经营的策略就是"买入"策略，买入比较便宜的股票，在市值的波动中提升公司竞争力，提振投资者信心，使得股价回升，具体策略包括：

- 股票回购。上市公司利用现金等方式回购发行在外的股票，稳定和提高本公司股票价格，防止公司股价暴跌，提振投资者信心，刺激公司股价回升。
- 股份增持或承诺不减持。和股票回购的原理是一样的，只不过买股票的主体不一样。股票回购的主体是上市公司，股份增持的主体是大股东或管理层。是维护投资者信心、保护公司市值的重要手段。
- 并购重组。当资本市场低迷时，给上市公司带来一个通过并购进行低成本产业整合的机会。要注意的是换股并购不适合这种情况，这种情况下交易对价的方式应当是采用现金方式，收购方式采用杠杆收购。
- 股指期货套期保值。当资本市场被严重低估时，通过股指期货"做多"，即采取股指期货多头的套期保值来稳定股价指数，对冲风险。
- 恶意并购。在资本市场比较低迷的时候，一些产业基金和保险往往成为门口的野蛮人，它们会对那些内在价值被严重低估的公司下手，纷纷举牌，抢夺公司控制权。从而使得公司股价回升，这就是恶意并购作为公司治理外部机制的重要功能体现。
- 买壳或借壳。有些公司想通过IPO上市可能存在一定难度，那么在资本市场低迷的时候，就迎来一个以低成本购买"壳"的机会。一般是通过买壳、定向增发，再加上换股吸收合并等组合方式实现上市并募集资金。
- 实施股权激励或员工持股计划。

通过资本运营实现价值经营，最能体现一家上市公司产融结合的能力和水平。价值经营的手段和方法可以分为两类：第一类是实现市值管理的短期目标，即保证市值不被低估，减少二级市场的剧烈波动，降低公司的融资或再融资成本。包括大宗交易、二级市场增减持、利用股指期货对市值进行套期保值、存量股权质押融资并参与再融资以及公开增发、定向增发、配股、可转债、优先股、分离交易可转债、资产证券化等。第二类是实现市值管理的中长期目标，即保证公司市值稳定增长，提升股东价值回报。主要包括多股权投资和并购重组。

伴随中国资本市场的日益成熟，金融创新产品越来越多，价值经营的手段也将日益丰富。但每家公司并不是在任何一个时点都需要应用所有的手段，要根据股市周期、产业周期和公司的资本战略组合应用，并且要将价值创造、价值实现和价值经营统筹考虑。

需要注意的是，这些资本运作的手段除了能较大幅度提升公司市值之外，还有操纵获利的嫌疑，因此必须在法律和道德的双重约束下，围绕内在价值这个核心用之有道，否则就会出现各种内幕交易、操纵股价、利益输送等歪门邪道。

4.2 产融结合的多股权投资

在资本市场上通过 IPO 或是定向增发等再融资渠道募集资金用于扩大生产和销售，这还不是真正的产融结合，而仅仅是产融结合中借力资本市场发展的第一步而已。真正的产融结合是以上市公司为平台，打造以金融控股平台为核心的多元化布局。通过对其他公司的控股或参股形成产融结合的股权结构，并通过对股权进行合理的交易和安排，达到提高股权资产收益和做大市值的目的。我们把这种方式称为产融结合多股权投资的市值管理。本书后续章节讨论的海航集团和复星集团都是成功实施了产融结合多股权投资市值管理的典型案例。

4.2.1 产融结合多股权投资的意义[①]

产融结合多股权投资的目的是保证投资后的资产整体市值有所增加、整体资产流动性加强而系统性风险降低的一种主动市值管理方式。产融结合多股权投资是以市值管理为导向，指导企业进行未来发展方向和路径的选择，能够在市值管理上实现乘数效应。

产融结合的多股权投资，最终形成了多元化经营格局和集团的股权结构。在新兴资本市场上，企业进行集团化和多元化经营时有如下好处。

- 容易形成品牌优势。在新兴市场上，品牌信誉的建立非常重要，但是也是需要花不少钱，而且成本很高。因此，一种聪明的品牌应用策略就是，集团公司集中优势在某一产品领域树立一个品牌，使其产生巨大的影响力。然后，集团公司可以利用已建立的品牌优势进入相关业务领域，并且把成本分摊到其他业务领域。如联想靠 PC 业务创下了品牌，联想控股就利用 PC 业务（联想集团）的品牌声誉进入了数码产品领域（神州数码）、投资领域（君联投资、弘毅投资、乐基金和联想之星）、房地产（已退出）、现代服务业（神州租车、拜博口腔）、农业与食品行业（佳沃集团和丰联集团）、金融服务领域（正奇金融、苏州信托、北京联合保险经纪、汉口银行、银豆网、翼龙贷）；同时又通过君联投资、弘毅投资、乐基金和联想之星投资参股或控股了上

---

① 马永斌. 公司治理之道：控制权争夺与股权激励 [M]. 北京：清华大学出版社，2013：52-54.

百家企业，这其中就有一心堂、中国玻璃控股、耀华玻璃、中联重科、王府井百货、新华保险等企业。

- 有利于提升股东的股权收益。当主营业务发展较快时，从主营业务角度进行股权投资能够迅速扩大业务规模、降低成本，快速提高公司的市场议价能力，从而提升公司股东的股权收益。当主营业务进展缓慢而现金流又比较充裕时，这就可以对主营业务相关领域或者无关领域进行投资，这样就可以增加公司的长期盈利来源，同样提升了股东的股权收益。

- 可以降低融资的成本。集团公司的形成，实际上就在集团形成一个内部融资市场。由于集团内部的资金可以统一调配使用，与外部融资相比，内部融资市场降低了交易成本。这对于无论股权融资还是债权融资，融资效率都比较低下的新兴市场上的企业来说是非常重要的。

- 有助于分散企业的经营风险。在新兴资本市场上，机会是比西方成熟市场多的，但是市场风险和政府的政策风险也是要大很多的。如果企业只依赖于一个行业或者一个产品，就容易产生较大的政策风险和行业风险。这个时候，按照投资学中分散投资的理论将鸡蛋放在不同的篮子里就成为一种降低风险的现实选择，与主业无关的多元化经营而涉足不同行业，就可以在集团内部实现一定程度的风险对冲。

- 通过"看得见的手"来替代"看不见的手"，降低产品的交易成本。新兴资本市场上的市场机制是不健全的，如果企业的供应商和分销商都依赖市场化，必然加大企业谈判、缔结合同的交易成本，而且对供货质量、价格等因素缺乏控制力。这时，通过集团内部的行政调控，在集团内形成一个内部市场，就可以显著地降低产品的交易成本。

- 以较小的资金获取较大的控制权，实现高效融资。集团股权结构的形成，使得控股股东可以通过金字塔股权结构、交叉持股和类别股份等方式以较少的资金获得较大的控制权,实现资本市场上的"以小博大"和"四两拨千斤",从而达到高效融资的目的。

4.2.2 产融结合多股权投资的股权布局

多股权投资能否实现产融结合,使得公司市值实现倍增、以较少资金获得较大控制权的关键在于股权布局。图 4-1 是典型的产融结合多股权投资的股权布局,公司治理专家也把这种股权结构称为企业系族。这种股权结构就是产融结合顶层设计的关键内容,具有如下特征。

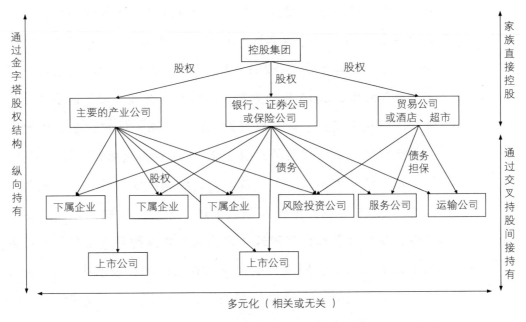

图 4-1　多股权投资的股权布局①

- 在整个企业系族的最上层是一个有限责任公司,通常叫作"××集团"或"××控股"。整个公司通常是由家族的核心人员担任股东,

---

① 资料来源:宁向东.公司治理理论[M].北京:中国发展出版社,2005:58.

是家族对外的投资平台和管控平台。

- 控股公司直接控制的企业有三类：主要的产业公司，银行、证券公司或保险公司等金融机构，以及贸易公司、酒店和超市等。
  - 主要的产业公司是指企业创始人抓住市场机会，靠其发家创业的企业。如对于新希望集团来说，这个主要产业公司指的就是新希望的饲料集团；对于联想控股来说，主要的产业公司就是联想集团；对于复星来说，主要的产业公司就是复星医药和复地。
  - 要进行产融结合，利用资本杠杆，实现市值倍增，就一定要想办法控股或参股一些金融机构，如银行、保险公司或证券公司。这是产融结合的关键，是为了寻找企业系族金融运作的平台，并将这个平台作为企业系族实施控制的一个重要工具。如泛海控股，最早只是一个地产企业，2014年确定从地产向"地产＋金融＋战略投资"转型，2015年计划将泛海控股打造成一个"以金融为主体、以产业为基础、以互联网为平台、产融一体化的企业集团"。为了实现转型的战略目的，以2014年3月为起点，将民生证券、民生信托纳入上市公司并大幅增资，收购民安财险（现更名为亚太财险），成立民金所（互联网金融）在内的金融互联网、融资担保、基金管理和资产管理4家公司，收购香港上市公司和记港陆（现更名为中泛控股，成为泛海在海外的投融资平台）、全牌照券商华富国际，战略投资中民投、中信等金融资产等。至此，通过并购、新设等方式，泛海集团完成了以"金融全牌照"为目标、横跨境内外两个市场的金融产业布局，形成了一个金融控股平台。
  - 在控股公司直接控制的第一层企业中，通常还会有贸易公司、酒店和超市等流通性企业，这些流通性企业一般来说都是收益好，现金流比较稳定的，这主要是用于解决整个集团的现金流问题。
- 以企业系族的第一层产业公司、金融机构和流通性企业为核心，它们之间通过复杂的股权和债权关系形成第二层次的企业。第二层的企业包括各种实业企业、股权投资企业和商业流通企业。
  - 图 4-1 中的下属企业就是各种实业企业，在第二层次的实业企业中，家族一般不会单独投资，而是会采用在保证控制权的前提下和外来投资者共同投资。
  - 企业系族还会在第二层次的企业中通过有效合伙的方式构建风险投资企业或私募基金企业，目的就是构建股权投融资的平台，进一步利用股权杠杆放大资本的运作能力。企业系族直接控制的公司在有效合伙中做 GP，理论上只需持有 1% 的资产份额，就会获得整个基金的控制权。
- 还有很重要的一点，就是在集团当中一定要有一部分公司要上市，但并不是把所有的公司都变成上市公司。并且，集团会通过各种办法对上市公司施加控制，上市公司就会成为整个集团的投融资平台。

4.2.3　多股权投资的决策原则

资本市场的投资机会是非常多的，但不是每一个投资机会都需要控股的，那么对于多股权投资的决策来讲，首先要梳理的就是哪些机会必须由自己百分百掌控？哪些控股？哪些参股？哪些作为财务投资人就可以了？

由于每个企业掌握的资源和自身的能力不同，因此，同样的投资机会对不同企业来讲选择是不同的。一种比较有效的办法是找出对企业自身比较重要的影响因素，比如经营难度和投资风险，把它们作为决策时的两个考量维度，就比较容易做出决策了。

- 对于经营难度小、投资风险也比较小的项目。公司可以把其作为全资子公司进行投资，百分百掌控，而且也没有必要单独上市。可以作为上市公司的全资子公司合并报表，为上市公司的市值管理提供稳定的业绩支撑。
- 对于经营难度大、投资风险小的项目。公司合理的选择是开放股权，引入战略投资者，降低经营风险。但是由于投资风险小，回报值得期待，公司可以选择控股。
- 对于经营难度小、投资风险大的项目。公司合理的选择是出让控股权和经营权，参股做战略投资者就可以了，持股比例在5%~20%。
- 对于经营难度大、投资风险大的项目。可能也意味着未来有高额的回报，但是，由于对于公司来讲经营难度和投资风险都比较大，因此，最佳的现在就做财务投资人，持股比例在5%以下。投资并不是为了对投资公司产生影响，只是为了对获取投资收益的股权投资。

4.2.4 股权组合优化

多股权投资市值管理是一项比较复杂的系统工程，一方面通过产融结合可以创新商业模式、完善产业结构，促进企业的价值创造，给股东带来高额的投资回报。但是，由于产融结合的复杂性，以及负债经营，必然加大企业的经营风险。一旦经营失误，对企业的打击效果也是倍增的。因此，对于多股权投资来讲，一定要做出正确的投融资决策，从源头上控制风险。具体来说，就是科学合理地判断股权资产价值，优化股权组合结构。

- 优化股权组合结构，这是多股权投资与单个股权投资的重要区别。需要根据公司自身所在的行业、企业规模、资金实力、经营能力等综合因素，决定在不同项目上的股权投资的方式：完全100%持股、控股、战略投资者或财务投资者，形成适合公司的多股权投资结构。

- 定期分析投资组合的投资效益，结合公司需求不断调整多股权组合。像炒股一样，根据投资组合的投资回报率、资金使用效率和控制风险的需求，通过大宗交易、定向增发等手段对持有的股权资产进行卖出或买入。

- 盘活股权，提高资金使用效率。一些上市公司在多股权投资组合形成之后，又存在大量的融资需求，这就可以针对已有的股权组合进行充分的资本运作，采用股权质押融资、发行股权质押信托产品等盘活股权资产，从而为企业的进一步产融结合提供资金。

- 利用股指期货、融资融券和转融通等进行系统风险对冲。多股权投资管理的是数个上市公司的股票组合，其与股指期货等结合起来的对冲效果会更为优化。因此，可以说多股权投资提升了公司市值管理的风险管控水平。

4.3 股份回购与增减持

市值维护是市值管理最基本的要求，也是为了实现市值管理的短期目标：保证市值不被低估，减少二级市场的剧烈波动。具体的做法就是利用自己持有的上市公司股票，顺应股票市场波动，通过买卖公司股票使持股比例增加或创造现金流，平抑市场风险影响，稳定股价。

具体的做法包括股份回购、控股股东的增持和减持。其中，股份回购、增持又可以配合推出股权激励和员工持股计划，增减持往往通过大宗交易进行。

4.3.1 股份回购

股份回购指的是当公司股价被明显低估的情况下，上市公司从二级市场回购本公司发行在外的股票。公司股价被低估有两种情况：第一种情况是市场处于慢牛或牛市，但是，由于公司自身的原因，股价被低估；第二种情况是资本市场整体走熊，出现系统性风险，导致股价被低估。第一种被低估的情况属于价值实现的范围，公司要有针对性地在信息披露、4R关系管理、股权激励或员工持股计划方面制定对策，让资本市场认可公司的内在价值，这种情况下不适宜采用股票回购的方式进行市值管理。

在第二种情况下，当资本市场出现系统性风险，比如2015年的股灾。当市场出现恐慌，股价跌到内在价值之下，公司可以用自有资金或债务融资，回购公司股票。股份回购的信号刺激效应是非常强烈的，市场对于回购公告解读为上市公司认为股价被低估了，有信心在不久的将来将股价恢复到应有的地位，从而刺激股价上扬。

回购来的股票可以有两种处理方式：

- 与价值实现的措施相结合，推出股权激励计划或员工持股计划。这样做的信号刺激效应是非常强烈的，相当于是股权激励、员工持股计划和股票回购双重信号刺激效应叠加：管理层和核心骨干员工认为公司股价被严重低估了，愿意持有股份。因为对公司的未来成长有信心，相信公司股票会更有价值。

- 用于注销，进行股本管理。在美国的上市公司，经常将回购的股票作为"库藏股"，但是中国的法律不允许"库藏股"。回购的股票除了用于员工激励之外，还可以用于注销。将回购的股票注销是上市公司资本收缩，除了向外界表明公司认为股价被低估的信号之外，进行股本管理的一种重要手段。注销回购的股票，减少了权益资本，增加了负债，提高了每股盈利水平，调整和优化了股本结构，从而提高了股票的内在价值，而且可以降低未来权益资本的融资成本，有利于公司后续通过配股等持续融资行为进行股本扩张。①

4.3.2 增持股票

当公司股价被低估时，从信心刺激强度来看，股份增持的效果要比股份回购的强烈。股份回购的主体是上市公司，用于回购的资金是上市公司自有资金或募集的债务资金；股份增持的主体是上市公司的大股东或管理层，用于回购的资金是大股东或管理层的自有资金或其自身募集的债务资金。而上市公司的大股东和管理层对上市公司是非常熟悉的，他们敢于在公司股价明显被低估的时候用自己的自有资金进行股份增持，无疑会极大地加强投资者的信心。

增持股票的方式主要有二级市场购买、大宗交易、委托投资银行通过大宗交易系统进行询价和配售、协议转让。② 比较常见的是二级市场购买和大宗交易。

在大股东增持的时候，相关法律法规的约束是比较多的，在制订增持计划时，要考虑大股东的持股比例，尤其是5%、20%、30%和50%这四个持股比例。

- 增持后持股比例在5%以下，限制较少，不用披露。
- 增持前持股比例在5%以下，一次增持后持股比例超过5%但不足30%：
    - 增持后持股比例在5%~20%，可以在二级市场买入或者协议收购，增持完成后需编制简式权益变动报告书并公告；

---

① 施光耀，刘国芳. 市值管理理论 [M]. 北京：北京大学出版社，2008：252.
② 毛勇春. 市值管理方略 [M]. 上海：同济大学出版社，2012：165.

- ○ 增持后持股比例在20%~30%，可以在二级市场买入或者协议收购，增持完成后需编制详式权益变动报告书并公告。
- 增持前持股比例超过5%，但不足30%：
  - ○ 每新增5%，增持后持股在5%~20%，可以在二级市场买入或者协议收购，增持完成后需编制简式权益变动报告书并公告；
  - ○ 每新增5%，增持后持股在20%~30%，可以在二级市场买入或者协议收购，增持完成后需编制详式权益变动报告书并公告。
- 增持前持股比例超过30%：
  - ○ 一年内增持比例不超过2%，在上次增持后向证监会申请以简易程序免除发出要约，有半年的禁售期；
  - ○ 增持5%以上的股份，需要发出全面要约或部分要约。
- 增持前持股比例不足30%，增持后持股30%以上：
  - ○ 增持后没有超过30%的部分，可以通过协议收购的方式进行；
  - ○ 增持后超过30%的部分，根据是否超过2%决定发出要约或者申请豁免要约。
- 增持前持股比例超过50%，属于控股股东，法律法规对增持的限制较少。

4.3.3 股份减持

从市值管理的角度来看，股份减持一般发生在公司股价被高估之时。上市公司个控股股东通过股份减持既可以兑现股权投资的利润，还可以使得公司股价回调到合理的价格区间。

股份减持的方式一般包括二级市场直接减持、大宗交易和协议转让。2008年之前，大小非减持主要通过二级市场直接出售股票的方式。2008年之后的熊市中，市场一致认为大小非直接减持是 A 股市场一直下跌的罪魁祸首。证监会于是对大小非减持做了限制，规定每个月大小非只能通过二级市场自由出售总股本 1% 的股票，超出部分必须通过大宗交易进行。因此，2008 年之后，基本上就把大小非减持称为大宗减持。

大宗交易在交易所正常交易日限定时间进行，股票的大宗交易须在当日涨跌幅价格限制范围内，由买卖双方采用议价协商方式确定成交价，并经证券交易所确认后成交。买入方第二天就可以自由处置所买股票。大宗交易具有批发的特点，对于股份减持的大宗交易，买入方（大宗交易商）希望按批发价成交，大宗交易商希望赚取批发和零售之间的价差，因此，一般相对于公司股票的收盘价都有一个折扣。[①]

大宗减持的时机选择非常重要。从市值管理的角度，这个时间点选择在股价被高估之时。一个简单的判断方法，当上市公司的未来投资回报率低于其他项目的内部回报率，或者低于银行一年期的理财利率时，这时就说明上市公司股价过高了，需要进行股份减持。从股东投资收益的角度看，应该选择在尽可能高的价格减持。

在大宗减持的方案制订中，还需要注意：限售股在减持时面临较高税收，要在合法合规的前提下做好税务筹划。以下是大宗减持涉及的税务及交易成本策划：[②]

- 个人股东，缴纳个人所得税。
    - 属于原限售股的[③]，能提供原始取得凭证，盈利部分按照 20% 交税；不能提供原始取得凭证的，按总金额 15% 交税。
    - 股票是股权激励所得的，授予和解禁时要缴纳个人所得税，减持

---

① 毛勇春. 市值管理方略 [M]. 上海：同济大学出版社，2012：15.
② 以下内容参考：毛勇春. 市值管理方略 [M]. 上海：同济大学出版社，2012：207.
③ IPO 前持有的公司股票。

时不征收。交税标准按照"工资、薪金所得"项目和股票期权所得个人所得税的计税方法依法扣缴。

- ○ 股票是二级市场购买的，暂不征收个人所得税。
- ● 股东主体是合伙企业的，缴纳个人所得税。普通合伙人采取（5%~35%）5级超额累进税率，有限合伙人按照20%"财产转让所得"缴纳个人所得税。
- ● 股东主体是有限责任公司的，面临双重税收。企业层面按照扣除相应成本后利润部分的25%缴纳企业所得税，个人股东得到分红后的税率是20%。

因此，税务筹划的思路是，首先在持股形式安排上以个人直接持有或有限合伙持有，不建议用有限责任公司作为持股平台。其次，利用新疆、西藏等地区税收的优惠政策，对于个人股东，可以将开户证券账户调整至优惠地区开户，进行网上交易；对于股东是有限合伙企业的，可以在优惠地区注册或将注册地点迁入优惠地区。

当需要减持的股票是ETF的成分股时，一种避税的思路是：按照规定的比例一揽子买入适当比例的其他ETF成分股票，然后把手中的股票和这一揽子股票申购为ETF份额，然后在二级市场卖出份额。这样就可以完整规避所有的个人所得税。[①] 因为在二级市场卖出的是ETF的份额，按现有规定是不用交税的。2010年3月，市值400多亿元的中国平安员工股解禁时，上证50ETF基金就出现创建以来最大的净申购6.13亿份，这和平安员工持股公司当时减持的股票数基本吻合。[②]

---

① 毛勇春. 市值管理方略 [M]. 上海：同济大学出版社，2012：213.
② 毛勇春. 市值管理方略 [M]. 上海：同济大学出版社，2012：219.

股份减持还需要注意符合相关法律法规的规定：

- 上市公司的控股股东在该公司的年报、半年报公告前 30 日内不得转让解除限售存量股份。
- 持有解除限售存量股份的股东预计一个月内公开出售解除限售存量股份的数量超过该公司股份总数 1% 的，应当通过证券交易所大宗交易系统转让所持股份。
- 本次解除限售存量股份转让后导致股份出让方不再是上市公司控股股东的，股份出让方和受让方应当遵守上市公司收购的相关规定。
- 持有或控制上市公司 5% 及以上股份的股东及其一致行动人减持股份的，应当按照证券交易所的规则及时、准确地履行信息披露义务。
- 担任上市公司董监高职务的，每年转让股份数不超过在其名下股份总数的 25%。上市公司的董监高在离职后半年内，不得转让本人所持有的公司股份。

2017 年 5 月 26 日证监会发布了减持新规《上市公司股东、董监高减持股份的若干规定》，细化了减持的限制：

- 通过集中竞价方式减持股份的，大股东或者特定股东在任意连续 90 日内不能减持超过公司股份总数的 1%；减持上市公司非公开发行股份的，在解禁后 12 个月内不得超过其持股量的 50%。
- 通过大宗交易方式减持股份，在连续 90 个自然日内不得超过公司股份总数的 2%，且受让方在受让后 6 个月内不得转让。
- 通过协议转让方式减持股份导致丧失大股东身份的，出让方、受让方应当在 6 个月内继续遵守减持比例和信息披露的要求。

- 董监高辞职的，仍需按原定任期遵守股份转让的限制性规定等。

4.4 再融资

再融资是指上市公司通过配股、增发和发行可转换债券等方式在证券市场上进行的直接融资。具体方式包括配股、公开增发、定向增发和发行可转换债券等。再融资作为公司 IPO 之后重要的融资渠道，再融资的效益和成本直接决定着公司上市后能否在产融结合这条路上可持续健康地发展。

同时，再融资也是上市公司市值管理，尤其是价值经营的重要手段。通过提高融资效率、降低融资成本和完善股本结构，再融资会影响到股本结构和基本面，实现公司市值优化。需要注意的是，从短期看，A 股市场是一个"炒预期"的市场，在再融资公告期内股价会明显上涨，但是实施期内由于"利好出尽"，股价有可能下跌，甚至跌破成本价；从长期看，再融资属于"利好"，对公司股价有正面影响。

4.4.1 配股

配股是上市公司向原股东按照持股比例发行新股、筹集资金的行为。原股东拥有优先认购权，可以选择认购或不认购。根据相关法律法规，实施配股的条件如下：

- 发行对象。向市场公开发行。
- 配股的价格。没有具体的规定，但一般为了发行成功，新股发行的价格按发行配股公告时股票市场价格折价 10%~25%，折价是为了鼓励股东出价认购。

- 融资规模。配售股份总数不超过本次配售股份前股本总额的 30%。
- 盈利要求。最近 3 个会计年度连续盈利；最近 2 年内曾公开发行证券的不存在发行当年营业利润比上年下降 50% 以上的情形。
- 利润分配要求。最近 3 年以现金方式累计分配的利润不少于最近 3 年实现的年均可分配利润的 30%。
- 募集资金用途。必须有明确的募集资金用途。除金融类企业外，募集资金使用项目不得为持有交易性金融资产和可供出售的金融资产、借予他人、委托理财等财务性投资，不得直接或间接投资于以买卖有价证券为主要业务的公司。
- 发行周期。本次发行董事会决议日距离前次募集资金到位日原则上不得少于 18 个月。

IPO 已满一个会计年度，控股股东资金实力较强、愿意认购的上市公司可以考虑使用配股进行再融资。1998 年之前，中国资本市场上的再融资方式只有配股一种。配股主要是融资的需求，对股本结构变化不大，[①] 而且配股的融资力度有限，因此随着其他再融资工具在 A 股市场的应用，近年来上市公司已经较少使用配股了。

4.4.2 公开增发

公开增发也叫增发新股，是指上市公司向包括原有股东在内的社会公众发行新股，对持有该公司股票的人一般都以 10∶3 或 10∶2 进行优先配售，其

---

① 因为大多数股东都会参与配售。

余网上发售。

从市值管理的角度,增发新股一般选择在股市处于牛市,公司股价被高估之时。增发新股可以从两个方面使得公司股价与内在价值靠拢。首先增发新股可以扩大公司股本规模,降低市盈率,对公司业绩摊薄作用明显,降低公司股价。其次,增发新股获得的资金可以用于公司内在价值的提升。两方面共同的作用使得公司股价回归于公司真实的内在价值。①

根据相关法律法规,实施公开增发的条件如下:

- 发行对象。向市场公开发行,发行对象多样化,可以募集到较多资金,比较适合公司运营状况、财务状况和盈利状况良好、行业前景好、投资者对公司整体情况和未来发展认可的企业。②
- 发行价格。增发新股的股价一般不低于停牌前 20 个交易日或前一个交易日公司股票均价。
- 融资规模。对发行股份数没有明确规定;募集的资金数额不得超过项目所需。
- 盈利要求。最近 3 个会计年度连续盈利;最近 2 年内曾公开发行证券的不存在发行当年营业利润比上年下降 50% 以上的情形。最近 3 个会计年度加权平均净资产收益率平均不低于 6%。
- 利润分配要求。最近 3 年以现金方式累计分配的利润不少于最近 3 年实现的年均可分配利润的 30%。
- 募集资金用途。必须有明确的募集资金用途。除金融类企业外,募集资金使用项目不得为持有交易性金融资产和可供出售的金融资产、借

---

① 施光耀,刘国芳. 市值管理论 [M]. 北京:北京大学出版社,2008:244.
② 毛勇春. 市值管理方略 [M]. 上海:同济大学出版社,2012:91.

予他人、委托理财等财务性投资，不得直接或间接投资于以买卖有价证券为主要业务的公司。

- 发行周期。本次发行董事会决议日距离前次募集资金到位日原则上不得少于 18 个月。

4.4.3 定向增发

定向增发也叫作非公开发行，即向特定的符合条件的少数投资者非公开发行股份。定向增发是再融资的一种重要手段，往往与资产收购、资产注入、引入战略投资者、并购重组等需求紧密相关。通过定向增发可以提高每股净资产，优化股本结构，提升公司市值。

2017 年之前的、上市公司定向增发股票的发行条件宽松、定价机制灵活，成为绝大部分上市公司首选的再融资方式，甚至一度出现过度融资和短期套利的弊病。2017 年 2 月，证监会修订了《上市公司非公开发行股票实施细则》（以下简称"再融资新规"），发布了《发行监管问答——关于引导规范上市公司融资行为的监管要求》，对定向增发和并购重组定价等事项予以明确。从内容来看，严格了上市公司非公开发行审核标准和条件。根据相关法律法规，实施定向增发的条件如下：

- 发行对象。向不超过 10 名的投资者定向发行。
- 发行价格。不低于定价基准日前 20 个交易日公司股票均价的 90%。2017 年的再融资新规取消将董事会决议公告日、股东大会决议公告日作为上市公司非公开发行股票定价基准日的规定，明确定价基准日只能为本次非公开发行股票发行期的首日。
- 融资规模。之前对发行股份数没有明确规定，再融资新规要求拟发行的股份数量不得超过本次发行前总股本的 20%；募集的资金数额不得超过项目所需。

- 锁定期。控股股东、实际控制人及其控制企业认购的，36 个月内不得转让；其他股东的锁定期是 12 个月。
- 盈利要求。定向增发没有盈利要求，意味着亏损企业也可申请发行。
- 利润分配要求。无。
- 募集资金用途。必须有明确的募集资金用途。除金融类企业外，原则上最近一期期末不得存在持有金融较大、期限较长的交易性金融资产和可供出售的金融资产、借予他人款项、委托理财等财务性投资的情形。不得直接或间接投资于以买卖有价证券为主要业务的公司。
- 定增周期。本次发行董事会决议日距离前次募集资金到位日原则上不得少于 18 个月。

4.4.4 发行可转换债券

发行可转换债和公开增发的效果是相似的，都是在股市处于牛市、公司股价被高估之时实施，目的是使公司股价回归于公司真实的内在价值。

可转换债券是一种被赋予了股票转换权的公司债券，持有者在发债后一定时间内，可依据本身的自由意志，选择是否按照约定的条件将持有的债券转换为发行公司的股票，通常具有较低的票面利率。

可转换债券具有债券和股票的双重特点。可转换债券首先具有债券的特点，即使债券持有人可以选择持有至债券到期，要求公司还本付息，作为一种低息债券，它仍然会有固定的本金与利息收益。如果持有人选择在约定的时间内转换成股票，则会获得资本增值的收入或获得股利分红的收入。因此，可转换债券相当于是在债券的基础上附加了一个看涨期权。

对于投资者来说，当股价下跌时，就选择享受债券每年的固定利息收入，待期满时收回本金，通常来说债券的利息会高于普通股的分红，而且和普通债券一样，比股票有优先偿还的要求权；当股价上涨时，投资者就可以实施转换，将债券转为股票，享受股价上涨带来的盈利。

这样的设计就使得可转换债券对投资者来说具有"上不封顶，下可保底"的优点。除此之外，具有债券和股票双重特点的可转换债券相比其他再融资的手段，有以下的融资优势：[①]

- 融资成本低于纯粹的债务融资。由于附加了一个普通债务融资没有的看涨期权，因此，利率比普通债券和银行贷款的利率低。
- 对股权的稀释作用相对滞后。配股、增发新股的股本扩张是在获得资金的同时迅速增加的，可转换债券在发行时就获得资金，但是股本增加一般在债务宽延期（一般是6个月）后才出现，因此股本扩张过程是渐进的。
- 业绩指标的摊薄压力滞后。配股、增发新股当时就计入总股本，募集的资金当时就全额计入净资产，每股收益及净资产收益率这两项关键的业绩指标当即被摊薄。可转债至少半年之后才转为股票，因此股本增加有缓冲期，从而使得公司的每股收益、净资产收益率的摊薄得到有效缓冲。
- 换股价格允许在发行前市价的基础上上浮5%~20%，与配股和增发新股相比，带来两个好处：对股权的稀释作用小；单位股本募集的资金多。
- 可以改变公司财务结构，使资产负债率趋向合理。当选择实施将债权

[①] 以下内容参考：施光耀，刘国芳. 市值管理理论 [M]. 北京：北京大学出版社，2008：246-248.

转为股权后，降低了资产负债率，降低了公司到期偿还债务的压力。

可转换债券将上市公司和投资者的风险控制在一定范围内，换股期权的存在还减轻了公司的财务负担。比较适合那些不希望短期股本增长较快，而且规模大、盈利能力强、资产负债率低的上市公司。根据相关法律法规，发行可转换债券的条件如下：

- 发行对象。向证券交易所市场公开发行。
- 转股价格。转股价格应不低于募集说明书公告日前20个交易日该公司股票交易均价或前一个交易日公司股票均价。但一般会比市场公允价高出5%~20%的溢价。
- 融资规模。本次可转换公司债券发行前，累计债券余额不得超过公司净资产额的40%；发行后，累计债券余额不得高于公司净资产额的80%。
- 锁定期。相当于债券与期权捆绑。债券期限一般1~6年，5年的比较常见。
- 盈利要求。经注册会计师核验，公司最近3个会计年度加权平均净资产利润率在10%以上；属于能源、原材料、基础设施类的公司可以略低，但是不得低于7%。经注册会计师核验，公司扣除非经常性损益后，最近三个会计年度的净资产利润率平均值原则上不得低于6%。公司最近三个会计年度净资产利润率平均低于6%的，公司应当具有良好的现金流量。最近三年内发生过重大重组的公司，以重组后的业务以前年度经审计的盈利情况计算净资产利润率。最近三个会计年度实现的年均可分配利润不少于公司债券一年的利息。
- 利润分配要求。最近三年以现金方式累计分配的利润不少于最近三年实现的年均可分配利润的30%。
- 募集资金用途。募集资金投向需要发改委审批；可用于偿还银行贷款①；在发行材料上报证监会时，募投项目批文需一块上报。

再融资新规中对定向增发的审核标准和发行条件做了严格限制，主要是为了打击资本市场过度融资和圈钱套利的行为；但是对可转债没有融资频率的限制，实际上也在鼓励上市公司使用可转债进行再融资，改善上市公司的融资结构和财务结构。在接下来的几年中，可转债在上市公司的市值管理中发挥了越来越大的作用。

4.4.5 发行分离交易可转债

分离交易可转债是一种附加认股权证的公司债，可分离为纯债和认股权证两部分，赋予了上市公司一次发行多次融资的机会（两年内三次融资，降低了公司的融资成本）。分离交易可转债是债券和股票的混合融资品种，它与普通可转债的本质区别在于债券与期权可分离交易。②

分离交易可转债由两大部分组成：一是可转换债券；二是股票权证。分离交易可转债的投资者在行使认股权利后，其债权依然存在，仍可持有到期归还本金并获得利息；而普通可转债的投资者一旦行使了认股权利，则其债权就不复存在了。③

分离可转债和普通可转债相比不设重设和赎回条款，这比较有利于发行公

---

① 但由于需要发改委会签，募集资金用途更倾向于以投资项目为主。
② 百度百科 http://baike.baidu.com/link?url=kfaUFiAALEtuRnOxLSbcVyOrnai-EvY9FI6ipw960jnttqFCHg_4ppoD_YR1cyQ2_KnhRZ_0wu_oLLJ33ecKaxUUzdgySF-peWWz34FajfvD9TgLaGpKP0yJ2lD4V9XQ5eDWVJGy7KQc5nnOf-kRdK.
③ 百度百科 http://baike.baidu.com/link?url=1YftLreFG-CA34J8Z-n1r0uTDOJrgY0jeXDv-GKTgQcLS8bcWgD0dzDBE4IYTlgcXUnKjVyZZdNknD9x4Ff8PFE7egLL-tKOvgSOc5cCUjUPZEvafCov0ouySkHZBpSJ-USueb0wNXcVDOY99QXgloPjZrGltittk-kmgpEOjwWeRQfiJ_KS4DqYJQ-om-qS.

司的市值管理：通过业绩增长来促成转股的正面作用，避免了普通可转债发行人经常不是通过提高公司经营业绩，而是以不断向下修正转股价或强制赎回方式促成转股而带给投资人的损害。[1]

根据相关法律法规，发行分离可转债的条件如下：

- 发行对象。向证券交易所市场公开发行。
- 转股价格。转股价格应不低于募集说明书公告日前20个交易日该公司股票交易均价或前一个交易日公司股票均价。但一般会比市场公允价高出5%~20%的溢价。
- 融资规模。债券部分累计不超过公司净资产的40%；权证融资额不超过债券部分。所募集资金规模将是可转债募集资金规模的1~2倍。
- 锁定期。债券最短为一年，无最长期限限制。认股权证存续期为6~24个月，权证融资最快在发行6个月后。
- 盈利要求。最近3个会计年度经营活动产生的现金流量净额平均不少于公司债券一年的利息，但最近三个会计年度加权平均净资产收益率平均不低于6%（扣除非经常性损益后的净利润与扣除前的净利润相比，以低者作为加权平均净资产收益率的计算依据）除外。最近三个会计年度实现的年均可分配利润不少于公司债券一年的利息。公司最近一期期末经审计的净资产不低于人民币15亿元。
- 利润分配要求。最近三年以现金方式累计分配的利润不少于最近三年实现的年均可分配利润的30%。
- 募集资金用途。债券部分募集资金投向需要发改委审批；可用于偿还银行贷款[2]；在发行材料上报证监会时，募投项目批文需一起上报。

---

[1] 百度知道 https://zhidao.baidu.com/question/682407526472998932.html。
[2] 但由于需要发改委会签，募集资金用途更倾向于以投资项目为主。

4.4.6 优先股

优先股是相对于普通股而言的，优先股股东优先于普通股股东分配公司利润和剩余财产，但参与公司决策管理等权利受到限制，没有选举权和被选举权，一般没有公司经营管理的参与权。优先股在分红上有点像债券，一般是按照固定比例分红。发行优先股在美国是一种非常普遍的融资方式。

优先股对于股权分散的上市公司进行再融资有着非常重要的意义。股权分散的上市公司，任何一次发行普通股融资（无论是公开增发、配股、定向增发）都会对原有股东的股份比例稀释，这对于公司控制权的安排是一个很大的挑战。如果用优先股进行再融资就没有这个问题，因为优先股只是稀释了股东的股份比例，但是对控制权没有改变。

2014年3月21日证监会颁布实施了《优先股试点管理办法》，明确了"上市公司可以发行优先股，非上市公众公司可以非公开发行优先股"。2017年2月证监会的再融资新规明确对定向增发进行了限制，鼓励上市公司采用可转债和优先股进行再融资，可以预计到优先股和可转债在随后几年的上市公司市值管理中会越来越受重视。

根据《优先股试点管理办法》，优先股发行的要点如下：

- 发行对象。上市公司公开发行优先股的，可以向原股东优先配售。上市公司和非上市公众公司非公开发行优先股仅向合格投资者发行，每次发行对象不得超过200人，且相同条款优先股的发行对象累计不得超过200人。合格投资者指经有关金融监管部门批准设立的金融机构，包括商业银行、证券公司、基金管理公司、信托公司和保险公司等；上述金融机构面向投资者发行的理财产品，包括但不限于银行理财产品、信托产品、投连险产品、基金产品、证券公司资产管理产品等；实收资本或实收股本总额不低于人民币500万元的企业法人；实缴出资总额不低于人民币 500 万元的合伙企业；合格境外机构投资者（QFII）、人民币合格境外机构投资者（RQFII）、符合国务院相关部门规定的境外战略投资者；除发行人董事、高级管理人员及其配偶以外的，名下各类证券账户、资金账户、资产管理账户的资产总额不低于人民币 500 万元的个人投资者。

- 发行条件。其普通股为上证 50 指数成分股；以公开发行优先股作为支付手段收购或吸收合并其他上市公司；以减少注册资本为目的回购普通股的，可以公开发行优先股作为支付手段，或者在回购方案实施完毕后，可公开发行不超过回购减资总额的优先股。

- 发行价格。优先股每股票面金额为 100 元，发行价格不得低于优先股票面金额。公开发行优先股的价格或票面股息率以市场询价或证监会认可的其他公开方式确定。非公开发行优先股的票面股息率不得高于最近两个会计年度的年均加权平均净资产收益率。

- 融资规模。上市公司已发行的优先股不得超过公司普通股股份总数的 50%，且筹资金额不得超过发行前净资产的 50%，已回购、转换的优先股不纳入计算。上市公司同一次发行的优先股，条款应当相同。每次优先股发行完毕前，不得再次发行优先股。

- 锁定期。优先股发行后可以申请上市交易或转让，不设限售期。

- 盈利要求。最近三个会计年度应当连续盈利。上市公司发行优先股，最近三个会计年度实现的年均可分配利润应当不少于优先股一年的股息。

- 利润分配要求。采取固定股息率；在有可分配税后利润的情况下必须向优先股股东分配股息；未向优先股股东足额派发股息的差额部分应当累积到下一会计年度；优先股股东按照约定的股息率分配股息后，不再同普通股股东一起参加剩余利润分配。

- 募集资金用途。应有明确用途，与公司业务范围、经营规模相匹配，募集资金用途符合国家产业政策和有关环境保护、土地管理等法律和行政法规的规定。除金融类企业外，本次募集资金使用项目不得为持有交易性金融资产和可供出售的金融资产、借予他人等财务性投资，不得直接或间接投资于以买卖有价证券为主要业务的公司。

- 优先股东的权利。出现以下情况之一的，公司召开股东大会会议应通知优先股股东，优先股股东有权出席股东大会会议，就以下事项与普通股股东分类表决，其所持每一优先股有一表决权，但公司持有的本公司优先股没有表决权：修改公司章程中与优先股相关的内容；一次或累计减少公司注册资本超过10%；公司合并、分立、解散或变更公司形式；发行优先股；公司章程规定的其他情形。上述事项的决议，除须经出席会议的普通股股东（含表决权恢复的优先股股东）所持表决权的2/3以上通过之外，还须经出席会议的优先股股东（不含表决权恢复的优先股股东）所持表决权的2/3以上通过。

- 暂时的表决权。公司累计三个会计年度或连续两个会计年度未按约定支付优先股股息的，股东大会批准当年不按约定分配利润的方案次日起，优先股股东有权出席股东大会与普通股股东共同表决，每股优先股股份享有公司章程规定的一定比例表决权。对于股息可累积到下一会计年度的优先股，表决权恢复直至公司全额支付所欠股息。对于股息不可累积的优先股，表决权恢复直至公司全额支付当年股息。公司章程可规定优先股表决权恢复的其他情形。

- 上市公司不得发行可转换为普通股的优先股。但商业银行可根据商业银行资本监管规定，非公开发行触发事件发生时强制转换为普通股的优先股，并遵守有关规定。

4.5 股权质押融资

股权质押融资指的是公司股东在不让渡或暂时让渡股票所有权的情况下,将其持有的公司股权(流通股、限售股或非上市股权[①])作为质押担保或卖出回购的一种融资方式。

再融资的融资主体是上市公司,股权质押的融资主体是上市公司的股东。上市公司的股东根据自身的需求和目标,利用自己持有的存量股票做质押物,根据股票的市值打一个折扣(5~6折)融到资金。同时与资金方约定利息,并确定在股权质押融资期间如果股价下跌,资金方在特定条件下可以采取强制平仓的保证措施等,约定在未来返还资金、解除质押。股权质押融资的交易实质与常见的股权(或股权收益权)信托计划十分类似,资金方往往是银行、券商和信托公司。

股权质押融资的方式主要有三种:股权质押贷款、股权收益权转让回购和股权约定式回购。股权质押融资用于市值管理的目的有两个:做大股权市值和优化股权资产效应。近年来,股权质押融资越来越受到上市公司股东、券商、银行和信托公司的重视,已经成为上市公司股东融资和市值管理的重要工具。

4.5.1 股权质押融资的优点

股权质押融资不是一种标准化的金融产品,主要是以取得现金为目的,公司股东通过股票质押融资取得的资金通常用来弥补流动资金不足。由于具有以下优点,近年来非常受到上市公司股东的青睐:[②]

[①] 原则上讲,非上市公司,包括新三板公司都可以做股权质押融资,但是由于流动性差、价格的公允性也一般,因此提供资金方并不是很喜欢。即使做,也会给一个很低的折扣率。

[②] 以下内容参考:毛勇春.市值管理方略[M].上海:同济大学出版社,2012:185-187.

- 盘活存量股票，保持持股比例不变。对于有资金需求的上市公司股东，尤其是控股股东往往难以通过减持获取资金。因为他们手里的股票很多是受限的，有锁定期，无法减持；而且证监会对上市公司大股东减持的监管会越来越严；通过减持获得资金会引起股价下跌，不利于市值管理；减持会使得持股比例下降，有可能引发控制权危机。基于如上考虑，只要上市公司股东对公司未来有信心，就可以采用股权质押融资的方式，保持持股比例不变，盘活存量股票，获得所需资金。

- 降低融资成本，提高融资效率。股权质押融资是以价值公允、流动性好的上市公司股票作为担保物，对于资金提供方来说风险较小而且可控。因此，上市公司的股东可以在很短时间内以更低的利息率获得融资。

- 提高股权资产使用效率。对于长期持有上市公司股票的股东，其短期的直接收益就是分红收益。但由于A股上市公司的分红率一般较低，为获得股权而付出的初始投入资金较大，而且沉淀在资产负债表上。股权质押融资在不影响控制权的情况下，盘活了沉淀在资产负债表上的初始投入资金。如果市值增长较大，甚至可以获得比初始投入资金多得多的新增资金。

- 改善资本结构。如果上市公司的股东是机构或企业，那么通过实施股权质押融资，可以适度增加负债比例，从而有助于降低资本成本；而且有一定的税盾作用[1]。

4.5.2 股权质押贷款

股权质押贷款是股权质押融资中的典型方式，指公司股东以其合法持有的

---

[1] 由于利息是税前扣除的，因此适度增加负债比例可以获得抵税收益。

公司股票和可转债做质押担保，向商业银行、信托公司等金融机构获得资金的贷款行为。

股票质押式回购和股权质押贷款很像，是证券公司的一种业务。融入方以所持有的股票质押融入资金，并约定在未来返还资金、解除质押的交易。我们将股票质押式回购作为股权质押贷款一起介绍。

股权质押贷款的特点如下：

- 贷款期限最长为一年。
- 贷款利率按照央行利率管理规定执行。
- 资金用途有限制。
- 需要办理强制执行公正。
- 股票质押率由贷款方依据被质押的股票质量及借款人的财务和资信状况与借款人商定，但股票质押率最高不能超过60%，一般是50%左右。参考公式：

$$股票质押率 = 贷款本金 / 质押股票市值 \times 100\%$$

$$质押股票市值 = 质押股票数量 \times 前7个交易日股票平均收盘价$$

- 为控制因股票价格波动带来的风险，设立警戒线和平仓线。警戒线比例 = 质押股票市值/贷款本金×100%，最低为135%；平仓线比例 = 质押股票市值/贷款本金×100%，最低为120%。在质押股票市值与贷款本金之比降至警戒线时，贷款方应要求借款人即时补足因证券价格下跌造成的质押价值缺口。质押股票市值与贷款本金之比降至平仓线以下（含平仓线）的，贷款方有权无条件处理该质押股票，所得的价款直接用于清偿所担保的银行债权，余款清退给借款人，不足部分由借款人清偿。①

---

① 百度百科 http：//baike.baidu.com/link?url=SwvTIriYNCLfsAd0mg8iZ91DmwGOxBsh17U5U5fMHWeYf7mwmgHbwANsKroXeKAE8WUes27rwPy2xcg72a2TydH78nw6YIWrHPZT_fK-fSLagFTqWW8y_YccVjEk0n2TpdybWA1Y2yBEsqrIBMlQC_.

- 需要到登记公司现场办理股权质押登记手续。在上交所上市的股票，在中国证券登记结算有限责任公司上海分公司办理；在深交所上市的股票，在中国证券登记结算有限责任公司深圳分公司办理。

4.5.3 股权收益权转让回购

股权收益权转让回购已经成为上市公司股东一种普遍的信托融资方式。具体做法是上市公司股东将其合法持有的上市公司股票做质押担保，转让股票收益权获得融资，按约定时间、约定价格回购股票收益权清偿本息的一种融资方法。

在这种融资方式中，是将股票的所有权和收益权分离。将所有权作为质押物，转让的是股票的收益权。其本质是上市公司股东将所持公司股票，交给信托公司，信托公司以股权收益发行信托计划融资的行为，信托计划到期后原股东将进行回购。

股权收益权转让回购的特点如下：

- 基本模式是将股票质押给信托计划和券商的资管计划，以信托计划为主。
- 资金用途可以不监管。
- 需要办理强制执行公正。
- 需要前往登记公司现场进行登记。
- 提前或延期手续烦琐。

4.5.4 股权约定式回购

股权约定式回购交易是指符合条件的投资者以约定价格向资金方卖出特定

股票获得资金,并约定在未来某一日期按照另一约定价格从资金方购回的交易行为。资金方通常是信托公司或券商。

股权约定式回购的特点如下:

- 股权约定式回购必须暂时让渡股票的所有权,但是要以将来能够重新回购获得股票所有权为前提。所以要求用于股权约定式回购的股票必须是非受限的流通股。
- 如融资方在约定的时间内无法回购股票,则信托公司或证券公司可以直接出售股票收回资金。
- 折扣率的范围通常在40%~70%,主板的折扣率高,中小板和创业板的低。
- 融资期限最长只有1年,比较适合短期融资。
- 资金用途不受限制。
- 如果资金方是券商,融资到账时间快,T时完成交易,$T+2$日到账。

4.5.5 股权质押融资综合应用

随着证监会出于稳定市场的考虑,对控股股东减持的监管越来越严;出于加速新股发行的考虑,对再融资的限制日益增多。股权质押融资在接下来的3~5年终会越来越受到上市公司股东的重视,成为上市后募集资金的主要方式。

由于股权质押融资对资金用途限制较少,上市公司既可以用质押融到的资金投入生产运营,也可以将资金投入证券投资或购买土地等,用起来非常灵活方便。

比如,可以将股权质押融资、定向增发、并购重组结合在一起设计一个综合的市值管理方案。A 是上市公司 B 的第一大股东，B 公司的发展前景很好，打算定向增发募集资金进行资产收购，进行行业整合。

A 持有 B 公司 1 亿股的股票，市值大约是 20 亿元人民币。对于 A 来讲，是否参与 B 公司的定增成为一个两难选择。A 非常看好 B 公司的前景，打算参与定向增发，但是手里没有可供支配的资金；如果不参与定增，股份比例就会被稀释，一方面控制权被稀释，另一方面将失去分享 B 公司并购重组导致市值增长的机会。

这个时候就可以设计一个"股权收益权转让回购+定向增发+大宗减持"的综合方案盘活存量股份，做大市值。①

首先，A 和信托公司制订实施一个股权收益权转让回购的融资计划，信托计划的要点如下：

- 信托公司发起集合信托计划募集资金 10 亿元，用于受让 A 持有 B 公司 1 亿股的收益权。
- 信托期限 1 年，年利息率 14%。
- A 将其持有 B 公司的 1 亿股作为信托计划的质押担保物。
- 设置警戒线。在信托计划到期回购前，如 1 亿股的 B 公司市值低于融资本金的 1.5 倍（15 亿元），则 A 要及时以现金支付不足市值保证款。
- 设置平仓线。在信托计划到期回购前，如 1 亿股的 B 公司市值低于融资本金的 1.2 倍（12 亿元），则信托公司有权立即处置 A 质押的股票从而提前收回资金。
- 赋予股票抛售权。在信托计划到期回购前，当 A 质押的股票市值大于 3 倍（30 亿元）融资金额时，A 就可以向信托公司申请先行解除不超

---

① 以下内容参考：毛勇春. 市值管理方略 [M]. 上海：同济大学出版社，2012：195-197.

过 2 000 万股 B 公司股票的质押并出售,并将出售资金优先用于偿还信托融资的本息。

其次,A 获得信托融资后,B 公司启动实施了定向增发和并购重组。A 公司以信托融资获得资金参与了定向增发,认购了 B 公司新增发的 6 000 万股股票。

8 个月后,B 公司股价较 A 向信托公司质押融资时上涨了 60%。A 行使了股票抛售权,通过大宗交易减持了 2 000 万股 B 公司股票,并将所得资金(6 亿元左右)连同自有资金(4 亿元)用于向信托公司偿还融资本息,回购股票收益权。

A 最开始的时候持有 1 亿股 B 公司股票,市值 20 亿元。实施"股权收益权转让回购 + 定向增发"之后,A 持有 B 公司的股份从 1 亿股增加到 1.6 亿股。当 B 公司的股票大涨 60% 之后,通过抛售 2 000 万股偿还信托融资的本息后,A 持有 B 公司的股票为 1.4 亿股,市值从 20 亿元增到 44.8 亿元,中间只是付出了 4 亿元左右的自有资金。这是盘活存量股票,做大市值的典型案例!

4.6 并购重组

并购重组是企业一种最快速的扩张方式和最高层次的投融资方式,盛行于全球的各个资本市场和各个行业。同时并购重组也是提升上市公司市值一个非常快捷的途径,是市值管理中价值经营最重要的手段。中国上市公司的并购重组在 2014 年开始剧增,这与证监会在 2014 年要求上市公司建立"科学合理的市值管理制度"是有很大关系的。

并购重组由并购和重组两个概念构成。并购又称为兼并与收购。兼并指的是两家或者更多独立的企业合并组成一家企业,通常由一家占优势的企业吸收另一家或更多的企业，一个或多个企业的全部或部分产权转归另一个企业所有。目标是"取得目标公司产权"，通常包含"吸收合并"（A+B=A）或"新设合并"（A+B=C），借壳上市就是典型的吸收合并。

收购指的是一家公司通过购买股票或者股份等方式，取得对另一家公司的控制权或管理权，另一家公司仍然存续不必消失。目标是"部分或全部资产和股权"，通常包含"收购股权&收购资产"。即 A+B=A+B，A 获得 B 的控股权，B 与 A 的财务报表合并报表。许多基于市值管理考虑的并购经常采用这种方式。

重组是指对企业的资产进行分拆、剥离、出售、整合等优化组合的作用。并购是在不同主体之间的所有权和控制权交易，而重组可以是同一控制人下的资产、业务等的转移。

从市值管理的角度看，并购重组是一种金融交易，目的是通过企业产权、控制权的转移和重新组合，来达到改变企业原有状态、整合资源、增加或转移财富的目的。在资本市场上，由于流动性较高和交易成本较低，并购重组这种外延式增长方式能够使得公司市值迅速增长。

上市公司的估值明显高于非上市公司，通过并购重组将非上市公司资产装入上市公司资产，就会获得一个相对较高的流动性溢价，结果就是能够快速提高上市公司的每股盈余，增加上市公司的市值总量。这样就可以实现并购重组双方的共赢，因此，并购重组一直是资本市场关注的热点。[①]

4.6.1 并购的类型与作用

按照不同标准可以把并购分为不同形式，其中与市值管理相关的主要有两

---

① 毛勇春. 市值管理方略 [M]. 上海：同济大学出版社，2012：138.

种分法，一是根据双方行业相关性可以分为横向并购、纵向并购和混合并购；二是根据公司实际控制人是否愿意出售公司分为善意并购和恶意并购。

横向并购就是收购竞争对手，竞争对手之间合并。横向并购有利于我国实体经济的转型升级，因此监管部门比较支持此类并购。通常资本市场的投资者也将横向并购解读为利好消息，认为横向并购有可能带来正向的经营协同效应和正向的财务协同效应，最终使得企业在行业中地位提升，未来盈利能力加强，企业市值随着增加。正向的经营协同效应指的是有可能改变现有市场的竞争格局，获得对顾客的定价权，收入和利润相应增加；正向财务协同效应指的是有可能减少企业的固定资产投入、营运资本投资、重复性的研发投入、增强负债能力等。

纵向并购就是同一产业链上下游企业之间的并购。资本市场的投资者通常也将纵向并购解读为利好消息，认为纵向并购能够实现正向的经营协同效应、管理协同效应和转型升级的协同效应。正向的经营协同效应指的是通过产业链整合可以降低生产成本和交易成本，达到削减成本、提升利润率的目的；正向的管理协同效应指的是通过改变管理的有效性、促进技术转移，从而达到提升品牌商誉等无形资产的价值；正向的转型升级协同效应指的是通过收购调整产业结构，实现了主营业务从价值链的末端向前端转移。

混合并购指的是发生在不同行业公司之间的并购。目的有可能是产品扩张而并购，有可能是产融结合而并购，也有可能是市场扩张而并购，也有可能是并购而并购。近年来资本市场上的跨界并购就属于混合并购，对于混合并购来讲，投资者的解读是不一样的。有些混合并购确实是为了公司的战略目的，比如泛海控股收购在纽交所上市的美国大型综合金融保险集团 Genworth Financial, Inc. 全部已发行股份、收购民安保险 51% 股权、收购香港全牌照券商华富国际控股有限公司 51% 股权，其目的就是实现"以金融为主体、以产业为基础、以互联网为平台的产融一体化的国际化企业集团"的战略转型目标。

但是有些跨界的混合并购确实是为了拉升股价套利、进行"伪市值管理"的并购,这就是典型的忽悠式重组,遭遇证监会立案审查的赵薇入主万家文化就是典型案例。

从被收购公司的意愿可以将并购分为善意并购和恶意并购。善意并购指的是在卖方同意的情况下进行收购,主要通过协议收购;恶意并购是在公司实际控制人不同意的情况下,在二级市场大量买进公司股票,直接争夺控制权,"宝万之争"就是典型的恶意并购。恶意并购的标的往往是股权分散、股价被低估的上市公司。上市公司从根本上要防止恶意并购,一定要做好市值管理。第一大股东持股比例在20%以下,股价被低估的上市公司是很容易遭遇恶意并购的。

4.6.2 并购与企业成长

公司价值的增长有两种方式:一种是通过企业内部发展的内生式增长;另一种是通过并购实现的外延式增长。内生式增长是一个缓慢而又耗时的过程,充满着不确定性,而且内在价值反映到市值的过程也较为缓慢,在资本市场上获得的溢价相对少而慢。通过并购的外延式增长提升市值则快得多。从产融结合的角度来看,上市公司既要通过研发驱动的内生式增长以增加核心竞争力,更要通过并购实现速度更快的外延式增长。

【案例】思科的成长与并购之路

思科是一家非常擅长并购的公司,自1993年进行了第一次收购交易以来,截至2017年1月底,总共收购公司145个。思科的成长历史基本上就是一部公司并购史,思科的成长策略基本上就是依赖并购重组的外延式增长模式。思科的研发部门基上就是并购的行研和尽调部门，除了必要的研发之外，基本上依赖于收购。

思科在收购中形成了一套自己的原则，只收购处于创业阶段或快速成长阶段的小公司，这样做的目的主要是后续的整合。以下是思科自1993年以来比较重要的收购，靠路由器和交换机等硬件发家的思科，通过收购成功地将业务范围拓展到云计算、大数据等软件和服务领域。①

- 1993年，思科收购Crescendo进入交换机市场。1994年，思科推出Catalyst系列交换机，是之后20年最有利可图的产品线。
- 1996年，思科收购Stratacom，开始在运营商设备领域的发展。
- 2003年，思科以5亿美元收购Linksys，推动思科进入消费市场与家庭网络产品。
- 2005年，思科收购亚特兰大科技，使得服务提供商能将视频添加到互联网、无线和电话产品。
- 2007年，思科以32亿美元现金收购全球商用网络视频会议系统主要提供商网讯（WebEx）。
- 2010年，思科收购Tandberg，帮助思科拥有最全面和可操作的视频会议产品。
- 2013年1月23日，思科斥4.75亿美元现金和员工留职激励计划收购以色列软件商Intucell的全部业务和运营，以扩大其网络业务。
- 2013年4月4日，思科斥3.1亿美元收购英国无线技术供应商Ubiquisys。

---

① http：//weare.cisco.com/c/r/weare/about-us.html，http：//www.cisco.com/c/en/us/about/corporate-strategy-office/acquisitions/acquisitions-list-years.htm。

- 2013年7月23日，思科斥27亿美元收购网络信息安全商Sourcefire。
- 2014年6月17日，思科系统公司宣布，以1.75亿美元收购私人控股的瑞典网络软件制造商Tail-f Systems，以扩大其网络管理及自动化业务。
- 2016年2月14日，思科系统公司宣布，以14亿美元收购云物联网服务平台Jasper。
- 2016年6月29日，思科系统公司宣布，以2.93亿美元收购云信息安全方案商CloudLock。
- 2017年1月25日，思科系统公司宣布，以37亿美元收购美国商业软件公司AppDynamics。

伴随着思科的并购成长，思科的市值在并购中一路提升：

- 1990年纳斯达克上市，收盘价为22.25美元，市值约为3.7亿美元。
- 2000年3月，全球最大的网络设备制造商思科公司，以5 760亿美元市值超过电脑软件业巨头微软，成为当时世界上市值最高的上市公司。
- 2017年6月14日收盘价31.7美元，市值约为1 585亿美元。

【案例】千亿谷歌的并购之路[①]

谷歌成立于1995年，但其市值和影响力却远超很多有百年历史的大企业。谷歌是靠搜索起家，但如今也是网络视频和移动操作系统的霸主。

谷歌2004年8月19日纳斯达克上市首日收盘价100.34美元，市值约为226亿美元。10年后，2014年8月19日，市值约为3 960亿美元。截至

---

① 资料来源：https://en.wikipedia.org/wiki/List_of_mergers_and_acquisitions_by_Alphabet#List_of_mergers_and_acquisitions.

2017年6月14日收盘，市值约为6 713亿美元。13年时间里市值总共增长了将近30倍，成长方式和市值管理的主要方式就是并购重组。

谷歌成立以来共收购202家公司，2004年上市之后共收购191家公司。对于谷歌市值管理和企业成长重要和精彩的收购如下：

- 2005年，谷歌以5 000万美元收购手机操作系统厂商Android。这是一个非常重要的收购，通过收购Android，谷歌对于智能手机和移动互联网的影响力大增，对谷歌市值有非常正面的推动力量。

- 2006年，谷歌以16.5亿美元收购视频分享网站Youtube。这次横向并购使谷歌消灭掉前进道路上唯一的竞争对手，同时还使谷歌进入显示广告市场，成为搜索和视频领域无可争议的霸主。

- 2007年，谷歌以31亿美元收购在线广告厂商DoubleClick，此次收购帮助谷歌成为互联网显示广告领域的霸主。

- 2009年，谷歌以7.5亿美元收购移动广告厂商AdMob。AdMob专注在Android手机上投放广告，此次收购帮助谷歌扩大了移动广告收入。

- 2011年，谷歌宣布以125亿美元收购处于困境的手机公司摩托罗拉移动，这是谷歌迄今为止规模最大的一笔收购。通过该笔交易，谷歌获得了首次涉足智能手机制造所需的资源，同时也得到了覆盖各种无线技术的宝贵专利组合。

- 2013年，谷歌收购波士顿动力机器人公司，研发出数款以动物和人为原型的机器人产品。

- 2013年，谷歌以9.66亿美元收购地图应用厂商Waze。社交地图应用Waze在2013年备受瞩目，地图服务依靠用户回报有用的交通提示信息，如路况、交通事故等。包括Facebook在内都对它虎视眈眈，谷歌最终赢得了Waze争夺战。

- 2014年，谷歌以32亿美元收购"iPod之父"托尼·法德尔（Tony Fadell）创办的智能家居公司Nest。

- 2014年，谷歌以6.25亿美元收购人工智能公司DeepMind。2016年击败韩国围棋冠军李世石并且在网络围棋对战平台与各国顶尖围棋高手对战中实现60连胜的AlphaGo就是该公司开发的程序。

- 2014年，谷歌以5亿美元收购Skybox Imaging。其主要业务是生产卫星和部署数据中心，此外还致力于记录并提供地貌详图及高清视频。对于谷歌来说，收购这家公司有利于完善谷歌地图服务。谷歌还希望通过Skybox的技术来改善互联网接入服务，并在救灾时提供通信服务。

- 2014年，谷歌以5.55亿美元收购家庭监控摄像头厂商DropCam。Dropcam是一家家庭监控摄像头公司，为普通家庭提供可负担的视频监控方案。Dropcam将视频存储在云端，监控记录永远不会丢失，随时可调用。谷歌将其整合入Nest智能家居业务。

- 2015年，谷歌以3.8亿美元收购Bebop。Bebop的平台可以帮助开发者更容易地开发和维护企业应用软件。谷歌认为这一平台将会帮助企业获得更优秀的软件，享受到云计算时代带来的便利。在移动互联网时代，云计算业务的重要性变得不言而喻，谷歌此次收购是为PC互联网向移动互联网的转型做准备。

- 2016年，谷歌以6.25亿美元收购Apigee。Apigee的软件通过管理API帮助用户跨不同应用和设备分享数据与服务。在快速发展的数字和移动市场，API对于企业的业务至关重要。在谷歌云服务增加Apigee的API解决方案，将帮助客户更快更好地开展对外交互业务。对于谷歌来说，收购Apigee将不仅增强其在API管理上的技术实力，也将为谷歌带来诸多的优质客户资源。

4.6.3 并购与市值管理

市值管理和产融结合没有固定的模式,有的只是审时度势、顺势而为,这一点在分众传媒的资本之道上体现得比较明显。分众传媒的资本之道可以分为四个阶段,第一阶段是上市前通过比竞争对手快的速度首先上市,抢占竞争的有利位置;第二阶段是在美国上市期间,分众传媒收购了60多家公司,奠定了非传统媒体广告霸主的地位;第三阶段是从美国私有化回归A股上市,市值增长2～3倍;第四阶段是在A股借壳上市之后,市值管理策略从单纯的并购转向"股权投资+并购"的模式。

【案例】分众传媒传媒的市值管理之路

分众传媒的商业模式是价值依附性的商业模式,实际上就是楼宇广告、互联网广告、地铁广告、手机广告、医院广告和卖场广告等非传统媒体广告。这个行业刚起步的时候基本上没有太多的门槛,商业模式非常容易模仿,竞争对手之间比拼的就是"烧钱IPO"的速度。

分众传媒当年主要的竞争对手是聚众传媒,聚众传媒的商业模式和分众传媒基本雷同,而且业务范围基本上也是一样的,但是最终结果是分众传媒全资收购聚众传媒,一个非常重要的原因就是融资上市的速度。以下是分众传媒和聚众传媒的融资对比:

- 第一轮融资
  - 2003年5月,分众传媒向软银融资4 000万美元;
  - 2003年年底,聚众传媒向上海信息投资有限公司融资2亿元人民币。
- 第二轮融资
  - 2004年4月,分众传媒向鼎晖和德丰杰融资1 250万美元;

- ○ 2004年9月，聚众传媒向凯雷融资1 500万美元。
- 第三轮融资
  - ○ 2004年11月，分众传媒向高盛融资3 000万美元；
  - ○ 2005年5月，聚众传媒向凯雷等融资2 000万美元。
- 上市与并购
  - ○ 2005年7月，分众传媒登陆纳斯达克；
  - ○ 2005年10月，分众传媒收购框架媒介100%的股份，以阻止在公寓电梯视频广告占据优势的聚众传媒。
- 2006年1月，分众传媒收购聚众传媒

在新兴行业中，资本市场上的领先就有可能出现"一步先，步步先""只有第一，没有第二"的局面。分众传媒采取"擒贼先擒王"的策略，先获得风险投资和资本市场的青睐，通过先行上市后融资能力大增的优势，利诱对手背后的风险资本，吞并对手，建立自己在行业中的"巨头"地位。收购了聚众传媒之后，分众传媒又进行了后续比较重要的收购。

- 2006年6月20日，3 000万美元收购互联网广告公司凯威点告。
- 2006年8月31日，收购影院广告公司ACL 70%股份。
- 2006年12月，收购全国最大的高校平面媒体运营商动力传媒。
- 2007年3月28日，分众宣布以7 000万美元现金和价值1.55亿美元的分众传媒普通股收购好耶广告网络的全部股份。
- 2007年6月，全资收购在汽车网络广告代理有优势的科思世通广告公司。
- 2007年8月，收购国内最大的网络游戏广告代理公司创世奇迹。
- 2007年8月，收购在房地产具有优势的佳华恒讯广告公司。
- 2007年9月，收购国内首屈一指的互联网数据提供商艾瑞咨询机构。
- 2007年12月，分众以1.684亿美元现金收购卖场视频广告老大玺诚

传媒 100% 股份。

由于在资本市场上先行一步上市，有了更多资金的支持，通过并购，江南春将其新媒体广告的版图一步一步扩张到涵盖楼宇、互联网、手机、卖场、网络游戏、娱乐场所等。覆盖城市主流消费人群的工作场景、生活场景、娱乐场景、消费场景，并相互整合成为生活圈媒体网络。

伴随着上市前两年眼花缭乱的收购，分众传媒的市值快速增长，也从 2005 年 7 月 13 日 IPO 发行市值 6.8 亿美元飙升至 2007 年 11 月 6 日的 95 亿美元（股价 66.3 美元）。

"并购简单，整合太难"，江南春也遇到并购重组的难题。从 2008 年开始，分众传媒开始感觉到"消化不良"。由于并购活动令分众的躯干快速扩大，管理运营成本快速增长，而运营利润与税后利润出现大幅亏损，业绩在 2008 年年底陷入低谷。[1]

2009 年 3 月 11 日，分众传媒盘中开出 4.84 美元的新低价，相较于历史最高价，跌幅约达 92.7%。江南春开始反思此前的并购策略，分众传媒进入整体业务调整与收缩阶段。关停或剥离部分利润率较低的非核心业务，如 LED 广告、部分户外广告牌、部分电梯海报广告网络等。

此后，分众传媒股价反弹至 20~30 美元。2011 年 11 月，分众传媒因遭遇"浑水公司"等机构的质疑和做空，股价一夜暴跌超过 60%，此后虽有回升，但也一直持续疲软。

与在美国纳斯达克不断遭遇质疑和低估不同的是，A 股市场对上市公司的估值很高，两个市场出现了巨大的估值落差。而中国发行制度改革推进，使得中概股拆 VIE 回归 A 股成为无风险套利的火热生意。而 2010—2012 年被

---

[1] 张愎. 分众传媒：并购成就广告巨头[EB/OL]. 第一财经日报 2012-04-07. http://www.yicai.com/news/1603127.html.

"浑水公司"做空后,中概股遭遇美国投资者的信任危机,致使估值萎靡不振,很多中概股都纷纷谋求回归 A 股。

江南春认为,美国资本市场很难理解分众的商业模式,为此也难以做出合理估值。因此在遭遇"浑水公司"做空一年之后,2013 年 5 月,江南春以 35.5 亿元的价格完成私有化。当时分众传媒的市值不足 27 亿美元,约 160 亿元人民币。

2015 年,借壳七喜控股回归 A 股。根据七喜控股的借壳重组方案,分众传媒股价作价 457 亿元人民币,较之私有化时增长了 2.8 倍;复牌 3 个月后,市值从 457 亿元上升至近 2 500 亿元人民币,较之私有化时增长 15 倍;2017 年 3 月 2 日,分众市值 1 054 亿元人民币,较之私有化时增长 6.6 倍。

回归 A 股后,随着市值的剧增,分众传媒能够以更低的成本融到更多的资金进行市值管理。也许是吸取了在美国上市期间的"暴力并购"的教训,回归 A 股的分众更加稳健,在市值管理上采用"股权投资 + 并购"的模式。

除非是很成熟、依靠资源型的公司,分众传媒依然可能采用全资收购的方式。其余的不再谋求全资收购,更多的是先作为战略投资者占股 20%,让创业者在所在公司成为重要的股东;当所投企业的规模效应和可持续能力显现后,再增资为控股股东或进行收购。

按照这样的市值管理逻辑,回归 A 股后的分众传媒截至 2017 年 3 月只进行了一次收购,其余的都是战略投资布局。

- 2016 年 1 月,分众传媒以 1 亿元人民币收购数禾科技,布局互联网金融。
- 2016 年 5 月,分众传媒和方源资本成立体育投资基金,参与咕咚的 C 轮融资。
- 2016 年 7 月,分众传媒公告,分别与清科投资、沸点资产、汇添富医健及达晨投资设立 4 家投资基金,最高募资额都是 5 亿元,主要用于涉及互联网、高科技、消费升级或服务升级的产品或服务的非上市企业股权投资。

- 2016年8月，分众传媒和光大控股等建认缴规模为50亿元人民币的"新产业投资基金"，聚焦于品牌类消费升级项目，娱乐文化内容及娱乐新技术新媒体项目，企业服务类项目等细分领域的成长期优质标的。

4.6.4 并购的融资安排

从市值管理的角度来看，无论是在股价高估或是低估时，都可以进行并购重组，只是采用的支付方式和融资方式不同。比如在公司股价被高估时，就可以通过发行新股用换股的方式或定向增发融资的方式进行并购重组，有利于平抑股价。在公司被低估时，换股并购就不适合了，并且采用定向增发进行融资也不适合。比较适合的方式是采用现金收购，以"公司自有现金＋并购贷款＋发行债券（或可转债）"进行杠杆收购。

因此，从市值管理的角度看，合理的融资安排是并购重组的重点，以下列举的是并购重组中的各种融资方式的操作要点及其优缺点：

- 权益融资。
  - 发行股票。通过公开增发、配股或定向增发募集并购资金，优点是增加企业负债，但是会稀释原有股东控制权，而且有可能降低每股收益。2017年2月后，证监会的再融资新规对定向增发这种方式的监管越来越严。
  - 换股并购。收购公司采用发行新股作为支付对价，来替换目标公司原来的股票，从而达到收购的目的。优点是可以避免短期现金大量流出。缺点是会稀释原有股东控制权；发行手续烦琐，耗时长；会稀释每股收益。

- ○ 发行优先股。在2017年2月证监会的再融资新规中，上市公司在再融资时发行优先股是受鼓励的，因此估计方案获批的可能性大。优点是不稀释原有股东的控制权和普通股收益；财务负担轻、风险小、灵活机动。缺点是由于不能抵税，资金成本高于债务成本。
- 债务融资。
  - ○ 并购贷款。向商业银行贷款。优点是手续简单、融资成本低、利息税前抵扣；缺点是借款协议限制经营，降低再融资能力。
  - ○ 发行债券。优点是财务杠杆降低税负；缺点是多则影响资产负债结构、提高再融资成本。
- 混合型融资。
  - ○ 可转换公司债券。发行可转换债券募集资金。优点是利息较债券低、报酬率及转换价格操作灵活或可不偿还本金。缺点是因股价的不确定性、财务损失或现金流压力，债转股后会稀释控制权。
  - ○ 认股权证。股票看涨期权，一般依附长期债券。优点是延迟股权稀释时间、延期支付股利；缺点是如果行权时市价过高，可能有损失。
- 并购基金。并购基金是近年来上市公司并购重组中融资的一种创新，最流行的就是"PE+上市公司"模式。由具有丰富管理经验的PE机构充当GP（普通合伙人）与上市公司或上市公司大股东或其关联公司一同作为并购基金的发起人，成立有限合伙制并购基金。
  - ○ 并购基金作为上市公司产业整合的主体，围绕上市公司资本战略目的进行并购重组；并购基金所投资的项目，由上市公司并购作为退出的主要渠道，提高投资的安全性。
  - ○ 上市公司参与设立并购基金进行收购属于杠杆收购。只需认缴部分出资，而且不用一次到位，根据项目进度逐期支付，其余资金对外募集。用较少的资金就可锁定并购标的。

- 一般都要求上市公司或上市公司大股东出资做劣后级（或有限劣后级）LP，除了要出一定数额的资金，还要对另外 LP 的出资承担一定保本付息的责任。
- 根据出资比例可以分为三种模式。第一种是 PE 机构出资 1%~10%，上市公司或其大股东出资 10%~30%，剩下的资金由 PE 机构负责募集。第二种是上市公司或其大股东出资 10% 以下，PE 机构出资 30% 以上并募集其余部分。第一种模式和第二种模式上市公司看重的是 PE 的资本运作能力和募集资金的能力，成立并购基金的目的更多是杠杆融资的需要。第三种是 PE 机构出资 1%~2%，上市公司或其大股东作为单一 LP 出资其余部分。这种模式上市公司应该是看重 PE 机构的资本运作能力和并购重组的能力。

在并购重组的实务中，融资方案一般是组合方案。比如杠杆收购就是"自筹资金+并购贷款+发行债券（并购基金）"的融资组合，收购方提供 10%~20% 的资金，以目标公司的资产作为抵押向银行贷款 50% 的资金[①]，剩余 30%~40% 的资金通过发债券募集，以被收购公司的未来现金流来支付借贷利息。[②]

4.6.5 并购重组中的三个关键点

在并购重组中，许多"看上去很美"的案例都失败了。美国在线和时代华纳的并购案以及 TCL 对汤姆逊和阿尔卡特的收购，都是属于"看上去很美"

---

① 美国可以做到 80% 的贷款，中国银监会规定是期限不超 5 年，总额不超交易金额的 50%。
② 近几年国内通常是由并购基金提供所需资金。

但是都失败了的经典案例。每一个失败的案例都有其独特的原因，但是共同点是三个关键环节没有做好：并购决策、尽职调查和并购整合。主要存在的问题是：并购战略不清晰；尽职调查的专业能力不足，包括识别关键风险不足、尽调不充分；并购后的整合困难，包括整合的规划并不充分。

根据对以往失败的并购重组案例分析，由于并购决策不清晰导致失败的有30%左右，在并购过程中由于尽职调查等环节失败的占15%左右，而在并购后整合阶段失败的可能性则高达55%。很多"看上去很美"的并购交易最后并没有真正创造价值，其原因就在于并购后整合的失败。

有效的并购重组首先必须有清晰的战略决策，知道为什么并购。不能为了"伪市值管理"进行胡乱转型、忽悠式重组。并购重组必须为企业的资本战略服务，企业的战略必须是清晰、坚定和正确的。

- 并购目的一定要清晰和明确。
  - 战略目的。根据对以下问题的回答找到自己并购的战略目的：内涵式增长和外延式扩张相结合？获取规模经济？整合资金、技术、销售、品牌、土地等一系列资源，实现资源共享或互补？减少市场竞争、提高市场竞争力或巩固市场地位？战略调整，进入新行业、新领域？
  - 财务目的。根据对以下问题的回答找到自己并购的财务目的：收购价值被低估的目标企业，增加股东权益的价值？[①] 通过并购降低交易成本？通过并购实现节税的目的？通过并购增加融资能力？
- 并购策略要为目的服务。
  - 横向并购：产业整合，扩大市场占有率，减少竞争对手，获得市场定价权；补短板填空板，并购小的同行；并购强力竞争伙伴转

---

① 炒股也要赚钱。

为利益共同体，从行业前三位、前五位找标的对象并购后成为行业领袖。
  - 纵向并购：发挥产业链协同效应；商业模式出现管理价值链创新，或价值链整合的机会。
  - 混合并购：多元化经营；跨界转型；实现"实业+投资"的产融结合模式。
- 合理的估值。
- 制定合理的支付和融资方式。

并购重组中的第二个关键点是尽职调查。一些表面看上去很有价值的并购标的，实际上却会给并购者带来诸多的风险。因此，在尽职调查阶段要尽可能地去评估各种风险，客观评估协同效应，挖掘潜在价值，重视中介机构的作用。

尽职调查的内容要充分和全面，主要从价值挖掘和风险发现两个维度进行评估。

- 价值挖掘。
  - 现实价值。以资产价值和盈利能力双重标准进行价值评估。
  - 未来可能的价值。行业价值、企业商业模式未来发展前景、资本市场喜好。
- 风险发现。
  - 股权瑕疵。以股权变迁为脉络的历史沿革调查。
  - 资产完整性。以业务流程为主线进行资产调查。尤其需要注意无法完成的应收账款；大量存货周转缓慢；需要更新昂贵的生产设备。
  - 经营风险。以竞争力为核心的产品和市场调查。核心人员的流失或即将流失；一个或更多重要客户最近流失了或即将流失；影响未来销售需求或生产方法的技术变化；消费者购买习惯的变化和相关敏感事项。

- 偿债能力。对银行债务和经营债务进行真实性和流动性调查。需要注意是否有未充分披露的负债？是否有即将偿付的大额债务？是否有表外负债？
- 法律风险。以担保和诉讼为主进行法律风险调查。对于海外并购要特别注意工会、政府管制和法律管制的风险评估。

尽职调查一般需要3~6个月，流程如下：

- 会见企业的管理者。至少与90%以上的股东（非上市公司）和管理层进行访谈，时间基本上需要1个月。
- 收集、分析企业的有关资料。包括档案（各种制度汇编）、会议纪要（董事会、股东会以及经营管理层的会议纪要）、新闻报道、行业分析等。
- 现场参观目标企业2~3次。与各个层面的员工代表进行访谈。
- 拜访以下机构或人员。
  - 公司的3家竞争者。
  - 公司或者竞争者的5个客户。
  - 2个供应商。
  - 管理层的其他成员、公司的部分员工。
  - 公司的债权人、律师、CPA、有关专家或顾问。
  - 金融机构和有关政府部门（税务机关、环保、海关……）。
- 邀请另外两家投资伙伴进行独立的分析。

在并购重组中存在一个普遍的情况，在并购交易的当年，大部分公司的市值会有很大的跃升，但是在随后的几年里，部分公司却出现市值下跌的情况。并购交易当年市值上涨的主要原因有两点：一是投资者对并购给予的预期溢价；二是第一次合并报表，净利润、净利润增长率、净资产收益率、每股盈余等财务数据都比并购交易前要好很多。

随后几年市值出现下跌的原因也主要有两种：一是一些公司的并购交易出

发点本就是"伪市值管理",进行忽悠式重组的资本套利,市值在资本大鳄套利退出后肯定暴跌;二是没有做好并购后的整合,有效整合后的外延式增长,将使市值的增长有可能出现倍增的效应,但是若是整合不利,市值即使有一段时间的突飞猛进,随之也很容易跌回原点甚至更低。

并购重组中的第三个关键因素是整合,能否进行有效整合直接关系到并购交易的最终成败,以下是并购整合的要点:

- 详细的整合计划。
- 整合从尽职调查开始。负责整合的团队,在尽职调查阶段就介入,而不是在并购交易完成之后。
- 准备足够的整合资金,处理好流动性风险。尤其是对于采取现金支付的并购交易,企业并购后由于债务负担重,短期融资就会比较困难,会导致流动性风险,因此需要备好足够的整合资金。
- 战略(愿景)融合。整合目标企业的战略,形成相互关联、相互配合的目标战略体系。利用从全面尽职调查中得来的清晰的和现实的愿景目标,来指导整个并购后整合工作。
- 人员融合。
  - 在并购交易结束前果断地决定领导层。
  - 留住关键人物。
  - 在条件允许的情况下,尽可能做得迅速。
  - 利益平衡。对高管层和关键人物马上授予股权激励计划,进行利益的捆绑。目标公司一般员工的薪酬福利如果高于收购公司,一般保持不变;如果低于收购公司员工的标准,可以向收购公司的标准看齐。
- 业务整合。重新设置经营业务和重新设置资产,在整合中一个常见的错误就是过分强调通过削减成本达到"效率协同",而忽视了业绩增长机会。正确的做法是专注于业绩增长而不是效率协同，尽早和尽快捕捉协同增长机会。

- 文化融合。当并购交易双方存在巨大文化差异时，对被并购方强加文化是一个惯例。但是强加文化往往不是一个好的选择，将两种文化混合起来，或干脆让它们保持独立经常会更合适。
- 恰当的整合速度。
- 有效的沟通。充分地与利益相关者沟通，了解他们的各种不同需求；及时实现对员工的承诺；必须认识到所有并购目标的实现依赖于沟通。
- 明确的财务协同效应目标。
- 锁定风险。对并购整合中的项目根据业务紧急程度和复杂程度来确定优先级，然后对风险进行识别和分类，并持之以恒地去解决风险。

4.7 资产证券化

资产证券化是指企业（金融机构、政府或事业单位）将其能产生可预期现金收益的、缺乏流动性的资产组合（一般叫作"基础资产"，如银行的贷款、企业的应收账款）作为偿付支持，通过结构化设计进行信用增级，在资本市场上发行资产支持证券（ABS）的方式出售，以达到获得融资、最大化提高资产流动性的目的。资产证券化是通过在资本市场和货币市场发行证券筹资的一种直接融资方式。

资产证券化是20世纪70年代美国资本市场的金融创新，最早出现的是住房抵押贷款支持证券（RMBS），后面发展到只要是具有可预测和可回收的未来现金流（如租金、版权、应收账款、专利授权收入、汽车贷款、公路收费等）都被用来作为资产证券化的资产。物极必反的是，由于资产证券化业务的过度发展而直接导致了2008年的美国乃至全球金融危机。

我国资本市场对 ABS 的试点始于 2005 年，但是中间由于 2008 年的金融危机而中断了四五年。从 2011 年开始，这项业务才又引起了管理层的重视，2013 年开始，"资产证券化"成为资本市场的热词，在国务院、银监会、证监会、发改委、沪深交易所的各种文件中，纷纷提及资产证券化。在推动国企改革、企业融资、融资融券业务中，也都提到要用好"资产证券化"这个工具。

在资本市场上，资产证券化是一种成熟的金融工具，但是将其用于市值管理还是一种新的尝试。资产证券化对于盘活长期资产、变现预期收入、降低融资成本的作用明显，从而可以使得企业在价值经营中获得较高的资本市场溢价。

4.7.1 资产证券化的基本思路

资产证券化是以可预见的现金流为支持而发行证券，在资本市场进行融资的一个过程，其逻辑可以用如图 4-2 所示。

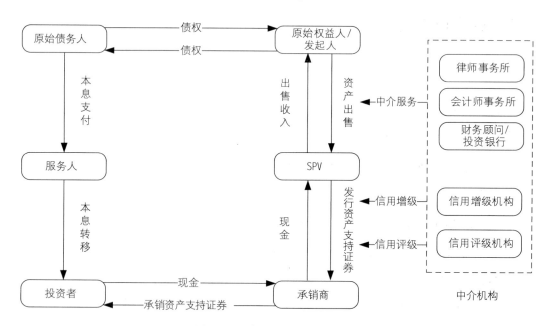

图 4-2 资产证券化逻辑图

比如某个商业银行有大量的住房抵押贷款，这些贷款人按照贷款约定每个月都需要向银行还款。对于银行来讲，这些房屋抵押贷款带来的是稳定的、可预测的现金流收入。但是银行希望提前获利，将未来的钱用于新的投资。银行作为原始债权人就可以将这些住房贷款未来的收益（基础资产）打包出售给SPV①而实现提前变现，SPV再将这些资产设计成证券（资产支持证券）分成若干份卖给投资人。以后每个月贷款人（原始债务人）的还款就和原始债权人的商业银行，以及SPV没关系，直接通过服务人（资金保管机构、登记结算和支付代理机构）将贷款本金和利息按照证券的本息还给投资人。

为了吸引投资者购买，资产证券化会通过隔离风险，增加证券资产的信用：

- 资产重组。选择特定的能够产生未来现金流的资产进行重新配置与组合，构建资产池。
- 真实出售。由于基础资产是"真实销售"给特殊的信托SPV，因此发起人对已经转移资产无有效控制和追索权。同样，如果基础资产的收益不足以偿付本息，投资人的追索权也是只限于基础资产，对原始发起人的其他资产没有追索权。
- 破产隔离。原始权益人将基础资产信托授给受托机构设立特殊目的的信托（SPV，或券商资产管理计划），实现破产隔离。由受托机构SPV发行资产支持证券，以信托财产（基础资产）所产生的现金流支付资产支持证券的本金和收益。投资者的风险与基础资产所有者的风险（如其他资产风险、破产风险）无关，而只与证券化资产本身

---

① 在信贷资产证券化中，SPV一般是信托公司的信托计划；在企业资产证券化中，SPV一般是证券公司的资产管理计划。

有关。

- 流动性增强。将流动性欠佳的资产转化为流动性更好的证券产品。
- 信用增级。通过第三方担保、银行担保或信用保险进行外部信用增级，或者是通过优先次级的分层结构、超额抵押、回购条款等进行内部信用增级，以吸引投资者购买证券化资产。
- 信用评级。由信用评级机构对优先级证券进行评级，增加对投资者的吸引力。

资产证券化的独特魅力在于，把作为传统间接融资渠道的信贷市场与作为直接融资渠道的资本市场通过证券化连接起来了，使资金可以在这两个市场上流动，同时实现了资产收益与风险的分离和重组，满足了不同投资者对风险和收益的不同偏好，这是资产证券化越来越受到重视的原因所在。

我国资本市场的资产证券化产品主要分为四种类型：央行与银监会主管的信贷资产证券化，证监会主管的资产支持专项计划、银行间市场交易商协会主管的资产支持票据以及保监会主管的保险债权支持计划。其中目前在市场上占主导的资产证券化业务主要是"信贷资产证券化"和"企业资产证券化"。

4.7.2 资产证券化的操作步骤

如图 4-2 所示，资产证券化一般可以分为九个步骤：①

第一，确定基础资产。可以将多种相似资产进行剥离、整合组建成资产池。基础资产要选择未来现金流量稳定可靠，风险较小的资产作为证券化资产，应该具备如下特点：

---

① 以下内容参考：资产证券化业务培训材料 [EB/OL]. http://wenku.baidu.com/view/b9c81a4767ec102de3bd8903.html

- 能在未来产生可预见的稳定现金流。
- 具有独立、真实和稳定的现金流量记录,方便评级机构进行评级。
- 可以合法转让。
- 现金流分期支付。
- 资产债务人分布广泛。
- 抵押品的流动性强。
- 基础资产不能存在抵质押或其他权利限制。

第二,设立特别目的载体SPV(special purpose vehicle)。SPV是整个资产证券化过程的核心,各个参与者都将围绕着它来展开工作。在整个过程中最大限度降低原始权益人的破产风险对证券化的影响,实现证券化资产与原始权益人其他资产之间的风险隔离。

- SPV向发起人购买可证券化的基础资产,然后发行以此为支持的证券。
- SPV是"不破产"的实体。通过严格限制业务范围,使得SPV一般是不会破产的高信用等级实体。
  - 经营范围限制:只能从事与证券化有关的业务活动,不得进行其他投融资和经营活动。
  - 债务限制:除了履行证券化交易中确立的债务及担保义务之外,不应发生其他债务,也不应为其他机构或个人提供担保。
  - 并购和重组限制:在资产支持证券尚未清偿完毕的情况下,不能进行清算、解体、兼并及资产的销售和重组等影响SPV独立和连续经营的活动。
- SPV有信托、公司和有限合伙企业等形式。信贷资产证券化的SPV往往是信托计划,企业资产证券化的SPV主要是券商发起的"专项资产管理计划"。

第三，发起人将其欲证券化的资产或资产池转让给SPV，且转让必须构成真实出售。真实出售的方式主要有：

- 让与。原始权益人无须更改、终止与原始债务人之间的合约，直接将资产（债权）转让给SPV，但需履行通知债务人的程序。
- 债务更新。原始权益人与原始债务人之间的债权关系终止，由SPV和原始债务人重新签订新的债权债务合约。
- 从属参与。原始权益人无须更改、终止与原始债务人之间的合约。SPV先向投资者发行资产支持证券，然后将筹集到的资金转贷给原始权益人。原始权益人对原始债务人的债权作为借贷的担保。

第四，发起人或者第三方机构对已转让给SPV的资产或资产池进行信用增级，包括内部信用增级和外部信用增级。

- 内部信用增级。包括优先级/次级的分级设计、超额抵押、超额利息收入、现金储备账户①、回购触发条款。
- 外部信用增级。包括第三方担保、发起机构（银行）提供流动性支持、差额支付安排、流动性贷款、银行担保、信用保险。

第五，SPV将邀请信用评级机构对整个证券化过程的各个环节以及设计好的资产支持证券进行评级。信用等级越高，表明证券的风险越低，从而使发行证券筹集资金的成本越低。评级的关注点如下：

  ○ 法律法规风险。投资者的优先追索权；基础资产转让、买卖过程中的权利完善；基础资产对应经营性资产的安全性。
  ○ 基础资产的信用质量。基础资产自身的历史信用情况；外部信用提供者的信用状况。
  ○ 交易结构。产品结构（规模、期限、分配频率以及产品分层等）；

---

① 由发起机构提供或者来源于其他金融机构的贷款，用于弥补信贷资产证券化业务活动中产生的损失。

现金流的分配方式；损失的分配方式。
- 管理和操作风险。资金的混用；再投资的安全性；各中介机构的服务质量和信用质量。

第六，SPV 以资产池为基础，进行结构化重组，通过承销商采用公开发售或者私募的方式发行经过信用评级的证券，投资者以机构投资者为主。

第七，SPV 向发起人支付其原始资产转让的款项。

第八，由 SPV 或其他机构（一般是一家信托机构）作为服务商，对资产或资产池进行日常管理，收集其产生的现金流，并负责账户之间的资金划拨和相关税务和行政事务。

第九，SPV 以上述现金流为基础，向投资者还本付息，在全部偿付之后若还有剩余，则将剩余现金返还给发起人。

至此，一个完整的资产证券化过程也就完成了。

4.7.3 资产证券化与市值管理

资产证券化的魅力存在于诸多方面。从国家宏观的角度来看，资产证券化是流动性差的社会存量资产盘活，同时将存在于特定产业链的风险释放。这非常符合"盘活存量"的要求，对于宏观经济的平稳运行具有非常积极的意义。这也正是近些年来在国内实体经济持续低迷背景下，资产证券化业务被国家监管层寄予厚望的原因。

从发行企业的角度上说，资产证券化的好处也是非常多的。以下简单列举了资产证券化对发行企业和资本市场的好处：[1]

- 提高资产流动性，减少风险资产。通过资产证券化，盘活流动性差的

---

[1] http://wenku.baidu.com/view/b9c81a4767ec102de3bd8903.html.

长期资产，变现预期收益。缩短企业获利及资金回笼时间，改善现金流。

- 企业募集资金用途没有限制，无须披露。
- 期限灵活。融资期限可以设置为半年、一年、三年或五年不等[①]，非常灵活。
- 拓展了企业的融资渠道，降低了融资门槛。尤其是当企业负债率居高不下，而且盈利能力比较弱时，银行贷款或信用贷款等传统债权融资渠道就受限，而股权融资也存在较大的不确定性。那么资产证券化就使得企业获得一条新的不依赖企业信用以及偿付能力的融资渠道：拿未来能获得的钱做保证，以获得现在的融资。
- 降低融资成本，优化负债结构。资产证券化的融资成本一般低于或接近当期银行同期银行贷款利率，介于国债和企业债之间。而且能够降低融资费用，改善企业的负债结构，提高流动和速动比率，提升企业的信用等级和偿债能力。
- 为资本市场增加了低风险的投资产品。

资产证券化根据基础资产的不同，可以通过结构重组衍生出不同风险收益的证券品种，满足不同投资者对不同期限、收益和利率偏好的需求，从资本市场的供给侧丰富了投资标的，这种灵活性和多样性是其他金融手段所难以具备的。随着我国资本市场的不断深入发展，资产证券化所带来的各种益处将愈发显现。

对于发行企业来讲，资产证券化的运用可以向资本市场传递一个积极的信号，公司擅长将金融创新产品应用到资本运作和市值管理中，从而获得投资者的认可，获得资本市场的溢价。

具体来说，对于可以提供基础资产的上市公司来讲，资产证券化对于市值

---

① PPP项目的资产证券化期限甚至可以长达10~30年。

管理是绝对的利好，这些企业包括：

- 提供的基础资产为应收账款或债权等。商业银行、融资租赁公司、保险公司、工程建设公司。
- 提供的基础资产是未来收益权。水务公司、发电企业、供热公司、城建公司、高速公司、路桥企业、地铁企业、航空公司、轨道交通企业、港口、机场、工业区、开发园区、旅游景区等。
- 提供 PPP 项目的公司。[①]PPP+ABS 有两种形式：一种是以项目贷款或金融租赁债权作为基础资产开展信贷资产证券化；另一种是以 PPP 项目未来产生的收费收益权或财政补贴作为基础资产，而开展的资产支持专项计划、资产支持票据或资产支持计划。

另外，对于证券公司来讲，资产证券化的业务开展，直接增加了收入，提升了利润，进行了价值创造，因此对其市值影响是非常正面的。

4.7.4 信贷资产证券化

信贷资产证券化是最早、也是最成熟的资产证券化产品，目前我国资本市场的信贷资产证券化已经进入常态化的状况。

图 4-3 所示的就是信贷资产的交易结构。发起机构可以是银行（国家开发银行、政策性银行、商业银行）、资产管理公司、财务公司、汽车金融公司、信托公司等金融企业，其指定的 SPV 为信托公司的信托计划，而发行场所为银行间市场，整个业务由央行和银监会进行管理。具有如下特点：

---

① 2016 年 12 月 26 日，国家发改委、中国证监会联合发布《关于推进传统基础设施领域政府和社会资本合作（PPP）项目资产证券化相关工作的通知》，这是国家发改委和证监会首次联合发文力推 PPP+ABS 的创新融资模式。

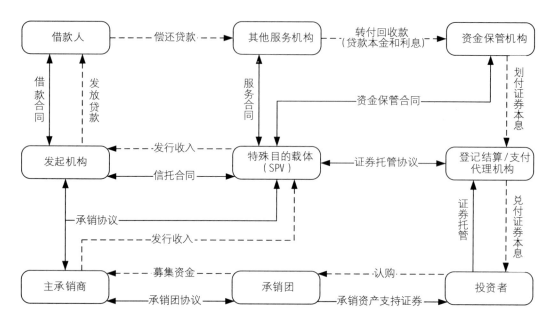

实线代表法律关系，虚线代表资金流转过程

图 4-3 信贷资产证券化交易结构 [①]

- 基础资产通常包括个人住房抵押贷款、汽车抵押贷款、一般企业贷款、中小企业贷款、汽车贷款；近年国家政策比较鼓励将 PPP 项目贷款、重大基础设施项目贷款、地方政府融资平台公司贷款、节能减排贷款、战略性新兴产业贷款、文化创意产业贷款和保障性安居工程贷款等信贷资产作为基础资产开展信贷资产证券化。
- 信贷资产支持证券的存续期限较长，有的长达 30 多年。
- 以特殊目的信托为 SPV，实现了真实出售和破产隔离。
- 一般都采取了四种内部信用增级措施，即优先级/次级的分档设计、超额利息收入、储备账户和回购触发机制安排。也有少数产品采取了外部信用增级措施，如由发起机构（银行）提供流动性支持等。

---

① 资料来源：http://wenku.baidu.com/link?url=YaT8zM7xbhMbhZuKjVws9JW-lO9k2kyRtruSNYTZNVvDOJ1RkYzj6LJOkQ9uxaVWf0FSJk7C5kWx3Pb524R0n-9bBArRE0d95oPYB2XY3gm.

- 优先档资产支持证券在银行间债券市场以公开招标方式发行并上市交易；次级档资产支持证券由 SPV 以招标方式发行，并且只能在初始认购者之间流通转让。

4.7.5 企业资产证券化

企业资产证券化的发起人是除上述金融机构之外的工商企业，以其所拥有的收益权及债权资产发行资产支持证券。发行场所为上海证券交易所和深圳证券交易所，由证监会主管。

自 2016 年，企业资产证券化增长非常迅猛，基础资产的类型日益丰富，资产支持证券的创新也越来越多。图 4-4 所示的就是企业资产证券化的交易结构，具有如下特点：

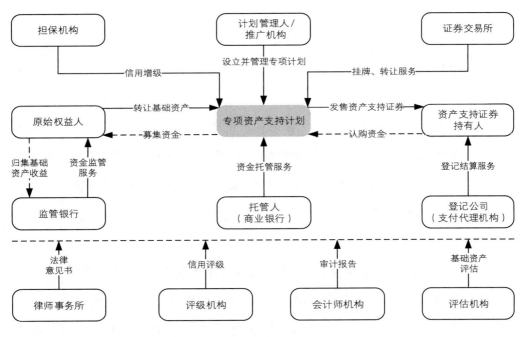

图 4-4 企业资产证券化交易结构

- 基础资产的内容比较丰富，主要包括债权和收益权。
- 债权是已有之债，现金流比较容易预测。如应收账款、市政工程 BT 项目政府回购款、设备租赁（金融租赁）款等。
- 收益权依赖未来的经营成效，现金流的不确定性和可预测性差。包括电费收入、水费收入、供热费收入、污水处理费收入和垃圾处理费收入等公用事业收费；路桥收费；商业物业租金及管理费收益权等。
- 存续期较短，一般为 3~5 年。
- 以券商的专项资产管理计划为 SPV。由于专项资产管理计划无信托法律地位，实际上无法实现破产隔离。
- 由于专项资产管理计划存在破产隔离风险，因此除了内部信用增级之外，还必须采用第三方（商业银行或关联企业）担保、差额支付安排、流动性贷款等外部信用增级措施。

4.8 套期保值

金融衍生品是价值经营中非常重要和有价值的方法与手段，但是如何将其应用于市值管理，对上市公司和控股股东都是一个很新并且很具有挑战性的话题。之前的内容基本上是用"做多"的单边交易思维进行市值管理，本节要讨论的是如何利用期货、期权等金融衍生品的"做多"与"做空"双向交易进行套期保值，从而对冲风险，尤其是系统性风险。

金融衍生品是一种金融合约，以股票、利率（短期存款和长期债券）、货币和商品等原生资产衍生出的金融工具。金融衍生品给予交易对手在未来某一个时间点对原生资产（或者是某一原生资产的现金值）拥有一定债权和相应义务的合约。成交时不需要马上交割，可以约定在未来交割。

4.8.1 金融衍生品的分类[1]

如图 4-5 所示，金融衍生品按不同标准，可以有多种分类方法，最基本的有三种分类方法。按照产品形态是最基本的分类方式，可以分为期货、期权、掉期和远期四类。

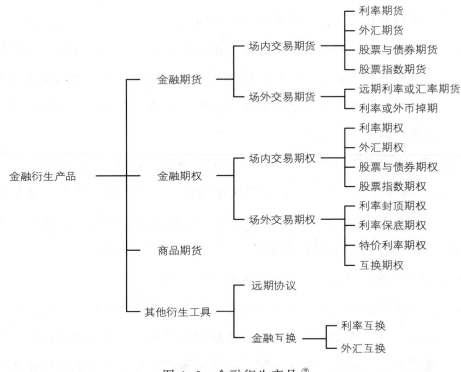

图 4-5 金融衍生产品[2]

- 远期合约和期货合约都是交易双方约定在未来某一特定时间、以某一特定价格、买卖某一特定数量和质量资产的交易形式。期货合约是期

---

① 以下内容摘自：http://wiki.mbalib.com/wiki/%E9%87%91%E8%9E%8D%E8%A1%8D%E7%94%9F%E4%BA%A7%E5%93%81.

② 资料来源：http://baike.baidu.com/link?url=8ElN3rjGFUMCtGtPJ_k_xOztIxnZH0mbqhNagaC-wcVmQNwLz-wPV4_ODd5NUkoj6kgpJOAXka5OHXyZdDEqXIkieJlZBNw7nkJsQvDRtSCVe0dgjumyCLeeVU3HbfN8-bsZWUZOnuqqYNcOarAdy_.

货交易所制定的标准化合约，对合约到期日及其买卖的资产的种类、数量、质量做出了统一规定。远期合约是根据买卖双方的特殊需求由买卖双方自行签订的合约。

- 期权又叫作选择权，是指在未来某一特定时间、以某一特定价格买卖某一特定种类、数量、质量原生资产的权利。期权合同有在交易所上市的标准化合同，也有在柜台交易的非标准化合同。
- 掉期合约是一种为交易双方签订的在未来某一时期相互交换具有相等经济价值的现金流的合约。较为常见的是利率掉期合约和货币掉期合约。掉期合约中规定的交换货币是同种货币，则为利率掉期；是异种货币，则为货币掉期。

根据原生资产可以大致分为股票、利率、货币（汇率）和商品4类。继续细分，股票类中又包括具体的股票和股票指数；利率类中又可分为以短期存款利率为代表的短期利率和以长期债券利率为代表的长期利率；货币类中包括各种不同币种之间的比值；商品类中包括各类大宗实物商品。

根据交易方法，可以分为场内交易和场外交易。

- 场内交易就是在交易所进行的竞价交易。交易所向交易参与者收取保证金、同时负责进行清算和承担履约担保责任。交易的合约都是由交易所事先设计的标准化合同，由投资者选择与自身需求最接近的合同和数量进行交易。场内交易的流动性较高，期货交易和部分标准化期权合同交易都属于这种交易方式。
- 场外交易又叫作柜台交易，指交易双方直接进行交易的方式。交易的合约可以根据不同需求设计出不同内容的衍生品。场外交易不断产生金融创新，但是风险相对较大，这就要求出售衍生产品的金融机构要有高超的金融技术和风险管理能力。由于每个交易的清算是由交易双方相互负责进行的，交易参与者仅限于信用程度高的客户。掉期交易和远期交易是具有代表性的柜台交易的衍生产品。
- 在金融衍生品的持仓量中，按交易形态分类，持仓量从高到低依次是远期、掉期、期货和期权。

4.8.2 金融衍生品的特点和作用

金融衍生品的共同特征是保证金双向交易。保证金交易指的是只要支付一定比例的保证金①就可进行全额交易，不需实际上的本金转移，合约的了结一般采用现金差价结算的方式进行，只有在满期日以实物交割方式履约的合约才需要买方交足贷款。由于采用保证金交易制度，金融衍生品交易可以用较少成本获取现货市场上需较多资金才能完成的结果，因此具有很强的杠杆效应。

保证金分为初始保证金和维持保证金，并且在交易所交易时采取盯市制度。如果交易过程中的保证金比例低于维持保证金比例，那么投资者就需要追加保证金，否则将被强行平仓。因此，金融衍生品交易具有高风险高收益的特点，保证金越低，杠杆效应越大，收益可能越大，风险也就越大。

双向交易指的是在同一时点，既可以做多（先买入再卖出），又可以做空（先卖出再买入）。这样就使得投资者无论涨跌都有机会赚到钱。保证金双向交易的特点就使得金融衍生品的作用主要就是套期保值、投机交易和套利交易。

- 套期保值。套期保值目的就是对冲风险，这是金融衍生品市场的重要功能，是把期货市场当作转移价格风险的场所。具体来说就是对现货和期货进行相反的操作来锁定利润，比如买入现货的同时卖出同等数

---

① 10%左右。

量的期货。如果现货赔钱但期货就会赚钱，就对冲了资产风险，实现了套期保值。
- 投机交易。套期保值者规避了风险，但是资本市场的投资者却希望多承担一点风险去获得高额收益。投机者就会承担套期保值者转嫁出去的风险，对今后市场变量的走向下赌注，单向交易，做多或做空。
- 套利交易。套利者的目的和投资者差不多，不同的是套利者寻找的是几乎无风险的获利机会。有跨期套利、跨市场套利和跨商品套利。比如跨期套利指的是在买进某一交割月份的衍生品同时，卖出另一交割月份的同类合约，然后等待最佳时机进行对冲以获取利润。

金融衍生产品市场因套期保值而存在，因投机交易而活跃，因套利交易而稳定。[1] 在市值管理中，将金融衍生品当作风险管理工具，利用套期保值交易来对冲风险，以达到规避风险、锁定目标利润的目的。这里的风险既包括原材料和大宗商品价格波动的风险，还包括利率风险、汇率风险和整体市值波动的风险。

4.8.3 商品期货与市值管理

商品期货是指标的物为实物商品、在交易所交易的标准化期货合约，买卖双方约定在未来某个日期以约定的价格买卖某一数量的实物商品。

商品期货主要包括农副产品、金属产品、能源产品等几大类。农副产品大约 20 种，包括玉米，大豆、小麦、稻谷、燕麦、大麦、黑麦、猪肚、活猪、活牛、小牛、大豆粕、大豆油、可可、咖啡、棉花、羊毛、糖、橙汁、菜籽油，其中大豆、玉米、小麦被称为三大农产品期货；金属产品 9 种、包括金、

---

[1] 蓝天祥，陈阳，刘强，等. 市值的博弈：市值管理理论、实践与探索 [M]. 北京：中国金融出版社，2011：172.

银、铜、铝、铅、锌、镍、耙、铂、钢；化工产品5种，有原油、取暖用油、无铅普通汽油、丙烷、天然橡胶；林业产品2种，有木材、夹板。[①]

对于公司主要产品或原材料是以上列举商品的上市公司，如江西铜业、云南铜业、特变变工、精艺股份等，如何避免上述商品价格波动带来的风险直接影响到公司的盈利能力，将决定着公司最终的市值。一种比较有效的办法就是利用商品期货进行套期保值，对冲原材料采购成本、产品销售价格波动风险，实现预期利润目标。

商品期货套期保值的基本逻辑是：为了稳定成本而提前买入套期保值，为了确保利润而提前卖出套期保值。

买入套期保值，也叫作多头套期保值，目的是稳定成本，规避现货市场价格上涨的风险。一些生产经营企业，担心以后现货价格可能会上涨，因此要提前做好套期保值，先在期货市场买入期货，以便将来在现货上涨时锁定成本的一种套期保值方式。比如一个油厂，大豆是主要的原材料，3月时预计6月要用100吨大豆，3月大豆现货价格是2 000元/吨，该油厂认为此价格还算不错，但是预测6月大豆价格会上涨，因此该油厂为了避免将来价格上涨带来的风险，就决定在商品交易所进行大豆套期保值交易。具体操作如下：

3月时大豆期货合约是1 950元/吨，该公司为了套期保值买入10手[②]，共计19.5万元。6月以2 100元/吨在现货市场买入100吨大豆，共计21万元；以2040元/吨卖出10手大豆合约，共计20.4万元。

套利结果。现货市场亏损100元/吨，期货市场盈利90元/吨，共计亏损10元/吨，净损失$100 \times 100 - 90 \times 100 = 1\ 000$元。

[①] 资料来源：百度百科. http://baike.baidu.com/link?url=Y3bgOOcf9DdzkkUVKgDY7HW9emq_wWEuK6JOY9ALZkHmYGnkTTyl_YmDDqGrbh02qZCoDiL6UjjcRk_sZS7QUs6mc0wL66nv_iWcA8Cn2eX_vs7KLAytyG0yMLL4hXKD.

[②] 1手=10吨

在上述例子中，由于原材料大豆的上涨而导致成本增加，如果油厂没有进行套期保值，那么它最后的亏损将不只是 1 000 元，而是 1.5 万元。因此，买入套期保值就是利用期货市场的盈利对冲现货市场亏损，这样就可以将远期价格锁定在预计的水平上。

卖出套期保值，又叫作空头套期保值，目的是确保利润，规避现货市场价格下跌的风险。对于商品的生产者来讲，为了保证他们已经生产出来或正在生产中的商品出售时有足够的利润，规避价格下跌造成的损失，就会采用卖期保值的方法：在期货市场先卖出期货合约，待价格下跌后，交割时低价买回平仓。

比如某一粮食企业在 6 月与农户签订了当年在收割时收购 100 吨小麦的合同，但是担心 11 月收割时小麦价格会下跌，公司将小麦转卖出去的收益会降低，此时可以采用卖出套期保值锁定利润。6 月小麦现货市场为 1 000 元 / 吨，期货合约为 980 元 / 吨，在期货市场卖出 10 手合约，共计 9.8 万元。11 月，在现货市场价格以 930 元 / 吨出售 100 吨小麦，共计 9.3 万元；在期货市场以 930 元 / 吨买回 10 手小麦合约，共计 9.3 万元。

套利结果，现货市场亏损 70 元 / 吨，期货市场盈利 50 元 / 吨，共计亏损 20 元 / 吨，净损失 $100 \times 70 - 90 \times 50 = 2\,000$ 元。在本例中，如果企业没有进行套期保值，损失的将不再是 2 000 元，而是 7 000 元。

对于有些生产企业，即需要原材料，又需要把产品卖出去，因此就需要利用期货市场的综合套期保值，也就是既要对采购的原材料做买入套期保值，又要对所生产的产品做卖出套期保值。

4.8.4　商品期权与市值管理

商品期权是期权的一种，指标的物为实物的期权。标的物往往是农产品中的小麦、大豆和玉米，或者金属中的铜等。商品期权作为期货市场的一个重要组成部分，是一种非常好的商品风险规避的金融工具。期货是规避现货供求风险的市场，期权是平衡期货头寸风险的市场。

当拥有现货多头时，即担心价格下跌，利用商品期权进行风险对冲的基本策略有四种：①

- 买入看跌期权。买入与已拥有的现货或者期货头寸相关的看跌期权，则拥有了卖出或者不卖出相关期货合约的权利。一旦价格下跌，便执行期权合约，按行权价格卖出相关期货合约。同时以较低的价格从期货市场上买进相关期货合约对冲手里的期货空头头寸，从而获取部分利润。如果价格上涨，则不行权，损失的只是购买期权的权利金。②
- 卖出看涨期权。套期保值者可以通过卖出一个看涨期权，从买方收取权利金为今后的现货交易保值。但如果相关期货价格涨至看涨期权执行价格之上时，就面临买方要求执行期权的风险。
- 买入看跌期权的同时卖出看涨期权。获得了一个成本较低而且可以对头寸完全保值的策略。但是这种策略却放弃了无限收益的能力，因为最大损失和最大利益都是确定的。
- 卖出期货合约的同时买入看涨期权。相当于用卖出期货保值的同时给期货合约上了一个保险，这样期货价格上涨时使得期货合约的损失有限，和买入看跌期权的效果类似。

当拥有现货空头时，即担心价格上涨，利用商品期权进行风险对冲的基本策略有四种：③

- 买入看涨期权。如果到期价格上涨，便执行期权，低价买入期货合

---

① 以下内容摘自：期权套期保值［EB/OL］. http：//futures.hexun.com/2015-03-22/174284210.html.
② 购买期权的权利金远小于期货的保证金。
③ 以下内容摘自：期权套期保值［EB/OL］. http：//futures.hexun.com/2015-03-22/174284210.html.

约，然后按照上涨的价格水平高价卖出相关期货合约，获取价差利润。如果价格下跌，那么可以把期权平仓，损失部分权利金，但是可以低价购入现货，享受到现货价格下跌带来的获利。

- 卖出看跌期权：从买方收取权利金，并利用得到的款项为今后的交易保值。但如果相关期货价格跌至跌期权执行价格时，就面临买方要求执行期权的风险。
- 买入看涨期权的同时卖出看跌期权。获得一个成本较低而且可以对头寸完全保值的策略。但是这种策略却放弃了无限收益的能力，因为最大损失和最大利益都是确定的。
- 买进期货合约时买入看跌期权。买入期货保值的同时给期货合约上了一个保险，带来了期货价格不利时仍可以获利的机会，这种方法和买入看跌期权的效果类似。

期权如果不行权，损失的只是购买期权的权利金。因此相对于期货来讲，利用期权进行套期保值具有如下优点：

- 资金占用少，保值成本低。
- 没有追加保证金的风险。
- 既能对冲价格不利变动的风险，又能得到价格有利变动的收益。
- 保值效果更加确定。

2016年年底，证监会批准了大商所、郑商所分别开展豆粕、白糖期权交易。2017年3月31日，豆粕期权在大连商品交易所挂牌交易。4月19日，白糖期权在郑州商品交易所挂牌交易。这意味着豆粕和白糖的生产与消费企业在市值管理中多了一个套期保值的工具。

4.8.5 股指期货与市值管理

股指期货，是以某种股票指数为标的物的标准化期货合约。双方约定在未来的某个特定日期，按照事先确定的股票指数进行买卖。与股票交易和期货交易相比，股指期货交易同时具有两者的一些特点，具体如下：

- 标的物为相应的股票指数。
- 报价单位以指数点计，合约的价值以一定乘数[①]与股票指数的乘积来表示。
- 股指期货的交割采用现金交割。不用交割股票，直接用现金结算差价。
- 双边交易，既能做多，又能做空。
- 保证金交易。采用当日无负债结算制度，风险控制更严格。
- T+0 的交易方式，市场流动性高。
- 与股票单边投机交易相比，具有多种交易策略，如投机、套利、套期保值等。

由于股指期货具有以上特点，因此能够很好地规避股票市场系统性风险，规避短期股价波动的风险。系统性风险又称市场风险，也称不可分散风险，是指投资组合中所有股票都将面对的风险。这种风险往往是由利率、经济周期、政治因素等多种宏观性因素决定或引起的，作用时间长，涉及面广，往往使整个股市出现剧烈的股价下跌。企业很难事先预计这种风险，也很难通过分散投资的方法来进行规避。

比如，2008 年的金融危机和 2015 年的股灾，就是系统性风险超出正常水平引起的，股票出现大幅暴跌。在这种情况下，股指期货成为上市公司股东对冲风险进行套期保值的有效工具，股指期货套期保值的逻辑如下：

---

① 沪深 300 指数期货的合约乘数为每点 300 元。

空头（卖出）套期保值。指已经持有股票或者预期将持有股票的投资者（如上市公司的大股东），预测股市下跌，为了防止股票组合下跌风险，在期货市场上卖出股指期货的交易行为。如果能够预见出现2015年股灾是连续多日的"千股跌停"的情形，投资者可以从卖出股指期货合约交易中的获利来弥补股票价格下跌的亏损；如果不出现系统性风险，大盘上涨，卖出股指期货交易的亏损由股票的盈利来弥补。这样，就将投资者持有股票的市值锁定在卖出股指期货时的水平。

多头（买入）套期保值。指持有现金或即将持有现金的投资者，比如想买股票但资金要3个月后到账，但是预计股市上涨，为了控制购入股票的成本，先买入股指期货，3个月后有现金投入股市时，再将期货合约平仓。如果股市上涨，股指期货的盈利就可以弥补后期买入股票增加的成本；如果股市下跌，买入股票成本的下降就弥补了股指期货的亏损。这样就锁定了将投资者购入股票的价格。

股指期货还可以与再融资和减持综合应用，达到市值管理的目的。

- 公开增发和定向增发是上市公司再融资的重要手段，在牛市中是很容易完成的，但是在熊市中却很难进行，而且风险较大。如果将增发、股票回购和股指期货结合起来设计，就有可能完成融资增发。具体操作是：
  - 在增发过程中，由于担心股价下跌最终导致增发夭折，上市公司可以回购或者与承销商买进公司股票，将股价维持在"合理"价位直到融资增发完成。
  - 同时在期货市场上卖出相应的股指期货，对所回购的股票进行套期保值，这就可以规避系统性风险，保障上市公司再融资的顺利进行。
- 股票减持与股指期货的综合应用。当公司股票价格到了一个比较理想的价格位置，上市公司控股股东认为已经到了高位，想要减持自己手里的股票，但是又不能减持[①]；同时又担心到能减持的时候股价大幅下跌，收益缩水。面对这种情况，上市公司控股股东就可以在期货市场卖出相应的股指期货进行套期保值，锁定收益。

A股市场的股指期货有沪深300指数期货、上证50指数期货和中证500指数期货。

4.8.6 股票期权与市值管理

股票期权合约是规定买方有权在将来特定时间以特定价格买入，或者卖出约定股票，或者跟踪股票指数的交易型开放式指数基金（ETF）等标的物的标准化合约。

买方通过向卖方支付一定的权利金，获得期权。买方有权在约定的时间以约定的价格向卖方买入或卖出约定数量的特定股票或ETF。当然，买方也可以选择放弃行使权利，损失的只是权利金。如果买方决定行使权利，卖方就有义务配合。

股票期权分为看涨期权（认购期权）和看跌期权（认沽期权），股票期权套期保值的逻辑和股指期货比较像，可以用买入看涨期权和卖出看跌期权替代股指期货的多头（买入），用卖出看涨期权和买入看跌期权代替股指期货的空头（卖出）。

标的物是股票的期权合约，被称为个股期权；标的物是股票指数的期权合约，被称为股指期权。个股期权对于市值管理的作用非常直接而有效，上市公司控股股东可以在持有股票的同时，通过买入看跌期权对冲股价下跌的风

[①] 比如解禁期未到的限售股；或者减持之后会引起控制权的丧失。

险。在大股东高位套现、减持时,通过买入认购期权或卖出认购期权,就可以对冲风险锁定收益;在上市公司增发、配股等再融资时,通过买入认沽期权就可以规避系统性风险,确保再融资的顺利进行。

个股期权在2013年和2014年上交所在各大券商模拟交易测试过,但至今尚未上市交易。而且在2015年上海证券交易所发布的《上海证券交易所股票期权试点交易规则》中第34条规定:"上市公司及其董事、监事、高级管理人员、持有上市公司股份5%以上的股东及其一致行动人,不得买卖以该上市公司股票为合约标的的期权合约。"这就意味着,即使个股期权上市交易了,短期内也难以作为上市公司及其控股股东市值管理的工具。

目前可以交易的股票期权合约是2015年2月9日上市的上证50ETF期权。作为股指期权,上证ETF50期权可以很方便地用于上市公司的市值管理,套期保值的逻辑和股指期货以及个股期权类似。与股指期货相比,资金占用少,保值成本低。如果不行权,损失的只是买期权的权利金,而且没有追加保证金的风险。

4.8.7 其他衍生工具与市值管理

对于需要从海外采购或者是将产品销售到国外的企业,汇率的变化对公司利润和市值的影响都会比较大。这时就可以用外汇远期合约或货币掉期交易进行套期保值。

第 5 章

乐视的生态圈故事

5.1 故事缘起

5.2 生态困局

5.3 故事会与"市值管理"

5.4 乐视网盈利的秘籍

5.5 减持承诺难以兑现

5.6 资金链危机

5.7 尴尬境况

5.8 路在何方

5.9 真的要崩盘

5.10 以退市落下帷幕

价值创造的核心在于商业模式设计，公司的商业模式如果得到投资者的认可，那么资本市场将在估值上赋予公司更多的溢价。因此，在资本市场需要学会讲故事，但是绝对不能编故事。缺乏核心利润来源支撑，自身资源能力不能匹配的编故事终归是南柯一梦。梦醒之后，将一地鸡毛！

5.1 故事缘起[①]

如图 5-1 所示，乐视网堪称中国互联网界的"奇迹"，是最初无人问津的互联网视频企业，只用了 3 年时间（2010 年）成功登陆 A 股市场，然后成立乐视影业、乐视体育、乐视云服务、乐视音乐、乐视电商和网酒网，收购花儿影视，产业布局涉足诸多热点领域，产品涵盖电视盒、智能电视机、手机、智能自行车、互联网电动汽车、虚拟现实（VR）等产品。与此同时，乐视还利用不同的资本运作手段，利用股权质押和高位减持套现等手段为乐视网输送血液，IPO 之后 4 年乐视股价涨幅达 535%，市值最高达到 1 500 亿元人民币，一度超越万科、联想和苏宁云商。以视频起家的乐视网已经成为横跨 7 个行业，排名中国前五的互联网

---

① 资料来源：（1）宋爽劲．乐视生态逻辑［J］．新经济，2015（09）；（2）宋爽劲．激进的乐视生态［J］．新经济，2015（10）；（3）刘聪．乐视生态的化学反应［J］．商周刊，2015（17）；（4）花儿街参考．重磅解读，生态狂贾跃亭［EB/OL］．http：//girlstreet.baijia.baidu.com/article/442984；（5）起底乐视模式的瓶颈［EB/OL］．http：//www.cb.com.cn/companies/2014_1103/1092742.html；（6）陈歆磊．乐视的破绽［EB/OL］．http：//www.ftchinese.com/story/001066951？page=1．

企业。

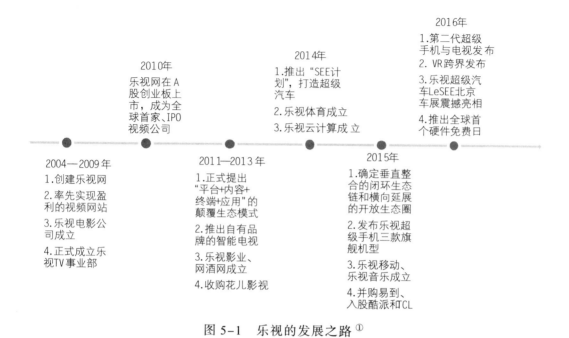

图 5-1　乐视的发展之路①

5.1.1　乐视的生态圈构成

图 5-1 所示的乐视发展之路是为打造"乐视生态"服务的，乐视的生态圈基本上就是复制了苹果"平台＋内容＋终端＋应用"的生态圈。乐视网 2015 年年报宣称，乐视的整体战略就是着力打造"平台＋内容＋终端＋应用"的乐视生态，以内容为基础，加强相关增值服务的开发及应用，在多屏领先技术优势与垂直产业链的整合布局支持下，通过电视、PC、手机、平板等多屏终端为用户带来极致体验。2015 年年报还宣称，乐视在"平台＋内容＋终端＋应用"的生态版图里，已形成互联网生态、内容生态、大屏生态、手

---

① 资料来源：乐视官网。

机生态、汽车生态、体育生态、互联网金融生态七个子生态，各垂直领域的子生态之间相互联系、协同化反。表 5-1 是乐视网 2015 年年报中关于乐视生态模式的解释。

表 5-1 乐视的"平台+内容+终端+应用"生态圈 [①]

	业务主体	备注
平台	乐视云（以视频云为核心，包括 CDN 国际节点等）	上市公司控股 60%，单独融资，2016 年 A 轮获重庆战略基金 10 亿元投资
内容	乐视影业（电影发行）、花儿影视（影视剧发行）、乐视体育和乐视音乐	乐视体育属于非上市公司资产，2016 年 B 轮融资 86 亿元，估值 215 亿元
终端	乐视致新（超级电视）、乐视移动（手机）、乐视超级汽车公司、跨终端的 EUI	2015 年电视、手机出货量均为 300 万元，2016 年电视出货量目标 600 万元，乐视致新由上市公司控股 58%，乐视移动上市公司仅参股，乐视移动 2015 年 A 轮融资 5.8 亿美元，超级汽车属于非上市公司资产
应用	乐视 FM、飞视浏览器、视频搜索和 Appstore	超级 TV Appstore 超过 300 款 App

如表 5-1 所示，乐视"平台+内容+终端+应用"生态圈的具体构成：

- 平台。乐视平台最主要的抓手是乐视云。据其官网介绍，这是一个能覆盖视频内容的拍摄、传输、转码、存储、发行、播放、策划、推广、营销、数据分析等能力的云平台，对内支撑乐视的各类业务。按照最新的陈述，该环节的棋子还包括电商平台、广告平台和大数据平台。乐视云模仿的是苹果的 iCloud，但是苹果最主要的平台是并不是 iCloud，而是 iTunes 和 App Store。在苹果所有业务板块中，唯一一个连续 9 年销售收入保持 10% 以上增长的不是 iPhone 手机，也不是 Mac 电脑，而是苹果的服务业务（iTunes、App Store 等）的销售收

---

① 资料来源：2015 年乐视网年报。

入。乐视的平台显然不具有这样的盈利能力。
- 内容。内容是乐视模式中最核心的环节，而乐视最早的发展便是得益于版权分销。2013年10月乐视收购花儿影视之后，自称"拥有生产优质内容的能力"。
- 终端。乐视终端战略的早期载体是机顶盒，而后在2013年开始布局超级电视，2014年开始布局智能手机和互联网电动汽车。三大终端梦想分别霸占家庭生活入口和移动入口，也是核心入口的智能终端；而产业生态的智能终端又包括乐视体育的智能自行车和乐意的乐小宝，是玩转垂直领域的终端入口。
- 应用。乐视模式的应用包括自有应用和面向多终端的应用商店。自有应用包括乐视浏览器、视频搜索等，应用商店则包括各智能终端上的应用软件商店，这也乐视最薄弱的环节。

5.1.2 乐视的生态逻辑

媒体、投资者认为乐视留给大家的一致印象是："硬件一般都是令人窒息的，软件内容都是讲究生态的，新兴业务一般都是围绕平台的，发布会也都是一周一办的。"总结起来，乐视的核心竞争力就是其生态圈。

乐视的"平台＋内容＋终端＋应用"生态圈的逻辑是什么呢？乐视官网给出的解释是，乐视生态是由垂直整合的闭环生态链和横向扩展的开放生态圈共同构成的完整生态系统，并进一步形成互联网生态、内容生态、大屏生态、手机生态、汽车生态、体育生态和互联网金融生态七大子生态。而整个乐视生态内各个环节之间产生生态化反，使得乐视生态能够自循环、自孵化、自进化、子创新，通过开放的生态，与外部资源共生、共享、共赢，不断创造全新的产品体验和更高的用户价值。

乐视打造生态圈的逻辑是以内容为主线，串联所有和内容有关联的周边场景，满足客户一系列关联的需求。这看上去是不是很美？

根据乐视网内容高级副总裁兼内容总编辑李黎的介绍，乐视未来提供的视频服务就是一种高品质生活方式，视频内容将冲破娱乐化的樊篱。在她眼里，未来网友的生活可能是：早晨在乐视手机的音乐铃声中醒来，看一会儿乐视体育的英超新闻，中午吃饭时看乐视 TV 的生活节目，推荐的红酒不错，打开视点雷达买一支送给女朋友，傍晚用易道用车回家，看到乐视体育的 ShakeRun 活动，顺手就扫二维码参加，晚上与朋友一起看电视 TV，直播的某明星演唱会，哥们儿几个拿啤酒当麦克风一起摇摆，被录成视频传遍了朋友圈……这种极好的用户体验就促成了高品质的生活。

乐视发展电视、手机都是基于上面这个出发点，终端只是和用户发生联系的入口，有了入口就能在很多方面和用户产生联系。所以说这是一条生态链，用户一旦通过其中一个节点接入这个链条，生态链就可以在内部节点将用户相互转化。

5.2 生态困局[①]

乐视以苹果为范本在资本市场讲了一个很美的故事，但是复制苹果的生态圈并不能复制苹果的成功。由于用户太少、缺少核心利润来源支撑、扩张速

[①] 资料来源：（1）宋爽劲.乐视生态逻辑［J］.新经济，2015（09）；（2）宋爽劲.激进的乐视生态［J］.新经济，2015（10）；（3）刘聪.乐视生态的化学反应［J］.商周刊，2015（17）；（4）花儿街参考.重磅解读，生态狂贾跃亭［EB/OL］. http://girlstreet.baijia.baidu.com/article/442984；（5）起底乐视模式的瓶颈［EB/OL］. http://www.cb.com.cn/companies/2014_1103/1092742.html；（6）陈歆磊.乐视的破绽［EB/OL］. http://www.ftchinese.com/story/001066951？page=1；（7）陈钦炯.乐视生态圈，亟须解决的不是扩大产品种类，而是……［EB/OL］. https://zhuanlan.zhihu.com/p/21367514。

度太慢等诸多问题，导致乐视的生态圈只是看上去很美而已。

5.2.1 生态圈缺陷

乐视复制的是苹果的生态圈，我们就以苹果为样板，对乐视自己宣称的生态圈特点逐一分析，找出理想和现实之间的差距。

乐视的"闭环生态链"是近年来"互联网+"商业模式中非常流行的一种设计方式，实际上就是"以客户为中心"的商业模式设计"一站式"地满足顾客一系列关联性消费需求。传统的全产业链模式是以产品为中心，纵向通吃上中下游产品；闭环模式是以客户为中心，横向逐一满足客户某一特定领域的关联性需求。相比于传统的全产业链模式，闭环模式的优点是提升用户体验，深度绑定客户。

闭环模式的一个关键指标就是用户规模，苹果做得风生水起得益于其完善的生态平台和全球超过 10 亿台的 iOS 设备保有量，从而获取了超额的硬件溢价和持续的服务收益。对乐视来说，用户规模太小、扩张速度太慢恰恰构成乐视的两大"瓶颈"。手机和智能电视作为互联网企业的智能终端，既是播放载体，又是流量入口，历来是兵家必争之地。但乐视这块的市场份额并不大，手机的销量远远落后于苹果、华为、三星、小米、OPPO、vivo；虽然打开了智能电视的市场，但是扩张速度太慢，在电视的市场份额上远远落后于海信、创维和 TCL，客厅生态远未成形。

乐视的"垂直整合的闭环生态链"复制了苹果"平台+内容+终端+应用"的组合，试图打破跨产业间的创新边界，重新定义产品功能，衍生新的商品形态，创造出新的用户价值。乐视的生态圈是以乐视网为内容基础，先后切入影视制作和电视、手机、电商、自行车、智能汽车等众多领域。但是与苹果相比，乐视生态圈的要素配置过于离散，价值传递的脉络不清楚，软硬件能力不足，并没有真正形成一个生态圈。

"生态化反"是指各个生态系统之间产生化学反应，为用户创造更大的价值。一个生态圈的各个生态系统要产生化学反应，就需要软硬件配合无间才能加速生态圈的演化。而只是产品的简单堆砌和产品线的扩张并不能帮助生态圈形成用户黏性和为品牌带来溢价，乐视的生态系统过于庞杂，关联性小，产生"生态化反"的可能性小。

乐视生态圈"横向扩展的开放生态圈"是指纵向的闭环生态链的每个环节通过生态开放，引入能够与乐视生态强相关、强化生态化反的外部资源，并与外部资源共生、共享、共赢。乐视这种想法是对的，生态圈的平台企业不可能把自己所有的事情都做了，只做自己最擅长的，剩下的应该开放给缝隙企业。[1] 苹果最赚钱的 App Store 和 iTunes，平台是苹果的，内容却是开放给无数软件开发者和唱片公司的。苹果在通过 App Store 和 iTunes 和内容提供商的利益分成是 3∶7，这种盈利模式设计在使得内容提供商盈利的同时，长尾经济理论使得 App Store 和 iTunes 成为最赚钱的生态系统。而乐视到现在为止没有看出有类似的企业设计。

5.2.2 缺乏核心利润来源支撑

将庞杂的产品和服务堆砌在一起是难以成为商业生态圈的。打造生态圈的第一步必须拥有一个能提供核心利润的产品或服务，这个产品和服务需要具有很强的市场竞争力，可以碾压竞争对手。这个产品和服务是生态圈的入口，它贡献的利润可能不是最多的，但是一定是最基础的。从苹果的生态圈中可以看得很清楚，iPhone 就是整个生态圈的入口，同时也贡献了核心的基础利

---

[1] 把构造生态圈的企业叫作平台企业；把平台企业的上下游企业叫作缝隙企业。

润，但是苹果生态圈中最赚钱的是 App Store 和 iTunes 服务。

苹果的生态圈构造以 iPhone 手机为基础和入口。iPhone 毛利润高达 40%，市场份额也是排在全球前列，通过 iPhone 的热卖又带动 iPad、Mac、iMac、iWatch 等硬件的热卖，实现生态圈的终端入口硬件盈利。

苹果生态圈的软件也是盈利的。苹果生态圈有自己的软件和第三方开发的软件，软件的所有下载和更新渠道都通过 App Store，对于第三方开发的软件苹果收取 30% 的服务费。

苹果生态圈内容开发是开放的，比如 iTunes 中的音乐下载，由唱片公司提供正版音乐付费下载，苹果公司和唱片公司按照 3：7 进行利益分成。

与此相反的是，安卓系统的软件下载和内容下载大部分是免费的，但为什么苹果还有如此多的忠实"果粉"呢？这首先要归功于 iPhone 的超高用户满意度，保持了非常高的客户留存率。其次，苹果的 iOS 系统、iCloud 云服务、流畅的 App Store 和 iTunes，作为生态圈的纽带，实现了真正的"一云多屏"。这两点使得苹果成为一个真正的生态圈，产生了"生态化反"，为"果粉"带来无与伦比的用户体验，从而使苹果的生态圈具有强大的核心竞争力。

学习苹果的乐视生态系统虽然五花八门，但乐视的所有产品和服务没有一个能做到像苹果的 iPhone 手机那样，既为生态圈提供最核心的基础利润，又成为整个生态圈的入口。

纵观乐视的生态圈，每个风口的产品或服务似乎都有涉及，但是没有一个产品或服务能够做到行业前三，拥有众多用户。做视频，乐视离优酷土豆、腾讯等大腕还有差距；做手机，乐视比不上苹果、华为、小米；做互联网电动汽车，乐视远远不是特斯拉的对手；做打车软件，易到用车也不是滴滴出行的对手；即使是乐视做得最好的电视产业，乐视电视依然没能做到市场的绝对龙头，离白色家电巨头还有一定的距离。

由于硬件缺乏市场竞争力，难以作为核心利润的来源支撑。于是，乐视就通过充会员费送手机或电视的方式来卖其生态系统，这种玩法就叫作"硬件负利率"。这种做法就导致乐视无法通过硬件盈利，只能通过内容或软件盈利。因此贾跃亭的解决方案就是不断跨足其他领域，扩大产品种类来做大乐视生态圈。但是一个显而易见的常识是，认为乐视手机或电视用户体验不佳的客户，会为乐视的手机和电视的套餐买单吗？

乐视构建的模式确实是封闭的，但并不是生态的，因为缺乏生态圈的纽带，最多只能算是无关多元化。而无关多元化的投资必然会拉长战线，主业模糊，各项业务协调能力差，盈利遥遥无期。乐视"硬件负利率"的玩法虽然短时间可以解决一些资金困境，但时间一长必然造成整个生态圈的严重亏损。

5.3　故事会与"市值管理"①

2004年成立的乐视是一家依靠视频业务起家的公司，2010年作为乐视生态圈重要组成部分的乐视网登陆A股市场，乐视首日IPO收盘的市值为21.48亿元，2015年5月13日市值最高达到1 655.75亿元。然而，乐视市值的增长似乎不是因为生产了高质量的产品或者提供了高品质的服务，而是因

---

① 资料来源：（1）梁艺. 从现金流角度看乐视［N］. 合作经济与科技，2015-11-09；（2）孟凡培. 基于财务角度的乐视竞争分析［J］. 经营管理者，2016（08）；（3）张兴军. 乐视维艰［J］. 讲好一个资本故事有多难. 中国经济信息，2015（13）；（4）贾丽. 乐视网成创业板"故事大王"资金追捧市值增速拔头筹［N］. 证券日报，2015-10-29；（5）其他互联网资料：乐视终端以及会员费收入之谜［EB/OL］. http：//www.jiemian.com/article/812515.html；乐视越吹越大，贾跃亭的肺活量不够用了怎么办？［EB/OL］. http：//ittime.baijia.baidu.com/article/478948；乐视财务之谜：终端亏损如何平稳收窄？会员费收入如何做到自发性125%的增长［EB/OL］. http：//toutiao.com/i6321821296602644993；乐视中报收入靓丽背后存隐患　会员收入或是虚增［EB/OL］. http：//finance.ifeng.com/a/20160821/14781680_0.shtml；乐视的白日冒险梦，万一实现了呢［EB/OL］. http：//finance.123.com.cn/show/123-344375.html；这些年，乐视都挖了哪些大公司高管？［EB/OL］. https：//www.huxiu.com/article/125678/1.html？f=index_top2.

为在资本市场成功地讲故事。乐视被认为是最会讲故事的中国上市公司,故事一路讲来,市值也是不断飙升。即使是股灾之后,遭遇严重的财务危机,截至2017年3月31日,乐视网市值依然高达676.6亿元。

乐视最开始的故事是从长视频公司开始讲的,在2008年时获得深创投的股权投资,并深化版权分销业务以及造出一个号称流量很大,但在各个权威统计上找不到数据的网站。凭借中国"唯一"赚钱的网络视频公司概念,2010年在A股上市。上市之后的故事是垄断上游内容和内容分销,凭借着股权质押等各个方式不断再融资。从2012年开始故事出现裂变:首先是布局客厅抢占第三屏,推出智能电视;然后是从2014年开始,进入手机、自行车及汽车等多个智能硬件领域。自此,融资讨论及造梦方式全面开花,以至于资本市场上有人说贾跃亭生态卖的是未来和梦想。下面就乐视这些年是如何通过造梦并维持市值推高股价进行分析。

5.3.1 讲故事的主要渠道:发布会

如图5-2所示,乐视网在2015年股灾前的牛市中,股价曾爆炸性增长,创造了历史新高。图5-2是乐视网2014年12月股价最低点到2015年6月股价最高点的走势图,可以很清晰地看到其股价从2014年12月23日收盘价28.20元上涨到2015年5月12日收盘价179.03元。短短5个月的时间,股价涨了近5.4倍,市值更是从237亿元人民币一飞冲天直达1 500亿元人民币,明显远远跑赢大盘。

然而乐视网的市值暴涨并不是得益于公司内生性发展,而是得益于其不断制造热点故事来推高股价。根据互联网收集到的不完全统计信息并进行整理,仅2015年乐视开过的发布会就多达29场,表5-2所示就是2015乐视发布会的具体情况。

图 5-2　乐视网 2014 年 12 月—2015 年 6 月股票走势图 ①

乐视开发布会的频率基本上半个月一次，发布会上经常是没有产品，只有 PPT、未来和梦想。如此高频率地开这样的发布会，用意何在？联系乐视网股价的走势，我们不得不怀疑是为了制造利好，推高股价。从这个角度来看，乐视网是 A 股当中唯一一家依靠讲故事、卖梦想使得市值超过 1 000 亿元人民币的企业。

表 5-2　2015 年乐视网主要的发布会 ②

时间	发布会内容	时间	发布会内容
2015.1.20	乐视"定义未来"发布会	2015.9.10	乐视 SEE 计划发布会
2015.1.28	乐视"有幸"发布会	2015.9.19	乐视"9·19"乐迷节发布会
2015.4.2	乐视超级电视发布会	2015.9.22	乐视香港"无限英超"发布会

① 数据来源：Wind 数据库。
② 资料来源：百度搜索。

续表

时间	发布会内容	时间	发布会内容
2015.4.14	乐视超级手机发布会	2015.9.24	乐视香港"超3次再颠覆"超级电视发布会
2015.4.28	乐视手机硅谷发布会	2015.10.27	乐视新品发布会
2015.5.5	乐视生态商城发布会	2015.11.10	乐视出品《芈月传》首播发布会
2015.6.16	乐视"极限"发布会	2015.11.10	乐视影业美国发布会
2015.7.1	乐视"论剑"发布会	2015.11.24	乐视儿童发布会
2015.7.14	乐视生态开发者发布会	2015.12.14	乐视与TCL战略合作发布会
2015.7.28	乐视"全民狂欢"发布会	2015.12.21	乐视生态研究院发布会
2015.8.11	乐视超级自行车发布会	2015.12.22	乐视新品发布会
2015.8.18	乐视超级骑车发布会	2015.12.23	乐视VR发布会
2015.8.18	乐视云发布会	2015.12.23	乐视《芈月传》庆功会
2015.9.7	乐视秋季新品发布会	……	……

5.3.2 讲故事的主要题材:"智能硬件"

乐视通过电视切入硬件领域,然后逐渐拓展到手机、自行车和汽车。每款硬件都是靠低价和补贴来获得用户,基本上没有产生什么利润,但是市值每次都增长不少。

2013年5月7日,乐视超级电视作为乐视跨界进入互联网电视的首个硬件产品在北京举行发布会。贾跃亭称这是耗时1 253天、动用416名工程人员打造出来的超级电视。即使当时这款电视并不被人所看好,但是乐视宣称49分钟内,第一批1万台超级电视已经被售罄。自此,乐视的超级电视以"覆盖"为主题推出从40英寸到120英寸、平面到曲面、2D到3D等各种类型的智能电视。凭借强大的内容资源以及颠覆传统的低价,2015年智能电视销量突破300万台；2016年突破700万台。

乐视在智能电视上确实有所突破，但是还不足以支撑起乐视庞大的生态系统。首先，智能电视的市场份额只有10%，90%的市场份额依然是传统彩电企业；其次，乐视的活跃用户太少，乐视的用户仍然处于观影和支付习惯的培养阶段，远未形成客厅生态。

从上述分析来看，智能电视对乐视的内在价值贡献不大。但是，发布会开完会，乐视股价该涨就涨。如图5-3所示，乐视股价在发布会当天虽然没有翻红，但在接下来的两个交易日都连续涨停，并在5月21日创下阶段性新高，达到48.27元。

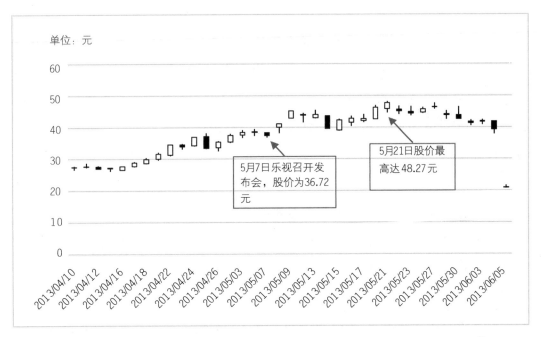

图5-3　2013年5月7日召开超级电视发布会后的乐视网股价走势图 ①

---

① 数据来源：Wind数据库。

2015年4月14日乐视召开超级手机发布会，并推出乐视手机1、乐视手机1Pro以及乐Max三款智能手机。超级手机的面世使得"平台+内容+终端+应用"的生态模式看起来更加完备。这场发布会中，从贾跃亭嘴里流出最多的句子就是"全球唯一的××技术"，其中涉及电接口、UI界面和外观设计。甚至，为了给乐视手机上市造势，贾跃亭不惜炮轰苹果，扬言"专制、封闭必然使苹果走向衰落"。同时，乐视手机营销策略是：低价、绑定内容和账户、外形及明星代言。2015年10月27日，乐视又在北京万事达中心举办"杀手级"新品发布会，推出了乐1S，这款手机号称是千元机市场最具竞争力的产品。同样，为了让乐1S得到关注，贾跃亭依然利用苹果来与乐视作为对比，抨击苹果SE系列无创新。

但是，乐视手机所占据的市场份额依然不如发布会说的那样光鲜。2015年，乐视超级手机销量为300万台，而三星、苹果、华为、OPPO+vivo和小米的智能手机销量分别为3.2亿台、2.2亿台、1亿台、8 070万台和6 561万台。2016年，乐视手机销量接近2 000万台，但三星、苹果、华为、OPPO+vivo和小米的智能手机销量分别为3.114亿台、2.154亿台、1.393亿台、1.767亿台和6 200万台。乐视手机的市场份额依然太小，用户太少。这一点用户量是无法满足乐视庞大生态圈的入口的需要的。

但是这依然不会妨碍发布会后乐视网股价的飙升。如图5-4所示，2015年4月14日乐视公布超级手机面世时的当天收盘价为90.93元，而仅仅过了19个交易日，股价已经达到历史最高价179.03元。如图5-5所示，2015年10月27日当天乐视推出乐1S的最低股价为47.52元，到了11月9日时，股价也达到了阶段性新高57.57元。

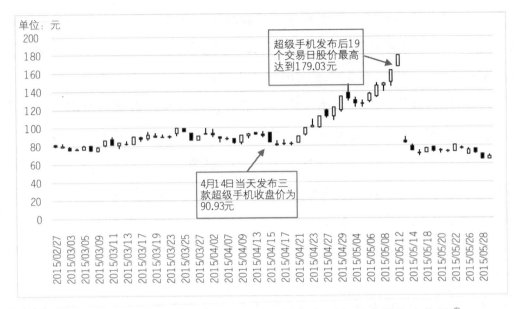

图 5-4 乐视网在 2015 年 4 月 14 日布超级手机后的股价走势图 ①

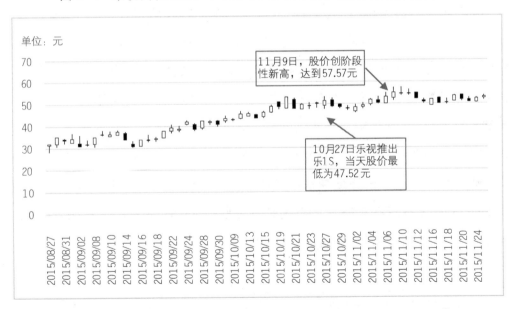

图 5-5 2015 年 10 月 27 日推出乐 1S 后乐视网的股价走势图 ②

---

① 数据来源：Wind 数据库。
② 数据来源：Wind 数据库。

2015年8月11日，乐视发布了三款超级自行车，分别是铝合金的斯塔利、碳纤维的西夫拉克和全碳的阿尔普迪埃，售价分别为3 999元、5 999元和39 999元人民币。根据乐视官网和百度百科以及发布会的宣传，乐视的超级自行车是无与伦比的：因为乐视的超级自行车定位为智慧城市车，号称拥有头机、中控区、把手控制区、灯光系统、对讲机、传感器组、电源管理系统七大智能化模块，还支持指纹识别、蓝牙摄像、一键锁车、车上对讲等。操作系统上，头机内置的Bike OS是真正的第一款自行车操作系统，可以调用全部底层软硬件接口。基于此，超级自行车真正实现了防偷盗、运动音乐、数据监测、自行车通信四大系统功能。同时，超级自行车能够根据心率、坡度等智能推荐最佳骑行设定，推送实时天气，提供建议计划骑行。社交上，地图还会显示邻近的骑行伙伴，随时进行对讲联系等。

就是这样一辆当初功能被描述得天花乱坠的"超级自行车"，却被广大自行车迷广泛吐槽为"稚能自行车"，而且乐视一直不公布乐视自行车的销量，看来市场也是极其惨淡。但是，有这样好的故事题材，乐视网的股价怎能不涨呢？在乐视超级自行车发布前，贾跃亭便已经通过社交媒体软件微博透露将于8月11日召开超级自行车发布会。因此，在超级自行车发布会之前，我们可以看到股价已经开始有所上涨。如图5-6所示，贾跃亭在发布超级自行车之前的宣传作用，已经促使乐视网股价上涨：8月4日，贾跃亭通过微博公布8月11日发布超级自行车，当天股价最低为46.58元；8月11日，乐视超级自行车发布会当天股价最高达到53.92元。

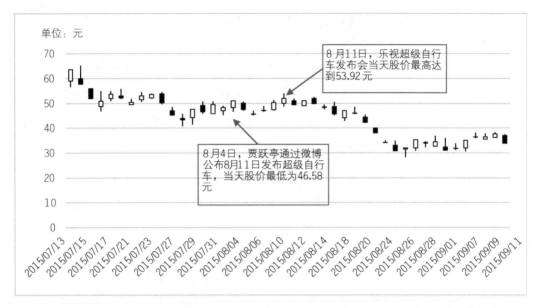

图 5-6　2015 年 8 月 11 日乐视发布超级自行车之前的股价走势图 ①

2016 年 1 月 5 日，乐视在美国拉斯维加斯举行了乐视超级汽车战略合作发布会，计划投资 10 亿美元在美国建设一座新厂，从 2017 年开始生产电动汽车，以挑战特斯拉。同时发布首款概念车 FF ZERO1，并引入"SEE 计划"的理念。"SEE 计划"的理念相当拉风，通过智能汽车实现电动化、智能化（自动驾驶）、互联网化和社会化（包括乐视车联、自动驾驶、云计算等以及基于共享理念的社会化运营）。

这只是一辆目前只能见到模型的概念车，同时也是一辆可以让贾跃亭继续讲故事推高股价的概念车。由于乐视网在 2015 年 12 月 5 日便发布了《关于筹划重大资产重组停牌的公告》，而后开始了长达半年的停牌，因此，乐视超级汽车发布的影响并没有体现在股价上。

---

① 数据来源：Wind 数据库。

5.3.3 讲故事的热点题材：玩命地"投融资"

在资本市场上，一个频繁进行投融资的企业被认为具有较强的资本运作能力，常常会获得资本市场给予的溢价。乐视在这方面做得更加极致，一方面是在资本市场不断地讲生态故事进行"融资、融资、再融资"；另一方面是"烧钱、烧钱、再烧钱"来维持生态圈故事。

为了打造生态圈，乐视围绕硬件及内容领域投资了许多 A 轮前后的小公司。除此之外，还有如表 5-3 所示的比较重要的投资和收购中包括乐视影业、易到用车、花儿影视等。

表 5-3 乐视近年来主要投资和收购事件

投资时间	投资内容和收购事件
2014.03	乐视网以 16 亿元收购花儿影视 100% 股权
2015.06	乐视旗下子公司累积出资 30.8 亿元，收购酷派集团约 28.9% 的股份，成为单一控股股东
2015.07	贾跃亭斥资近亿元购入北青传媒，交易后，贾跃亭持股占北青传媒 H 股 35.38% 的股份，成为大股东之一
2015.10	乐视以 7 亿美元获得易到用车 70% 的股权，成为易到用车的控股股东
2015.10	乐视体育以 7 500 万美元入股集团（WSG），获得其 20% 的股份，成为该公司三大主要股东之一
2015.12	乐视以 18.75 亿元人民币购入 TCL 多媒体（01070.HK）20% 的股份，成为 TCL 多媒体的第二大股东
2016.01	乐视以 20 亿元的价格收购北京国安俱乐部 50% 的股权。并从 2017 年开始，北京国安将改名为"北京国安乐视队"
2016.07	乐视以 20 亿美元全资收购美国第二大电视机厂商 Vizio
2016.03	乐视网发布公告称，乐视以 2 亿元拟收购甘薇所持有的北京乐漾影视传媒有限公司 47.8261% 的股权（5 折），解决同花儿影视同业竞争的问题

如表 5-4 所示，相比投资和收购，乐视七大生态系统的融资更是令人眼花缭乱，目不暇接。

表 5-4　乐视近年来主要融资

融资时间	融资内容
2013.04	乐视致新（电视）完成 A 轮 3.37 亿元融资，其中乐视网增资 1 亿元；乐视控股增资 8 700 万元；富士康出资 1.3 亿元
2013.08	乐视影业完成首轮 2 亿元融资，投资方包括深创投等
2014.06	乐视网联合鑫乐资产共同向乐视致新增资 5 亿元。其中，乐视网出资 4.05 亿元，鑫乐资产为 0.95 亿元
2014.09	乐视影业完成 B 轮 3.4 亿元融资，投资方包括恒泰资本等
2015.05	乐视体育完成首轮 8 亿元融资，投资方包括万达、云峰
2015.11	乐视手机完成首轮融资 5.3 亿美元，投资方包括亦庄国际投资、海底捞等
2016.02	乐视云完成 A 轮 10 亿元融资，投资方为重庆产业基金
2016.04	乐视体育完成 B 轮 80 亿元融资，由海航领投，中泽文化、安星资产、中金前海等 20 多家机构，孙红雷、刘涛、陈坤等 10 余位个人投资者跟投
2016.09	乐视汽车完成 10.8 亿美元首轮融资，投资方包括英达资本、联想控股、深创投、民生信托、新华联等

5.3.4　讲故事的新题材：明星经理人

一般公司是找明星做产品代言或形象代言，乐视直接是将各个行业的明星和行业大咖挖来做职业经理人。利用这些各行明星大咖的名气直接吸引眼球，提升乐视故事的吸引力。

乐视挖人的思路是：首先，按需挖取，对点拉人，非常精准；其次，所挖之人一定是所在行业的"腕"，最好是明星大咖；最后，用钱、股份、期权、事业平台各种手段满足所挖之人的诉求。

乐视的核心高管层基本上是按照这样的逻辑挖来的,以下列出的只是比较重要的"挖角"事件。

乐视网是最早进行挖角的,2009年将酷6网副总编辑高飞挖至乐视网担任高级副总裁;随后几年,从搜狐挖来全国渠道总监谭殊担任乐视广告部副总裁,从微软挖来MSN(中国)市场副总经理韩建琦担任营销副总裁,将爱奇艺副总裁袁斌挖来担任联席CTO。原搜狐销售部全国渠道中心总经理、原3G门户首席营销官张旻翚也加盟乐视网,担任应用事业群首席营销官。

乐视影业挖的角名气是最大的。首先是将光线影业总裁张昭挖来担任CEO(首席执行官),然后挖来张艺谋担任艺术总监,随后徐克也加盟乐视影业。

乐视体育从电视台优秀人才中挖的名人也比较多。首先将聚友网运营副总裁雷振剑挖来担任CEO,然后挖来奥美集团体育营销总监强炜担任首席营销官,挖来央视未来广告副总裁谢楠担任广告销售副总裁,挖来央视著名解说刘建宏担任首席内容官。又通过刘建宏在央视和体育圈的人脉挖来了不少专业体育人才,如NBA中国高管邱志伟、著名主持人黄健翔、PPTV解说詹俊、搜狐体育频道总监金航、央视美女主播刘语熙等。

乐视致新的核心高管基本上也是挖来的。CEO梁军原来是联想产品开发副总裁,负责乐视TV互联网营销的副总裁杨芳原来是凡客诚品品牌营销副总裁,销售副总裁张志伟原来是京东商城黑电业务部总经理;高级副总裁彭刚原是达彼斯广告中国区整合策略总监、奥美SohoSq广告运营合伙人。

乐视手机主要是从魅族、小米和联想挖人。乐视移动智能的总裁冯幸原是联想集团前副总裁、MIDH 中国业务部负责人，销售副总裁董志升、运营管理总经理崔战良也是从联想挖来的；副总裁莫翠天和马麟是从魅族挖来的，市场营销总经理杨大伟是从小米挖来的。

乐视汽车挖的人基本上也是重量级的。原上汽副总裁、浦东新区副区长丁磊担任全球副董事长、中国及亚太区 CEO，还挖来了英菲尼迪中国及亚太区总经理吕征宇、上汽集团副总裁张海亮、一汽大众生产总监 Frank Sterzer、广汽丰田副总经理高景深、中国"无人驾驶第一人"倪凯、搜狐副总编何毅、"手机 OS 第一人"饶宏。

乐视电商主要从当当网、凡客诚品两个公司挖角。乐视控股副总裁、乐视商城负责人赵一成曾先后担任当当和凡客诚品的市场负责人，副总裁郭鹤原是当当网的 CMO。

乐视财富，主要是开展互联网金融与投资业务，挖的角也不容小觑。将中国银行副行长王永利挖来担任乐视集团高级副总裁，负责互联网金融业务；将美银美林高管郑晓明挖来担任乐视集团高级副总裁，主管投资、融资和并购。

企业的价值终归是靠人来创造的，光有未来和梦想是不够的，还必须有团队。乐视的商业逻辑是这样的，首先构造了一个"想想都会令人窒息"的生态圈，然后试图将所有赚钱的子生态都自己做了，通过 PPT 进行融资，然后将各个子生态需要的人才在各个行业中进行挖角行动，没名的不要！这种商逻辑短期能吸引资本的眼球，融到一些资金，但是挖来的人如何整合？各个生态之间如何整合？光靠梦想或全员持股是远远不够的！这种逻辑的结果终将从"讲故事"变为"编故事"。

5.4 乐视网盈利的秘籍 [①]

在乐视生态圈中,乐视网是上市公司。贾跃亭最主要的融资方式就是质押乐视网的股票,这就决定了乐视网的市值必须"做大",股价不能低。乐视主要通过讲故事不断推高股价,但是讲故事的一个重要基础是乐视网的盈利能力不能差。

根据乐视网2015年年报显示,2015全年的营业收入达到130.17亿元,同比增长90.89%,净利润为2.17亿元,同比增长68.57%。在国内视频网站都处于入不敷出的烧钱状态下,这家主打"硬件不要钱"的公司却能保持连续9年的盈利,而且乐视超级电视、超级手机走的也是亲民路线,对营收贡献很大却基本没有利润,甚至是在"赔钱卖",这不符合我们的正常认知。那么乐视网持续盈利的秘籍又是什么呢?

5.4.1 巧妙的硬件销售安排

2012年9月,乐视宣布推出自有品牌的智能电视,截至2016年年底,累计销量突破1 200万台,在互联网电视竞争中处于领先的位置。但是互联网电视在整个电视机市场份额依然只有10%左右,在现阶段对互联网电视来说最主要的是抓住用户,因此小米和乐视都在不计成本地铺货,抢占客厅生态

[①] (1) 梁艺. 从现金流角度看乐视 [J]. 合作经济与科技, 2015-11-09;(2) 孟凡培. 基于财务角度的乐视竞争分析 [J]. 经营管理者, 2016 (08);(3) 柳叶刀. 视频网站都在亏钱,乐视网是如何盈利的?秘籍有四![EB/OL]. http://lancet.baijia.baidu.com/article/373277;(4) 其他互联网资料. 乐视终端以及会员费收入之谜 [EB/OL]. http://www.jiemian.com/article/812515.html;乐视越吹越大,贾跃亭的肺活量不够用了怎么办?[EB/OL]. http://ittime.baijia.baidu.com/article/478248;乐视中报收入亮丽背后存隐忧,会员收入或是虚高 [EB/OL]. http://finance.ifeng.com/a/20160821/14781680_0.shtml;乐视中报收入靓丽背后存隐患,会员收入或是虚高 [EB/OL]. http://finance.ifeng.com/a/20160821/14781680_0.shtml.

的终端入口。但是小米没有上市,它可以随便亏;乐视网是上市公司,有盈利要求。

贾跃亭是通过乐视网和其子公司乐视致新进行关联交易来保证乐视网盈利的。上市公司的实际控制人一般是通过关联交易将上市公司的利益向自己控制的私人公司输送,但是贾跃亭却通过关联交易让非上市的子公司替上市公司承担亏损!

乐视致新是乐视网的子公司,乐视网持有乐视致新58.55%的股份。乐视致新负责智能电视、智能手机的生产和销售。

图5-7所示的是乐视致新2017年1月1日前的股权结构。乐视控股的直接控制人是贾跃亭,鑫乐资产的由乐视互联科技发展有限公司控制,其直接控制人也是贾跃亭。而这两家公司所占乐视致新的比例为40.67%。

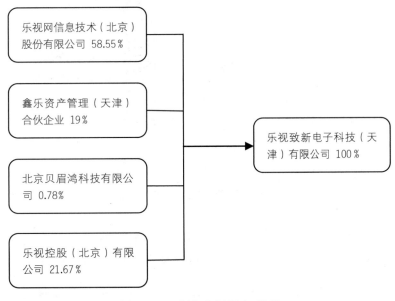

图5-7 乐视致新股权结构

根据乐视网公布的年报,2012—2015年,乐视致新就一直处于亏损的状态。如图5-8所示,2013—2015年乐视致新的营收分别为7.24亿元、41亿元和 86.92 亿元；而其净亏损分别为 4 700 万元、3.86 亿元和 7.31 亿元；乐视终端成本分别为 6.88 亿元、40.92 亿元和 81.85 亿元。其中乐视终端成本占据了乐视致新净利润的 94% 以上，乐视网几乎是唯一的买家。

这种关联交易设计的结果是：乐视拿走 94% 以上的产品，却只分担 58.55% 的亏损，实质上是让乐视致新的少数股东乐视控股和鑫乐资产替乐视网的股东分担了 40% 的亏损。

除了在股权上布局之外，乐视在销售上也巧妙地布了一个局。乐视将超级电视拆解为"硬件价格+捆绑会员费"的方式。比如：乐视 S50Air 电视的价格 =1 999 元的硬件全配价格 +980 元的两年影视会员服务费。

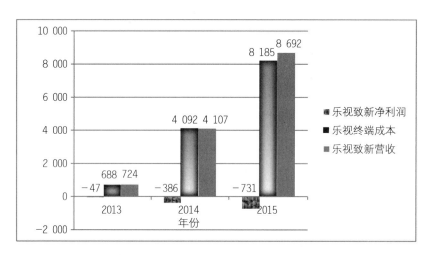

图 5-8　2013—2015 乐视致新净利润新营收示意图（单位：百万元）①

乐视网的财务报表采用乐视网直接投资的 58.55% 计算利润，乐视致新每销售一台 S50Air，乐视网的收入 =1 999×58.55%+980，即 2 150 元。而乐视致新的亏损只有 58.55% 被纳入乐视网的公司财报中。贾跃亭通过把损失转嫁到乐视致新，由自己控制的鑫乐资产和乐视控股承担一部分损失。这样一

---

① 数据来源：乐视网 2013—2015 年年报。

来，乐视终端业务收入远小于终端业务成本，但加上付费业务收入后则略有盈余。而这样的做法，就可以为上市公司做出一份亮丽的成绩单，从而也使其市盈率得到提高。

5.4.2 独特的版权摊销

版权采购是视频网站最大的一块成本。2013年、2014年、2015年，乐视网采购、制作版权内容的成本分别为12.8亿元、14.6亿元和23.9亿元。但摊销采购成本会直接影响到最终的盈利水平。

按照行业惯例，版权类的无形资产摊销一般采用加速折旧法。因为电影和电视剧都是有时效性的，流量多在第一年，随着时间的推移，流量将持续下降，所以采用加速折旧法，前面折得多，后面折得少。优酷土豆的采购的版权内容，在第一年就摊销掉50%。按这种会计方法，乐视网不会有一分钱利润。

乐视对版权的摊销采用的是直线摊销法（平均年限法）。比如，一部拥有5年版权并花了5 000万元买来的电视剧，别家采取加速摊销，第一年要摊销50%以上，也即摊销2 500万元以上，而乐视采用直线法，每年平均摊销20%，第一年只需摊销1 000万元，再通过分销给别的视频网站赚钱回来，这是乐视的独家秘籍。并且这样一来，版权分销的收入按当期的计算，而成本却按版权期限平均到每一年。

需要注意的是，这种直线摊销法的模式，对资金流的要求非常高，需要不断加入资金投入，每年的版权投入要比以往年度大，这样可以把成本压力往后推。一旦资金跟不上，后期的成本摊销压力将会剧增。图5-9所示为2010—2015年乐视网影视版权摊销费用，基本上每年都在巨额增长。在乐视网最新公布的上半年年报中，仅2016年上半年的版权摊销费就多达31亿元，这个数字比 2015 年一年的版权摊销费还要高出接近 10 亿元。可以预测，版权摊销成本将会越来越大，而一旦资金链发生断裂，后果将不可想象。

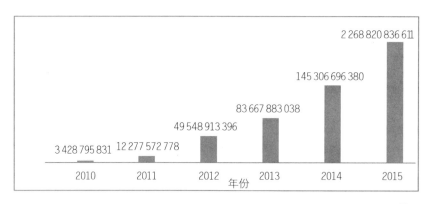

图 5-9　2010—2015 年乐视网影视版权摊销费用（单位：元）①

5.4.3　高比例的研发费用资本化

根据乐视网的年报披露，早年乐视需要研发的东西不多，2007 年、2008 年的研发费用分别为 439 万元和 700 万元，2010 年研发费用为 0.3 亿元，2011 年约为 0.99 亿元，而 2012 年则陡增至 2.38 亿元，于是乐视开始采用研发支出资本化②来维持企业盈利。

比如：2012 年研发支出资本化的金额为 0.97 亿元，占实际研发支出的 40.63%；2013 年和 2014 年的实际研发费用分别为 3.74 亿元和 8.06 亿元，资本化研发支出分别为 2.03 亿元和 4.83 亿元，分别占研发总投入的 54.17% 和 59.90%；而 2015 年的研发投入支出则达到了 12.24 亿元，这个金额是 2014 年的整整 1.5 倍，其中被资本化的金额则达到了 7.32 亿元，占研发投入

---

① 数据来源：乐视网 2010—2015 年年报。
② 资本化处理和费用化处理的根本差别在于，前者归入资产负债表以后逐渐摊销，后者则要归入利润表，直接体现在当期业绩中。

的 59.79%。需要注意的是，2014 年和 2015 年的研发资本化支出分别占当期净利润高达 374.65% 和 337.09%。图 5-10 所示为通过乐视网公布的年报进行整理的 2010—2015 年研发投入金额情况。

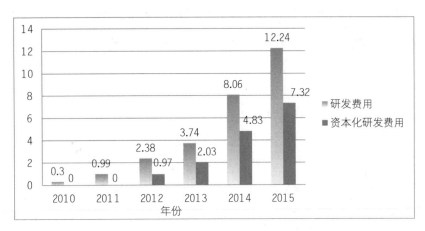

图 5-10　2010—2015 年乐视研发投入情况示意（单位：亿元）①

乐视基本上将研发费用的 60% 资本化，这在全球都是罕见的。这种做法意味着，研究刚启动，乐视就能够确认开发结果和项目的确切价值了，就马上进入开发阶段的后半段，进行资本化确认。与之形成鲜明对比的是，华为 2015 年专利申请数量全球第一，研发投入 596 亿元却全部费用化。华为 2011—2015 年的研发费用投入有将近 2000 亿元，无形资产只有 27.25 亿元。如果说没有上市的华为没有可比性，那么我们可以对比上市的可作为对标公司的用友和海信，做软件开发的用友研发资本化比例近 3 年在 10% 左右，而做硬件开发的海信研发投入全部费用化。

那为什么乐视网热衷于高比例的研发费用资本化呢？原因是这种做法可以使得乐视的非专利技术和软件成为乐视的无形资产，对于这部分无形资产，乐视采用"减值测试"法。而对于乐视的研发成果，外界基本无法判断其是

---

① 数据来源：乐视网 2010—2015 年年报。

否满足计为无形资产的条件，对于无形资产的减值判断标准也无法辨识。说白了就是想怎么计就怎么计，不想减值就不必减。这给财务报表加大了调节的空间，因为资本化支出可以把早期投入平摊到后面很多年去，从财务上看，早期支出减少了，后面几年的支出却增加了。这样做的作用是使得早期的财务报表更好看，从而一定程度上维持较高的市值和股价。

5.4.4 会员费收入的确认原则

乐视网公布的2016年半年报中显示，2016年上半年乐视实现营业收入100.63亿元，同比增长125.59%；其中终端方面实现了51.32亿元的销售收入，较2015年同期增长171.13%；会员付费业务收入获得了27.09亿元的收入，较2015年同期增长152%。

按照费用配比原则，某个会计期间或某个会计对象所取得的收入应与为取得该收入所发生的费用、成本相匹配，以正确计算在该会计期间、该会计主体所获得的净损益。那么类似乐视的会员费收入就应当在会员受益期内分期确认收入。

但是乐视对于会员网络付费收入的确认原则是"根据当月实际销售的服务价格确认为当期收入"。根据当月销售的会员费作为当期的会员收入，也就是当月卖出多少的会员，就计入当月的会员收入里。

乐视的做法实际上就是收入提前确认，成本费用推后确认。比如，一个乐视会员在2017年1月1日购买了价值490元的一年期乐视超级影视会员。根据乐视的会员收入确认依据，490元就直接计入1月份会员收入。但是，会员在1月份以后的11个月都要享受到乐视的会员服务。那么，乐视在1月份之后的11个月里，都要为这位会员提供版权和带宽服务。因此，乐视有后续的版权成本和带宽成本。

乐视的会员有三种，超级影视会员 490 元一年，乐次元会员 198 元一年，体育会员 590 元一年。而且不仅只是一年期的，在"买会员送硬件"的营销中，往往需要捆绑乐视会员 4 年多或 5 年多（买会员送手机）。由于乐视采用的会员收入确认准则，越是时间跨度更长的会员收入，对当期收入影响越大。

2016 年上半年，乐视会员收入 27.1 亿元，是乐视广告收入（15 亿元）的 1 倍左右，同比增长 152%。这个会员收入规模应该远超其他视频网站（腾讯、爱奇艺和优酷）的规模，这应该是由于会员收入确认原则导致的。乐视利用这种当月计入当月会员销售收入的做法，无疑使得前几年的收入虚高，让前几年的财务报表看起来更漂亮。

5.5 减持承诺难以兑现 [①]

大股东在资本市场上合法合规的减持套现本是无可厚非的，但是非得在减持的时候再找一个利好于上市公司的消息，改变投资者正常的判断逻辑，这就应该是另有所图了！贾跃亭及其一致行动人贾跃芳在 2014—2015 年的 4 次高位大额减持的时候就试图创造一种新的市场利好，即"大股东高位减持以反哺上市公司"。但是，贾跃亭的承诺实现了吗？

---

① 资料来源：（1）乐视网大股东巨额减持资金去哪儿了？［EB/OL］. http：//stock.hexun.com/2016-06-21/184505655.html；（2）刘姝威. 严格控制上市公司实际控制人减持套现［EB/OL］. http：//mp.weixin.qq.com/s?__biz=MzAwOTAwNDA4OA==&mid=206034276&idx=1&sn=aff64af3fb14e854c5eaa8db5d7953f4&scene=0#wechat_redirect；（3）刘姝威. 乐视网分析报告［EB/OL］. http：//mp.weixin.qq.com/s?__biz=MzAwOTAwNDA4OA==&mid=206245264&idx=1&sn=7bf35740d2c00280984391715abd3429&scene=0#wechat_redirectl；（4）刘姝威. 乐视网涉嫌违规隐瞒公司盈亏信息［EB/OL］. http：//mp.weixin.qq.com/s?__biz=MzAwOTAwNDA4OA==&mid=206413084&idx=1&sn=fa2fbcf4ea4deb2e50256a8fd4df29df&scene=0#wechat_redirect.

5.5.1 高位减持的承诺

2014—2015 年，贾跃亭及其姐贾跃芳有过 4 次高位减持，共计套现接近 70 亿元人民币。在这 4 次减持套现中，贾跃芳和贾跃亭都承诺将套现的现金全部免息借给上市公司使用。

2014 年 1 月 29 日，乐视网公告称贾跃芳曾在 2014 年 1 月 23 日至 28 日减持 1 100 万股，占乐视网总股本的 1.38%，套现约 5.44 亿元；随后在 2014 年第四季度再度减持 1 200 万股，以期间交易均价 34.96 元 / 股计算，套现约 4.2 亿元。乐视网在 2014 年 12 月 6 日发布《关于股东向公司提供借款的计划》，该公告称："贾跃芳女士为满足公司日常经营需要，其计划在未来一个月内，通过协议转让或者大宗交易集中转让的方式处置自己所持有的乐视网股票，将其所得全部借给公司作为营运资金使用，借款期限将不低于 60 个月，免收利息。"

2015 年 5 月 26 日，乐视网发布《关于控股股东、实际控制人股份减持计划的公告》，公告称："为了维护广大投资者的利益，经公司审慎研究，并与发行对象、保荐机构等友好协商，对公司再融资计划进行调整，故再融资资金到位尚需一段时间，为了缓解公司资金压力，满足公司日常经营资金需求，贾跃亭先生拟计划在未来六个月内（2015 年 5 月 29 日—11 月 28 日），部分减持自己所持有的乐视网股票，将其所得全部借给公司作为营运资金使用，借款将用于公司日常经营，公司可在规定期限内根据流动资金需要提取使用，借款期限将不低于 60 个月，免收利息。"该公告也表明贾跃亭预计减持个人股份不超过 148 049 451 股，即不超过公司股份总数 8%，减持方式为协议转让、大宗交易或集中竞价。

2015 年 6 月 3 日，乐视网发布《关于控股股东减持公司股份的提示性公告》，这意味着贾跃亭开始了 2015 年的第一次减持行动。该公告称："贾跃亭先生自 2015 年 6 月 1 日至 6 月 3 日通过深圳证券交易所大宗交易方式累计减持公司无限售条件流通股 35 240 300 股，占公司截至 2015 年 6 月 3 日总股本 1 850 618 138 股的 1.9042%，本次减持后贾跃亭先生持股比例占上市公司总股本的 42.30%，仍是公司控股股东。"

2015 年 10 月 30 日，乐视网发布《关于控股股东协议转让部分公司股票暨完成股份减持计划的提示性公告》，主要内容为："贾跃亭先生与深圳鑫根下一代颠覆性技术并购基金壹号投资合伙企业（有限合伙）签署了《股份转让协议》，以协议方式转让其持有的部分乐视网股票（占总股本比例 5.39%），协议转让价格为 57 亿元。本次协议转让所得资金将全部借给公司作为运营资金使用，借款将用于公司日常经营，借款期限将不低于 60 个月，免收利息。"在这两次减持行动中，贾跃亭总共减持公司股份 135 240 300 股，占公司总股本的 7.29%，套现金额为 56.996 亿元，至此，乐视网在 2015 年的减持计划完成。

贾跃芳及贾跃亭在 2014—2015 年共计套现 66.636 亿元人民币，如约借给上市公司了吗？

5.5.2 套现的资金是否全额借给了上市公司

乐视网 2016 年公布的半年报显示，截至 2016 年 6 月 30 日，合并报表中"其他非流动负债"期末余额为 68.28 亿元，项目注释中给出了明细数据，其中就包括贾跃亭和贾跃芳的无息借款。截至 2016 年 6 月 30 日，贾跃亭与其姐贾跃芳共计无息借给上市公司乐视网 39.12 亿元，其中贾跃亭向乐视网提供的无息借款金额为 25.01 亿元，与四轮套现总额 66.636 亿元相差了 41.626 亿元。

根据乐视网 2016 年半年报，第四节重要事项"六、公司或持股 5% 以上股东在报告期内发生或以前期间发生但持续到报告期内的承诺事项——其他对公司中小股东所作承诺"一栏中显示:"对于2015年6月减持所得资金借予上市公司事项,贾跃亭先生追加承诺如下:1.已经减持所得资金将全部借予上市公司使用,上市公司进行还款后,还款所得资金贾跃亭先生将自收到还款之日起六个月内全部用于增持乐视网股份;2.贾跃亭先生届时增持同样数量股份时,若增持均价低于减持均价,则减持所得款与增持总额的差额将无偿赠与上市公司。"而在履行情况一栏中则显示"报告期内,公司实际控制人遵守了所做的承诺"。

根据股东承诺履行情况,可以看到乐视网只注明了2015年6月贾跃亭第一次减持所得的资金借予上市公司的情况,但是对2015年10月第二次减持的事项只字不提。这与其所说的"报告期内,公司实际控制人遵守了所做的承诺"并不相符。

需要注意的是,在2015年10月30日乐视网公布贾跃亭进行第二次减持的公告的同时,还发布了《关于承诺事项专项披露的公告》。该公告承诺内容有两个方面:一是重申贾跃亭会将自己减持所得全部免息借给乐视网作为日常经营资使用;二是说明贾跃亭关于协议转让股份所得的资金也将全部免息借予乐视网使用。而在公告中的履约风险对策中,还特别强调"公司将加强对承诺人进行相关法律法规的培训,要求承诺人严格遵守《深圳证券交易所创业板股票上市规则》等有关法律法规及公司规章制度,因借款与公司发生的关联交易,将严格按照《深圳证券交易所创业板股票上市规则》《深圳证券交易所创业板上市公司规范运作指引》等有关法律法规及其规章制度进行披露"。然而,截至最新的乐视网2016年上半年年报中,该项信息仍然没有得到披露,这也意味着,报告期内,公司实际控制人并没有遵守相关的承诺。

5.5.3 承诺难以兑现的原因分析

2015年6月贾跃亭第一次减持之时，A股正处于股灾之前"如日中天"的时候。因此公告一出来，便引起了巨大的争议。刘姝威教授于2015年6月17日、23日和28日先后在其个人微博和微信公众号中连发《严格控制上市公司实际控制人减持套现》《乐视网分析报告》和《乐视网涉嫌违规隐瞒公司盈亏信息》三篇文章，直接质疑乐视的财务状况，将乐视网推向风口浪尖之上。

第一篇文章指出"如果上市公司经济状况良好，上市公司的实际控制人、董事长、总经理不会减持股票，每年的股票分红足以让他们拥有足够的现金。上市公司的实际控制人、董事长、总经理连续大幅度减持股票、套现，我们只能判断：公司的持续经营状况出现了问题"。暗指贾跃亭套现的25亿元资金来得太容易。第二篇文章详细地对乐视网的主营业务进行分析，并炮轰乐视网"烧钱模式难以持续"。第三篇文章甚至质疑"乐视网涉嫌违规隐瞒公司最基本的盈亏信息"，涉嫌信息披露违规。

乐视网后期走势果然不幸被刘姝威教授言中，2016年下半年乐视生态圈的企业陷入资金链危机。贾跃亭于2016年11月6日发布题为《乐视的海水与火焰：是被巨浪吞没还是把海洋煮沸？》的全员信："反思公司节奏过快，近几个月供应链压力骤增，加上一贯伴随LeEco发展的资金问题，导致供应链紧张，对手机业务持续发展造成极大影响。"贾跃亭全员信中表示："将全力推动乐视影业注入乐视网，还表示自己和公司管理层将为此承担责任，并承诺即日起，自愿永远只领取公司1元年薪。"

根据结果倒推，我们猜测贾跃亭套现的钱虽然没有如约全额投入上市公司乐视网，但是应该是投入了乐视生态圈的其他企业。乐视的各个生态系统基本上都是处于烧钱抢用户的阶段，所需要的资金是很庞大的，套现的其他钱应该是用于填补乐视其他企业的财务窟窿了。

但不管什么原因，贾跃亭对乐视网的股东失信了！

5.6　资金链危机[①]

判断一个上市公司的价值创造能力，主要从业绩水平、战略方向和治理结构进行分析，但对乐视要特别加上一条：资金链是否安全。

乐视生态圈要做的事情一点也不比 BAT 小，要是都做成的话，可以直接将 BAT 甩在身后。但是，乐视的资金存量及再融资能力却明显与 BAT 不在一个档次：截至 2016 年第一季度，腾讯的现金净额为 274.29 亿元人民币；阿里巴巴 2014 年发一次债券就募集 80 亿美元；百度 2015 年往 O2O 砸 200 亿美元另外又拿 30 亿美元回购股票；而截至 2016 年上半年，乐视网账面现金只有 55.57 亿元人民币，这样的数字和 BAT 比起来明显不能相提并论。

与其他上市公司再融资以定向增发为主相比，在乐视控股层面，贾跃亭没有拿太多投资机构的钱，更多是通过股权质押融资。2011 年 9 月 15 日，贾跃亭首次将个人持股质押给上海国际信托有限公司，质押股比为 21.4%。自此，他就频繁地通过股权质押来解决发展乐视生态业务所需要的资金。

从 2011 年 9 月到 2012 年年底，贾跃亭姐弟多次用所持乐视网股票质押融资，累计质押约 25% 股权，所获资金约为 IPO 募集金额的 2 倍（乐视网 IPO 募集 6.8 亿元）。

贾跃亭姐弟的质押行为从 2013 年开始变得频繁起来，2013—2015 年总共

[①] 资料来源：（1）花儿街参考. 重磅解读，生态狂贾跃亭［EB/OL］. http：//girlstreet.baijia.baidu.com/article/442984；（2）Eastland. 乐视本月的"大动作"是什么？"故事大王"融资坎坷路［EB/OL］. https：//www.huxiu.com/article/129909/1.html？f=wangzhan.

进行了26次质押，仅2014年年初至2015年9月底，就进行了近20次股权质押，而且乐视不同项目的融资，都由贾跃亭担保。"质押股权+发布会涨股价+套现+借钱给上市公司"，已经成了乐视融资的典型模式。

但是，股权质押是有爆仓风险的。一旦股价跌破平仓线，就会被强制平仓。

2014年7月贾跃亭将2 319万股质押给向东方证券，当股价跌到24.3元就会触及警戒线，跌到21.6元就要被强制平仓。当股价下跌时，贾跃亭的应对策略就是以各种名义申请停牌"躲跌"，但是乐视网依然跌至28.2元，仅比警戒线高出3.9元。贾跃亭马上讲了一个比较大的"故事"：乐视控股承诺一年内将"乐视影业"注入。乐视网股价应声上涨，这次股票质押危机才算过去。

2015年10月26日，贾跃亭解押5.37亿股，将其中的5.07亿股再次质押。至此，贾跃亭总共质押了名下7.83亿股中的6.08亿股（占个人持股的77.74%）。市场估计此次股权质押之后，当股价跌到36.83元就会触及警戒线，跌到31.92元就要被强制平仓。2016年12月6日，乐视股价跌至35.8元，已经触及警戒线，12月7日乐视申请停牌。

2017年1月13日晚，乐视网发布公告，宣布乐视网、乐视影业、乐视致新与战略投资者（嘉睿汇鑫，融创中国实际控制）以及其他投资人达成协议，共获得168亿元投资，其中上市公司及其控股子公司合计将获得资金约71亿元，并约定在相关协议签署后5个工作日内支付总交易价款中的60.41亿元。至此才解除了此次股权质押可能爆仓的危机。

贾跃亭自己也意识到股权质押带来的风险，他承认股权质押的确是乐视的一个风险点。但为什么贾跃亭在乐视控股层面热衷股权质押融资，而不是采用上市公司更常见的股权融资呢？按照贾跃亭自己的回答，主要原因有两个：一是害怕控制权丧失；二是要将股份留作股权激励。

与大多数企业创始人一样，贾跃亭对失去对公司命运的控制有深深的恐惧。他曾经说过："知道股权质押是风险点，但依然采用的原因是和我们对资本的理解有关。因为乐视主要是做一些别人看不明白、极其前瞻的事情，如果是我们的董事会被基金控制了，那就会成为土豆，别说你的未来，连你的现在你都决定不了。"

"我在早期以较低价格融几十亿也不是难题，但把钱融过来，很快股权稀释完了，根本就给不到员工，因为连自己的股票，股权多少你都控制不了，不如给团队，给员工。宁愿难，也得把企业做到一定规模之后再来融资，这样的话就能把更多的利益给了全员，这也是股权质押的最大的动因，所以早期风险都是我个人来承担风险。早期和基金谈，创始人得耗费大量的精力，得去说服他们，等你把钱融来的时候，时代早变了。"

贾跃亭的担心是可以理解的，但是股权融资中的控制权安排有很多专业的方法去解决，完全没有必要靠股权质押来替代股权融资！贾跃亭的"质押股权→发布会推高股价→套现→借钱给上市公司"融资模式最大风险是当股价大幅下跌时他能否支撑住。被质押的股票有可能需要追加保证金，那时需要从哪里去找这些钱呢？

2016年下半年乐视生态圈爆发的资金危机就是这种融资模式引起的。

5.7 尴尬境况

2016年6月3日，停牌长达半年的乐视网公告复牌。复牌当日，乐视网的成交量高达116亿元，换手率也高达20%，开盘一个半小时的成交量超过历史全日最高成交量。值得一提的是，乐视在2015年12月停牌后，成功躲过了2016年的两次小股灾。在复牌后的半年里，乐视网的股价下跌了近

40%，近乎腰斩。就在股民以为乐视网的股价稳住的时候，2016年11月2日，一则"乐视到期货款不付，造成供应商千人工厂停工，员工闹事"的新闻，把乐视直接从夏天推向冬天。在接下来的几个月里，乐视就如同风雨飘摇中一棵岌岌可危的大树，几乎隔一天就有一条爆炸性的消息出来，从而引发了蝴蝶效应。

5.7.1 资金危机风波事件

下面是按照时间顺序列举的2016年11月以来爆发的资金风波事件以及乐视做出的反应：

- 11月2日，报道称乐视拖欠供应商100多亿元货款，已被拒绝供货。
- 11月3日，网上传出供应商拉横幅于乐视大厦前维权。
- 11月6日，贾跃亭发表内部信，坦承乐视已遇到资金与组织压力，手机供货出现问题，并反思称因此前战线过长，导致供应链和资金链压力骤增、面临极大挑战。
- 11月7日，贾跃亭接受腾讯科技专访称："乐视要刹车检修，但战略绝不会改变。"
- 11月8日，乐视网发布声明回应，坚称公司旗下各业务线与供应商均保持了良好的合作关系，并称公司运营目前一切正常。
- 11月9日，懒熊体育发文，曝乐视约六成版权费未能按时支付。
- 11月11日，乐视网公告称，公司高管计划在未来6个月内增持公司股份，增持总额不低于3亿元人民币。
- 11月14日，美国知名在线新闻平台"商业内幕"报道乐视投资的法拉第未来在内华达州的10亿美元电动汽车厂已停产。
- 11月15日，法拉第未来发言人表示法拉第未来于北拉斯维加斯市的工厂暂时停工，并称停工是因为战略调整。

- 11月15日，乐视HR发出全员邮件，宣布在高层进行人事调整，并传出将裁员10%的消息。
- 11月15日，乐视控股对外宣布，乐视控股董事长贾跃亭长江商学院同学将向乐视投资6亿美元。投资方包括海澜集团、恒兴集团、宜华集团、敏华集团、鱼跃集团、绿叶集团等10多家企业。
- 11月16日，内华达州财务部长丹·施瓦茨在接受采访时表示："这是一场庞氏骗局。这家新公司从未能生产出一辆汽车，在沙漠中建设一处新工厂，并获得了中国神秘富豪的投资，与麦道夫的情况类似，在某个时候，这场游戏将会终结。"
- 11月16日，敏华控股发布澄清公告，声称该集团现阶段并未亦无计划对乐视进行任何投资安排。
- 11月16日，绿叶制药也出来澄清，称并无与乐视订立任何投资安排。
- 11月17日，媒体爆料乐视宣布投资200亿元的浙江德清莫干山乐视生态汽车超级工厂目前情况："因为尚未开工，整个工业园显得很冷清。"
- 11月20日，《北京商报》报道称易到用车拖欠客服供应商200多万元，共有五六家类似的供应商被拖欠费用，总额达5 000万元。
- 11月21日，乐视汽车发布声明称，莫干山乐视汽车超级产业园将于年底前开工。
- 11月21日，乐视发布超级电视机部分涨价的公告，公告称单台电视生态补贴硬件额度的不断增加已超出其生态补贴能力。
- 11月29日，乐视发布公告，宣布了10名高管增持股份的详细计划。同一天，乐视控股公关人员在接受《新京报》记者裁员求证时表示，"不知道裁员的消息从哪里来的"。
- 12月5日，乐视体育召开管理层扩大会议，宣布将会有新的人事调整。

- 12月6日，野马财经发布了《乐视惊魂一秒：贾跃亭64.81%质押股票一度跌破平仓线》一文，引起乐视网股票触及跌停，同日，乐视网宣布紧急停牌，并澄清野马财经的文章为不实报道。
- 12月12日，贾跃亭接受《中国企业家》专访，表示乐视的资金危机将会在未来三四个月内解决。
- 12月15日，乐视网公告称，公司基本面未发生变化，将引入战略投资，公司将继续停牌，预计停牌时间不超过10个工作日。
- 12月12日，乐视大厦再次发生欠款维权事件。
- 12月26日，乐视体育拖欠新英体育3 000万美元版权费用，已逾期一周未支付。
- 12月29日，乐视网公告称将引入战略投资者，公司将继续停牌。
- 2017年1月4日，法拉第未来正式发布第一款量产车型，并宣称预计2018年3月交付。
- 1月5日，新三板挂牌企业豪声电子发布了一则仲裁公告，公告称乐视移动欠豪声电子的应付账款共计人民币1 102.04万元、美元592.9万元，并支付利息，合计人民币5 174.4万元。
- 1月6日，FF宣布，36小时内，FF91预订量已达64 124辆。若以每辆预交5 000美元计算，则法拉第未来已将3.2亿美元收入囊中。
- 1月13日，乐视网发布公告，宣布乐视网、乐视影业、乐视致新与战略投资者（嘉睿汇鑫①）以及其他投资人达成协议，共获得168.71亿元投资。
- 3月20日，乐视宣布，超级汽车掌门人丁磊辞职，意味着乐视汽车战线的收缩。
- 3月1日，乐视网第二大股东鑫根基金进行清仓式减持。

---

① 融创中国是实际控制人。

5.7.2 乐视的应对分析及市值变化

从以上发生的风波和乐视的应对来看，向来擅长讲故事的乐视在资金链危机的面前已经没有足够的底气。乐视做出的反应便是："欠款→辟谣""欠款→澄清→停牌"等一系列循环反复中走过来。然而从这一连串的危机事件，都可以看出乐视资金出现了极大的问题。同时，也一定程度上显示出乐视的信用有所欠缺。

在资本市场上，稍有风吹草动都会体现到股价上。如图 5-11 所示，从 11 月 2 日有传闻乐视拖欠供应商货款 100 多亿元开始，乐视的股价开始不断下跌。11 月 2 日，乐视网股价以 7.49% 的跌幅收盘，收盘价为 41.01 元/股。此后两天，股价依然延续颓势，跌幅分别为 0.93% 和 2.26%，市值也随之跌破 800 亿元。伴随着股价遭受重挫，乐视网发布声明称传闻毫无事实根据，属于抹黑造谣，同时表示公司旗下各业务线与供应商均保持乐良好的合作关系，并不存在拖欠巨款的情况。

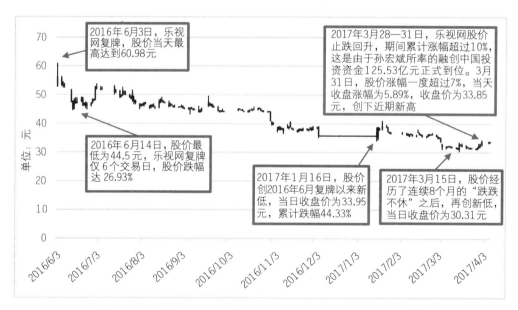

图 5-11　乐视网 2016 年 6 月 3 日复牌后股价走势图 ①

---

① 数据来源：Wind 数据库。

但这样的说法被创始人贾跃亭亲自打脸：11月6日，贾跃亭在发表长达5 000字的内部公开信中坦承乐视遭遇了巨大的资金压力，手机供货出现问题。并反思因此前战线过长，导致供应链和资金压力骤增。这封内部信随即引起市场一片轰然，此前对于乐视的质疑在贾跃亭的这封内部信当中得到了证实。11月7日，乐视网股价跳空低开，一度触底跌停，最终以4.68%的跌幅，37.85元/股收盘。至此，仅4个交易日，乐视网股价下跌了14.5%，市值蒸发了128亿元。

11月11日，乐视网发布公告，称10名高管计划在6个月内增持总金额不低于3亿元的乐视网股份，当天股票触底反弹，以1.03%的涨幅收盘。11月15日，乐视控股对外宣布获得贾跃亭长江商学院同学6亿美元的投资，投资方包括海澜集团、恒兴集团、宜华集团、敏华集团、鱼跃集团、绿叶制药等10多家企业。但在11月16日，敏华集团和绿叶制药随即发公告澄清该集团并没有投资乐视的计划，当天，乐视网股价冲高回落，并在随后的几天三连跌。

12月7日，乐视网公告称此前有关于该公司的不实报道导致股价波动，同时，公司正筹划重大事项，因此当日上午开市起来停牌。12月15日，乐视网公告将引入战略投资者，股票继续停牌，预计停牌时间不超过10个工作日。12月29日，距离乐视网上次公告停牌刚好10个工作日，公司再次公告将引入战略投资者，股票将继续停牌。此番行为引起投资者的愤怒，称其不讲信用，利用停牌躲避股价下跌。

就在命悬一线时，孙宏斌成为贾跃亭的"救命稻草"。2017年1月13日，乐视网的公告获得160亿元的投资。其中融创中国将通过旗下公司收购乐视网8.61%股权，代价为60.4亿元；收购乐视影业15%股权，代价为10.5亿元；增资以及收购乐视致新33.5%股权，代价为79.5亿元，总代价为150亿元。1月16日，停牌超过1个月的乐视网复牌。从股价上看，融创中国在1月16日大跌8%，很显然这是市场给融创投资乐视这个决策做出的投票；而乐视网也支撑不住强势的高开，冲高回落，最终以1.12%的跌幅收盘。

由于理念不同，2017年3月1日，乐视网第二大股东鑫根基金进行清仓式减持。乐视网股价遭受重创，3月2日大跌4.2%，3月3日再跌5.51%，收报31.89元，自2016年6月以来累计跌幅已近五成，股价惨遭腰斩。

贾跃亭只能继续救赎之路，这时的应对与之前相比，那就真的是断臂自救了：

- 1月13日，乐视获得融创领投，乐然投资和华夏人寿跟投的160亿元的投资。需要注意的是，这160亿元的投资没有一分钱投给资金链最紧张的乐视汽车、乐视电商、乐视体育和乐视手机。融创投的是乐视网、乐视致新和乐视影业，乐然投资和华夏人寿投的是乐视致新。乐视网、乐视影业和乐视致新是乐视生态圈中现在赚钱或未来赚钱能力比较强的企业，一直以来的大部分股份都是由贾跃亭持有。此次释放乐视网、乐视影业和乐视致新，应该已经是贾跃亭不得已而为之了。
- 2月14日，乐视网公告信利电子对乐视致新增资7.2亿元。乐视把债主信利电子变为股东。
- 2月28日，乐视体育宣布，和亚足联此前签订的关于亚冠、十二强赛等赛事的版权合作终止。
- 3月2日，乐视体育宣布，中超版权合作终止。
- 3月10日，乐视网宣布，剥离亏损的电商平台，归非上市公司所有。
- 3月28日，乐视网宣布，仁宝电脑对乐视致新增资7亿元。乐视把又一个债主变成股东。
- 3月30日，遭深交所问询30天后，乐视网给出了与乐漾影视① 同业

---

① 为贾跃亭妻子甘薇创办的发展非常迅猛的新锐影视公司之一。2017年年初，成立不到2年的乐漾影视已完成A轮融资，估值达到12亿元。此次甘薇5折将其持有的乐漾影视的所有股份卖给乐视网，也真是断臂自救了。

竞争的解决方案：乐视网计划以现金收购甘薇持有的剩余乐漾影视股权，即乐漾影视47.8261%股权。甘薇自愿将本次方案的交易对价确定为其所持股权评估值的50%。除了五折出让股权外，收购协议还包含业绩对赌。甘薇2019年才能拿到来自乐视网的股权转让款。

- 乐视网3月29日公告，融创旗下嘉睿汇鑫已如约支付125.53亿元融资款。截至目前，乐视已拿到原融资方案中的143.83亿元①，即已收到85%的融资款项，仅余乐视致新的24.88亿元融资款尚未到账。

经过艰难的救赎应对，乐视的资金链危机暂时解除，乐视股价也终于止跌回升，从3月27日的收盘价31.23元/股涨至3月31日的收盘价33.92元/股。其中3月31日乐视网股价涨逾5.28%，午后涨幅一度接近7%，投资者情绪似乎正在恢复。

5.8 路在何方②

贾跃亭在应对2016年资金链危机中，最关键的举措就应该是获得融创中国150亿元的投资。孙宏斌和贾跃亭在2016年12月10日见了第一次面，谈了7个小时。两天后，孙宏斌带着从联想控股和泛海集团借来的尽调团队到乐视开始了1个月的尽职调查。尽调之后，孙宏斌决定投乐视。

在新闻发布会上，孙宏斌透露，双方合作时，我们基本上没有谈价，老贾

---

① 乐然投资和华夏人寿合计向乐视投资18亿元在乐视网1月13日的公告中已经显示完成。
② 乐视资金压力缓解：（1）融创资金到账124亿元［EB/OL］. http://tech.sina.com.cn/roll/2017-03-29/doc-ifycspxp0241431.shtml.；（2）融创168亿入股乐视：雪中送炭还是抄底资产？［EB/OL］. http://it.sohu.com/20170115/n478778722.shtml；（3）融创入股乐视：不容忽视的五大交易细节［EB/OL］. http://mt.sohu.com/20170116/n478839808.shtml；（4）融创买乐视 是不是真的任性？［EB/OL］. http://hk.eastmoney.com/news/1532, 20170118704093251.html.

说就这么定个价就完了，现在他们还想谈价基本就没得谈了，老贾一定就完了，就特别简单。谈这个生意的价格都特别简单，都不是我谈的，都是老贾定的，特别简单。①

据孙宏斌说，他和贾跃亭聊了三次之后，就有了投资乐视的冲动。因此，150亿元的投资，融创在房地产领域之外的第一次并购交易，从孙宏斌初见贾跃亭到双方召开发布会，仅用了36天。一些媒体将此次交易解读为两个理想主义者的赌局，将孙宏斌称为贾跃亭的"中国好老乡"②。但孙宏斌一直以来心态平和，他坚持说，这就是一笔生意。

5.8.1 孙宏斌的投资逻辑

150亿元对于高负债的融创来说确实不算少，但2016年年底融创的现金是600多亿元，所以这150亿元支出并不会给融创带来太大的负担。另外，换一种逻辑来思考，孙洪斌觉得投资乐视的这笔资金只是相当于少买了一两块地，如果把投资乐视当作持有物业来看待，年回报率会大于5%，高于自持物业的回报率。并且投资物业一般3年之后才有回报，但是投资乐视是从第一年就能收到回报的。所以从这个角度来看，融创投资乐视并不亏。

孙宏斌一直反复说，投资乐视只是一笔生意，一次长期投资的生意，合适就继续投，不合适就不投。老孙认为自己不是慈善机构，也不是急救队。那么，融创在这次长期投资中又是如何筛选项目和进行风险把控的呢？下面将从投资标的的选择、交易价格、限定股票质押比例、控制权安排、联营公司权利和资产重组承诺六个方面进行分析。

---

① 一文看懂乐视融创合作发布会. 贾跃亭孙宏斌都说了啥［EB/OL］. http://finance.sina.com.cn/roll/2017-01-15/doc-ifxzqnva3635418.shtml.
② 贾跃亭和孙宏斌同为山西人。

投资标的的选择。乐视生态圈的企业很多，此次导致乐视陷入资金链危机的是乐视汽车、乐视体育和乐视手机。但是孙宏斌选择的是乐视生态圈中最好的3块资产，即乐视网、乐视影视和乐视致新，而没有入股手机、体育、汽车、互联网金融。孙宏斌在1月15日的战略合作发布会上对选择投资标的的解释比较委婉，他说本次的融资是帮助乐视解决非汽车业务的资金短缺问题，至于乐视汽车项目并没有包含在这次交易中，他对汽车项目也还处于"学习"阶段，兴趣不大。

交易价格。既然是生意，价格就很重要了。对于陷入资金危局中的乐视，本次融资就是一个买方市场，老到的孙宏斌没有浪费机会，抄底成功。此次交易是"股权投资＋收购"的混合方式，融创对乐视总投资达150.4亿元人民币，包括以60.41亿元收购乐视网8.61%股权，以10.5亿元收购乐视影业15%股权，以79.5亿元获得增发后乐视致新33.5%股权。

乐视网停盘前的市值在708亿元左右，本次交易中对乐视网的估值为701亿元左右，对比乐视网市值的顶峰，目前有超过30%以上的溢价空间。本次交易中，乐视影业的估值为70亿元，乐视影业的估值比起2016年年中拟注资乐视网的98亿元估值，直接缩水了28.6%。

而之前乐然投资和华夏人寿分别以14.3亿元和4亿元认购了乐视致新新增注册资本1263.36万股和353.39万股，持股比例为4.49%和1.26%，按照这个来算，他们投乐视致新的估值为318亿元左右。融创入股乐视致新的总体估值只有237.3亿元。[①]

---

① 交易分成了三个部分，分别是受让部分老股和增资入股。具体来看，融创将受让乐视网转让的乐视致新10.3946%的股份（增资前比例），代价约为23亿元；受让鑫乐资产转让的乐视致新15.7102%的股份（增资前比例），代价为26.48亿元；最后则是认购乐视致新扩大后总股本10%的新股，作价30亿元。但在这三个不同的交易环节中，乐视致新的估值则明显不同。比如同样在受让老股环节中，融创受让乐视网持股部分时乐视致新的估值约为221亿元，而在受让鑫乐资产时乐视致新时对应的估值则是168.6亿元。而在发行新股部分，乐视致新的估值则提高到了300亿元。

限定股票质押比例。股票质押一直是贾跃亭的主要融资方式，2016年年底乐视面临的一个很大麻烦就是贾跃亭质押股票面临的被强制平仓风险。融创为了控制风险，和贾跃亭约定：在交易达成后的一年内，贾跃亭质押的乐视网股份比例不得超过50%（交易达成后贾跃亭直接持有的乐视网股份将变成5.12亿股，占25.84%，而贾跃亭2015年10月26日质押了5.07亿股的股票），即质押不能超过2.56亿股。这意味着，贾跃亭至少需要赎回他当前质押的2.53亿股，预计需要的资金50亿元左右。此次交易安排"股权投资＋并购"混合方式的一个原因就是贾跃亭转让老股套现所得资金将有50亿元要用以赎回部分质押的股票。

控制权安排。融创拥有在乐视网有推荐两名董事、一名财务经理以及一名投资决策委员会委员和管理委员会委员的权利，而且贾跃亭承诺对融创的董事提名投赞成票，并能够在乐视手机板块核心公司安排一名监事。同时，融创为这些人事提名权设置了一个保障条款，保证它的提名权不会因为持股比例的减少而失去这些权利，除非是它自身主动减持导致持股比例降至5%以下。

这种控制权安排，实际上是赋予了融创在乐视网董事会上对重大事项的一票否决权。比如，以后贾跃亭想要通过乐视网为生态圈中的其他公司进行担保，融创就可以将其否决，因为乐视公司章程中规定，公司的对外担保需要超过2/3以上董事同意才能通过。

本次交易完成后，融创持有乐视致新33.495 9%的股份。这一持股比例的设计非常关键，这就意味着在乐视致新的股东大会上，融创将拥有对外担保、投资、并购。增资扩股等重大事项的具有一票否决权。

联营公司权利。融创在交易方案中还要了一个权利：交易完成后的乐视网、乐视影业和乐视致新均将成为融创中国的联营公司。联营公司一般是指投资者能够对被投企业的经营决策产生重大影响，但又没有达到完全控制的地步，投资者的持股比例通常为20%~50%。按照一般的公司商业规则，融创在乐视网和乐视影业中的持股比例远未达到联营公司的标准。拥有联营公司的权利，就意味着在将来融创的财务报表中，融创将会采用权益法来计算这些股权投资的收益，这些公司的净利润将会按照相应的持股比例体现在融创的利润损益表中。而且融创还拥有在这3家公司中安排董事席位和财务经理的权利。

资产重组承诺。交易方案约定，2017年内要将乐视影业全部股权注入乐视网。乐视致新的股权注入安排：在2020年之前完成向监管部门备案，并在2020年10月之前将全部股权重组进乐视网。这种安排，基本上保证了融创此次交易从3~5年的时间跨度来讲是稳赚不赔了。

虽然贾跃亭把孙宏斌当作"梦想合伙人"，孙宏斌也一再强调看好贾跃亭的企业家精神。但是此次交易确实如孙宏斌所说，只是一个生意而已！

5.8.2 乐视和融创能协同吗[①]

以上是从财务投资的角度对融创和乐视的交易进行了分析。需要注意的是，此次150亿元的交易中，购买老股将近占了120亿元，并购决策中是要考略协同效应的，近年来频繁在房地产界四处并购的融创是为了获得更多的土地储备，那么对于融创第一次跨界并购真的只是作为财务投资人"炒股赚钱"吗？

应该不仅如此，对融创而言，有乐视一旁掠阵，可以丰富自己的拿地故事。

1月的发布会后，孙宏斌透露将来可能跟乐视合作，做乐视小镇、汽车

---

① 资料来源：（1）李燕星．乐视巨量土地揭秘［EB/OL］．http：//www.china-crb.cn/resource.jsp？id=34747；（2）鹤白．老司机孙宏斌遇到的四个男人［EB/OL］．http：//mt.sohu.com/business/d20170327/130491884_120015.shtml．

小镇和产业小镇等。特色小镇是现在房地产的热点。跟产业结合的小镇故事，将成为融创的下一个方向。

和乐视结合的小镇故事可以是影视小镇、体育小镇、汽车小镇、互联网生态小镇等。而且乐视不仅可以贡献概念和内容，还可以提供土地储备。乐视土地资源储备非常丰厚，约有 20 920 亩，多分布在重点城市，这基本上是融创土地储备面积的一半。以下列举的是乐视的土地储备。

- 2013 年 12 月 5 日，乐视在临汾落成约 3 000 亩的生态农业产业园。
- 2015 年 11 月 9 日，乐视以 4.2 亿元拿下重庆两江新区 195 亩纯居住用地和 187 亩纯商业用地。
- 2015 年 12 月，乐视宣布投资 10 亿美金在美国内华达州拿下 5 500 亩地，用以建设超级汽车工业城。
- 2016 年 3 月，乐视参与重庆招商引资项目，投资 30 亿元在江北嘴建设酒店、公寓综合体项目，规模约 16 万平方米。
- 2016 年 5 月 16 日，乐视花费 30 亿元买下世茂股份旗下世茂新体验公司持有的北京财富时代置业有限公司及世茂商管公司持有的新世纪公司 100% 股权。
- 2016 年 6 月，乐视以 16.5 亿元收购雅虎公司靠近硅谷心脏地带的 300 亩土地。
- 2016 年 6 月，乐视在浙江莫干山拿到了 10 000 亩地。
- 2016 年 12 月，乐视以 2.79 亿元的成交价拿下德清县经济开发区 90 万平方米工业用地。

不过，这还并不是乐视所拥有的全部土地。除了公开可考证的土地储备面积之外，乐视还通过与诸多地方政府达成战略合作来获得土地。

- 2015 年 9 月 28 日，乐视与重庆市政府达成战略合作，将获得百亩土地用以建设乐视云总部基地。

- 2015年9月，乐视与天津蓟县签署合作协议，计划投资400亿元建设乐视超级生态城。
- 2015年12月11日，乐视与海口市政府达成战略合作，共建青少年足球基地。
- 2016年3月26日，乐视与深圳市政府达成战略合作，打算在深圳建立总部大厦。
- 2016年8月19日，乐视与张家口市政府合作，计划打造户外体育项目和比赛场地。
- 2017年1月，据孙宏斌透露，亦庄将给乐视5 000亩土地发展乐视汽车。

伴随150亿元交易的进行，乐视和融创在土地方面的合作也开始了。3月10日，融创协议受让乐视所持有的上海隆视投资50%股权，上海隆视投资的项目为在建的虹桥商务区隆视广场，项目占地面积约1.5万平方米，该地块本是2013年被买来建乐视总部的。

在150亿元的交易中，有这样一个条款："甲乙双方特别确认，除双方协商一致外，融创将作为乐视及/或其所控制的乐视系公司在房地产业务领域的唯一合作方。"这是不是说明融创要独享乐视的土地资源！

5.8.3　未来乐视的生态圈将是谁的生态圈[①]

贾跃亭的生态圈，是以乐视网为中心；而从融创和乐视的150亿元交易

---

① 资料来源：（1）顾子明．贾跃亭迎来了白武士，却输了乐视［EB/OL］．http：//mt.sohu.com/business/d20170117/124494567_460366.shtml；（2）顾子明．"白武士"融创刀下的乐视盛宴［EB/OL］．http：//www.360doc.com/content/17/0331/21/39647706_641805931.shtml；（3）乐视资金压力缓解：融创资金到账124亿［EB/OL］．http：//tech.sina.com.cn/roll/2017-03-29-doc-ifycspxp0241431.shtml.

来看，融创更加看重乐视致新。从投入资金的角度看，融创在乐视致新投入79.5亿元，在乐视网却投入60.41亿元；从融创的持股比例来看，交易完成后分别持有乐视致新33.5%、乐视影业15%和乐视网8.6%的股份，融创在乐视致新的持股仅比大股东贾跃亭仅低6%。

融创为什么看重乐视致新和乐视影业？乐视致新是乐视超级电视的生产商，目前在全国智能电视市场排名第一，拥有非常优秀的现金流和增值能力，由于"买会员送超级电视"的安排，乐视网账面很大一部分的盈利，实际上通过乐视致新赔钱来输送的，而乐视影业将是乐视致新重要的独家内容提供商。

而融创孙宏斌，则是很显然希望通过乐视致新的电视和乐视盒子，组建一个新的"生态圈"。融创的庞大地产规模与乐视致新电视和盒子的合作，真的有可能建成客厅生态！

3月28日，在融创的业绩发布会上，乐视的二股东孙宏斌说的话，一点都不像一个财务投资者。孙宏斌说："乐视企业战略方向都挺对的。每一点都挺对，加起来就不对了。就是因为他们手上资源不够、管理能力不够。乐视要把业务该切的切，该合的合，该卖的也在卖，该合作的在合作，人员该调整的也在调整。调整之后，该卖的卖，该合作的合作，干好一件两件事就行了。"孙宏斌还再次提到了此前曾认为"十几个亿买中超版权没有意义"的乐视体育业务。他说，"中超本来就不应该做，投了13亿元，亏了5亿元。你不能因为说中国老百姓喜欢看你就做，这是一个买卖，你这么做就不对"。

孙宏斌不光说，而且还真管，于是，乐视就真的调整了：

- 2月28日，乐视宣布，亚冠、十二强赛的版权合作终止。
- 3月2日，乐视宣布，中超版权合作终止。
- 3月10日，乐视宣布，剥离亏损的电商平台，归贾跃亭控制的非上市公司乐荣控股所有。但是之前贾跃亭在接受第一财经采访时曾经表示,"乐视网的七个子生态一个都不能少"。

- 3月20日,乐视宣布,超级汽车掌门人丁磊辞职。

而对最缺钱的乐视汽车,孙宏斌坦言自己到现在还没有看懂。他说,有三个因素使他还没有下决心投资乐视汽车。第一,电动车市场的拐点究竟什么时候来到?方向正确之下,市场放量的时间周期有多长,尚无法预计。第二,电池技术突破及相应的成本降低如何实现?电池工业的走向尚不清晰,存在变数。第三,充电条件、配建充电桩等都是巨大的工程。

贾跃亭原来的商业逻辑是,将自己持有的乐视网股票通过质押拿到钱,再投入乐视的非上市公司,然后将非上市公司做大,再注入上市公司,继续通过质押上市公司股票融资,再用融来的钱继续投入非上市公司。对贾跃亭来说,这有可能形成一个良性循环。

但是,融创来了,乐视的玩法变了。贾跃亭出让股份拿到钱,投入乐视的非上市公司,然后将盈利的非上市公司注入乐视网这个上市公司。不盈利的非上市公司,贾跃亭只能个人继续持有并投入。但为了弥补亏空,贾跃亭只能继续出让上市公司的股份。对贾跃亭来说,这有可能形成一个恶性循环。

5.9 真的要崩盘 [①]

本案例前8节于2017年3月31日完稿。在此之后,乐视风波依旧不断:大规模裁员、明星高管接二连三辞职、母公司涉嫌挪用子公司资金等,几乎每天都能在媒体上看到乐视的负面新闻。乐视后来所发生的种种事件也印证

---

① 资料来源:乐视陷入财务危机人事震荡:20位高管离职,千余人被裁. http://finance.sina.com.cn/stock/s/2017-06-10/doc-ifyfzhpq6476954.shtml.

了我们的诸多分析，乐视出问题在我们意料之中，但真没想到来得如此之快和如此之汹涌！

5.9.1 负面事件此起彼伏

4月以来，有关乐视的负面新闻时常霸占媒体头条，几乎隔一天就有一个新的负面新闻被曝光。其中，创始人贾跃亭辞去乐视网总经理的职务更是把乐视危机推向了高潮。

2017年4月，乐视发生的各种负面事件：

- 4月5日，据彭博社报道，乐视本月推迟为美国分支员工发放工资。
- 4月10日，据彭博社报道，乐视放弃了对美国电视制造商Vizio总额为20亿美元（约合138亿元人民币）的收购，这也意味着乐视对于该项目之前所有的预付款都打水漂，乐视电视在北美市场的20亿美元估值也随之灰飞烟灭。
- 4月12日，根据《法治周末》记者报道，共有36家负责全国各地乐视活动推广的广告公司及少量装饰公司到乐视大厦前面讨债，乐视此次共欠款7 200万元。
- 4月14日，有司机集体到易到公司声讨提现问题。
- 4月17日，根据《硅谷商业杂志》网站报道，乐视已将位于加州圣何塞的美国总部大楼（Sanjose）出售给深圳一家光伏新能源公司Han's Group。
- 4月17日，易到创始人周航发表个人公开信，信中披露了易到存在资金问题，而这个问题的根源就是乐视对易到挪用13亿元，矛头直指乐视及CEO贾跃亭。
- 4月18日，北京、上海两地先后被爆出共有数百名司机聚集在易到办公地点"讨债"。

- 4月19日,乐视核心子公司乐视网发布2016年年报,8年来净利润首次出现下滑,除了部分业绩数据与此前业绩预告存在大额差异之外,乐视网亦因关联交易,在2010年上市以来首次被审计机构出具非标意见。

- 4月19日,北京易到总部发生大规模司机集体兑现潮,仅一上午便有超过200人排队做工资提现业务。

- 4月20日,据足球报报道,乐视体育共拖欠女超联赛冠名费和媒体版权费1 000万元。

- 4月20日,易到3位联合创始人周航、杨芸及汤鹏联合宣布辞去易到所有相关职务。

- 4月20日,据路透社消息,乐视正在洽谈出售去年以4.2亿美元购入的世茂工三。

2017年5月,事件进一步发酵:

- 5月3日,乐视临时取消直播欧冠比赛,与丧失欧冠赛事版权有关。

- 5月6日,相关媒体爆出英国奢侈汽车厂阿斯顿马丁已经中止与乐视的相关合作,原因是乐视并没有注入资金。

- 5月7日,李嘉诚旗下的和记环球电讯3香港及3家居宽屏突然不能收看乐视体育项目,随后李嘉诚方面称出现该事故是乐视方面未能提供有关节目内容,并称"乐视云计算"拖欠和记环球影讯网络服务费多时,并敦促乐视方面履行合约并尽早缴清有关欠款。

- 5月8日,乐视收到深交所要求乐视网补充说明年报中预付账款期末余额前10名客户的基本情况,并明确是否存在关联方资金占用的情形。

- 5月9日,乐视宣布《关于加班餐中止供给及餐厅设备保护更新告诉》，意味着将取消加班餐福利。

- 5月10日，乐视网控股的网酒网召开企业摘牌股东大会，而这家酒业电商挂牌新三板时间仅有8个月。
- 5月11日，根据彭博社报道，广告服务商 Polarline Development Ltd. 已向香港高等法院提交传票，称乐视体育拖欠其总计107万港元的款项。
- 5月12日，乐视网内部邮件显示，乐视已中止北京地区的班车接送。
- 5月12日，易到一封内部邮件遭到曝光，披露的内容包括易到目前待提现的司机有115万，待提现金额超过3亿元。
- 5月16日，乐视体育与华熙国际发布《关于中止五棵松体育馆冠名合作中止的联合声明》。
- 5月22日，乐视网发布公告称，乐视创始人贾跃亭辞去总经理一职，将由乐视致新梁军代替，此后贾跃亭将专任公司董事长；同时，跟随贾跃亭多年的乐视网财务总监杨丽杰也由张巍代替。
- 5月23日，《21世纪经济报道》记者报道，乐视北美公司正陷入大规模的裁员潮，并且已经将家具进行清仓大甩卖。
- 5月24日，孙宏斌公开表示，乐视汽车贾跃亭要怎么玩就怎么玩，而他的主要精力也将在汽车上，至于上市公司部分，还有融创中国。
- 5月31日，易到发声明称，公司将于2017年6月29日全面开放线上提现，违背了之前承诺"5月彻底解决司机提现问题"的诺言。

2017年6月，多米诺骨牌继续倒：

- 6月1日，酷派发布未审计的2016年财报，显示2016年亏损额高达42.1亿港元。此前，酷派曾多次推迟发布财报。
- 6月6日，乐视位于北京达美中心的办公地因为未能及时缴纳办公场地费，已被停止一切物业服务。对此，物业公司表示，如果乐视未能在 6 月 8 日前缴清相关费用，乐视员工将被阻止进入大楼办公。

- 6 月 6 日，明家联合（300242）发布公告称，控股子公司北京金源互动科技有限公司及控股孙公司北京金源互动广告有限公司，近日因广告合同纠纷诉讼乐视网及多家乐视系公司。根据公告，乐视网、乐视体育、乐视控股和乐视电子商务 4 家公司合计欠款 6 290.89 万元的广告费。

- 6 月 7 日，深交所披露，乐视网发行的 20 亿元公司债终止发行。

- 6 月 8 日，据《新京报》等多家媒体报道，除去双休日，从 6 月 1 日起有 20 多家乐视手机供应商聚集在乐视大厦门前讨债。

- 6 月 9 日，根据界面新闻报道，乐视体育由于欠费太久，导致无法获得 6 月 11 日加拿大大奖赛的信号参数，失去 F1 直播版权。

- 6 月 12 日，投资界网披露贾跃亭接连出手乐视旗下重庆和上海的地产，接盘方为融创中国。

- 6 月 12 日，根据《北京商报》报道，乐视正与万科洽谈出售世贸工三项目，交易意向价格为 40 亿元。

- 6 月 13 日，乐视超级手机官方微博发布公告称，乐视云相册将于 6 月 30 日后停止一切服务。

5.9.2 明星高管纷纷离职

3 年前，乐视及贾跃亭同样身处风口浪尖之上。同样被关注，但是境况完全相反：那时的乐视和贾跃亭在高高的天上，现在却是结结实实地摔在了地上！当时媒体通常隔几天便发声又有哪位明星高管加盟乐视团队，呈现的是一片众星捧"跃"之象。然而 3 年后的今天，明星高管接二连三辞职，乐视内部人心涣散，大有一片众星抛"跃"之势。乐视网从 2009 年以来共吸引

38名明星高管，据不完全统计，截至2017年6月30日，目前离开乐视的高管共20名，出走率超过50%。乐视的这波离职潮，涉及的不仅仅是某一个子公司或团队，而是涉及整个乐视"生态圈"，而且离职潮还会继续下去。

- 2016年12月，乐视体育总编辑敖铭提交辞呈。在加入乐视之前，敖铭是微赛体育的首席运营官。
- 2016年12月，法拉第产品营销与发展副总裁Joerg Sommer、法拉第全球首席品牌与商务官Marco Mattiacci从乐视离职。加入法拉第之前，两人分别是大众美国营销与战略副总裁、法拉利美和亚太区总裁兼CEO。
- 2017年3月，乐视体育总裁张志勇与COO于航向乐视管理层提出离职申请。这两位明星高管在加盟乐视之前分别是李宁公司的CEO和新浪体育频道的合作总监。
- 2017年3月，乐视超级汽车联合创始人、中国区CEO丁磊辞职。
- 2017年4月，易到（此前被乐视收为子公司）联合创始人周航、杨芸和汤鹏公开宣布辞去易到所有相关职务。
- 2017年4月，根据财经网科技网站报道，乐视控股CFO吴辉离职，此前吴辉曾处理过乐视资金链危机。加入乐视之前，吴辉是优酷土豆集团的CFO。
- 2017年4月，根据彭博社报道，乐视全球投融资业务主管郑孝明将离职。加入乐视之前郑孝明是美银美林集团亚洲区的TMT负责人。
- 2017年5月，新浪科技报道，乐视体育副董事长马国力将离职。加盟乐视之前，马国力为央视体育中心主任及盈方中国的董事长。
- 2017年5月，乐视致新智能终端全球供应链高级副总裁、乐视控股副总王大勇正式离职乐视。加入乐视之前，王大勇是联想集团的首席采购官。

- 2017 年 5 月，乐视金融 CEO 王永利辞去该职位。加入乐视前，王永利是中国银行执行董事。
- 2017 年 5 月，乐视移动总裁冯幸在其个人微博发文暗示自己已离开乐视。加入乐视之前，冯幸是联想集团的副总裁。

5.9.3 大规模裁员

乐视自资金链出问题之后，危机不断发酵，即使有"白衣骑士"孙宏斌等人的 168 亿元，仍然填补不了乐视之前巨大的财务窟窿。为此，乐视不得不收缩公司战线，进行大规模裁员。

- 2016 年 12 月，根据乐视内部人员透露，乐视网将裁员 10%，并实行 N+1 的补偿制度。
- 2017 年 3 月，《印度经济时报》报道称，乐视印度公司将裁员 85%，并且认为乐视将有可能退出印度市场。
- 2017 年 5 月，乐视美国总部宣布裁员计划。本次裁员比例高达 84%，共裁员 325 人，仅剩 60 名员工。
- 2017 年 5 月，根据 36 氪新闻披露，乐视体育将裁员 70%，员工数量将从 700 人缩减到 200 人。
- 2017 年 5 月，据腾讯科技获悉，乐视销售服务体系裁员幅度将高达 50%。
- 2017 年 5 月，据乐视内部人员爆料，乐视 VR 本来有两个团队，其中一个由外部组建的 VR 团队已经完全解散；而另外一个由乐视致新组建的 VR 团队已经被分配到其他生态部门。
- 2017 年 5 月，网易财经报道，乐视市场品牌中心将由原来的 100 人缩减至 30 人，裁员率高达 70%。

- 2017年5月,《中国证券报》指出乐视此前收购的子公司酷派解约300名应届毕业生。
- 2017年6月,根据乐视内部人员爆料,乐视手机业务将进行超过50%的裁员计划。

正所谓"海市蜃楼一场梦",贾跃亭开创的乐视"七大生态化学反应体系"曾经风靡整个资本市场,乐视网也曾在巅峰时刻创下高达1 500亿元的市值。如今,乐视帝国分崩离析,乐视网股价连跌一年,市值仅为612亿元。乐视网从4月14日停牌至今,一再拖延复牌时间,也许是真的筹划重大事项,但更有可能是为了避免复牌之后股价一泻而下吧!

本节内容补充的事件截至2017年6月13日,本书估计正式面世需要在"十一"左右。在此期间,乐视还会发生很多事,绝处逢生或轰然崩塌的可能性都不大,最有可能的是死掉一些子生态,然后活下来一些优质的子生态,比如乐视网、乐视致新和乐视影业。但有一点是可以确认的是,贾跃亭的七大生态肯定是要少掉几个了,而且贾跃亭在乐视网、乐视致新和乐视影业的控制力和影响力将越来越小。

5.10 以退市落下帷幕

本案例于2017年6月13日完稿,此后乐视退[①]所发生的一切,完全印证了本书此前的精准预判。2020年5月14日,随着深交所发布的《关于乐视网信息技术(北京)股份有限公司股票终止上市的公告》,乐视网股票终止上

---

① 由于乐视网已退市,因此下文简称乐视网为"乐视退"。

市，这家曾经在 A 股 "叱咤风云" 的创业板 "故事大王"，终于崩塌！

风雨飘摇的 2017 年 7 月，为 "布局海外战略" 的贾跃亭辞去了乐视网的所有职务从而远走美国，本说好的 "下周回国"，如今三年过去了，人却依然没回到国内。

就在乐视网面临无主的危难之际，孙宏斌于 2017 年 7 月 21 日开始接管乐视网，成为乐视网的董事长。本以为孙宏斌的掌舵，能为乐视网带来一线生机，不料这董事长之位仅在 8 个月后，就以孙宏斌 "因工作安排调整" 的一纸公告而宣告主动提前辞任乐视网所有职务[1]。不过在这过程中，融创依旧是乐视网的第二大股东，持有乐视网 8.61% 的股份。

如前文提及，孙宏斌之所以投资乐视网，有一个约定，即 2017 年内要将乐视影业全部股权注入乐视网。但最终，这项看起来稳赚不赔的买卖在 2018 年 1 月 19 日的一纸公告中宣布失败[2]。在停牌长达 9 个月后，乐视网发布公告称，关于乐视影业注入乐视网的重组方案终止。终止原因主要有两点：其一，乐视控股持有乐视影业 21.81% 股权处于司法冻结状态，这与乐视控股出具的承诺相违背。其二，由于乐视影业仍对乐视控股有 17.1 亿元的应收账款未收回，且乐视控股短期内对债务解决不能形成很好的方案，最终导致交易无法推进或无法获得批准。

孙宏斌的辞任，除了乐视影业无法注入乐视网的原因之外，和乐视网 2017 年业绩巨亏也有着紧密的关系。2018 年 2 月 27 日晚，乐视网发布业绩公告，显示 2017 年营业收入为 74.63 亿元，同比下降 68%，归属于上市公司净利润则亏损达到 138 亿元，同比下降 2601%。谈及乐视，孙宏斌承认这是

---

[1] 资料来源：http://www.cninfo.com.cn/new/disclosure/detail?plate=szse&orgId=9900013169&stockCode=300104&announcementId=1204478348&announcementTime=2018-03-14%2020:34.

[2] 资料来源：http://www.cninfo.com.cn/new/disclosure/detail?plate=szse&orgId=9900013169&stockCode=300104&announcementId=1204345977&announcementTime=2018-01-19%2012:04.

一个失败的投资。

"人有时候要敢教日月换新天，时候也要愿赌服输。"①这是孙宏斌1月23日在深交所投资者互动平台上参与投资者交流会时说的话。"做生意总是有赚有赔，做任何事情都有风险，如果没有风险也就没有回报。如果把风险控制到零，那只能把钱存到银行了。乐视网确实发生了谁也没想到的变化，我们只能碰到什么问题解决什么问题。人其实是不能预测未来的，只能不断地应对、调整。坦然面对困难、坦然面对结果，是我们应有的人生态度。"②

融创2017年年报显示，总共计提乐视系投资损失165.5亿元，这说明孙宏斌对乐视的投资全部"打水漂"了。从亲自掌舵乐视那一刻开始，孙宏斌才知道这个"山芋"比想象中的还要更烫手，作为一个久经商场的精明商人，如何尽力止损才是孙宏斌的首选之策。对于辞任乐视网董事长一事，孙宏斌也对多次公开表态"对乐视不感兴趣，融创的生意比乐视大得多"。

2019年2月份，乐视网发布业绩报告，显示其实现营业收入16.04亿元，较2017年同期下降77.40%；归属于上市公司股东的净利润为负20.26亿元，较2017年同期增加85.40%。2018年7月13日，乐视网官方第一次发布退市警告。2020年2月，乐视网发布2019年业绩报告，显示其实现营业收入4.85亿元，较2018年同期下降69.01%；归属于上市公司股东的净利润为负112.8亿元，较去年同期减少175.46%。从2016年至2019年，乐视网连续亏损，亏损额度超过270亿元。后面的故事我们也知道了，2020年5月14日，深交所发布公告，宣布乐视网股票将终止上市。

有一句话叫"眼见他起高楼，眼见他宴宾客，眼见他楼塌了"，将这句话放在乐视身上，就是"眼见他画大饼，眼见他为梦想窒息，眼见他破产了"。

---

① 资料来源：经济网. http://www.ceweekly.cn/2018/0129/217750.shtml.
② 资料来源：搜狐财经. https://www.sohu.com/a/218427502_564733.

乐视网在创业板上市的这十年期间，在贾跃亭"乐视生态"的美丽蓝图之下，从2010年最初的发行价29.20元/股，到股价一路高歌猛进的2015年最高点179.03元/股，再到2020年最低点0.18元/股并最终迎来暗淡的退场。乐视网用5年的时间将市值冲上1700亿元巅峰，又用了5年的时间走到退市低谷时市值仅为7.18亿元。这一切如果用图片和数据的形式展现或许会更为直观，如图5-12所示。

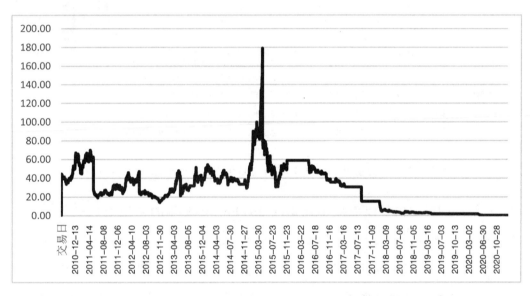

图5-12 乐视退（300104.SZ）2010-2020年股价走势图[①]

同样我们从wind数据库爬取了乐视退的相关财务数据进行分析。从图5-13可以看出，乐视退的存货周转天数呈逐年递增的趋势，尤其是2018—2020年呈现加剧递增的态势。2019年577.77天和2020年的815.35，存货周转天数都超过一个甚至两个会计周期，乐视退的变现能力几乎为0。应收账款周转率和总资产周转率更是呈现逐年下降的趋势。表明乐视退的销售能力极差，企业的销售收入越来越少，利润能力和资产利用效率越来越低。

---

① 数据来源：Wind数据库。

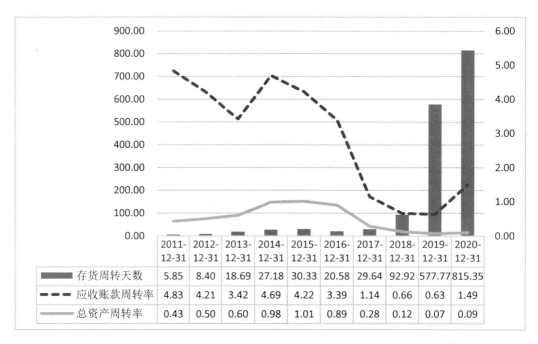

图 5-13 乐视退（300104.SZ）2010-2019 年营运能力变化①

从图 5-14 我们可以看出乐视退从 2011—2019 年的偿债能力变化。从流动比率看，乐视退从 2011—2014 年微幅下跌，到 2014—2016 年的微幅上升，此后 2016—2019 年的加速下跌，说明乐视退的短期偿债能力越来越弱且极其不稳定。资产负债率呈逐年上涨的趋势，说明乐视网愈发的资不抵债。速动比率也呈现逐年下降的趋势，直至 2019 年，乐视退的速动比率仅为 0.1，说明其已基本没有还款能力。

图 5-15 则从乐视退从 2011—2019 年的盈利能力变化进行对比。从每股收益和每股净资产看，乐视退从 2017—2019 年基本都为负数，说明这三年来乐视退都处于严重亏损的状态。销售毛利率从 2018—2019 年显示为负数，表明乐视退已失去盈利能力。净资产收益率更是逐年下降，从 2011 年的正数到

---

① 数据来源：Wind 数据库。

2017年的负数,表明乐视退已没有赚钱的能力。

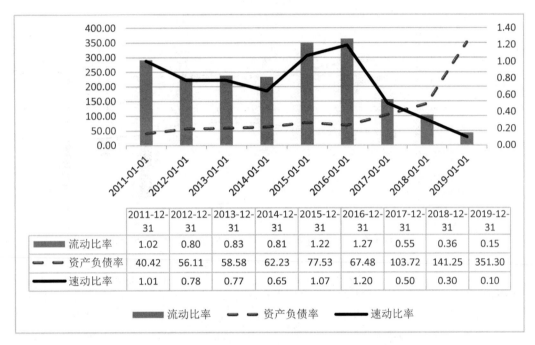

图5-14　乐视退(300104.SZ)2010—2019年偿债能力变化①

作为一只曾超过2 000亿元市值的创业板"大牛股",到如今退市化为乌有,其前后的过程着实令人感叹!在企业的经营发展过程中,企业要经历价值创造、价值实现和价值经营三个阶段。在价值创造阶段,虽然在当时乐视的"平台+内容+终端+应用"的生态圈商业模式显得颇为创新,但没有利润的支撑是不可持续的。仅靠PPT讲故事和窒息的梦想,"造血"远不及"输血",无法给股东创造实打实的价值,就别提价值实现和价值经营了。适逢A股注册制全面施行越来越近,乐视网的退市也给市场上的垃圾股和绩差股拉响警报。随着新证券法的落地施行,A股退市制度正逐步完善市场加速出清

---

① 数据来源:Wind 数据库。

效应愈发明显，面值退市[1]将会变成常态化。

图 5-15 乐视退（300104.SZ）2010—2019 年盈利能力变化[2]

---

① 数据来源：Wind 数据库。
② 在新版退市制度中，新增市值退市，标准为连续 20 个交易日总市值均低于人民币 3 亿元。此外，面值退市标准明确为"1 元退市"。

第 6 章
美的的产业突围

6.1 市值管理的成效
6.2 聚焦客户的内生式增长
6.3 远交近攻的外延式增长
6.4 海外并购以谋求转型
6.5 与众不同的公司治理
6.6 从无先例的整体上市
6.7 丰富的价值经营手段
6.8 多层次组合股权激励
6.9 整体上市后市值表现

第 6 章 美的的产业突围

我国家电行业自 20 世纪 80 年代中期起步,历经改革开放、资本市场和加入 WTO 的洗礼。从无到有,由弱变强,成长到今天,不管是厨房小家电,还是冰箱、空调和洗衣机,自主品牌已成为国内消费者的首选,更成为优质"中国制造"的代名词。其中最为出色的是家电三强,美的、格力和海尔。

在资本市场上,3 家企业都在 90 年代上海或深圳证券交易所成立早期就上市了。伴随家电行业和资本市场的成熟,三者都成长为优秀的上市公司,且都分别入选上证 180、深证 100 和沪深 300 沪深重要指数成分股,代表着国内上市公司的标杆。这 3 家公司能够在竞争激烈的家电行业中突围而出,一个共同的原因就是利用上市公司这个平台,运用市值管理和产融结合的各种方法和手段促进了实业的发展。美的、格力和海尔在市值管理与产融结合发展中采用的模式及运用的各种方法,对正在经历产业转型和突围的传统行业(尤其是制造业)的企业有着非常重要的参考、借鉴和学习作用。

截至 2017 年 5 月 31 日,美的集团以逾 2 335.40 亿元人民币的市值领跑三强。此外,作为三强中仅有的民营上市公司,美的集团的案例具有更广泛的学习和借鉴意义。因此,我们将以美的集团为例,结合与格力和海尔的横向比较,深入分析制造业转型升级的路径和产融结合之道。

6.1 市值管理的成效

1968年，美的在顺德创业；1980年，美的正式进入家电业；1981年，注册美的品牌。目前美的集团员工总数约10万，旗下拥有美的、小天鹅、威灵、华凌、安得、美芝等10余个品牌，在国内有15个生产基地，在国外6个生产基地。拥有完整的空调产业链、冰箱产业链、洗衣机产业链、微波炉产业链和洗碗机产业链；拥有中国最完整的小家电产品群和厨房家电产品群；在全球设有60多个海外分支机构，产品销往200多个国家和地区。小家电、冰箱、洗衣机、空调、厨电等产品销量均位居前列甚至第一位。

1993年美的电器IPO当日收盘后的市值是18.08亿元，如今是2 616.14亿元（截至2017年6月13日收盘价）。2016年美的集团营业收入1 170.78亿元，实现净利润137.52亿元；美的集团在过去5年市值增长4倍，利润增长3倍；已打造8个超过百亿规模的事业部。这对于进入成熟期的家电制造业实属不易，美的集团能够在竞争激烈的传统行业中成功突围，非常重要的原因就是在价值创造、价值实现和价值经营三个阶段都踏踏实实把关键环节做好了。

在价值创造方面，美的集团在企业发展的不同阶段，都能"聚焦客户"，积极地对商业模式进行创新和转型，从而成长为家电制造业的中流砥柱。梳理家电行业发展的时间脉络，有三个重要的时间节点，分别是1992年改革开放、2001年加入WTO和2008年后的产业政策扶持。以上述重要事件为分界线，对应着美的集团从初创期、快速成长期、发展期到成熟期的演变。

如图6-1所示，在不同的阶段，推动美的发展的商业模式不尽相同。从内生式发展到外延式并购，背后的逻辑是美的集团运用并购等资本运作手段，去发现新的利润区，扩大产业规模。而随着家电市场饱和，进入成熟期的美的集团转而发力海外并购，寻求转型升级。

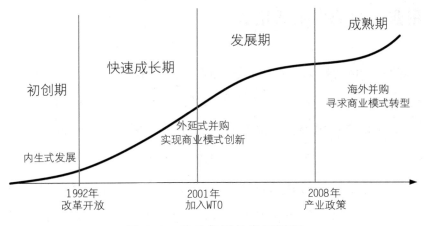

图 6-1 美的集团的发展历程

在价值实现阶段,美的集团对公司治理进行的优化在中国上市公司中也是不多见的。2013年的整体上市使得美的集团变成一个透明和规范的公司;而且创始股东通过股东大会控制公司,经营权完全交给职业经理人,经营权和所有权相分离,成为一个具有现代治理意义的公司;"股票期权计划(4期)+核心管理团队持股计划(3期)+限制性股票激励计划"形成多层次、全方位的组合式股权激励计划,2 000多名激励对象的利益和公司的利益得到长期紧密捆绑。这些做法都清晰地将公司的内在价值充分地呈现给投资人,在充斥着大量"伪市值管理"的中国资本市场,这是一股难得的清流,必然会获得较高的市场溢价。

在价值经营阶段,美的集团通过并购重组快速地扩张发展,从小家电成功扩张到家电的各个细分行业,做到小家电第一、空调第二、洗衣机第二、冰箱第二等。而且美的还利用金融衍生工具成功套期保值,这在中国传统行业上市公司中也是不多见的。

由于在价值创造、价值实现和价值经营方面的出色表现,美的的市值成为家电行业的龙头老大也就是理所应当的了。

6.2 聚焦客户的内生式增长

何享健是美的创始人。1968年,何享健和23名顺德北滘居民用筹集的5 000元,组建"北滘街办塑料生产组",先后生产塑料瓶盖、五金制品。1976年,塑料生产组转型为汽车配件厂,生产汽车刹车阀和发电机。

1980年,美的进入家电行业,为当时非常有影响力的大型国有企业远东风扇厂生产风扇配件。何享健从中嗅到了电风扇行业的巨大潜力,于是组织技术工人研发自己的电风扇,在当年11月生产出美的第一台40厘米金属风扇,取名为"明珠"牌,美的家电事业从此起步。

随着国内经济在20世纪80年代复苏,人民生活水平逐渐提高,对电风扇等小型家用电器的需求大增,电风扇行业迎来爆发期。当时的顺德,排行广东"四小虎"之首,流传着这样的顺口溜"三水一瓶水,顺德一把扇,鹤山一条毯",可见彼时顺德电风扇产业的兴旺。

电风扇行业丰厚的利润吸引大量的新竞争者进入,好景不长,市场很快接近饱和。大批小企业发现自己的风扇开始滞销,随即资金周转也面临问题。于是处于生存压力下的小企业,吹响了价格战的号角。

美的被卷入其中,但何享健没有选择打价格战,而是开始在电风扇的设计上花心思。由于紧邻香港的便利,何享健能第一时间接触到海外新潮的电风扇设计。当时港澳流行塑料转页风扇,也叫"鸿运扇",大的鸿运扇适合全家吃饭、休息的时候用,小的鸿运扇适合天热的时候,放到蚊帐里睡眠时使用。相比铁壳的台式风扇,这种塑料转页风扇体积精巧,安全可靠又摆放灵活。[1]于是何享健紧随潮流,开始仿制鸿运扇。

与此同时,美的喊出"不与同行争市场,走出国门闯天下"的口号,将电

---

[1] 资料来源:方颖谊. 鸿运扇 [EB/OL]. http://nbwb.cnnb.com.cn/forum.php?mod=viewthread&tid=82925.

风扇和电机产品销售市场转向国外。到 1988 年时，美的实现产值 1.2 亿元，成为顺德县（现顺德区）10 家超亿元企业之一，出口创汇达 810 万美元。[①]

虽然企业蒸蒸日上，何享健却没有满足于此，在 1985 年，美的将生产电机和风扇赚到的钱用于购买设备，投资兴建空调生产基地，这在当时企业内遇到不小的阻力。

首先，当时电风扇销售正旺，此时兴建空调厂会占用企业资金和管理层精力，势必影响电风扇业务发展。其次，生产空调和电风扇需要的技术、设备和人员不同，相当于重新创业。再次，当时空调还是奢侈品，只有大城市的居民才买得起，市场上也只有春兰和华宝几家空调厂商，而且出货量都不高。最后，兴建工厂不仅要投入之前企业的盈利，还要负债发展，对于美的来说，是否值得冒这样的财务风险？

面对企业内部的质疑，何享健和管理层经过多次调查和论证，认定未来空调将走进千家万户，具有广阔的市场潜力。于是 1985 年 4 月，美的成立"美的空调设备厂"，开始组装生产窗式空调机。到 1991 年，美的电风扇和空调业务发展并驾齐驱，使美的资产规模迅速扩大。

回顾美的在 20 世纪 80 年代的发展，不能忽略时代背景。当时，家电企业处于基础薄弱的初创期，国内政策为家电企业积累原始资本保驾护航，国内市场为家电企业壮大提供沃土。以电风扇行业为例，80 年代早期正处于价值流入的阶段，较少的竞争者占据了风扇的利润区，像美的这样的小企业得以快速抢占市场，扩大生产规模。由于电风扇产品毛利高，钱好赚，所以企业都集中精力在市场份额和销售收入上。美的考虑的也是如何将风扇卖到全国每个角落，占据电风扇市场份额第一。

80 年代中期以后，电风扇行业进入价值稳定的阶段。竞争开始激烈起来，

---

① 美的官网．http://www.midea.com/cn/about_midea/history.shtml．

众多小企业遭遇产品滞销的困境。被迫迎接价格战的企业发现，以利润率为代价换取的市场份额并不稳定。不及预期的市场份额和不断下降的利润率，无疑雪上加霜，让很多小企业在亏损中倒下了。

从商业模式的视角看，这些企业未能超越以产品和行业为中心的产品思维。产品思维的前提是高的市场份额带来高额利润，而由价值流入转入价值稳定阶段的电风扇行业，在激烈的市场竞争下，无法给企业带来持续的高额利润。要获得持续高额利润，就需要转变为"客户思维"，美的身上就恰好体现了这点。

首先，以客户为中心的商业模式设计看重的是：净利润、有价值的市场份额和顾客需求。可以看到，美的选择避开国内价格战，因为竞争激烈的国内市场份额并不稳固，也无法提供持续的高利润，而海外市场可以。相较于国外市场，美的产品具有成本优势，无须通过降低利润率就能收获市场份额，开拓国外市场，美的既能保护住自己原有的高利润区，又能实现有价值的市场份额的增长。

其次，美的紧随价值转移的趋势，这种趋势与顾客需求紧密相连。聚焦"客户思维"，需要持续思考客户的现实需求和潜在需求将如何变化。美的最早生产的是金属风扇，部分满足了客户消暑解热的需求，但存在款式陈旧、难以挪移和安全隐患的问题。之后，美的从港澳市场上洞悉客户现实需求的改变趋势，转而推出款式新潮、方便携带和使用安全的塑料转页风扇，受到了客户的欢迎。所以，美的凭借把握客户现实需求的转移，守住了原有的高利润区。

最后，美的还善于挖掘客户的潜在需求，寻找未来的利润区。电风扇是为客户降温散热的需求而服务，但只是部分满足客户消暑解热的需求。客户潜在的真正需求是彻底的冬暖夏凉，那如何满足客户的潜在需求？美的的答案是空调，尽管企业内充满质疑声，但既然客户潜在需求存在，未来围绕潜在需求的产品市场必将快速发展，对于美的来讲，明天的利润区就在那里。

从结果来讲，到 1992 年前，美的在电风扇行业完成了国内和国外市场的布局，凭借国外市场的开拓经验和经营收入，助力国内市场弯道超车，问鼎销售冠军。此外，投资较早的空调生产基地，抢占国内早期的空调市场份额，并且从技术、设备和人员方面为美的铸造扎实的家电制造能力，为 90 年代美的家电产业腾飞奠定基石。

"聚焦客户"的增长方式赋予了美的新的成长性，至此，美的将曾经顺德的风扇同行甩在身后，也让"长城""菊花""钻石"等名牌风扇企业望尘莫及。

6.3 远交近攻的外延式增长

1992 年，邓小平南方谈话之后，中国坚定地走向了市场经济。这一年，大批政府机构、科研院所的员工主动下海创业，创办了大量的新企业，中国迎来一次创业潮。而且随着对外开放进一步扩大，跨国企业也正虎视眈眈。随着配套措施完善和外资批准权下放，跨国企业纷纷进入中国。而家电这一技术壁垒较低的企业必然受到较大的冲击，历史性的机遇和挑战来临，美的如何应对？

在历史上，战国末期七雄争霸。商鞅变法后，秦昭王意欲兴兵伐齐，吞并天下。秦国范雎献言，远强近弱下，秦国应远交齐、楚，近攻三晋，得寸则寸。[1] 这也正是美的此阶段战略思想的概括，"远交"即与日本家电为代表的外企建立合资企业，融洽合作关系，学习先进技术；"近攻"即收购国内的家电企业，扩展生产基地，壮大产业规模。

---

[1] 资料来源：百度百科. http：//baike.baidu.com/link? url=IrAeY75wc6WYSnWxqTQZrgR2CpISffJ-yUzkeDb89Gx4ghEsqwqC42mbuIegc3_q2hROeapMe8CWNQLL7TgYGJJSY1D74BQJGOdgDlId9A3ggiaYH3MH4wrARP5VIGNP.

6.3.1 与国外企业的战略合作

如表 6-1 所示,自 1992 年起,美的与各外企成立各类型的合资企业。美的与国外企业的合作有着明显的战略布局意图,突出的特点是:

表 6-1　1992—2008 年美的和国外企业合作一览表[①]

年份	产品	合资企业
1992	RP 塑封微型电机	日本芝浦、细田贸易
1993	模糊逻辑电脑电饭煲	日本三洋
1998	空调压缩机	东芝万家乐
1999	商用空调、微波炉、饮水机、IH 电饭煲	日本东芝、日本三洋
2000	洗碗机	意大利梅洛尼
2001	微波炉磁控管	日本三洋
2008	冰箱压缩机	日本东芝开利
2008	制冷设备	开利

- 合资企业产品类型多元化,突破初创期以制冷为主的产品结构,向厨房和生活电器拓展;
- 产业链纵向延伸,合资生产空调压缩机、冰箱压缩机和微波炉磁控管;
- 与市场技术领先者——日本东芝和三洋等建立合作关系,通过入股和合资逐步掌握大型家电的核心部件生产能力。

美的这样做的目的实际上是顺应客户需求的变化,希望自己提供的产品能够满足客户潜在的需求,寻找到新的利润区。其商业模式创新的逻辑是:

首先,紧随客户现实需求的变化,寻找新的利润区。在初创期,美的电风

---

① 资料来源:根据美的年报和官网资料整理。

扇和空调同属制冷类家电,满足客户降温解暑的需求。随着1992年改革开放带来经济的腾飞和消费能力提高,百姓首先会补足的现实需求会是什么?还存在什么潜在需求?

美的认识到,较低单品售价和明显改善生活体验的小家电将成为新的利润区。以电饭煲为例,电饭煲是改善客户饮食需求的生活电器,对于客户来讲,首先使用方便,能有效节省家庭花费在煮饭上的时间。其次,自动保温,能随时随地吃上热腾腾的米饭。此外,电饭煲功能多样,除煮饭的基本功能外,还有蒸、煮、炖等全面满足家庭饮食需求的功能。

客户消费能力的提高是小家电成为新利润区的另一个因素。在改革开放初期,空调、冰箱和洗衣机的大型家电市场受制于消费能力限制,无法建立有效需求,其扮演的角色仍是潜在利润区。而小家电单品售价相对较低,客户支付能力强;显著提高饮食体验,客户支付意愿高,所以小家电成为美的选择进入的新利润区。

其次,强化价值链中薄弱的环节。尽管美的意识到小家电是客户新的现实需求,也想占据新利润区,但产品和技术的薄弱,阻碍了价值的流入。于是,美的通过入股和合资的方式,与产品和技术实力领先的国外企业展开合作。通过合作,美的布局自己尚未涉足的生活电器市场,完善价值链的产品环节,例如1999年,美的与东芝进行"微波炉"项目合作,正式进军微波炉行业。此外,美的逐步掌握压缩机和磁控管等核心部件生产能力,通过技术环节强化和上下游协同,加强对利润区的战略控制。

截至2000年年底,美的风扇、电饭煲和电暖器等小家电产销量均居全国第一位,成为国内小家电行业的领军企业。在海外市场,借由合资企业OEM代工出口,美的初步实现市场、技术、产品、人才与国际化对接,为海外销售平台建设和自主品牌出口奠定基础。

6.3.2 横向并购国内企业

20世纪90年代末期开始,伴随改革开放红利的释放,家庭的消费能力大幅提高,这意味着客户对大型家电的需求大幅增长。格力和海尔正是抓住了这个价值转移的趋势,其拳头产品空调和冰箱呈现产销两旺的态势,市场份额快速上升。但美的未能意识到客户需求的快速变化。直到1997年,相比格力和海尔大幅落后的业绩给美的敲响了警钟。痛定思痛之后,何享健带领美的开始大刀阔斧的改革,从小家电延伸到"空冰洗"大类,聚焦客户全方位的家电使用需求。在产品上,坚定了小家电和"空冰洗"都要搞好的战略。

但以空调市场为例,摆在当时很现实的问题是,美的空调产能仍停留在80年代,在供不应求的市场竞争中,根本无法匹敌此时已完成二期工程改造、产能达百万的格力空调。

在此背景下,美的踏上了以国内收购方式促进外延式增长的发展之路。如表6-2所示的是美的1998—2011年在国内收购的主要企业,这些收购有如下特点:

- 收购标的已是区域性规模企业,其中不乏荣事达、华凌、小天鹅这样的知名家电企业;
- 收购标的的产品线集中于空调、冰箱和洗衣机这类大型家电;
- 收购标的主要分布于华东和华南区域,紧靠主要的消费市场。

表6-2　1998—2011年美的收购企业一览表 ①

年份	收购的企业	主要产品
1998	东芝万家乐	压缩机
1998	芜湖丽光	空调

---

① 资料来源:根据美的年报和官网资料整理。

续表

年份	收购的企业	主要产品
2004	合肥荣事达	洗衣机、冰箱、小家电
2004	重庆通用	大型中央空调、家用空调
2004	广州华凌	空调、冰箱
2005	江苏春花	吸尘器、打蜡机等清洁电器
2008	小天鹅（2013年完成要约）	洗衣机
2010	贵雅照明	节能灯、节能灯毛管等产品
2011	常州弘禄华特电机	商用电机

6.3.3 产品模式不断进化

这阶段美的商业模式创新之处在于产品模式的不断进化。美的产品模式经历了从产品到拳头产品，到金字塔，再到品牌的过程。说起美的拳头产品，以电风扇和电饭煲为代表的小家电首屈一指。之后随着合资和收购，美的逐步建立起多层次的产品体系。

在金字塔的产品结构中，位于底层的是"荣事达"品牌的洗衣机、冰箱和小家电。2004年，美的收购经营不善的合肥荣事达后，将其定位于侧重三、四线城市家电市场，作为防火墙产品，保护金字塔上层产品的利润区。

位于上层的是"美的"牌的各类家电，侧重一、二线市场，是美的主要利润的来源。美的通过运营"荣事达"和"美的"的双品牌，对公司的利润区实现战略控制。

2008年，小天鹅的加入，给美的带来了难题。如何整合美的、小天鹅和荣事达，在保护小天鹅现有的客户群体和品牌溢价同时，又让3个品牌定位明确，实现客户需求的覆盖？美的给出的答案是：让小天鹅通过定向增发收购荣事达的洗衣机业务，同时整合美的、小天鹅和荣事达的洗衣机销售、制造、研发和供应链部门，将小天鹅打造为美的高端洗衣机平台。

这意味着"美的"和"小天鹅"是核心品牌，小天鹅专注于高端洗衣机产品，美的覆盖家电全品类，在其下还有定位于中低端的区域性品牌荣事达。这样美的集团实现了清晰明确的金字塔产品结构和品牌布局。

6.3.4 完成全球生产基地的布局

借助合资与收购，美的在全球迅速完成生产基地的布局，如表6-3所示。其中的芜湖、合肥、重庆、苏州、无锡、贵溪生产基地，是在完成收购后对收购企业的厂房和设备进行技术改造，然后投入生产使用。得益于对区域性规模企业的收购和整合，美的补足了价值链中研发和生产的薄弱环节，产能跃居于海尔和格力之上。在细分家电领域价值持续流入的阶段，美的在小家电和大型家电领域都实现了市场份额的快速增长，成长为全产品线、全产业链的家电龙头企业。

表6-3 美的生产基地的布局 [①]

区域	生产基地（按时间先后排序）
国内	芜湖（1998）、武汉（2004）、合肥（2004）、重庆（2004）、苏州（2005）、无锡（2008）、荆州（2008）、邯郸（2010）、贵溪（2010）
国外	越南（2007）、白俄罗斯（2008）、埃及（2010）、巴西（2011）、阿根廷（2011）、印度（2012）

2010年，美的销售收入跨域千亿元大关，实现10年增长10倍的骄人业绩，在与格力和海尔的较量中一马当先。

---

① 资料来源：根据美的年报和官网资料整理。

6.4 海外并购以谋求转型

2008年,美国次贷危机的阴影笼罩着国内资本市场。受全球性金融危机的波及,国内家电市场需求不振。这时,国家出台了产业扶持政策"家电下乡",以产品补贴形式开发农村市场的家电需求,随后几年,又相继出台"以旧换新""节能补贴"政策。叠加2008年之后房地产市场的火热行情,双管齐下刺激了家电消费需求。

作为政策受益者,美的在保持稳定发展的同时意识到家电行业"瓶颈"将至,转型升级迫在眉睫。随着国家产业政策的逐步退出,家电行业增速开始放缓。2015年,家电行业上市公司业绩出现整体小幅衰退,行业拐点显现。

美的的对策是,首先通过重新整合和管理价值链,围绕客户偏好变化,在渠道和产品上进行模式创新,以战略控制手段保护现有的利润区。借此先巩固家电行业的龙头地位,然后再通过战略投资和并购谋求转型。

- 客户有网络购物的现实需求,美的就构建自有的美的商城,进驻京东、天猫等旗舰店。针对客户线下体验的需求,美的在保持与家电卖场、百货商城合作的销售渠道外,自建旗舰店和线下专卖店,这样美的就完成线上线下、新兴传统的全面市场覆盖。
- 美的还关注到客户对家电产品智能化的潜在需求,向小米等互联网企业抛出橄榄枝。不仅是产品合作,美的还向小米定向增发12.66亿元,占股1.29%,在资本层面融入互联网基因。
- 针对家庭客户的不同生活场景需求,美的全产品线为客户提供一体化解决方案。以厨房这个生活场景为例,美的为客户提供烟灶消一体套装和以电饭煲、微波炉、热水壶为主的小家电组合,为客户省心省力。美的以品牌效应、规模议价、客户关系为桥梁,使产品金字塔发展为产品解决方案模式,加强了对核心客户利润区的战略控制。

此外,美的借助海外并购方式,谋求商业模式变革与转型。表 6-4 所示的是近年来美的海外收购的企业。前四项收购标的企业同属家电行业,目的是增强美的海外家电业务的布局;后两项收购是为转型而布局。

表 6-4 2011—2017 年美的海外并购一览表[①]

收购时间	收购标的	主要业务	收购方式及占股比	收购对价
2010 年	开利埃及	空调	现金收购 32.5%	5748 万美元
2011 年	开利拉美	空调	现金收购 51%	2.333 亿美元
2016 年	东芝白电	白色家电	现金收购 80.1%	约 33 亿元人民币
2016 年	意大利 Clivet	中央空调	现金收购 80.1%	4.73 亿美元
2016 年	德国 KUKA	机器人	全面要约收购 94.55%	292 亿元人民币
2017 年	以色列高创	机器人核心部件	现金收购,超过 50%	

6.4.1 保护既有利润区的收购

2010 年后,美的集团产业体系开始进行深度调整。经济调整促使我国家电业相继加速走出国门,但大多仍是处于贴牌阶段。开利是制冷界的鼻祖,全球最大的暖通空调和冷冻设备供应商,也是提供能源管理和可持续楼宇服务的全球引领者。美的在 2010 年收购开利埃及空调公司 32.5% 股份,2010 年收购拉美空调业务 51% 股权,目的就是借助开利在北非和拉丁美洲等新兴市场的营销网络体系来输入自主品牌空调,提升了美的品牌影响力,有利于美的的全球化布局。

东芝是耳熟能详的日本品牌,它的家电业务 70% 收入来自日本,产品结构全面,大家电和小家电的占比分布均匀。作为一个百年品牌,东芝拥有深

---

① 资料来源:根据美的公告和年报资料整理。

厚的技术积累，美的可以获得超 5 000 项专利，对美的海外专利布局是显著的提升。与美的类似，东芝家电也拥有成熟的市场和稳定的营收，各类产品在日本市场占比位居前列。

表 6-5　东芝产品的日本占有率[①]

东芝白电产品	日本占有率/%	排名
洗衣机	20	第三
冰箱	15	第三
微波炉	22	第四
吸尘器	14	第四
电饭煲	12	第四

意大利中央空调 Clivet 是一家专注于商用中央空调的企业，是欧洲的知名品牌，具有完整的销售渠道和生产线。相比于家用空调，大型中央空调主要通过招标渠道销售，这就需要企业在当地市场拥有品牌知名度和丰富经验、人脉才可能打入市场。所以收购 Clivet 最关键的收获是消除了美的在海外中央空调项目竞争中的品牌壁垒。

因此，美的所收购的家电企业具有强有力的战略控制要素，不管是东芝的品牌和技术，还是 Clivet 的销售渠道和丰富经验，都起到保护既有利润区的目的。这帮助美的降低收购整合的风险，同时在美的参与跨国竞争时尤为重要。

至此，沿着时间脉络看，从 OEM 代工到海外销售平台搭建，再到如今美的收购海外区域性品牌，美的国际化可谓步伐稳健。

---

① 数据来源：根据美的公告整理。

6.4.2 转型机器人行业的收购

巨资收购德国 KUKA（库卡）为美的转型真正定调，在这之前，美的在国内通过入股和合资方式，已经在机器人产业有所摸索。如表 6-6 所示，从无到有，美的在两年时间内迅速转型机器人产业。

表 6-6 美的对机器人的投资和收购[①]

时间	重要事件
2015 年	美的成立全资子公司"美的机器人产业发展有限公司"
2015 年 3 月	美的入股安徽埃夫特智能装备有限公司，持股 17.8%
2015 年 8 月	美的与日本机器人龙头企业安川电机合资，成立工业机器人公司，美的占股 49%；成立服务机器人公司，美的占股 60.1%
2016 年 5 月	美的提出以每股 115 欧元要约收购德国库卡公司
2017 年 1 月	收购完成，美的持有库卡 94.55% 股份
2017 年 2 月	美的收购以色列运动控制系统解决方案提供 Servotronix，持有股份超 50%

美的收购 KUKA 引起资本市场极大关注，一个非常重要的原因就是这是一次跨界收购。美的此次的跨界收购显然不是为了炒作股价，而是为了转型。

开拓机器人业务意味着美的聚焦的客户发生了变化，不同于家电以消费者为主体的客户群体，机器人相关业务主要聚焦于制造业、物流、医疗机构等客户。以物流企业为例，大城市的仓库作为集中枢纽，需要承担大量的包裹分拣工作，以往是通过大规模人工进行，同时要通过日夜班保持运营顺畅。这就给物流企业带来人力成本高、分拣效率低、员工难以管理等问题，这些问题物流分拣机器人都能解决。

KUKA 是一家集合机器人全产业链的企业。其主营业务为机器人业务、

---

① 数据来源：根据美的公告整理。

控制系统业务和瑞仕格业务。机器人业务产品包括出售工业机器人、重型机器人和医疗机器人和相关服务收入；控制系统业务是为汽车等各类行业客户提供的自动化解决方案；瑞士格是KUKA在2014年收购的全球知名的医疗、仓储和配送中心的自动化解决方案供应商。（图6-2）

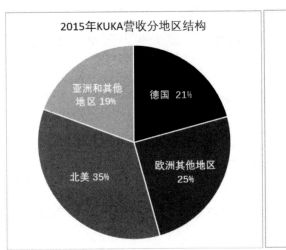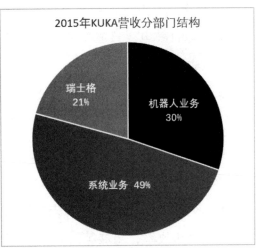

图6-2　2015年KUKA的营收情况①

从产业链来看，机器人上游产业是核心零部件制造，利润最高，主要由发达国家企业掌控；中游产业指的是机器人本体制造，属于成熟的行业；下游产业是系统集成，门槛相对较低，导致竞争激烈，利润最低。国内的机器人企业主要集中在系统集成领域。

在全球市场上，机器人四巨头发那科、ABB、安川、KUKA占据了一半的市场份额。两家位于日本，两家位于欧洲。它们共同的特点是从机器人相关产业链起家，经历几十年的技术和经验积累，掌握了本体制造、核心零部件技术和系统解决方案，成长为一体化的机器人自动化巨头。

所以机器人行业具有很高的技术、经验和品牌壁垒，四巨头通过行业标

---

① 数据来源：根据美的公告整理。

准、品牌信赖、大客户关系、技术专利等多重战略控制，对利润区牢牢把握。在这样的情况下，美的想要依靠自主研发进入利润区非常困难，而且还将失去国内制造业转型升级的市场时间和空间。

对于美的来说，运用资本优势收购KUKA，突破战略控制，转型商业模式，是非常正确的选择。双方可预见的协同效应有：

- 美的家电生产基地率先应用工业机器人，提升生产效率，缩减人力成本。
- KUKA通过领先的技术和美的的渠道，大量开拓中国和亚洲市场客户。
- KUKA、威灵控股和以色列高创相互协作，构筑美的机器人全产业链优势。
- KUKA旗下瑞士格领先的物流自动化方案，提高美的安得物流运输能力和效率，拓展第三方物流。
- KUKA和美的共同挖掘医疗健康、家庭服务和教育娱乐等服务机器人市场需求，抢占国内服务机器人市场。

综上所述，美的经历了家电行业的兴衰起伏，始终以客户需求为中心，创新商业模式，持之以恒地为客户、为公司、为股东创造价值。在家电行业整体迈入成熟期时，美的又借力资本运作，开辟机器人产业的第二跑道，建立多重战略控制下的新利润区。在"智慧家居 + 智能制造"双轮驱动下，美的非常有可能成长为全球化的中国制造业脊梁，为股东创造更大的价值。

6.5　与众不同的公司治理

对公司治理进行优化是价值实现的关键因素，它帮助公司明确股东、董事会和管理层的权力义务关系,建立所有权和经营权分离时的监督和激励制度,从而使公司稳定有效运转,专注于为股东创造更大价值。美的的公司治理在中国上市公司中是做得是比较到位的,可以用"与众不同"来形容。

所谓"与众不同"就是指在中国上市公司都没有做到的情况下,美的做了教科书认为该做的事。比如,在众多企业对资本市场讳莫如深的时候,美的做了股改;在大家都在讨论是否应该 MBO 的时候,美的成为第一家进行管理层收购的 A 股上市公司;当民营企业和家族企业正在探讨企业如何传承的时候,美的已经将公司的经营权交给了职业经理人,实现了职业化管理。这种"与众不同"的公司治理,必然得到资本市场的认可,获得更多的市场溢价。

6.5.1 争做股份制改造和上市排头兵

1990 年,深交所和上交所分别成立,标志着我国证券市场开始起步。此时很多企业对上市还没有概念,而且很多企业老板拒绝把自己的公司变成大家的公众公司。

1992 年,广东省进行股份制改造试验,当时顺德只有一个试点名额,正当容声、格兰仕等企业犹豫不决时,美的主动争取,拿到了顺德唯一的股份制试点名额。

图 6-3 所示的是美的的股改和上市过程,美的于 1993 年在深交所成功上市,成为第一家 IPO 上市的乡镇企业。当时媒体形容美的上市是"一架三轮车,驶上了高速公路"。对此何享健觉得先上路了再说,要解决企业的问题,从来都是靠发展解决,而不可能等到一切条件都满足了才行动。股份制改造为美的带来改变有:

图 6-3 美的的股改和上市过程 ①

- 一定程度上理清了产权关系。虽然受限于当时的社会政治环境，未出资的乡政府是第一大股东，从而将美的认定为乡镇集体所有制企业。但换个角度想，股份制改造从资本角度重新构建了企业和政府的关系，改善了之前政企不分的状况。

- 通过治理结构、财务和管理制度改造，逐步建立起现代企业制度。美的成立董事会，何享健出任董事长，形成科学的领导体制和组织制度。

- 通过职工募股，既募集了发展资金，又提高了内部员工动力，为企业发展注入活力。

- 参加股份制改造为美的顺利上市奠定大局，而同在顺德的容声、科龙、格兰仕等家电企业错失良机。

通过深交所的顺利上市，美的建立起股东大会、董事会和监事会的公司治理结构，完善了信息披露机制，通过公开关联交易、重大事项和财务报告等信息，接受股东和投资者的监督和建议，也无形中提高了美的在国内家电行业知名度。

更为关键的是，资本市场为美的提供了低成本和大规模的再融资方式，缓解了内部融资和债务融资的局限性，帮助美的顺利实施项目技改、产能扩建、中外合资和国内收购等关键决策。

---

① 资料来源：根据美的官网介绍整理。

6.5.2 波澜不惊的管理层收购

美的产权结构是悬而未决的历史遗留问题。美的在1993年上市时,顺德市北滘镇经济发展总公司持股4 031.7万股,占总股本的44.26%,何享健和管理层持股44.01万股,占比仅为0.48%。镇政府在美的发展过程中并未实际出资,只是因为当时社会环境所限,被限定为集体产权,导致北滘镇政府成为大股东。

于是何享健及其管理层失去了法律意义上的所有者地位,虽然仍作为美的实际控制人,但所有权归属的缺失,使美的缺少长效的激励机制和完善的公司治理结构。而随着时间拖延,产权不清的问题将会严重制约美的电器的发展。

着急的何享健开始策划管理层收购,这在A股上市公司中还未曾有过先例。1998年,管理层收购悄悄开始了。图6-4所示的是美的管理层收购,整个收购过程中有如下亮点:

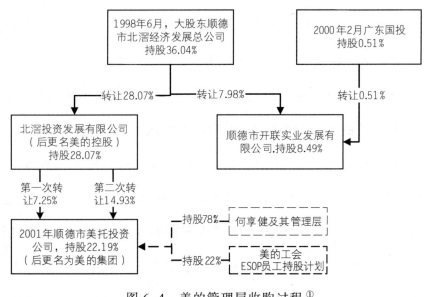

图6-4 美的管理层收购过程①

---

① 资料来源:根据美的公告和网络资料整理。

第一个亮点是良好的政商关系。在整个 MBO 实施过程中，必须由北滘镇政府参与股权的协议转让，所以北滘镇政府的态度起着至关重要的作用，这就考验美的与地方政府的关系管理水平。北滘镇经济发展总公司持有 36.04% 股份，是既定事实的控股股东，而且此时美的上市已有 5 年，镇政府如果不配合，美的股权的历史遗留问题将会无限期拖延。

而在实际 MBO 过程中，北滘镇政府全程保持低调，与美的信息披露口径一致，整个收购过程从前期准备到收购完成，仅耗时 3 年时间。另外，为了保证管理层收购的顺利进行，北滘镇政府出资设立并授权管理部分镇属公有资产的法人机构北滘投资发展有限公司，受让 28.07% 股份，为管理层收购奠定基础。

在 MBO 过程中，北滘镇政府扮演了积极配合和推进关键角色，这一方面说明北滘镇政府的开明，同时也体现了美的对于地方政府关系管理的重视。

第二个亮点是"协议 + 杠杆"的收购方式。以协议方式进行股权转让，符合股权分置改革前特殊的股权结构情况。基于美的和北滘镇政府的良好关系，协议收购有利于美的加快 MBO 进程和缩减收购成本。

另外，股权转让中的资金来源体现了杠杆收购的特性，如表 6-7 所示。当时美的管理层并没有足够资金用于 MBO，于是在方案设计中通过股权质押、分期付款和员工持股的组合安排来缓解当期支付压力。第一层杠杆是何享健及管理层通过持股 78% 控股美托投资；第二层杠杆是资金安排方式：首期出资 10%，其余 90% 以质押股权方式支付受让款；此外，通过分期还款方式拉长管理层负债的期限，可以确保管理层还款的能力。

表 6-7　美的管理层收购中的交易结构[1]

美托投资股东	占股	资金安排
何享健及管理层	78%	现金 10% 首期支付，向银行质押股权支付 90% 认购款，以分红分期付款向银行还贷
美的工会员工持股	22%	认购款 20% 现金缴纳首期，其余采用分期付款

第三个亮点是采用金字塔的股权结构，实现高效融资。管理层收购完成后，北滘镇政府退出，何享健成为美的电器实际控制人，其股权结构如图 6-5 所示。这是典型的金字塔控制权结构，位于顶端的何享健通过多层级和多链条实现对美的实现杠杆控股。从整体效果来看，何享健仅享有 15.8% 的分红权，实现对美的电器 30.68% 的控制权，相当于 2 倍的股权杠杆。在本书的复星、海航等案例中，金字塔结构也是他们在资本市场上进行高效融资常用的股权结构设计方案。

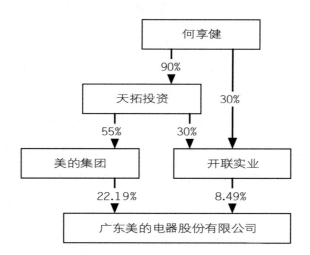

图 6-5　2005 年美的实际控制人股权结构[2]

---

[1] 资料来源：根据美的公告整理。
[2] 资料来源：美的电器 2005 年年报。

6.5.3 实现职业化管理，完成企业传承

何享健在接受采访时曾说："美的从来就不是家族式企业。所以你们根本不需要担心我退休后谁来接班的问题。美的将通过制度来保证这家公司的发展，不是靠个人，是靠团队，靠制度管理，所以我根本不用特别认定一个接班人。"①

2012年，何享健卸任美的集团董事长，正式交棒于方洪波，标志着美的进入"职业经理人"时代。媒体对此表示担心，而事实上美的为打造职业经理人制度已做了10多年的准备。

【打造职业经理人的舞台】

要实现职业经理人的顺利过渡，首先要打造锻炼经理人的舞台。这个契机来自1996年美的危机，当时美的在市场竞争中遭遇挫败，经营业绩快速滑坡，市场上流传着美的即将被科龙收购的言论。

何享健意识到两个问题：首先，随着电饭煲等各类小家电项目上马，以生产、销售、研发来划分的职能部门造成了专业性不强、沟通脱节的问题。其次，随着企业规模扩大，自己抓产销研将力不从心。

于是在1997年，美的事业部改造方案应运而生。方案的主体思路是组建以产品为中心的事业部，比如空调事业部、风扇事业部和电饭煲事业部，每个事业部拥有独立的一套经营班子，根据市场变化负责单品类产品的研发、生产和销售。这就好比一艘大航母分化成了一艘艘军舰，不仅航速大增，而且对多个敌人可以四面出击，逐个击破。

---

① 资料来源：艾肯家电网. 何享健：不用担心我退休后谁来接班问题 [EB/OL]. http://www.abi.com.cn/news/htmfiles/2008-7/74086.shtml.

图 6-6　美的组织结构变化

至此，美的第一批经理人登上事业部的舞台大展身手。2002 年，延续事业部改革思路，美的对家用电器事业部继续拆分，分成风扇、饮水设备、微波炉和电饭煲四个事业部。产品越细分，对市场把握就越敏锐。专业化的经理人能深耕细分品类，集中优势资源做强单品，这就好比小家电起步时的何享健和美的。

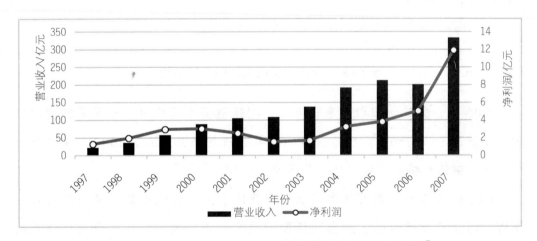

图 6-7　美的电器 1997—2007 年营业收入和净利润[1]

千帆竞发，百舸争流。伴随着事业部改革和经营权的下放，激发了美的内在动力。从 1997 年起，各事业部经理人带领美的在家电市场披荆斩棘，到 2005 年时，实现 10 年营业收入 10 倍增长的佳绩。

事业部制不是万能的灵丹妙药，它体现的是何享健对于组织结构如何适应

---

[1] 数据来源：美的电器年报数据。

市场的动态调整。顺应市场和战略变化，美的对组织结构五年一大改，市场在变，美的也在变。

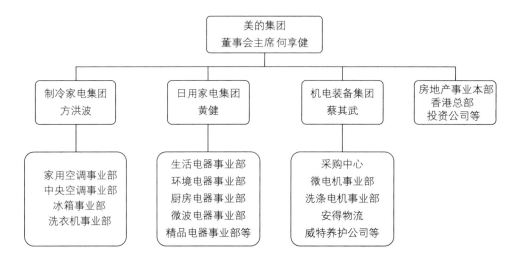

图 6-8　2007 年美的集团的组织结构

2006年，美的业绩再次增长停滞，问题直指十几个事业部带来的资源分散和重复建设。关于经营权的调整问题再次搬上议程，于是2007年美的推出了事业部制的升级版，增设多个二级产业集团。

如图 6-8 所示，新设 3 个二级产业集团。主要目的是集中事业部重复的销售、研发和财务资源，加强同类型家电之间的经营协同，完善高标准的家电产品和服务。这就好比原有舰船规模庞大而松散，将它们集合成 3 个航母作战编队，以航母为指挥和作战核心，实现整体战斗力的跃升。

当然，这过程对经理人遴选就像大浪淘沙，优秀的管理者将脱颖而出，开始站上更高的舞台。方洪波、黄健和蔡其武，这 3 位同在 1992 年加入美的的老员工，在不同层级的岗位和平台中，磨炼出全面的经营能力和卓越的管理能力，终成大将之风。

正是通过下放经营权和持续调整组织结构，美的为经理人搭建起广阔的舞台，打造出栋梁之材，引领着这艘家电航母乘风破浪。

【分权与制衡】

何享健曾说："我不想管，不管就得想办法，就得通过制度、通过流程去制衡。有一套手段，就是这样。"

在何享健的制度体系中，事业部的组织结构意味着分权，有分权就要有制衡。美的在事业部改革之后，集团总部和事业部、各事业部之间、事业部产研销部门之间如何分配具体权力，如何明确责任，如何处理利益关系，如何保障整个集团高效运转，这些都是问题，而且是关键问题。

所以，在经营权下放之前，先建立分权与制衡的明确规则至关重要。

何享健对此提出了"集权有道、分权有序、授权有章、用权有度"的十六字分权体系指导方针。1997年，美的制定了《美的集团主要业务分权规范手册》，并下发各事业部执行。

图 6-9 根据《美的集团主要业务分权规范手册》整理，总的来讲，突出的特点有两个：

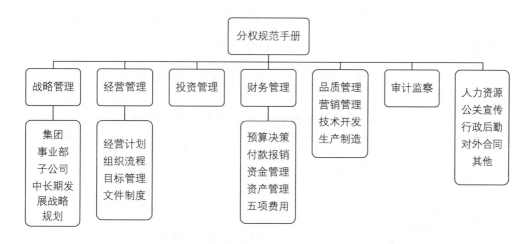

图 6-9　美的集团主要业务分权规范手册[①]

---

① 资料来源：根据《美的集团主要业务分权规范手册》整理。

第一，项目落实到细节。分权手册的范围包括战略管理、经营管理、投资管理、财务管理等十四个大项，每个大项又细分到具体小项目。以涉及资金较多的投资管理大项为例，其下分计划内、计划外投资项目审批、完成立项合同审批、项目实施跟踪、项目验收及评价、投资项目付款等小项。

计划内投资项目审批项，又细分为生产类、基建类、信息技术项目等覆盖到具体投资细节的项目，并且按照具体的金额确定不同的审批流程。在较早的2007年《生活电器事业部分权手册》电子版中，对基建装修等投资项目按10万元以下、10万~30万元、30万~200万元、200万元以上四个标准划分不同审批流程，这样在事业部内具体项目就有规可循，即使出现问题也可以根据分权手册确定责任归属。

综上，美的保证"用权有度"的举措，除了依靠审计监察之外，更为重要的是将权力分配规则落实到细处，管住资金、资产、投资。

第二，权力分配到个人。分权手册中规定每个项目的基本流程为"提案、审核、会签、审批、备案"，以投资项目中的生产扩建项目为例，如表6-8所示，小金额只需三个环节，并且可以在事业部内完成全过程，大金额需要六个环节，其中加入了事业部经营管理部的复核、事业部总经理的批复、集团领导的审批和集团的备案。这样，从各部门、事业部到集团负责人，手中都有明确的权力界限。相对应地，明确的责任也就分配到个人。这就是"授权有章"的含义。

表6-8 2007年美的生活电器事业部分权示意 [①]

项目	金额	流程
生产扩建、技改扩能及设备更新	50万元以下	提案（部门）→审批（单位）→备案（经）
	50万元≤投资额<150万元	提案（部门）→审核（单位）→复核（经）→审批（副总）
	≥150万元	提案（部门）→审核（单位）→复核（经）→批转（事总）→审批（集）→备案（集）

---

① 资料来源：2007年版美的生活电器事业部分权手册。

把项目落实到细处，把权力分配到个人，目的就是制衡，以保护资产和资金的安全。在制衡的基础上下放经营权，提供事业部的舞台，让经理人大展拳脚。何享健用"集权有道、分权有序、授权有章、用权有度"的指导方针和《分权规范手册》，展示了在"集权保障执行效率的前提下，用分权制衡来保证资产安全和避免决策风险"的控制权安排的高层次境界。而这种在"集权基础上分权制衡"的制度恰好是所有权和经营权分离的情况下，实施职业化管理的基础和关键，而美的在2007年左右就已经基本上做得很到位了。

【职业化管理】

2012年，何享健卸任美的集团董事长，退出董事会，不再插手集团经营管理，将交接棒给了方洪波为代表的职业经理人。新一届集团董事会中，除何享健之子何剑峰作为大股东代表之外，方洪波接任董事长并兼任总裁，其余7位都为美的土生土长的职业经理人。

这些经理人的共同特点是，学历层次都在硕士以上，且在20世纪90年代早期加入美的，对美的发展情况知根知底。他们从基础岗位做起，在各个平台和岗位经受锻炼，成长为优秀的经理人。

经理人团队接班之后的表现如表6-9所示。首先，花了两年时间梳理企业内部产品规划和组织结构，进行内部改革，推动集团整体上市；其次，以资本运作推动外延式发展，探索转型升级的方向。

当时，美的各个事业部开足马力，产品线庞大到2.2万多个型号。在2011年，与格力的较量中，虽然美的营收高出格力100亿元，但是净利润却比格力少15亿元。产品线广、产品型号多，但是却不赚钱，又不能保证后续服务，如何持续健康地发展？

表 6-9 经理人团队接班后的主要表现

年份	2012	2013	2014	2015	2016
重要事件	内部改革	整体上市	引入小米战略投资	与日本安川电机合资、入股埃夫特	海外收购东芝白电、Clivet、KUKA
领域	组织结构、产品线	上市主体	智能家居	工业机器人	海外家电、机器人

方洪波认为长痛不如短痛，在2012年上任后主动收缩产品线。放弃缺乏竞争力的剃须刀、电子鞋柜、太阳能热水器等30多个品类，缩减低毛利、亏损的产品项目，关停部分工厂。

与此同时，配合产品线调整，方洪波对组织架构进行调整。撤销了二级产业集团，重新整合事业部，缩短中间层级，将组织架构扁平化。如表6-10所示，具体做法是，以9个大事业部为核心，所有的职能部门和平台为事业部中心对接服务。缩减中间层级以后，普通员工到集团管理者之间层级仅有4级，其目的是以市场为导向，根据市场变化，事业部能迅速调整策略，职能部门和平台跟进，提高运营效率。

表 6-10 美的集团"989"架构

9个职能部门	9个大事业部	8个平台
用户与市场、产品管理、财经、IT流程、战略发展、企业运营、人力资源、审计、法务	家用空调、厨房电器、洗衣机、冰箱、中央空调、生活电器、热水器、环境电器、部品	美的国际、安得物流、电商公司、客服中心、金融中心、采购中心、中央研究院、智慧家居研究院

改革伴随着阵痛，2012年美的营业收入大幅下降250亿元，市值也比2011年高点跌去300亿元。但是在随后的几年，改革成效开始显现，营业收入和净利润双双增长。在家电行业衰退的2015年，美的净利润逆势增长21%，成为行业领头羊。

2013 年，美的集团整体上市之后，开始以资本运作的手段推动转型升级，如表 6-9 所示。方洪波的资本运作手段可以总结为"引进来、走出去"，2014 年和 2015 年和小米、安川电机的合作属于"引进来"，2016 年海外收购东芝白电、Clivet、KUKA 属于"走出去"。

- 将小米作为战略投资者引入，是为了布局智慧家居，同时可以向小米学习互联网企业的模式和理念。
- 日本安川电机是世界范围内最强的机器人制造企业，它有行业顶尖的技术优势。美的和安川电机的合作，就像 90 年代时美的主动与各大日本家电企业合资一样。美的通过人力、土地和资本的优势生产要素，把安川电机的技术要素引进来，从而进入机器人产业。
- 东芝白电有日本的稳定渠道、市场和产品布局，意大利中央空调 Clivet 有欧洲牢固的招标渠道和企业政府大客户。要走出去，最难争取的是市场和客户。那美的就用资本优势获取，有了客户，有了市场，美的自主品牌出海就很方便。
- 合资、入股和自主研发，对于转型机器人产业是远远不够的，收购 KUKA 才是真正奠定美的转型升级的格局。在此之前，国内制造业和资本市场还未有如此振奋的时刻：一家国内以消费者为客户群体的家电企业，转型为以全球主要汽车制造商和物流商为主要客户的机器人制造企业。这是美的资本"走出去"的结果。

"引进来、走出去"，方洪波交出一张漂亮的五年期成绩单，也足以证明何享健选择解接班人的眼光以及美的职业化管理的成功。

6.6　从无先例的整体上市

2012年，美的集团遭遇业绩重挫，当年营业额暴降23.46%，因此美的决心彻底解决集团和上市公司之间的同业竞争问题。2013年，美的集团换股吸收合并美的电器，发行价格为44.56元/股，美的电器换股价格为15.96元/股，以吸收合并董事会决议公告日前20个交易日的交易均价9.46元/股为基准，给予美的电器参与换股的股东68.71%的溢价确定。由此确定的美的集团和美的电器的换股比例为0.344 71，即每股美的电器参与换股股份可换取0.344 7股美的集团本次发行的股份。该方案实施完成之后，美的将实现主业白色家电、小家电、电机、物流全部业务的整体上市。

在美的的公告中，将此次整体上市的方案称之为"重大无先例事项"，整体上市肯定是"重大"了，那什么是"无先例"呢？主要是由于本次整体上市具有以下四个特点，因此才会被证监会认定为"重大无先例"。

6.6.1　非上市公司吸收合并上市公司

证监会《上市公司重大资产重组管理办法》颁布以来，整体上市的操作一般是由上市公司吸收合并非上市公司，从而实现整体上市。美的如果也采用这种做法，那么集团的资产就要装进美的电器，美的集团就要被注销，集团的高管就要到美的电器任职。这种做法在资本市场上是有先例的，操作起来比起简单，但是会破坏美的原有的组织结构，导致集团内部管控架构的大规模调整。

于是，美的整体上市方案是以非上市公司美的集团换股吸收合并上市公司美的股份，开创了由非上市公司吸收合并上市公司的首个案例。这种方式能够保持存续公司美的集团的实力，有利于集团的长远发展。

6.6.2 注入优质资产

美的电器主营业务是空调、洗衣机、冰箱等大家电,由于市场竞争激烈而利润不断趋薄,产业陷入发展"瓶颈"。而集团内的其他3个业务板块小家电、物流、机电是主要的利润增长点,其中最优质的是小家电,在国内市场处于绝对领先地位。有风扇、电水壶、电压力锅等8个单品市场份额第一,2011年时营业收入达316亿元,在国际上仅次于法国赛博集团。同时相比于美的电器的大家电,小家电资产更有市场竞争力。

美的集团以优质而不是劣质资产注入并上市,体现美的集团做大做强公司、用心经营企业的真实意愿。由于长期监管的缺位,A股上市公司的实际控制人并不以价值最大化为目标,而是想方设法将母公司相对较为劣质的资产注入子公司即上市公司,进行利益输送。在美的集团整体上市案例中,美的并没有按照A股市场的"惯例"。而是反其道而行之,将众所周知的集团内最核心、最优质的小家电、物流、机电等类资产悉数拿出,注入上市公司,与其实施换股合并。

美的集团整体上市方案中将优质资产反向一次性注入,提升上市公司业绩的方式,体现出管理层用心经营、踏踏实实用优质业绩回报股东的态度,也体现出力求企业价值和股东权益最大化的考虑,开创了我国资本市场并购的一个先河。

6.6.3 以高溢价换股的方式,尊重、保护广大社会公众股股东

在换股方案中,美的集团给了公司中小股东丰厚的溢价行权和补偿,远超TCL集团、武钢集团等公司的整体上市方案。方案出台后,其高溢价远超市场预期,受到原有股东和投资者的尊重和肯定。

6.6.4 无融资

在 A 股市场上,"上市"或"整体上市"就意味着融资或圈钱,这已经成为一个惯例。在美的整体上市之前的 TCL 集团、武钢集团的整体上市,都是在上市的同时大规模融资。比如 TCL 采用的是"吸收合并上市子公司 +IPO"的方案,原上市公司 TCL 通信仅占集团资产很小一部分,而 TCL 集团以近 14 倍的扩容规模实现整体上市,募集资金 25 亿人民币。

而美的只是采用了单纯的换股吸收合并,这就意味着美的集团整体上市过程中没有融资,开创了 A 股市场先河,打破了"上市"或"整体上市"即"圈钱"的固有惯例,充分显示方洪波等经理人对美的集团持续发展的信心。这也是此次整体上市被证监会认定为"重大无先例事项"的重要原因。可以说,美的的整体上市为我国资本市场运作树立了标杆,是价值经营的典范。

6.7 丰富的价值经营手段

作为一个乡镇企业改制而来的民营制造企业,美的在做好产品运营的同时,还采用丰富的资本运作手段稳健地进行市值管理和产融结合。如前所述,美的的并购重组手段在家电三巨头的市值管理中应用是最成功的,而且整体上市方案也在 A 股市场创造了一个"正能量"的标杆。除此之外,美的在配股、增发等再融资手段的应用上也非常娴熟和稳健,甚至美的还利用金融衍生工具进行套期保值。总之,美的是踏踏实实利用价值经营的方法进行市值管理,这与 A 股市场上诸多上市公司利用这些方法进行利益输送形成了巨大的反差。

6.7.1 配股

2000 年前，我国上市公司再融资的主要方式是配股。如表 6-11 所示，美的在 20 世纪 90 年代进行了 3 次配股，共募集资金 9 亿元。从配股实际募集情况看，原股东参与募股的比例较高，说明股东看好美的未来发展。

表 6-11 2000 年前美的配股融资情况[①]

公告日期	配股方案	配股对象	实际募集资金/亿元	募集资金用途
1995 年 8 月 12 日	10 配 2.31	全体股东	4.10	引进技术生产高档电饭煲、风扇技改扩能
1997 年 7 月 5 日	10 配 2.27	全体股东	3.9	柜机扩建工程、微电机技改
1999 年 7 月 26 日	10 配 3	全体股东	1.04	出口技术改造、合资、收购东芝万家乐

美的将募集到的资金主要投入了小家电和空调项目的技术改造和产能扩建中。90 年代末期，帮助美的确立了小家电业务的竞争优势。

6.7.2 公开增发和定向增发

2000 年后，增发逐渐成为 A 股市场再融资的主要手段。从美的电器到美的集团，一共有 4 次增发，如表 6-12 所示。

表 6-12 美的增发情况一览[②]

年份	类型	募集资金/亿元	用途	实施情况
2007	定向增发	7.16	引入战略投资者高盛	证监会否决
2008	公开增发	29.78	空调、冰箱和洗衣机技改扩能	实施
2010	定向增发	43.6	空调、冰箱和压缩机技改扩能	实施
2015	定向增发	12	引入战略投资者小米	实施

---

① 资料来源：根据美的公告整理。
② 资料来源：根据美的公告整理。

2007年，美的准备通过定向增发引入战略投资者高盛，帮助美的走向国际化。但由于牛市的到来，使美的股价大幅上升，与增发价格相差巨大，被证监会否决。

2008年和2010年，美的通过公开和定向增发共募集资金73亿元，用于大型家电项目的技改扩能。此时正值美的连续收购荣事达、华凌、小天鹅等企业，收购后配套项目的升级改造还需要大量资金，所以美的选择通过增发募集大量资金，加快项目上马，抢占大型家电市场。

2015年，美的集团通过定向增发引入战略投资者小米，主动学习互联网企业的成功经验，此次增发成功进行，之后美的和小米合作推出多款智能家居产品。

6.7.3 股利政策确保再融资的实施

作为最早上市的乡镇企业，美的在资本市场已度过25年，通过配股、公开增发和定向增发募集资金约94亿元。相对应地，有融资也有对股东的回报，最直接表现就是分红。自上市以来，美的保持年年现金分红，在2013年整体上市后到如今的4年，美的累计现金分红金额达到192亿元，远超募集资金总额。这说明了美的对股东回报的重视。这份重视也收获了股东和投资者的认可，使美的市值稳步提升。

所以，再融资是手段，它的直接目的是募集资金促进上市公司发展，根本目的是获取利润回报股东。上市公司在价值经营的过程中，如果只记住了手段而忘记了根本目的，就无法得到股东和投资者的信任，市值管理也就无从谈起。

6.7.4 运用金融衍生工具套期保值

如何将金融衍生品应用于市值管理中，对上市公司及其控股股东都是一个很新、很有挑战性的话题，但同时也是价值经营中非常重要和有价值的方法。

美的主营业务为家电。在生产中，需要采购大量的铜、铝等大宗材料。当大宗材料的价格波动时，将直接影响到利润。所以通过大宗材料期货，规避原材料价格波动风险、控制计划内的生产成本对美的经营业务十分重要。

另外，美的布局的是全球市场，出口业务占比较大，比如2016年，美的出口业务收入占总收入比例就超过40%。汇率的波动就会对美的的利润产生巨大的影响，因此有必要通过衍生工具规避汇率波动的风险。

非金融类的上市公司在使用金融衍生品时一定要注意：根本出发点是规避风险，套期保值，而不要抱着赚钱的目的使用衍生品进行投机交易。因此就一定要做好风险控制，否则就会出现中海油的悲剧。为了控制开展金融衍生品业务的风险，美的集团于2014年3月制定《期货操作业务管理办法》和《外汇资金衍生品业务管理办法》。对管理体系、职责分工、风险管理和责任承担等具体事项。包括以下重点内容：

- 设置衍生品统一操作平台和专业人员。以采购中心为期货交易操作平台，以资金中心和财务管理部为外汇资金平台，各经营单位和子公司提交各自的具体方案。同时配置专业交易人员、风控人员和档案管理人员，对下属单位的衍生品业务方案提供专业的建议和指导。出于风险考虑，期货操作量原则上不超过年度预算所需量的50%。
- 严格的审核流程。由各事业部总经理批准后，年度期货操作方案交到财务部汇总，然后总方案交由美的集团总裁审核。之后再提交到董事会审议批准，超出董事会权限范围的额度，需要股东大会批准。
- 定期报告。为了加强风险管理，下属子公司需要每月10日前报送上月期货交易情况的月报表，采购中心需要定期通报期货业务交易情况，集团财务管理部和资金中心每月12日前完成集团汇率风险管理报告。

- 信息披露。美的集团会在每财年对下一年的期货和外汇业务进行专项报告的信息披露。

美的以上举措主要是为了防范衍生品交易中的操作风险。不完善的内部流程、员工、系统都可能导致公司在衍生品业务中承担损失，所以建立相关制度明确职责分工、审批流程、监督等机制，能有效降低操作风险，避免巨大损失。

表6-13所示的是2013—2016年美的集团采用期货和外汇远期合约等金融衍生工具进行套期保值的效果。

表6-13 美的集团套期保值效果一览[①]

单位：亿元

年份	2013	2014	2015	2016
原材料成本	716	825	787	878
国外营业收入	451	498	494	640
期货合约损益	-1.97	0.015	0.17	0.03
外汇远期合约损益	15.6	-6.65	2.65	0.12

因为套期保值是现货和期货的风险对冲，看套期保值的成效，不能单独看期货合约和外汇远期合约损益，要将两者结合起来分析套期保值效果。

以原材料为例，美的集团成本高达700亿元以上，当原材料价格下降，期货合约亏损时，在现货市场上，美的进行原材料采购是获益的。在理想化的

---

① 数据来源：2013—2016年美的集团年度报告。

情况下，期货和现货盈亏完全抵销，达到完全套期保值的效果。在实际情况下，由于期货和现货市场价格变动幅度不完全一致，往往无法做到完全套期保值。但对于美的集团数额巨大的原材料成本和外汇来讲，已经将价格波动风险控制在小范围内。

从公开信息来看，近几年美的衍生品套期保值操作，实施有序，风险可控，对集团稳定经营起到了重要作用。

6.8 多层次组合股权激励

对于像美的这种所有权和经营权分离，实施职业化管理的上市公司，对管理团队实施合适的股权激励是非常必要和重要的。能否通过股权激励将经理人团队、核心骨干员工的利益和公司利益紧密捆绑，激励管理层和核心骨干员工为公司创造价值，直接关系着公司职业化管理、公司治理、市值管理和产融结合等战略的成败。

美的集团自 2014 年起推出了"股票期权＋核心管理团队持股计划（美的集团合伙人计划）+限制性股票"的多层次组合股权激励方案，将集团管理层、事业部和经营单位的管理层和核心骨干员工的中期和长期利益与公司利益进行了紧密捆绑，侧重中期和长期激励，在方案中做到了激励和约束的统一。

6.8.1 激励方案的多层次

美的集团的股权激励方案是一个多层次的组合方案，包括 4 期股票期权激励计划、3 期核心管理团队持股计划和 1 期限制性股票计划。美的集团股权激励的"多层次"主要体现在激励目的和激励对象上，如表 6-14 所示。

表 6-14　美的三种股权激励计划的目的对比 [①]

目的 / 计划名称及截至 2017 年中期数	股票期权激励计划（4 期，2014 年起）	核心管理团队持股计划（3 期，2015 年起）	限制性股票计划（1 期，2017 年起）
激励目的	1. 推动公司"产品领先、效率驱动、全球经营"的战略； 2. 激励经营"一线"、产品与用户相关的业务骨干； 3. 侧重于研发、制造、品质等科研人员及相关中高层管理人员	1. 进一步完善公司治理机制，提升公司整体价值； 2. 推动"经理人"向"合伙人"转变； 3. 改善和创新薪酬激励结构	1. 为了进一步完善公司治理结构； 2. 健全公司激励机制； 3. 增强公司管理团队对实现公司持续、健康发展的责任感、使命感，确保公司发展目标的实现

　　三个计划相组合，覆盖了美的集团、事业部和部门各层面的骨干，但是每个方案的激励对象和激励目的各有侧重。

　　核心管理团队持股计划。在美的转型"智慧家居＋智能制造"的时间窗口，核心管理团队起着至关重要的作用，所以美的推出核心管理团队持股计划，既打造了留才金手铐，又赠予了金色降落伞。核心管理团队持股计划做得非常巧妙，本质上是限制性业绩股票计划，但是实际上是按照员工持股计划设计的。这样做的好处有两个，首先核心团队行权时不用出资；第二税率是固定 20% 的资本利得税。

　　股票期权计划。2014—2017 年每年授出 1 期，激励人数较多，主要针对经营"一线"、产品与用户相关的大量业务骨干，并且侧重研发、制造、品质等岗位。

　　限制性股票计划。2017 年推出 1 期，激励对象为集团下属经营单位的中层管理人员。激励对象是美的集团核心管理层和合伙人的后备军，是保障美的未来持续发展的基石，美的推出限制性股票计划的目的应该是为中层管理人员设计成长金台阶。

[①] 资料来源：根据美的集团公告整理。

6.8.2 激励要素的对比分析

组合式股权激励方案相比单个激励计划的优势是，可以通过对各个激励计划的设计要素进行调整，实现不同的激励力度和约束性，从而达到更好的整体效果。表 6-15 是从模式、对象、数量、价格、来源、业绩、时间七个关键要素来分析美的集团的股权激励方案。

三个计划存在一些共同点，比如在锁定期和行权时间的安排上，锁定期都为 12 个月，并且之后以 12 个月为间隔，分三个行权期行权。这样做是用了延期支付的设计思路，延长了锁定时间，减少员工的短期行为，有利于建立长期激励机制。

在业绩考核三个计划也有共同点：不管是核心高管、中层管理还是业务骨干，都有着从上到下的科学考核机制。在集团层面设立净利润、增长率等考核指标，在经营单位设立评分考核制度，在个人层面使用 KPI 业绩考核。

表 6-15　美的三种股权激励计划要素对比分析[①]

要素/名称、期数及起始时间	股票期权激励计划（4期，2014年起）	核心管理团队持股计划（3期，2015年起）	限制性股票计划（1期，2017年起）
模式	股票期权	限制性股票	限制性股票
对象	侧重研发、制造等科研人员和中层管理人员，四期人数分别为 693、783、931、1476	公司总裁、副总裁和下属事业部总经理，三期人数分别为 15、15、15	对经营单位和部门承担主要责任的高管，人数共 140
数量	分别为总股本的 2.41%、2%、1.98%、1.53%	计提的购买股票专项基金分别为 1.15 亿元、0.805 亿元、0.99 亿元	占总股本的 0.46%

---

① 资料来源：根据美的集团公告整理。

续表

要素/名称、期数及起始时间	股票期权激励计划（4期，2014年起）	核心管理团队持股计划（3期，2015年起）	限制性股票计划（1期，2017年起）
价格	授予价格为公布前一个交易日和前30个交易日均价的最高者；前1、20、60、120交易日均价最高者	通过定向资产管理计划在二级市场购买的均价。行权时不用出资	授予价格为前1、20、60、120交易日均价5%的最高者
来源	美的集团向激励对象定向发行新股	美的集团从二级市场购买，资金来自公司计提的持股计划专项基金	美的集团向激励对象定向发行新股
业绩	集团、经营单位、个人层面	集团、经营单位层面	集团、经营单位、个人层面
时间	锁定期12个月，之后以12个月为间隔，分三个行权期，行权比例分别为33%、33%、33%	以12个月为间隔，分三个行权期，行权比例分别为40%、30%、30%	锁定期12个月，之后以12个月为间隔，分三个行权期，行权比例分别为33%、33%、33%

但是每个方案的考核重点又有所不同，由于核心管理团队持股计划的激励对象是核心管理团队，因此侧重的是集团层面和经营单位的整体业绩考核；股票期权和限制性股票的激励对象侧重中层及业务骨干，因此业绩考核侧重的是个人KPI考核。这样的业绩考核设计比较科学合理。

6.8.3 激励计划内在特性对比分析

表6-16所示的是美的三种股权激励计划的内在特性对比分析。

- 激励力度。在核心管理团队持股计划中，每个激励对象获得的股份最多，而且不用出资，所以激励力度最大。
- 约束性。由于存在集团、经营单位、个人的三层考核体系，是硬性的业绩约束,所以三者的约束性都较强。
- 激励时效。由于行权时间的延期安排,所以实现了长期的激励时效,而核心管理团队在行权比例分配上更侧重第一期,所以也加强了对核心管理团队的中期激励。
- 现金流压力。股票期权和限制性股票计划来源都是定向发行新股,所以对公司没有现金流压力。而核心管理团队持股计划的来源是计提持股计划专项基金,所以会对公司现金流产生一定影响,但考虑到三期计提的资金分别占上一年的 1.1%、0.6%、0.6%,所以影响可忽略不计。
- 市场风险影响。股票期权计划的收益来自授予价格和行权价格间的差价,在行权时又受到行权期的限制,所以市场波动风险对股票期权激励收益影响最大。

表 6-16 美的三种股权激励计划要素对比分析

内在特性/激励计划	股票期权	核心管理团队持股	限制性股票
激励力度	小	大	中
约束性	强	强	强
激励时效	长期	中期和长期	长期
现金流压力	小	中	小
市场风险影响	大	小	小

6.8.4 动态优化

从上述分析中可以看到美的集团的组合股权激励方案设计巧妙,在模式、对象、数量、价格、来源、业绩、时间七个要素上因地制宜,实施多层次的激励与约束，打造美的集团和各层人员利益的共同体，为美的集团发展提供动力源。

但美的集团并不是一开始就设计了这样一套近似完美的股权激励方案，而是随外部市场环境和公司内部状况的变化而不断调整优化而成。下文仅以股票期权计划的业绩考核条件不断调整为例进行说明。

行权业绩考核分为主要条件和次要条件，主要条件是集团整体的业绩考核指标，而次要条件是经营单位和被授予对象的个人年度考核指标。

在主要条件的设计中，美的在前两期（2014、2015）计划中设置了净利润增长和净资产收益率的目标，而后两期（2016、2017）目标为净利润的稳定指标。这是因为在前两期家电市场整体环境向好，美的集团正处于快速发展的阶段，所以设立增长率的业绩指标。

但从2015年开始，家电行业遭遇困境，此时预期增长乏力的美的需要的是稳定的经营业绩，所以设立了三年平均利润的稳定业绩指标，这体现了美的集团在股权激励设计上的动态调整。

在次要条件设置上，能很明显看出美的集团在股权激励计划上的调整和优化，如表6-17所示。

表6-17 股票期权计划业绩考核的动态调整[①]

时间	2014年第一期	2015年第二期	2016年第三期	2017年第四期
经营单位考核	无	≥80分，100%可行权	≥80分，100%可行权	达标，100% 一般，65%
		<80分，0%	<80分，报由董事长审议	较差，0%
个人考核		满足KPI关键业绩考核指标		

---

① 资料来源：根据美的集团公告整理。

方案中对于个人的业绩考核一直采取的是 KPI 制度，主要的差别在于四期计划中对于激励对象所在经营单位的考核的要求是不同的。

第一期的股权激励计划并未设定经营单位考核，第二期和第三期设置了分数制，区别在 80 分以下的设置：是什么都没有，还是由董事长决定？这两种做法都不妥，"一刀切"什么都没有，会让经营单位盲目追求短期业绩，将绩效做到 80 分以上。由董事长决定，增加了主观的因素，这会引起各经营单位之间不公平的情况。

所以，在第四期，美的又进行了修改，设置三层业绩指标。取消了分数制，代之以"达标、一般和较差"三等，这样即使经营单位处于转型期，业绩暂时不佳，也可以获得 65% 的行权数量，这可以避免只追求短期业绩的短视行为。

在行权的时间安排上，美的做法统一，划分为三个行权期，每个行权期行权比例为 1/3。是实际效果来看，第一期计划的三个行权期都已行权，集团层面的业绩也达到了既定的标准。三个行权期，美的分别完成 105 亿元、127 亿元和 147 亿元净利润，依次达到 142.79%、20.95% 和 15.6% 的增长率，符合规定的 15% 要求。相比定向增发对每股收益和净资产收益率的略微摊薄，股权激励回报给股东的价值更多。

一个最优的股权激励方案一定是适合企业的方案，这个方案既要实现因地制宜的激励和约束，又要跟随外部市场环境和内部公司状况进行动态调整，同时还能为股东创造更多的价值，让潜在投资者认可。美的的多层次股权激励计划正是这样一种方案，激励着美的的管理层和核心骨干员工更好地为公司创造价值。

6.9 整体上市后市值表现

如图 6-10 所示,以同期的上证指数为比较基准,上证指数变动幅度为 42.5%,而美的集团市值变动幅度为 260%,远超同期上证指数增幅,从数据上印证了美的集团市值管理的优秀水平。

图 6-10　美的集团 2013 年 9 月—2017 年 3 月市值变化①

2013 年,美的集团因换股吸收合并美的电器共计新增 6.86 亿股股份,发行完成后公司的总股本将达到 16.86 亿股。按照 44.56 元的发行价计算,美的集团上市后的总市值将达到 751 亿元,截至 2017 年 5 月 31 日涨至 2 335.40 亿元,目前基本上处于历史高位,而且市值高于股灾前,跨越了股市周期。

从美的集团整体上市后的市场表现来看,说明证券市场及广大公众投资者充分相信美的集团的经营能力和增长潜力,将长期坚定持股。

2016 年,美的通过海外收购,打造"智慧家居+智能制造"的双跑道。

---

① 数据来源:同花顺美的集团数据。

与此同时，市值规模大幅上扬，说明美的集团转型升级得到资本市场认可，股东和投资者们对美的未来的成长抱有极大的信心。

在家电行业中，对比同为龙头的格力和海尔，我们认为美的在以下五个方面具有优势：

- 成长性。收购整合全球顶尖的机器人企业，商业模式成功转型。
- 公司治理。更为成熟的公司治理结构、职业经理人制度、组合式股权激励制度。
- 国际化。海外营收占比近50%，国际化步伐稳健。
- 资本运作。拥有丰富的资本运作经验，善于运用财务投资、战略投资和收购等方式。
- 管理层。国内最优秀的经理人团队。

这些优势让美的在当前市值领先于格力和海尔，暂时成为家电行业冠军。与此同时，格力进军新能源领域，海尔收购GE家电入主成熟家电市场，未来三巨头间将会是全球化、多渠道和多领域的竞争。

综上，在美的稳步上扬的市值里，有商业模式不断创新和转型的因素，有公司治理优化的原因，有职业化管理的功劳，也有资本运作的贡献。美的的案例再次证明，市值管理不是一锤子买卖，需要在价值创造、价值实现和价值经营三个阶段日积月累的改变和创新。

展望全球，眺望未来，成就百年企业并非易事。而随着制度和监管完善，国内资本市场终将对接全球标准，与发达国家市场同台竞技。在这片沃土里，25岁的美的成长为国内上市公司的标杆，以成熟的市值管理助力企业成长。期待未来更多的中国企业运用健康的市值管理之道，也期待美的能乘风破浪，铸就百年企业。

第 7 章
长园集团的全面市值管理[1]

7.1 发展历程

7.2 产业布局和多点盈利

7.3 稳定的内生增长

7.4 踏实的并购增长

7.5 有竞争力的激励机制

7.6 良好的 4R 关系管理

7.7 反并购成功

7.8 顺势而为的增减持

7.9 未来市值的变化

7.10 控制权争夺的影响

7.11 长园集团能否涅槃重生

---

[1] 资料来源：(1) 毛勇春. 市值管理方略 [M]. 上海：同济大学出版社, 2017：172-176；(2) 张玲. 长园集团：布局新能源汽车产业，建立新的业务增长点 [EB/OL]. http://www.zdcj.net/yanbao/201507/2856953.html. 2015-07-13；(3) 招商证券. 长园集团：业绩高增长，智能工厂装备与新能源汽车等领域功能材料两大新的产业群正在形成 [EB/OL]. http://data.eastmoney.com/report/20160822/APPH52lJrEw8ASearchReport.html. 2016-08-21；(4) 华泰证券. 电动汽车＋智能制造：打造崭新增长空间 [EB/OL]. http://finance.qq.com/a/20160413/021499.htm. 2016-04-12；(5) 招商证券. 长园集团：业绩基本符合预期 [EB/OL]. http://finance.qq.com/a/20161025/023323.htm；(6) 百度百科. http://baike.baidu.com/link?url=WTWZjQPkXJwJzoiVcxjnfQiXmdoPnjCTo8BjtyffRNmVQpjPRJk1VstLW2uMywexjghEt76I2fScwrwNuejugsNwQeFuWfs4UUuXMkfd2BAnTYpOIffinqAFupsLUke；(7) 长园集团官网. http://www.changyuan.com/web_cn/index.aspx.

对于上市公司来讲，IPO 仅仅只是产融结合的第一步，企业发展道路上的一个新的起点。在产融结合的第一阶段，IPO 之后的上市公司需要学会利用市值管理的各种手段，推动资本"脱虚入实"，促进实业的发展。这是上市公司必须学会的基本功，长园集团在 A 股上市公司中算是做得是比较到位的。

7.1 发展历程

长园集团是热缩材料、电网设备、电路保护元件等领域的国家级高新技术企业。以下是长园集团的发展历史：

- 前身为深圳市长园化学有限公司，1986 年由中科院长春应用化学研究所（以下简称"长春应化所"）和深圳科技园共同出资 50 万元兴办。1989 年，长园化学原股东对公司进行增资，增资完成后注册资本为 196 万元，其中，长春应化所和深圳科技园各拥有 59% 和 41% 的股份。
- 1996 年，长园化学吸收李嘉诚旗下的深圳长和实业为新股东进行第二次增资，并更名为"深圳长园新材料有限公司"，此时出资比例分别为：长和实业 51%、长春应化所 28.92%、深圳科技园 20.08%。
- 公司于 2002 年 12 月在上交所 A 股上市，股票名称为"长园新材"，此时，李嘉诚麾下的"长和系"掌握着长园新材 62.67% 的股权，为公司的实际控制人。

- 2010 年，长园新材改名为"深圳市长园集团股份有限公司"，并经上交所批准更改股票名字为"长园集团"。
- 2013 年开始，李嘉诚根据自身的战略调整，其麾下的长和投资在赚了近百倍投资收益后决定退出长园集团，并于 2014 年 5 月最后一个交易日彻底退出，致使长园集团失去实际控制的股东。
- 2014 年，爆发沃尔核材与长园集团的股权争夺战。

长园集团目前已成为国内最大的热缩材料和高分子 PTC 制造商以及电网设备的主要供应商之一，并保持了中国变电站母线保护第一、合成绝缘子第一、特高压保护第二和微机五防系统第二的位置。在继续全力推进已有的新材料和智能电网设备产业发展的同时，着力打造电动汽车相关的材料和设备产业链，积极探索公司业务与智能制造、能源互联网的结合点。截至 2016 年 12 月 31 日，公司拥有 52 家控股实业子公司、1 个国家级企业技术中心、1 个国家级检测中心、1 个博士后科研工作站、5 个市级工程技术中心、13 家高新技术企业、6 个全国生产基地。

2002 年 12 月 2 日，长园集团上市首日收盘后的市值为 20.86 亿元；2015 年股灾前，长园集团市值达到历史最高值 296.61 亿元，市值增长 14.2 倍；2017 年 3 月 31 日，长园集团收盘后的市值为 199.31 亿元，市值也较 IPO 时增长了 9.5 倍。

长园集团的市值增长不是靠"操纵股价""忽悠式重组"等"伪市值管理"手段来实现的，而是踏踏实实地通过价值创造、价值实现和价值经营的各个环节紧密配合，将金融资本很好地用于促进实业的发展。长园集团市值管理最大的特点就是"全面"，很好地诠释了本书倡导的市值管理逻辑。首先是通过产业布局和商业模式创新创造价值，随后通过价值实现手段将内在价值传递到资本市场，然后通过并购、增减持等价值经营手段获取资本市场的溢价。

7.2 产业布局和多点盈利

长园集团自 2002 年上市以来，便一直通过内生式增长和外延式增长的结合方式致力于电力设备及相关产业的扩张，随着公司陆续并购或新设长园深瑞、长园共创、上海国电、南京长园、国电科源、长园维安、长园高能、运泰利等子公司，并通过整合改造使得子公司快速融入公司体系。如图 7-1 所示，公司从最初的热缩材料生产领域，逐步扩张至电网设备领域、电路保护器件领域、新能源汽车领域和智能制造领域，并与公司现有业务进行有机整合，不断增加新的盈利增长点。

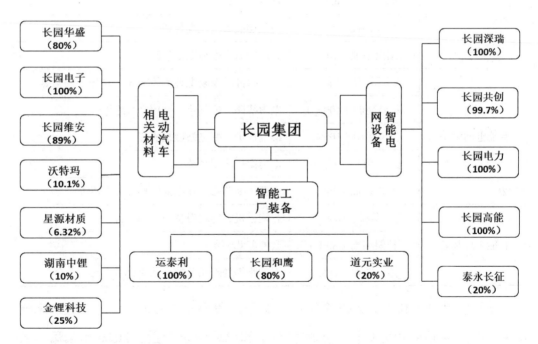

图 7-1　长园集团的产业布局①

如表 7-1 所示，长园集团的盈利点从上市前的热缩材料拓展到三大业务

---

① 长园集团官网。

板块，即电动汽车相关材料及其他功能材料、智能工厂设备和智能电网设备，实现了多点盈利。

表 7-1　长园集团主要业务板块和相关公司①（截至 2016 年 6 月 30 日）

行业	子公司及所占股份	业务范围
与电动汽车相关材料及其他功能材料	长园电子（95%）	热缩套管、PVC 套管
	长园维安（89%）	高分子陶瓷等 PTC 保护元件、电子线路保护
	江苏华盛（80%）	锂离子电池解液添加剂
	沃特玛（10.1%）	LPF 动力电池
	星源材质（6.3%）	锂电池隔膜
	金锂科技（25%）	高效储能磷酸铁锂材料
	湖南中锂（10%）	高端锂离子电池湿法隔膜
智能电网设备	长园电力（100%）	电缆附件、恢复电缆本体 MMJ、中压环网柜等
	长园高能（100%）	电力线路、电气化铁路用复合绝缘子
	长园深瑞（100%）	继电保护、变电站微机成套
	长园共创（99.7%）	电力微机防误系统
	泰永长征（20%）	中低压断路器、双电源转换开关电器等
智能工厂装备	运泰利（100%）	智能手机、穿戴设备与检测设备
	长园和鹰（80%）	数控剪裁装备
	道元实业（20%）	保护膜等处理相关的自动化设备

长园集团的盈利点分为三个阶段：第一阶段是在 2010 年之前，收入来源以传统的主业辐射功能材料（热缩材料）和电网设备为主；2010 年之后，公司陆续通过自设和并购向智能电网设备制造行业大力扩张，智能电网设备成为一个最主要的盈利点；2014 年开始，公司开始向新能源汽车和智能制造领

---

① 长园集团 2016 年中报。

域扩张，公司的主营业务也从原来的一个变成三个，分别是与电动汽车相关材料及其他功能材料、智能电网设备和智能工厂设备。

如图 7-2 所示，2006 年电网设备的收入仅为 2.41 亿元，到了 2016 年则达到 25.87 亿元，占 2016 年业务总收入的 44.22%；热缩材料的收入情况虽然没有电网设备的增速大，但也保持着稳步的增长状态，2006 年热缩材料收入为 2.25 亿元，到了 2016 年则为 14.97 亿元，占 2016 年业务总收入的 25.6%。2015 年公司的业务收入增加了智能工厂设备这一项，其收入为 5.32 亿元，占公司 2015 年业务总收入的 12.77%，这一项业务收入在业务总收入的占比预计将会大比例提升。

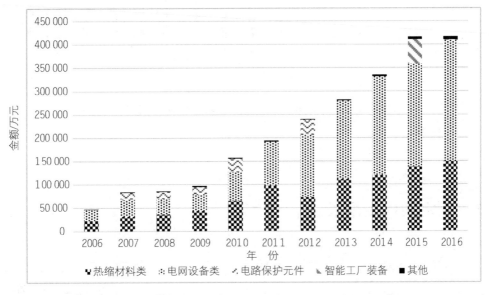

图 7-2　长园集团 2006—2016 年收入构成情况 ①

长园集团自上市以来，主营业务收入保持良好的增长态势，从 2002 年的 1.95 亿元到 2016 年的 58.49 亿元。主要原因是长园集团坚持内生发展和外延式增长的结合，在保证原有业务持续发展的基础上，增加了新的盈利点。公

---

① 资料来源：公司年报。

司从上市以来净利润从未出现负增长,2002 年的净利润是 0.31 亿元,2016 年的净利润是 6.4 亿元。虽然在此期间净利润出现过幅度较大的波动,但整体上依然保持向上的增长趋势,如图 7-3 所示。

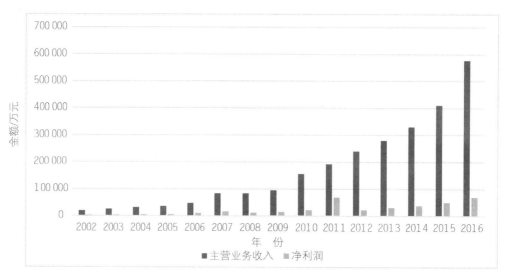

图 7-3　长园集团 2002—2016 年主营业务收入及净利润[①]

7.3　稳定的内生增长

长园集团目前的三个主要业务板块都是高度依赖于技术的,很多技术和专利虽然可以通过收购获得,但是公司也需要拥有基础的核心技术研发能力,这对于并购和整合都是非常必要的。长园集团最早的创始控股股东是中科院长春应化所,从诞生之日起就是一个产学研结合的例子,本身就是靠技术研发起家的。因此,长园集团一直非常重视依靠自身研发进行内生式的增长。

---

① 资料来源:长园集团各年年报。

对于一个技术依赖性的公司来说，科研的投入程度对于内生式增长至关重要。如图7-4所示，长园集团对于研发费用的投入一直较大，从可以查阅到的自2011年的研发费用来看，研发的总金额每年都有大幅增加，研发强度（研发投入/企业主营业务收入）也在每年递增。2011年的研发费用仅为4 967.36万元，2012年为7 965.9万元，2013年12 416.63万元，2014年16 954.71万元，2015年达到23 285.3万元，2016年则达到35 112.77万元，年增长率分别为60.36%、55.87%、36.55%、37.34%、50.79%。从研发强度暨研发费用占主营业务收入的比例来看，2011—2016年长园集团研发费用支出与主营业务收入之比分别为2.58%、3.32%、4.43%、5.11%、5.67%、6.07%。

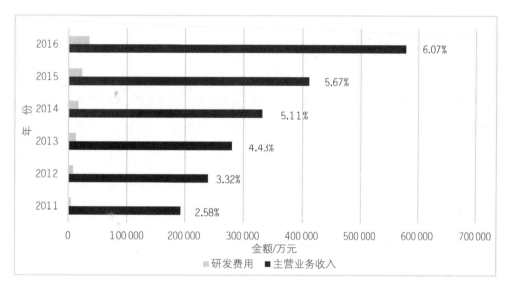

图7-4 长园集团2011—2016年研发费用与主营业务收入占比变化①

根据国际经验，研发强度（研发投入/企业主营业务收入）小于1%，企业难以生存；达到2%，可以勉强维持；5%以上才有竞争力，才能更好地促进企业内生式增长。根据长园集团2011—2016年的研发强度情况，可以看出

---

① 资料来源：长园集团2011—2016年年报。

公司的研发强度越来越大，而企业也应该越来越具有竞争力。

实际情况也是"高投入就有高回报"，长园集团如此大力度的研发投入也得到了非常好的回报，截至2016年12月31日，公司共拥有242项著作权、861项专利、10项国际发明专利。包括长园集团在内，共有18家关联企业被认定为高新技术企业，并获得每年15%的税收优惠减免优惠。同时，长园集团入选了国家"火炬计划"5项和国家产业化示范工程3项，荣获国家级重点新产品8项、省市级重点新产品19项、市级科技进步奖16项、科技成果鉴定项17项、科技成果登记14项、新产品鉴定32项。

7.4　踏实的并购增长

长园集团完美地诠释了内生式增长和外延式增长的结合，其企业的成长和市值的增长可以说是一半靠自主研发，一半靠并购重组。与A股上市公司近年来众多"跨界并购"和"忽悠式重组"。不同的是，长园集团是在其产业布局的战略下，通过踏踏实实的并购重组增加公司的盈利点，促进企业成长和市值增长。

截至2016年12月31日，长园集团总共有72家各级合并报表的子公司，其中以收购方式取得的子公司44家[①]，自设的子公司则有28家。包括一级子公司15家、二级子公司40家、三级子公司13家、四级子公司3家。除了合并报表的各级子公司之外，长园集团还参股了多家公司。

研究长园集团的收购案例发现，长园集团不是为了收购而收购，所有并购都是服务于长园集团产业整合的战略布局。而且并购模式也非常有特点，采用了"股权投资＋收购"的分阶段组合模式。

---

① 其中收购长园和鹰后，和鹰旗下的20家子公司也合并报表。

7.4.1　并购的目的非常清晰：服务于公司的产业布局

在长园集团成立之初，子公司只有 3 个，分别是长园电力、长园电子和长园长通。公司的主要产品也只有单一的热缩材料。如图 6-1 所示，经过 10 余年持续的并购和整合，公司主要子公司由上述 3 个拓展到 15 个（其中控股 50% 以上的有 9 个）。产品也由原来单一的热缩材料相继拓展到电路保护 PTC、电池电解液添加剂、继电保护及监控设备、微机五防、配网自动化设备、中压配网一次设备、复合绝缘子、接地材料等。

虽然长园集团收购的公司越来越多、产品线也越来越丰富，但是公司的并购目的非常清晰，每一次并购的标的公司均与长园集团原有业务的核心技术相呼应，行业关联性也很强。

长园集团从 2003 年开始踏上并购之路，一直以来延续了两条并购路径。

第一条并购路径是基于同一技术的拓展。比如 2006 年收购电路保护 PTC 龙头长园维安就是这一路径的体现，由于热缩材料和电路保护 PTC 都是辐照交联技术的应用，因此在技术上属于同源产品，此次并购成功地延续和加强了公司辐照交联这一核心技术。

第二条并购路径是基于同一行业的拓展，进行有关联的跨界并购。

首先，通过并购完成智能电网设备的产业布局。由于电缆附件是热缩材料在电力行业的应用，因此从 2003 年开始，长园集团以电缆附件作为基准点，延伸到电力行业的其他产品，相继完成了对长园共创、长园深瑞和长园高能的并购，将电网设备产品线由电缆附件延伸到继电保护及监控系统、复合绝缘子、微机五防等细分行业。2015 年通过并购贵州长征开关 20% 股权，公司又成功地切入了低压电器领域，完成了在用电环节的布局。目前，长园集团的电网设备产品线已较为完整，涵盖了从变电、输电到配电等各个环节，并覆盖中低压、超特高压等各个电压等级，在业务种类、产品规模和品牌技术方面都积累了较为明显的竞争优势。

其次，通过并购完成电动汽车相关材料细分行业的布局。由于原有产品电路保护PTC能够用于新能源汽车的动力电池，长园集团对电动汽车产业的未来有着清晰和深刻的认识。自2014年开始，长园集团积极布局新能源汽车产业链。相继投资或收购了星源材质（锂电池隔膜）、沃特玛（新能源汽车动力电池）、江苏华盛精化工（电池电解液添加剂）、运泰利（精密检测设备）、湖南中锂（新能源汽车高端锂离子电池湿法隔膜）、金锂科技（电动汽车高效储能磷酸铁锂材料）。除了长园电子的汽车热缩材料和长园维安的动力电池保护是自由技术之外，长园集团在新能源汽车产业链中的隔膜、电解液添加剂、动力电池、精密检测设备等环节都通过并购完成了相应的布局。

同时，通过并购完成智能工厂设备细分行业的布局。2015年全资收购运泰利达到了"一箭双雕"的作用，运泰利主要从事精密测试设备和工业自动化装备的研发、生产和销售，重点布局智能汽车行业和先进制造领域。运泰利测试设备的客户是消费类电子产品的制造企业，如苹果生产线的自动检测设备就主要由运泰利供货；运泰利工业自动化装备的客户主要分布在电子、汽车、新能源与医疗等行业，其产品主要是为客户提供定制化的自动化设备及综合解决方案。此次收购对于长园集团来讲稍微有些"跨界"，其并购目的首先是完成新能源汽车产业链的布局，其次也是借此进入智能工厂设备的细分行业。此次交易之后，长园集团以运泰利为桥头堡，又通过收购深圳道元和上海和鹰完成了智能工厂设备细分行业的布局。

- 2016年4月，长园集团收购深圳道元实业20%的股份。深圳道元的业务与运泰利相似，通过整合，双方客户与地域的差异将使长园集团在智能制造市场地位得到进一步的提升。
- 2016年6月，长园集团发布公告收购上海和鹰实业80%的股份。上海合鹰是一家集缝前、缝中、缝后整个服装工艺产品线的数字化设备全面解决方案提供商，综合实力排名稳居世界前三位。上海和鹰科能够与运泰利产生协同效应，二者同为智能装备生产企业，在诸多核心技术，尤其是数字控制技术方面有较好的协同性，同时在智能工厂解决方案的提供方面可以更加全面和完备。

7.4.2 "投资+收购"的分阶段组合并购，寻找细分行业龙头企业

由于长园集团真的是将并购作为企业成长的重要手段，因此对并购标的的选择是非常苛刻的。首先需要与公司现有业务关联性强，而且必须是细分行业龙头企业，同时还需满足业务发展空间大、技术门槛高、毛利率超过30%等条件。

从公司以往的并购历史看，细分行业龙头企业是长园集团最喜欢的并购标的。比如长园维安是国内PTC龙头，长园深瑞是国内二次设备第一梯队的企业，长园高能是复合绝缘子第一品牌，长园共创是微机五防国内第二，江苏华盛是全球领先的电池电解液添加剂企业。以上企业基本上都是细分行业的龙头企业，均满足了业务发展空间较大、技术门槛较高且毛利率超过30%以上的条件。

从并购方式来看，长园集团非常谨慎，采用较多的是"投资+收购"的分阶段组合并购模式。首先是对标的公司进行战略投资，进行一段时间的磨合之后，继续增持适合公司的股份，达到控股的目的。长园集团"投资+收购"的流程如下：

- 寻找合适的并购对象。重点考察与现有业务的关联性、毛利率、业务前景是否具备细分领域的龙头地位，这种做法避免了在并购决策环节出现错误的可能性。

- 购买（或增资扩股）目标企业15%～35%的股份，成为战略投资人，进入目标公司董事会，了解并熟悉企业，与管理层进行沟通和融合。
- 并购前的磨合。这个阶段是比较有意思的，很多并购案例都败在了尽职调查和整合上。长园集团这种模式实际上是将整合提前到了并购前，将整合和尽职调查一块做了，有点像"试婚"。在这个磨合阶段，长园集团会尽可能地去理解目标企业的商业模式，判断目标企业的发展前景，评估并购后的整合难度。同时，目标企业在磨合期间，也可以适应长园集团的企业文化、价值观、管理风格等。
- 三种结果。
  - 继续增持，直至控股。如果双方磨合愉快，长园集团会继续增持目标企业直至控股，甚至会继续增持直至100%（如收购长园深瑞和长园共创）。
  - 作为战略投资人，享受投资溢价。如果目标企业后续有机会单独IPO，长园集团就可以投资人享受投资溢价。星源材质就是这样一个成功的案例。2014年，长园集团通过全资子公司长园盈佳分两次收购了星源材质6.3175%的股份，2016年12月1日，星源材质在创业板上市，IPO价格为29.58元；而仅仅经过13个交易日，股价最高已达到95元；截至2017年3月31日，星源材质的股价为75.3元。相比较收购上市之前星源材质的所花费的初始投资金额10 234.31万元，上市后长园集团所持有的星源材质股份总值已高达到42 813.51万元，这给长园集团带来了4倍的投资收益。
  - 如果双方融合不了，则可以择机退出。

2012年之前，"投资＋收购"的分阶段组合并购是长园集团采用的主要模式，如长园深瑞、长园共创和长园高能都是以这种模式收购的。其中只有长园维安是公司于 2006 年一次性购入 67% 股权完成了控股，主要原因是长园维安的电路保护与公司起家的热缩材料同属于辐射交联技术的应用，公司对长园维安的业务模式、行业地位等在并购之前已经有较深入的了解，因此采用了直接并购的方式。

自 2014 年开始，公司在并购方式上开始有了一定的风格转变。公司对运泰利和江苏华盛两个规模较大的收购标的都采取了一次性完成控股收购。主要原因有两个：一是为了更快地完成重点产业链布局，担心错失并购标的；二是 2014 年正面临沃尔核材对公司进行恶意并购，收购运泰利 100% 和江苏华盛 80% 的股份，也是作为反并购的一种手段，意在摊薄周和平的持股比例，加大其收购成本。

7.4.3 强大的整合能力

整合是公司并购的三个关键点和难点之一，大多数看上去很美的并购案例最终失败的一个重要原因就是缺乏有效的整合。而对大多数公司很难的整合，对于长园集团来讲，好像变成了一件"简单"的事情。

很多上市公司也都像长园集团一样，通过收购多家公司来实现扩张。但是这些收购来的公司只是简单地叠加在一起，公司之间难以产生协同效应。与此不同的是，长园集团就如教科书上所讲的经典案例一样，基本上在并购之后都能够使标的公司融入现有体系并通过有效整合使其实现快速发展，从而不断建立新的盈利增长点，并持续保持较快的增长速度。长园集团并购整合成功的关键原因有两个：一是"投资＋并购"分阶段并购模式中独特的并购前磨合阶段的作用；二是各种协同和融合做得踏实到位。

长园集团在整合上将各个子公司拧成一个整体的各种手段中，除了战略协同、企业文化融合、对各个子公司的资金支持之外，做得比较有特点的就是各个子公司之间在业务上的协同创新。在长园集团的整合中，子公司业务上的协同创新比较明显，体现在营销渠道、客户资源、市场开拓、技术等方面均可以在子公司之间进行共享，实现了"1+1＞2"。并购后的协同创新作用使得各个子公司之间获得更大、更快的发展，因此各个子公司都更愿意自觉地相互融合。

- 长园电力在获取行业大客户方面借鉴了长园深瑞的经验，并且共享了长园深瑞的客户资源。长园深瑞在获取两网大客户的订单方面具有优势，与行业设计院的关系也较为紧密。而长园电力的110kV以上电压等级电缆附件同样需要参加两网的集中招标方能实现销售的增长，因此并购深瑞后，在攻克大用户方面可借助长园深瑞在两网集中招标上的经验，而且分享了客户资源。

- 星源材质与长园维安面向同一客户群体，共享了客户资源。星源材质的电池隔膜产品与长园维安的PTC电池保护产品具有同一客户群体，都是面向电池厂商（手机等智能终端电池、汽车动力电池）进行销售。公司通过参股星源材质，可共享客户资源、加快市场响应速度、实现经营协同创新。

- 长园电子和长园深瑞能够帮助运泰利拓展市场和提升技术水平，同时运泰利在检测上的技术优势又可以提升公司整体的产业化能力。

- 运泰利是面向消费电子行业销售自动化检测设备，并且打算进入汽车电子自动化检测市场。而长园电子（热缩材料）的主要销售收入即来自消费电子行业，在这个行业里有多年的资源，可协助运泰利开拓消费电子市场。同时，长园电子的热缩材料在汽车市场已获得每年2亿元的收入，在开拓汽车市场方面有丰富的经验，这些经验也会对即将要进入汽车电子自动化检测市场的运泰利有帮助。

- ○ 长园深瑞与运泰利分别从事电力自动化和工业自动化行业，两个领域之间有很多共通之处，长园深瑞可以协助运泰利提升技术或直接向其输送人才。
- ○ 运泰利在检测环节上有较大的技术优势，可以为长园集团原有新材料和电网设备板块提供高水平的监测设备与解决方案，这对提升新材料和电网设备板块的产品质量和良品率有着重要的意义。
- 沃特玛可以和长园深瑞、长园维安共同开拓充电运营市场和储能市场。沃特玛发起的新能源汽车产业创新联盟是客车行业的创新模式，即零部件联盟形式。这种模式以电池厂为核心、以运营纯电动汽车的民富沃能为连接点，围绕电池、电机、电控等核心零部件及其关键技术，建立协作机制，由整车厂负责提供车身底盘等整车组装，联盟负责产品运营并承担电池、电机、电控等新能源汽车核心部件的售后服务，包括提供车辆的充电服务。
  - ○ 沃特玛和长园深瑞可共同开拓充电运营市场。而长园深瑞的电力电子板块已经有交直流充电桩产品，未来双方可以在汽车充电领域进行合作，可以共同研发快速充电技术，之后长园深瑞负责生产充电桩，沃特玛用长园深瑞的充电桩进行充电运营服务。
  - ○ 沃特玛、长园深瑞和长园维安可共同开拓储能市场。储能是一个朝阳行业，虽然目前每年的新增装机容量不足100MW，但未来有望成长为每年GW级的市场，这也是长园集团未来重点发展的方向之一。储能系统主要由电池、PCS储能变流器、EMS能量管理系统、BMS电池管理系统、BMS电池管理系统四部分构成。长园实际上已具备储能全部四个部件的供货能力：沃特玛可提供电池，长园维安可提供电池管理系统，而长园深瑞可提供PCS储能变流器及EMS能力管理系统。未来通过子公司之间的协作，长园可成为储能整体解决方案的提供商，在这处于高速成长的市场中占据有利的位置。

7.4.4 成立产业投资基金，推进产业整合的深度和广度

2014年下半年以来，长园集团还采用了市场比较流行的"PE+上市公司"方式分别与复星、秋石资产合作，成立了长园瑞哲、长园秋石壹号两个产业投资基金。

- 长园瑞哲规模不超过10亿元。其中，长园集团作为有限合伙企业的LP，以自有资金出资1亿元，占长园瑞哲出资总额的10%。复星瑞哲作为有限合伙企业的GP和管理人，出资1亿元，占长园瑞哲出资总额的10%。其余资金由复星瑞哲募集。
- 长园秋石壹号规模不超过7.5亿元。其中，长园集团作为有限合伙企业的LP，以自有资金出资1.5亿元，占长园秋石壹号出资总额的19.98%。秋石资产作为有限合伙企业的GP和管理人，出资15万元，占长园秋石壹号出资总额的0.02%。其余资金由秋石资产募集。

以"PE+上市公司"的方式成立产业投资基金有两个目的：一是将GP在股权投资和并购方面的经验和公司在并购整合上的经验与优势进行结合，使得产业基金成为公司产业并购整合的平台，围绕公司既定的战略发展方向开展投资、并购、整合等业务，加快推进公司产业发展战略，提高和巩固公司在行业内的地位。二是在并购融资安排中创新了融资方式，公司总共以2.5亿元自有资金以私募的方式募集到了总量17.5亿元的资金。

7.5 有竞争力的激励机制

长园集团一直探索如何有效地激励管理层和核心骨干员工，将股东利益、经理人（包括核心骨干员工）和公司利益紧密捆绑，促进公司的价值创造。长园集团在利用股权激励和对员工培养这两个方面做得比较稳健和有特色。

长园集团实施过三次股权激励计划，第一次采用的是股票期权计划，第二次和第三次采用的是限制性股票计划。

7.5.1 失败的股票期权计划

长园集团曾经在 2010 年 12 月 10 日推出了第一次股权激励计划，采用的股票期权激励，授予 244 名激励对象 2 298 万股股票期权，2011 年授予，分三次行权。由于股票期权高度依赖于资本市场有效性，而 A 股市场的有效性一直较差，采用股票期权激励会出现激励对象"白干"或"不劳而获"两种极端情况，因此一般不建议 A 股上市公司采用股票期权进行激励。和 A 股许多上市公司一样，长园集团的这次股票期权激励以失败而告终。

- 激励对象在第一个行权期行权的业绩条件达标，但截至 2013 年 6 月 14 日收市，因二级市场股价与股权激励计划所设定的激励行权价相差较大，公司首次授予股票期权的全部激励对象均未行权。

- 根据公司 2012 年度报告，2012 年度扣除非经常性损益的净利润较 2009 年复合增长率为 6.86%，低于股票期权激励计划设定的 8%。因此授予股票期权的第二个行权期的业绩考核指标未达标，不满足行权条件。

- 2013 年 6 月 26 日，长园集团终止实施公司股票期权激励计划，并注销第一期已全部授予的股票期权。

7.5.2 第一期限制性股票激励计划

股票期权计划的失败相当于是长园集团的管理层向资本市场缴纳了"高昂的学费",吸取教训之后,长园集团采用了符合当前 A 股市场特点的限制性股票计划,分别在 2015 年和 2016 年推出了两期股权激励。

虽然股票期权的第二个行权期是业绩不达标而导致激励计划被取消的,但是长园集团在新推出的限制性股票计划中,依然如上次股票期权计划的设计一样,在行权业绩要求、锁定期等条件上有着严格的要求。很好地把公司的利益、股东的利益和经理人的利益长期紧密地捆绑在一起,而且这个方案出自由管理层控制的董事会,无疑是向资本市场传递了一个信号:管理层对公司的未来充满信心。

长园集团的第一期限制性股票计划,总共授予 2 300 万股,占公司股本总额的 2.66%。分两次授予,第一次授予 2 150 万股;预留 150 万股,第二次授予。

2015 年 1 月 7 日,公司第一次向董事长、总裁、副总裁、财务负责人在内的 546 名激励对象授予 2 150 万股限制性股票。

- 授予价格为 6.46 元。授予价格为激励计划草案摘要公告前 20 个交易日公司股票均价(前 20 个交易日股票交易总额 / 前 20 个交易日股票交易总量)的 50%。
- 首次授予的限制性股票在授予日起满 12 个月后分 4 期解锁,每期解锁的比例分别为 20%、20%、30%、30%,每 12 个月解锁一次。
- 正在筹划的重大资产重组项目未能成功实施的解锁条件。以 2013 年度为基础年度,解锁期前一年[①]公司 EBIT 较 2013 年 EBIT 复合增长率不低于 10%,则该期可解锁的限制性股票全部解锁;如低于 10%

---

① 四期解锁的业绩考核对应的是 2014 年、2015 年、2016 年和 2017 的 EBIT。

但不低于 8%，则激励对象仅能解锁该期可解锁限制性股票的 80%，其余 20% 由公司回购注销；低于 8%，则对应解锁期内可解锁的限制性股票由公司统一回购注销。

- 正在筹划的重大资产重组项目成功实施的解锁条件。以 2013 年度为基础年度，解锁期前一年[①]公司 EBIT 较 2013 年 EBIT 复合增长率不低于 11%，则该期可解锁的限制性股票全部解锁；如低于 11% 但不低于 9%，则激励对象仅能解锁该期可解锁限制性股票的 80%，其余 20% 由公司回购注销；低于 9%，则对应解锁期内可解锁的限制性股票由公司统一回购注销。

2015 年 11 月 19 日，公司第二次向 104 名激励对象授予 150 万股预留限制性股票。

- 授予价格。10.30 元/股，为 2015 年 11 月 19 日董事会决议公告前 20 个交易日公司股票均价（20.6 元/股）的 50%。
- 预留授予的限制性股票在授予日起满 12 个月后分 3 期解锁，每期解锁的比例分别为 30%、30%、40%。
- 同样严格的解锁条件。解锁的业绩条件同第一次授予的要求相一致。

7.5.3　第二期限制性股票激励计划

2016 年 2 月 25 日，长园集团向董事、高管人员、核心管理、核心技术及核心营销人员共计 129 名激励对象授予了 665 万股限制性股票，占公司股本总额的 0.61%。

授予价格。6.82 元/股，授予价格不低于本激励计划草案公告（2016 年

[①] 四期解锁的业绩考核对应的是 2014 年、2015 年、2016 年和 2017 年的 EBIT。

2月4日)前20个交易日公司股票均价(前20个交易日股票交易总额/前20个交易日股票交易总量)的50%。

本次授予的限制性股票在授予日起满12个月后分3期解锁,每期解锁的比例分别为30%、30%、40%,每12个月解锁一次。

严格的解锁条件。以2014年度为基础年度,解锁期前一年度[①]的EBIT较2014年EBIT复合增长率不低于11%,则该期可解锁的限制性股票全部解锁;如低于11%但不低于9%,则激励对象仅能解锁该期可解锁限制性股票的80%,其余20%由公司回购注销;低于9%,则对应解锁期内可解锁的限制性股票由公司统一回购注销。

7.5.4 丰富的培训促进员工与企业共同成长

长园集团还非常注重员工的培养,把"终身学习,不断进取"作为长园集团的基本价值观。为了践行这一价值观,长园集团每年都要组织大量的内外部培训。以2015年为例,长园共开展内部培训近500余次、外部培训近200余次,其中外部培训覆盖近1 400人次,内部培训覆盖全体员工。开展的主要培训类型丰富多彩,包括新员工融入类、基层知识技能类、中层领导力提升类、高层管理类等多层次的培训。

长园集团还与北京大学汇丰商学院、清华大学深圳研究生院、上海交通大学、中山大学等国内高等院校保持密切合作,为集团高管选取合适的EDP课程进行学习。

---

① 三期解锁的业绩考核对应的是2016年、2017年和2018的EBIT。

此外，公司还联合集团各下属子公司开展各项大型培训，如智能电网板块营销精英的培训、能源互联网培训、"互联网+"培训、"工业 4.0"培训、六西格玛培训等，各项大型培训的开展，不仅提高了员工的职业技能，同时还增强了集团各公司员工之间的交流与合作，有助于塑造强大的合作型团队以及高绩效团队，对留住人才起到锦上添花的作用。

7.6 良好的 4R 关系管理

良好的 4R 关系管理是市值管理中价值实现的重要途径和渠道。长园集团在投资者关系、分析师关系管理方面都做得比较不错，这也是长园集团价值能够得到市场认可的关键。美中不足的是媒体关系管理没有太多的特色，而且虽有微信公众号和官方微博，但更新甚少，没有将公司诸多好的一面呈现给资本市场，这或许与长园集团一贯低调的作风相关吧。

7.6.1 积极稳定的分红政策，注重对股东的长期回报

A 股上市公司中有很多"铁公鸡"，有钱不分。长园集团与之相比，基本上可以称之为"另类"，自 IPO 14 年以来，一直注重股东的回报，每年坚持现金分红。始终把回报股东作为公司经营的重要目标和动力，虽然分红金额不多，但每年都至少让股东赚到钱，在这个"得股东者得天下"的资本市场，股利政策基本上可以说是投资者关系管理的基础，而长园集团把这个基础夯得很实。

表 7-2　2003—2016 年长园集团分红情况

年份	分红方案	年份	分红方案
2003	10 派 1 元（含税）	2010	10 派 1.2 元（含税）
2004	10 送 1 股派 1 元（含税）	2011	10 转增 1 股派 1 元（含税）
2005	10 转增 3 股派 1 元（含税）	2012	10 派 1 元（含税）
2006	10 转增 10 股派 1 元（含税）	2013	10 送 5 转增 5 股派 1 元（含税）
2007	10 派 0.8 元（含税）	2014	10 派 0.8 元（含税）
2008	10 派 1.1 元（含税）	2015	10 派 1.25 元（含税）
2009	10 转增 2 股派 1.35 元（含税）	2016	10 派 0.8 元（含税）

7.6.2　前十大股东比较稳定，基本上都是长期投资者

前十大股东皆持股超过一年，是长期投资者，表明对公司的未来发展非常看好。在李嘉诚旗下的"长和系"撤离长园集团之前，公司的前十大股东基本上都由长和投资、华润深国投、许晓文以及几大基金公司占据。

在 2014 年 5 月"长和系"宣布彻底退出长园集团后，公司的前十大股东发生了一些变化。在沃尔核材举牌长园集团之后，长园集团引入上海复星取代长和投资成为单一第一大股东，并引入藏金壹号成为十大股东之一；在 2015 年 8 月份长园集团 100% 收购运泰利至今，公司的第一大股东变成运泰利董事长吴启发权，藏金壹号成为第二大股东，而沃尔核材及其一致行动人则占据了前十大股东中一半的位置。

7.6.3　密集的股东大会开会频率

法定的上市公司股东大会是一年一次，很多上市公司基本上都是一年开一次。长园集团从 2014 年开始至今，保持着年均 4 次的股东大会开会频率。这种开会频率能够让长园集团的投资者通过股东大会充分了解到公司的发展情况以及亲身参与到公司的重大决策中去。

长园集团股东大会的投票表决方式为"现场投票 + 网络投票 + 征集投票"。其中长园集团非常重视网络投票，很多上市公司的网络投票的渠道不是很顺畅，中小股东很难参与到股东大会的投票决策之中。长园集团的网络投票渠道一直以来都是通畅无阻，这实际上是保障了中小股东参与股东会决策的权利。

7.6.4　分析师对于长园集团的关注度很高

如果每年不同券商的行研人员都有关于一家上市公司的研究报告，这家公司必然是受市场关注的。这家上市公司的分析师关系管理基本上就算是成功的。

从中国股票研究报告网中统计得知，截至 2017 年 3 月 31 日，各个券商发表的关于长园集团的研究报告多达 188 篇，基本上保持着平均一年 24 篇研究报告的发表频率，这些研究报告的主题内容大都是基于对长园集团具有长期投资价值为出发点的。

需要注意的是，近年来关于长园集团的行研报告呈现越来越多的趋势，大都是对长园集团将盈利点扩展至新能源汽车行业和智能工厂装备行业产业布局的肯定，而且对长园集团通过并购实现外延式增长的做法也是非常认同的。比如，2016 年便有 55 篇关于长园集团的研究分析报告。由此可以看出长园集团在证券分析师管理方面处理得非常到位，长期极高的研究员热度和具有深度的研究报告，都能说明长园集团是一个被低估且被充分看好的公司。

7.7 反并购成功

自2014年起，A股市场诸多上市公司遭遇恶意并购，其中最有名的当属"宝万之争"，但是如同第3章的分析，姚振华最终丧失主动权，不是败给了万科管理团队，而是败给了自己的监管层关系管理。与此不同的是，2014年，长园集团也遭受了沃尔核材周和平的恶意并购，周和平及其一致行动人最终持有长园集团26.79%的股份，却真正变成了财务投资人，长园集团防守成功。

7.7.1 股权之争

2013年1月开始，李嘉诚由于其自身的战略选择，开始抛售在中国的资产，其中包括持有的长园集团股份。在其后的一年半里，长和投资更是马不停蹄地快速减持长园集团的股票，至2014年5月的最后一个交易日，长和投资持有的长园集团35.76%股份便被全部清空。

长园集团成为一个没有控股股东、股权高度分散的公司。而公司的高管团队持股比例也极低，许晓文1.25%、鲁尔兵0.25%、倪昭华0.14%、杨剑松0.008%、刘栋0.003%。成长性很好、股价被低估、股权高度分散的长园集团就成为恶意并购极好的标的。

于是，曾经长园集团的一员，现沃尔核材的实际控制人周和平及其一致行动人在2014年1月24日开始悄然通过二级市场逐步买入长园集团的股票，并在 2014 年 5 月 26 日触发了第一次举牌线,而在此后的一年内,沃尔核材对长园集团进行了 4 次增持,至 2015 年 6 月 8 日,沃尔核材及其一致行动人持有长园集团 26.79% 的股份。

- 2014 年 5 月 26 日,沃尔核材第一次举牌长园集团,累计持股超过 5%。沃尔核材对获取长园集团控制权做了充分准备,首先,其董事会批准向周和平借入 2 亿元补充流动资金,同时,周和平也多次将其持有的沃尔核材股票进行质押式回购交易,为购买长园集团的股票做充足的准备。最终于 2014 年 5 月 26 日,沃尔核材通过二级市场增持长园集团 36.36 万股,第一次举牌长园集团。

- 2014 年 7 月 2 日,沃尔核材第二次举牌长园集团,累计持股 11.72%。第一次举牌之后,沃尔核材董事会通过了《关于拟展开资金总额不超过人民币 3 亿元的长期股权投资的议案》,公司拟使用总额不超过 3 亿元的资金用于继续购买长园集团股份,而资金来源分别为其账面资金 1.12 亿元和其向周和平借的不超过 2 亿元用于补充流动资金的借款。

  ○ 沃尔核材及其一致行动人于 2014 年 6 月 4 日从二级市场增持长园集团 1482 万股,共持有长园总股份的 6.72%,成为长园集团第一大股东。

  ○ 6 月 13 日,沃尔核材又买入长园集团 2 835.95 万股,共持有长园总股份的 10%。

  ○ 6 月 14 日至 7 月 2 日,继续购入长园集团股份,累计持有总股份的 11.72%。

- 2014 年 10 月 23 日,沃尔核材第三次举牌长园集团,累计持股 16.72%。2014 年 7 月 7 日至 10 月 21 日,沃尔核材及其一致行动人又通过在二级市场"砸钱扫货"的方式一路增持长园集团股票,10

月 23 日，沃尔核材合计持有长园集团 16.72% 的股份，构成第三次举牌。

- 2015 年 4 月 30 日，沃尔核材及其一致行动人已经合计持有长园集团 21.79% 股份，构成第四次举牌。
- 2015 年 6 月 8 日，沃尔核材对长园集团的持股比例再次增长 5%～26.79%，触发第五次举牌线。

7.7.2 长园的应对

面对来势汹汹的恶意并购者，长园集团开始了一系列反并购应对，比如寻找白衣骑士、变相毒丸计划以及修改公司章程等。但是大多数应对都起效甚微或者失败了，最后的防守成功依靠的是 2014 年 10 月 20 日修改公司章程。

未雨绸缪的定增计划遭到破坏。2013 年 12 月，面对长和投资的大量减持，包括董事长许晓文在内的众多高管，与拟参与长园集团定增的创东方长园一、二、三号投资企业签署一致行动协议，若定增完成，则上述一致行动人将合计持有 16.19% 的上市公司股份，将很有可能成为长园集团第一大股东。

- 但是定增尚未成行，长园集团股东龙玉克[①]因长园集团董事会在确定定增方案时，关联董事许晓文、鲁尔兵、倪昭华等并未回避，违反了《公司法》章程的规定，向深圳市南山区人民法院提起诉讼，影响了定增计划的审核进程。
- 与此同时，长园集团又遭遇了沃尔核材在二级市场的频频举牌，定增事件在多种因素的影响下迟迟没有得到证监会的批准，直到沃尔核材第三次举牌长园集团时沃尔核材已累计已持有长园集团 16.72% 的股

---

① 龙玉克是沃尔核材的工程师。

份，超过了长园管理层非公开发行后将持有的 10.76% 的长园集团股份，若当时非公开发行成功，也不能完全取得长园集团的控制权。
- 2014 年 12 月 16 日，长园集团向中国证券监督管理委员会提交了撤回公司非公开发行股票申请文件的申请。

白衣骑士起到一定的作用。当李嘉诚家族减持长园集团股票，沃尔核材第一次举牌后，长园集团把复星作为白衣骑士引入。2014 年 5 月 31 日，复星集团以及藏金壹号[①]将接手李嘉诚旗下长和投资手中所剩 5.76% 的股权。在股权争夺的初期，复星确实作为"白衣骑士"对长园集团的管理层予以很大帮助。但是，随着周和平的继续增持，复星作为"白衣骑士"的作用就不明显了。2015 年 5 月 14 日，复星集团完成"白衣骑士"的使命，通过大宗交易方式减持长园集团 5%，此后复星集团及复星系其他成员公司不再持有长园集团股权。

变相毒丸计划的成效不一。美国最常见的反并购措施就是毒丸计划，但是在 A 股市场不能直接应用，只能通过定向增发实施变相的毒丸计划。在反并购期间，进行了两次收购，在这两次收购中，长园集团改变了"投资+并购"的模式，而是直接采用超过 50% 股份的收购，意在摊薄沃尔核材的持股比例，加大其后续收购成本，反收购有一定效果。

- 2014 年 11 月 6 日，长园集团发公告称：公司将以 15 倍[②]市盈率，作价 7.2 亿元收购江苏华盛 80% 股权，随后则继续停牌筹划重大资产重组。需要注意的是，尽管本次股权收购交易金额高达 7.2 亿元，但并

[①] 长园集团管理层是藏金壹号的合伙人。
[②] 此次收购很有可能是"焦土战术"。香颂资本执行董事沈萌认为长园集团此次交易买贵了：江苏华盛虽然目前在国内市场占有率超过 70%，日本、韩国市场占有率 40% 左右，但过去两年的净利润都只有 5 000 多万元，2014 年预计为 6 000 万元；如此高的市场占有率却只有每年 5 000 万～6 000 万元利润，说明整个市场空间非常有限；而且近三年的成长率都不高，并不能按照高科技、高成长性的产业来估值。因此，长园集团来以 15 倍的市盈率斥巨资买回来的资产，可能未来短期内无法给上市公司股东带来预期的高收益、高回报。目的应该更多的是阻击沃尔核材的恶意并购。

未触发召开股东大会的条件。在此背景下，第一大股东的沃尔核材即便对收购事项有异议，也无法以大股东之名实施干预。

- 2014年12月21日，长园集团继续发布公告重组预案，公司将以定增和现金购买的方式出资17.2亿元，收购运泰利100%股权，同时向包括藏金壹号和沃尔核材发行股份募集配套资金4.8亿元。虽然沃尔核材也在定增募资计划之中，但是由于总股本被稀释，周和平及其一致行动人的持股比例被摊薄下降至14.95%。成功收购运泰利之后，公司的第一大股东将发生变更。这项交易完成之前，公司单一第一大股东为复星，持股5.35%；沃尔核材及其一致行动人则持有占比16.72%的股权。交易完成后，公司第一大股东（个人）变更为运泰利的法人吴启权，持股比例为5.35%。

修改公司章程是长园集团反并购成功的关键。2014年10月20日，临时股东大会上通过《关于对公司章程进行修订》的议案，此次公司章程的修改直接促使了长园集团管理层反并购的阶段性成功。

- "与公司具有同业竞争关系的股东及其一致行动人提出的关于购买或出售资产、对外投资、债权债务重组、签订许可使用协议、转让或者受让研究与开发项目相关议案需要股东大会特别决议"，这一条例直接限制了日后沃尔核材及其一致行动人进入长园集团董事会并对其经营管理的控制权。

- 在投票权上做了两处修改：一处是对股东大会审议影响中小投资者利益的重大事项时，对中小投资者表决应当单独计票。单独计票结果应当及时公开披露。一处是关于投票权征集：公司董事会、独立董事和符合相关规定条件的股东可以公开征集股东投票权。征集股东投票权应当向被征集人充分披露具体投票意向等信息。禁止以有偿或者变相有偿的方式征集股东投票权。公司不得对征集投票权提出最低持股限制。这些举措的目的都是制约大股东沃尔核材及其一致行动人的。

- 此次公司章程最关键的反并购措施的修改是"向董事会新设两名职工董事进入董事会"。按照长园集团董事会由 9 名董事组成,其中独立董事 3 名、职工代表董事 2 名,其中职工代表董事由公司职工通过职工代表大会选举直接进入董事会,也就意味着无须通过股东大会的选举,长园集团管理层在董事会占据主要优势,对公司的控制权进一步增强,有力地阻击了沃尔核材作为股东的权益。短时间内,沃尔核材虽作为长园集团的第一大股东,但是很难取得公司董事会的控制权。

周和平是明确反对此次公司章程修订的,尤其是关于将董事会中的两个名额设为职工董事。为表达不满,沃尔核材在 10 月 17 日发布《沃尔核材致长园集团全体投资者的一封公开信》表示:"如果这样的章程修改成功,长园集团董事会将无法代表股东利益,成为一个完全被内部人控制的公司。这不仅会使其收购举牌溢价迅速消失,长期有可能沦为管理层掏空上市公司的工具,这对短期股价和长期股价都将造成巨大压力。"

由于中小股东对于长园集团管理层一直以来的表现比较满意,因此广大中小股东在股东大会上"用手投票"支持了管理层,此次公司章程修订的提案获高票通过。究其根本原因,应该说长园集团管理层赢在了上市以来的投资者关系管理上。

7.8 顺势而为的增减持

股市是有周期的,上市公司的股价也会伴随股市周期涨涨跌跌。如果采用被动管理的方式,股东只能看着自己持有的市值如过山车般上上下下。但是,许晓文及长园集团的高管采取了主动管理的模式,顺股市之势而择机增减持,既维护了公司股价，也使得自己的财富得以大幅升值。

通过整理长园集团2007年1月4日至2016年9月28日股价数据（由于重大事项筹划，长园集团股票于2016年9月29日开始停牌），其股价走势如图7-5所示。这期间长园集团的股价波动幅度较大，但整体上保持一个向上的趋势。2009年11月4日其股价最低为1.33元/股（前复权），2015年6月4日达到最高28.64元/股（前复权）。而这期间，长园集团的高管团队通过主动管理的模式，精准地抓住了每一个股市周期积极进行增持减持，有效地对市值进行适当的维护。

长园集团高管2007—2016年主要增减持股份的情况如图7-5所示，① 2008年1月，长园集团的股价处于阶段性高位，其高管团队便在此期间集中减持长园股票14次，合计63.3万股。② 伴随着大盘整体的低迷，长园集团的股价也遭遇了大幅下跌，2008年10—11月，就在股价快跌至历史最低位1.33元/股时，集团高管精准地抓住了股价的底部位置，开始进行12次集中增持，合计14.8万股。③ 从2009年1月开始，股价开始新一轮的上涨，直至2010年11—12月，许晓文等高管团队再次成功抓住股价的顶部，并集中进行5次的减持行为，随后在2010年12月14日股价创下近8年新高10.59元/股之后，股价又开始长达半年的下跌趋势。④⑤⑥ 2011年6月和9月，在长园集团股价出现两个阶段性底部的时候，其集团高管分别出手集中增持长园股份4次和9次，11月再次增持11次。⑦ 2014年2月，股价再次达到阶段性新高，此时集团高管集中减持2次。⑧ 此后股价一直处于横盘状态，直至2014年12月，也是中国A股市场一轮新牛市的开始，集团董事长许晓文精准抓住了牛市的底部位置，增持40万股。⑨ 2015年3月，增持1次。⑩ 2015年5月，也是这轮牛市结束之前，集团高管非常准确地选择减持，减持股份为33万股。⑪2016年1月，股市在经历长达半年的熊市后到达一个底部的位置，长园集团的股价也如此，集团高管又在此位置集中增持5次，合计60.4万股。

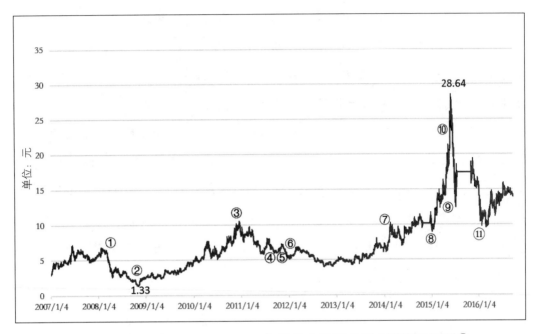

图 7-5　长园集团 2007—2016 年股价走势及高管主要增减持图 ①

7.9　未来市值的变化

长园集团是一家在产融结合第一阶段做得比较到位的上市公司，即很好地利用金融资本促进了实业的发展。

- 公司对其业务战略布局明确，智能电网、智能工厂和新能源汽车都是未来具有高成长性的行业。
- 在保证自身业务持续增长的同时，通过并购整合各个细分行业的龙头企业，不断完善产业链布局，提高净利润水平。
- 在遵守证监会法规法则的基础上，利用多元化的市值管理手段，对其

---

① 数据来源：Wind 数据库。

股价进行合理的干预,给股东带来了最大化的利益。

长园集团的产融结合做得非常扎实,市值管理的各种手段应用非常全面,但是对比上证指数与长园集团近10年来的股价走势图对比,可以看出近10年来长园集团的股价基本上处于跑输于大盘的状态。

如图7-6所示,在2014年沃尔核材举牌之前,长园集团的股价明显是跑输大盘的;在沃尔核材举牌之后,长园集团的股价才和大盘的走势基本一致。但这还不足以反映长园集团的真实价值,一家具有业绩支撑和市场高热度主题、同时把产融结合第一阶段基本做到位的企业,这样的股价显然是相对被低估的。被低估的一个重要原因或许是长园集团一贯"低调"的作风吧!

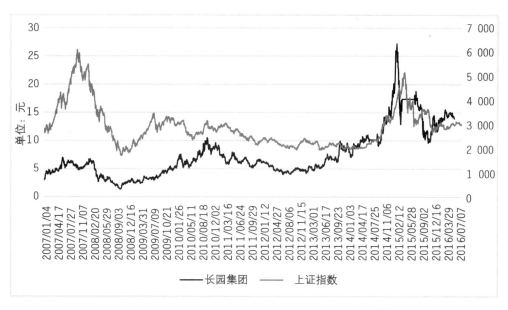

图 7-6　上证指数与长园集团股价走势对比 ①

---

① 数据来源:Wind 数据库。

7.10 控制权争夺的影响

长园集团的案例初稿于 2016 年 12 月完稿,此后,长园集团风云突变,给其带来致命一击的是 2018 年的财务造假。从最终的调查结果看,长园集团财务造假的主要责任在于长园和鹰,背后的原因则是长园集团原管理层在应对控制权争夺战时的不理性,抛弃了自己曾经成功过的"分阶段并购原则",草率地以大量的现金高溢价收购标的企业。如今,围绕着长园和鹰财务造假一事的调查已水落石出,长园集团原管理层也纷纷辞任或被证监会处罚。

7.10.1 控制权之争落下帷幕

经过四年的博弈,长园集团与沃尔核材的控制权之争终于以 2018 年 1 月 9 日的一纸公告①宣布平息。事实上,进入 2017 年后,长园集团和沃尔核材便爆发了隔空激辩。2017 年 5 月 18 日,沃尔核材向上交所控诉长园集团涉嫌关联交易,损害中小股东利益。面对沃尔核材的指责,长园集团管理层也不甘示弱,于 2017 年 5 月 24 日发布公告称与藏金壹号等 29 方主体签署《一致行动协议》,共计持有长园集团共计 22.31% 股份,当时这一持股比例仅比沃尔核材少 1.9%。此后在藏金壹号的连续三次增持之下,长园集团及其一致行动人以 968 股的微弱优势超过了沃尔核材,登上第一大股东的宝座。

2018 年 1 月 9 日晚间,长园集团发布与沃尔核材达成和解的公告②。公告显示,沃尔核材同意以协议转让的方式、以人民币 16.8 元 / 股的价格向山东

---

① 资料来源:长园集团 2018 年 1 月 10 日公告。http://www.cninfo.com.cn/new/disclosure/detail?plate=sse&orgId=gssh0600525&stockCode=600525&announcementId=1204318227&announcementTime=2018-01-10.

② 资料来源:长园集团 2018 年 1 月 10 日公告。http://www.cninfo.com.cn/new/disclosure/detail?plate=sse&orgId=gssh0600525&stockCode=600525&announcementId=1204318227&announcementTime=2018-01-10.

科兴药业有限公司转让其持有的长园集团无限售流通股 7 400 万股，占长园集团总股本的 5.58%。

当然，为了解决这场控制权之争，长园集团做出了一些让步：长园集团同意向沃尔核材转让长园电子（集团）有限公司 75% 的股权，交易价格预计为 11.93 亿元。长园电子是长园集团从事热收缩材料等辐射功能材料产品的设计开发、生产和销售业务的子公司。目前，国内上市的企业中，只有长园集团、沃尔核材和中科英华具备热缩材料的生产能力，其中长园集团是国内热缩材料第一品牌，而长园集团主要是通过子公司长园电子开展热缩材料业务。随着我国电动汽车产业的飞速发展，作为电动汽车必需品热缩材料的生产企业，长园电子价值凸显无疑。

由于当时沃尔核材直接持有长园集团 7.79% 的股权，加上其一致行动人持有长园集团 16.42% 股权，沃尔核材一共持有长园集团 24.21% 股权。以上协议一旦实施，沃尔核材及其一致行动人持有长园集团股份的比例将降至 18.64%。这将与长园集团及其一致行动人持有的股份比例拉开差距。

此外，沃尔核材及其一致行动人还在协议中做出两项承诺：

- 不再增持长园集团股份（配股除外）；
- 沃尔核材将积极支持长园集团长远发展，沃尔核材及其一致行动人对经长园集团董事会审议通过的议案均投赞成票。

以上的和解公告一出，标志着长达四年的长园集团控制权之争终于落下帷幕，沃尔核材主动出售股权降低持股比例并承诺剩余股权在股东大会上投赞成票，以股权上的让步换取了在热缩材料、辐射发泡业务的强势地位。

而投赞成票的约定使得长园集团的管理层变相获得了表决权委托，沃尔核材及其一致行动人的剩余股权未来将只能享受长园集团发展带来的收益，或者再行逐步退出。

仔细分析本次双方和解的细节，实质上均没有达到股权争夺之初的初始目的，但在如此焦灼的股权争夺中也只能选择退而求其次的妥协。而在这场长达四年的控制权之争之后，长园集团已元气大伤。

7.10.2 非理智的"三高"并购

2014年长园集团与沃尔核材爆发了股权争夺战，也就是从这个时候开始，长园集团开启了多起高估值、高溢价和高承诺的"三高"并购，主要涉及四项交易：

- 2014年11月5日，长园集团斥资7.2亿元收购江苏华盛80%股权，并给出了15倍的高市盈率。
- 2014年12月，长园集团以"定增+现金"的方式收购珠海运泰利100%股权，此次交易价格为17.2亿元，溢价率超过1300%。
- 2016年7月，长园集团以19.2亿元现金收购湖南中锂80%股权，该项交易的溢价率高达367.51%。
- 2016年6月，长园集团以18.8亿元现金收购上海和鹰（现为"长园和鹰"）80%股权，该项交易的溢价率为652.02%。

长园集团这四起并购都以现金收购为主，并且均发生于与沃尔核材争夺控制权的期间。从长园集团2015—2019年的财报可以发现，长园集团这几年的货币资金分别为9.94亿元、17.45亿元、14.67亿元、19.55亿元和13.23亿元。经营活动产生的现金流分别为4.6亿元、4.5亿元、1.4亿元、6.8亿元和4.4亿元，而投资活动产生的现金流量净额分别为-4.56亿元、-19.45亿元、-32.36亿元、2.4亿元和16.24亿元，可以看出从2015—2017年，长园集团的投资活动都处于净流出的状态，且数额逐年递增，而经营活动产生的现金流却逐年递减，且数额远比投资活动现金流产生的要小。

将大量的现金用于收购标的企业，现金流却不是那么充足，长园集团做出的多起"三高"并购在今天复盘看来显然是失去理智、乱了分寸。

高估值和高溢价的并购交易往往伴随着公司商誉规模的逐年扩大，其带来的财务风险也逐渐提高。一旦收购的标的公司经营状况发生恶化，商誉就会被计提减值，这样做的后果不仅损害了上市公司的利益，也给投资者带来巨大的损失。

长园集团为了应对"门口的野蛮人"，做出一些应对措施本无可厚非，但使用这种"杀敌一千自损八百"的焦土战术并非理性的决策。虽然"三高"并购一定程度上稀释了沃尔核材的股份，同时也加大了沃尔核材后续增持长园集团股份的成本，但这种做法是以损害公司和股东利益为前提的，是不理智的。

7.10.3 "三高"收购造成巨额商誉

巨额的商誉也随之吞噬着长园集团这家昔日行业龙头企业。根据长园集团 2017 年财报显示，当年长园集团的商誉余额高达 55.93 亿元，在净资产中的占比达到 89%。虽然长远集团收购的标的公司很多，但是商誉主要由珠海运泰利、湖南中锂和长园和鹰这三个标的公司形成，形成的商誉合计 43.9 亿元，占 2017 年长园集团总商誉的 78%。

如果并购公司业绩不达标，计提大额商誉减值，将会成为吞噬利润的最大元凶。如图 7-7 所示，纵观长园集团近几年的业绩，截至 2019 年 12 月 31 日，长园集团的净利润收益率基本呈下降的趋势，与此同时，长园集团的每年期末商誉余额却在逐步上升。

珠海运泰利属于长园集团智能工厂装备板块中的一员，该公司是长园集团 2015 年收购的，旨在专业为智能产品、汽车电子及电子元件和模块的制造提供系统解决方案。

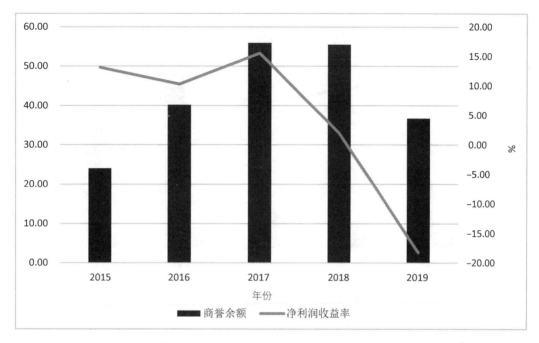

图 7-7　长园集团 2015—2019 年净利润收益率与商誉余额变化 ①

不过收购后，珠海运泰利的净利率呈急剧下滑态势，由 2015 年收购时的 22% 下降至 2019 年的 12%。造成这种结果的原因主要有两个：一是收购时估值偏高；二是运泰利的整体盈利能力大幅下滑，远不及收购时的预期。在图 7-8 中，我们可以看出，运泰利连年处于增收不增利的局势，而净利率则明显下跌。

虽然长园集团收购的珠海运泰利完成了 2014—2016 年的业绩对赌，但收购时交易溢价高达 1300.42%，形成了高达 14.6 亿元商誉②。2018 年和 2019 年业绩大幅下跌，造成较大的商誉减值损失。

---

① 数据来源：长园集团 2015—2019 年年报。
② 资料来源：长园集团上市公告。http://www.cninfo.com.cn/new/disclosure/detail?plate=sse&orgId=gssh0600525&stockCode=600525&announcementId=1200482549&announcementTime=2014-12-22。

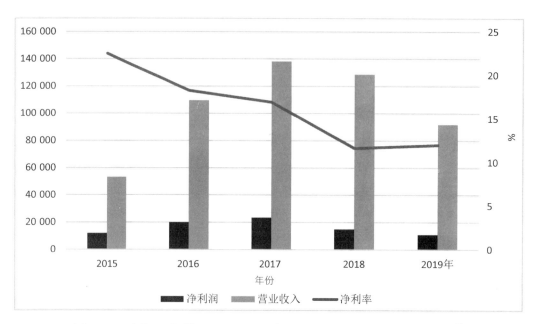

图 7-8　珠海运泰利 2015—2019 年营业收入和净利润变化情况[①]

2017 年，长园集团收购湖南中锂，成为其电动汽车相关材料板块中的一员。湖南中锂是专业从事锂离子电池湿法隔膜及涂覆隔膜研发、生产和销售的高新技术企业，收购该标的企业主要是为了补足长园集团在锂电池方面的短板，然而该公司却在 2018 年遭遇"黑天鹅"——沃特玛债务危机。

从图 7-9 可以看出，2017 到 2018 年，湖南中锂的业绩经历了大起大落。导火索源自于湖南中锂的头部客户坚瑞沃能破产。2016 年，坚瑞沃能斥资 52 亿元收购子公司沃特玛[②]。从 2018 年起，由于新能源汽车补贴政策退坡，沃特玛的经营陷入困境，最终导致沃特玛资金链断裂。

如多米诺骨牌一般，沃特玛的倒下，推倒了母公司坚瑞沃能，也重击了供应商湖南中锂。

---

① 数据来源：长园集团 2015—019 年年报。
② 该公司本是长园集团的目标收购对象，但最后双方因估值分歧未能达成合作。

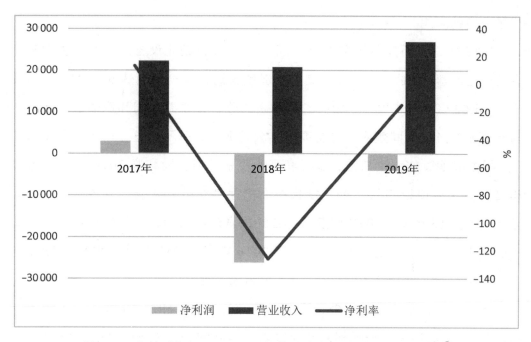

图 7-9 湖南中锂 2017-2019 年营业收入和净利润变化情况 [1]

长园集团收购湖南中锂也属于高溢价收购，溢价率高达 367.51%，这笔交易给长园集团形成了 13.25 亿元的商誉，但罕见的是双方并没有签订对赌协议[2]。从公开的信息可以查到，长园集团收购湖南中锂的评估基准日为 2017 年 5 月 31 日，当时湖南中锂的资产净额仅有 5.12 亿元，公告中仅显示预计湖南中锂 2017—2019 年将实现净利润分别为 1.8 亿元、2.5 亿元和 3 亿元。最终这份"大胆"的业绩目标与实际情况相差甚远，2017—2019 年，湖南中锂分别实现净利润为：0.29 亿元，-2.62 亿元和 -0.4 亿元[3]。湖南中锂的业绩大变脸，使得长园集团在 2018 年对其进行商誉减值 6.63 亿元，对其业绩造

---

[1] 数据来源：长园集团 2017—2019 年年报。
[2] 资料来源：长园集团上市公告。http://www.cninfo.com.cn/new/disclosure/detail?orgId=gssh0600525&announcementId=1203775509&announcementTime=2017-08-09。
[3] 数据来源：长园集团 2017—2019 年年报。

成了一定的影响。

2016年，长园集团斥资18.8亿元收购服装自动化设备及全面解决方案的企业长园和鹰80%股权。该笔交易以现金收购，溢价率高达652.02%，形成高达16.02亿元的商誉①。根据长远集团的公告，收购长园和鹰的目的是为了与当时业务形成协同效应，并提高上市公司业绩，殊不知这是一颗"巨雷"。

根据收购时的协议约定，长园和鹰原股东承诺长园和鹰2016年度、2017年度合并报表口径扣除非经常性损益后的净利润分别不低于1.5亿元、2亿元②。且2016年度、2017年度累积合并报表口径扣除非经常性损益后净利润不少于3.5亿元③。然而实际长园和鹰2016年度、2017年度分别实现1.56亿元、1.76亿元，合计3.32亿元，业绩承诺未实现。

除了未完成业绩承诺之外，更令人诧异的是长园和鹰2018年上半年的业绩。2018年上半年，长园和鹰营业收入和净利润分别以55.34%和79.2%的速度双双下滑，2018年的净利润仅为1 699.99万元④。该业绩的大变脸也迎来了深交所的问询函。

此外，2018年12月，长园集团自曝长园和鹰存在管理层业绩造假等违规行为。该消息爆出后，使得长园集团这只本是A股上市公司中的"绩优股"，一下变成了"踩雷概念股"。2018年，长园和鹰营业收入和净利润分别为4.3亿元和 –2.54亿元，同比下降56%和232%。与此同时，长园集团2018年的营业收入和扣非后净利润分别为71.37亿元和 –11.9亿元。

---

① 资料来源：长园集团上市公告。http://www.cninfo.com.cn/new/disclosure/detail?plate=sse&orgId=gssh0600525&stockCode=600525&announce.

② 资料来源：长园集团上市公告。http://www.cninfo.com.cn/new/disclosure/detail?plate=sse&orgId=gssh0600525&stockCode=600525&announcementId=1202362248&announcementTime=2016-06-08.

③ 资料来源：长园集团上市公告。http://www.cninfo.com.cn/new/disclosure/detail?plate=sse&orgId=gssh0600525&stockCode=600525&announcementId=1202362248&announcementTime=2016-06-08.

④ 资料来源：长园集团2018年年报。

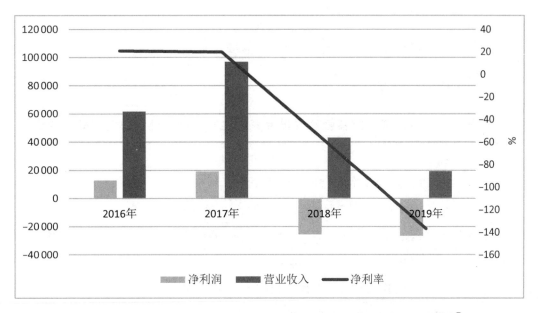

图 7-10　长园和鹰 2016—2019 年营业收入和净利润变化情况 ①

根据 2020 年 10 月 24 日长园集团披露，长园和鹰通过虚构海外销售、提前确认收入、重复确认收入、签订"阴阳合同"、项目核算不符合会计准则等多种方式进行虚增业绩造假，导致长园集团 2016 年、2017 年年度报告中披露的财务数据存在虚假记载 ②。

其中，2016 年合并利润表虚增营业收入 1.5 亿元，虚增利润总额 1.23 亿元，分别占公开披露的长园集团当期营业收入、利润总额（追溯调整期）的 2.56%、15.21%；2017 年合并利润表虚增营业收入约 2.1 亿元，虚增利润总额 1.8 亿元，分别占公开披露的长园集团当期营业收入、利润总额（追溯调整期）的 2.82%、14.85%，两年累计虚增营业收入约 3.6 亿元，虚增利润总额 3

---

① 数据来源：长园集团 2016—2019 年年报。
② 资料来源：长园集团上市公告。http://www.cninfo.com.cn/new/disclosure/detail?plate=sse&orgId=gssh0600525&stockCode=600525&announcementId=1208608018&announcementTime=2020-10-24。

亿余元[①]。

此外，长园集团还收到中国证券监督管理委员会深圳监管局行政处罚决定书，其中，深圳证监局决定[②]：

表 7-3　中国证券监督管理委员会深圳监管局行政处罚决定书处罚内容

序号	处罚内容
1	对长园集团给予警告，并处以 50 万元的罚款
2	对时任长园和鹰董事长、总裁尹智勇给予警告，并处以 30 万元罚款
3	对史忻、刘瑞、许晓文、鲁尔兵、黄永维、倪昭华给予警告，并分别处以 20 万元罚款
4	对徐成斌给予警告，并处以 5 万元罚款
5	对隋淑静、姚太平、贺勇给予警告，并分别处以 3 万元罚款
6	对尹智勇采取 10 年证券市场禁入措施
7	对史忻采取 5 年证券市场禁入措施
8	对刘瑞采取 3 年证券市场禁入措施

至此，长达两年的长园和鹰造假事件，也告一段落。

7.10.4　财务恶化

经过上述并购子公司的业绩暴雷，尤其是长园和鹰财务造假事件，长园集团的业绩也一落千丈。

从成长能力看，长园集团 2016—2019 年分别实现营业收入 58.49 亿元、71.31 亿元、71.37 亿元和 64.15 亿元，扣非后净利润分别为 5.5 亿元、-6.3

[①] 资料来源：长园集团上市公告。http://www.cninfo.com.cn/new/disclosure/detail?plate=sse&orgId=gssh0600525&stockCode=600525&announcementId=1208608018&announcementTime=2020-10-24.

[②] 资料来源：长园集团上司公告。http://www.cninfo.com.cn/new/disclosure/detail?plate=sse&orgId=gssh0600525&stockCode=600525&announcementId=1208608018&announcementTime=2020-10-24.

亿元、−11.9 亿元和 −5.81 亿元。每股收益分别为 0.53 元、−0.06 元、0.09 元和 −0.67 元[①]。

从盈利能力看，2016—2019 年长园集团的净资产收益率分别为 10.28%、15.51%、1.95% 和 −18.24%，可以看出长园集团的获利能力越来越弱。总资产报酬率在 2016—2019 年期间也呈下降趋势，分别为 5.65%、6.72%、−0.07% 和 −6.58%，说明长园集团的资产利用效率非常弱[②]。

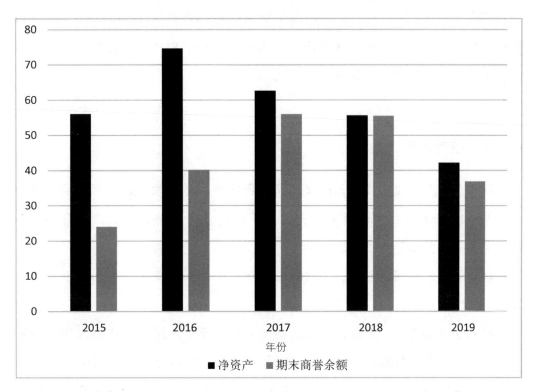

图 7-11　长园集团 2015—2019 年净资产与期末商誉余额对比[③]

从财务风险能力看，长园集团从 2016—2019 年的资产负债率一直都超

[①] 数据来源：根据长园集团 2016—2019 年年报整理。
[②] 数据来源：根据长园集团 2016—2019 年年报整理。
[③] 数据来源：长园集团 2015—2019 年年报。

过40%，分别为52.18%、60%、69.19%和61.82%，一定程度上这也是因为长园集团的大量并购所导致。速动比率方面，长园集团连年低于1，2016—2019年的数据分别为0.88、0.83、0.78和0.81，说明公司在偿债方面的压力还是比较大的[1]。

值得注意的是，在2015年以后，长园集团的商誉整体呈现惊人的上升趋势，其中2015—2017年每年保持着14亿~15亿元的商誉额度增加。截至2019年12月31日，长园集团的商誉期末余额仍然高达36.7亿元。图7-11是长园集团2015—2019年净资产与期末商誉余额的对比，可见巨额的商誉对长园集团来讲，将会是一颗不定时的炸弹。

7.10.5 断臂求生 [2]

多起"三高"收购使得长园集团留下巨额商誉的野蛮人敲门后遗症，这也给长园集团带来了巨大的财务压力。为了解决债务压力，长园集团开启了断臂求生的"卖卖卖"之路。

本文根据公开信息整理，从2019—2020年，长园集团一共出售9项资产（包含出让股权）。

- 2019年7月24日，以总价款60 309万元人民币向南京江宁经济技术开发总公司出售子公司长园（南京）智能电网设备2019年年度报告34/274有限公司名下的办公楼、附属设施及土地使用权，包含178.39亩的国有建设用地使用权和88 112.09平方米办公楼的房屋所有权、约5 000平方米连廊所有权以及其他附属设施的产权。

---

[1] 数据来源：根据长园集团2016—2019年年报整理。
[2] 数据来源：长园集团2019—2020年年报。

- 2019年8月5日，长园集团公告称已将长园维安77.73%股权作价3.5亿元给转让上海材料研究所、上海科技创业投资有限公司等主体。
- 2019年10月29日，出售深圳南山科技园西区33栋首层房屋物业。
- 2020年5月29日，将子公司长园长通90%的股权作价8 280万元转让给深圳长通合泰投资企业（有限合伙），转让完成后，公司不再持有长园长通的股权。
- 2020年8月26日，控股子公司长园和鹰向广州意达另一股东广州智富数控科技有限公司以100万元转让所持广州意达60%股权。股权转让完成后，长园和鹰不再持有广州意达的股权。
- 2020年8月28日，向广东泰荣实业投资有限公司转让公司持有的东莞市康业投资有限公司（以下简称"东莞康业"）100%股权，东莞康业100%股权的转让交易价格为20 600万元，同时广东泰荣实业投资有限公司代东莞康业向公司偿还7 400万元。
- 2020年9月18日，第七届董事会第四十次会议审议通过《关于设立合伙企业及公司将维安电子8.84%股权转让给合伙企业的议案》，转让价格为45 899 999.90元。
- 2020年10月27日，以1 000万元向自然人文国松转让全资子公司四川中昊长园高铁材料有限公司100%股权。
- 2020年12月30日，将全资子公司长园创新技术（深圳）有限公司以550万元向苏州市恒立盈企业管理合伙企业（有限合伙）转让所持启翊创智能科技（苏州）有限公司55%股权。

通过频繁的资产出售，长园集团缓解了资金链紧张的压力。同时，公司的经营战略也进行了调整，其主要经营业务已逐渐从原来的"智能电网设备＋智能工厂装备＋与电动汽车相关材料及其他功能材料"逐渐转变为如今的"智智能电网设备与新能源互联网技术服务＋消费类电子智能设备"。适度地进行战略收缩,重点布局发展公司优势的智能电网和工业智能化领域,这是长园集团的应对措施。

7.11　长园集团能否涅槃重生

这家遭遇子公司业绩造假"黑天鹅"事件、市值大幅缩水的上市公司被格力集团抄底。

7.11.1　格力集团举牌长园集团

2018年5月15日,长园集团披露了格力集团要约收购的详情,表示格力集团拟以19.8元/股的价格,收购长园集团20%的股份,约2.65亿股,收购所需资金总额约为52.46亿元。

就当市场纷纷猜测格力集团是否长园集团请来的"白衣骑士"之时,没过几天,长园集团便宣布格力集团终止要约收购,原因是该项交易未能得到珠海国资委批复。

本以为故事应该到此结束,但是2019年5月29日,长园集团一封《关于股东一致行动协议到期相关事宜》的公告,宣告了格力集团对长园集团的去而复返。

公告出示的一份前十大股东名单显示,格力集团旗下全资子公司格力集团旗下全资子公司"珠海格力金融投资管理有限公司"(简称"格力金投")和"珠海保税区金诺信贸易有限公司"(简称"金诺信")已然跻身长园集团前十大股东之列(详情见表7-4)。其中,格力金投持股4 715.25万股,持股比例为3.56%,金诺信持股1 849.02万股,持股比例为1.40%。这意味着,背后的格力集团合计持有长园集团 4.96% 的股份，逼近举牌线。

表 7-4 截至 2019 年 5 月 24 日长园集团主要股东持股情况[①]

序号	股东名称	持股数量（股）	占总股本比例 %
1	山东科兴药业有限公司	103 425 058	7.81
2	深圳市藏金壹号投资企业（有限合伙）	78 035 629	5.90
3	吴启权	69 524 272	5.25
4	珠海格力金融投资管理有限公司	47 152 468	3.56
5	深圳市沃尔核材股份有限公司	29 258 471	2.21
6	中央汇金资产管理有限责任公司	24 433 200	1.85
7	珠海保税区金诺信贸易有限公司	18 490 188	1.40
8	中国农业银行股份有限公司 – 中证 500	16 193 125	1.22
9	香港中央结算有限公司	11 031 337	0.83
10	中国农业银行股份有限公司 – 中证 502	18 490 188	0.82

值得注意的是，长园集团公布 2019 年一季度财报时，前十大股东中，格力系仅有金诺信持有长园集团 1 849.02 万股股份，占比为 1.4%。

这意味着，从 3 月底到 5 月 24 日之间，短短不到两个月的时间里，格力集团大举增持长园集团。

此后，在 2019 年 5 月 24 日—2019 年 8 月 6 日之间，格力金投继续增持长园集团股份，累计增持数量达到 3 898.90 万股，增持均价为 5.12~6.81 元每股，直接触发了 5% 的举牌红线。

2019 年 10 月 30 日晚，长园集团公司称，格力金投于 2019 年 8 月 13 日至 10 月 30 日增持公司股份 6 618 万股，占公司总股本的 5%，此次增持后，格力金投及其一致行动人共计持有长园集团共 10% 的股份，成为长园集团第一大股东。

---

① 数据来源：Wind 数据库。

截至 2020 年 9 月 30 日，格力金投及其一致行动人共计持有长园集团 14.53% 的股份，稳坐长园集团第一大股东的交椅。表 7-5 为长园集团目前的前十大股东详情：

表 7-5　截至 2020 年 9 月 30 日，长园集团主要股东持股情况[①]

序号	股东名称	占总股本比例 %
1	珠海格力金融投资管理有限公司	13.11
2	吴启权	8.10
3	山东至博信息科技有限公司	7.92
4	深圳市藏金壹号	5.98
5	深圳市沃尔核材	2.24
6	中央汇金资产管理有限责任公司	1.87
7	珠海保税区金诺信贸易有限公司	1.42
8	林　红	0.93
9	杨生良	0.71
10	马骁雷	0.68

7.11.2　格力集团为何看中长园集团[②]

对于入主长园集团，格力集团方面称不以谋求长园集团控制权为目的。那么面对这个业绩下滑、会计造假被立案审查公司，格力集团为何偏偏相中长园集团呢？

首先，格力集团缺乏一个顶替格力电器的核心企业。从格力集团的官方中

[①] 数据来源：Wind 数据库。
[②] 资料来源：（1）同花顺财经. https://baijiahao.baidu.com/s?id=1645826305203734306&wfr=spider&for=pc；（2）新浪财经. https://baijiahao.baidu.com/s?id=1669617545570044687&wfr=spider&for=pc.

显示，格力电器依然占据"主角"地位：格力集团已形成了"一个核心，四大支柱"的战略性产业布局。旗下核心制造企业——格力电器是多元化的全球型工业集团，家用空调产销量连续14年领跑全球，产品远销160多个国家和地区，2006年荣获"世界名牌"称号，并连续16年位居中国家电行业纳税第一。

第二，长园集团符合产业趋势。原本以为格力集团看中的是长园集团的新能源汽车业务，如今看来并不是这么简单。根据长园集团2019年财报显示，长园集团经营范围由"材料板块、智能装备、智能电网设备"三大板块调整为聚焦"工业与电力系统智能化数字化"，已确立"成为全球卓越的工业与电力系统智能化数字化民族品牌"的愿景。而与新能源汽车业务密切相关的材料板块，股权已经被陆续出售。

格力集团对长园集团的不断增持，说明格力集团依然看好这家愿景是成为"百年老店"的企业。看好的原因，或许与工业与电力系统智能化数字化有关。

第三，长园隐患已除。造假门查明，长园集团隐患已除。可以说，长园集团已经"轻装上阵"了。长园集团股价持续低迷，所以格力集团全面控制长园集团的成本也不用付出太多。

综上所述，当时格力集团在剔除长园集团立案调查的因素之外，认为长园集团的质地还不算差，入主长园集团与近年来格力的业务转型也存在或多或少的联系性。

7.11.3 原公司管理层纷纷离职

长园集团到底还是不是一家值得投资的公司？这成了不少投资者心中的疑惑。如今的长园集团，已经剔除了控制权之争和子公司财务造假的风险，公司原管理团队也相继被证监会处罚和离开团队，因此目前的长园集团是全新的公司，需要对其重新看待和分析。

长园集团之前多次并购都较为成功,如果不是因为夺取公司控制权,相信不会做出如此不理性的种种行为。即使"三高"收购的珠海运泰利、长园和鹰抑或是湖南中锂,其实都是行业细分龙头,长园集团的并购路径和模式并没有错。造成如今的局面,也是多种原因造成的。这也是长园集团如今在已解决控制权纠纷和子公司财务造假之后应该思考的。

吴启权曾说过的一句话"和鹰和中锂就像十根手指中两根受伤了,长园集团在积极为他们包扎止血,而另外八根手指依然活动自如。长园集团旗下另外十余家主要子公司运营情况及现金流良好,确保对上市公司分红。"[①]

在财务造假案东窗事发之后,长园集团的高层纷纷离职[②],其变动情况如表 7-6 所示。

表 7-6 长园集团 2018—2019 年主营高管离职情况一览

时间	内容
2018 年 7 月	时任董事长兼法定代表人许晓文、时任总裁鲁尔兵、时任董事会秘书倪昭华均宣布辞去职务,其中鲁尔兵在 2019 年 7 月彻底辞去长园集团包括董事、副董事长在内的所有职务
2019 年 1 月 18 日	原总裁许兰杭宣布辞掉总裁职位,辞职后,许兰杭仍担任职工代表董事及董事会下设的相关专门委员会委员
2019 年 5 月 5 日	原财务负责人黄永维递交书面辞职报告,辞职后,黄永维仍担任副总裁
2019 年 8 月 5 日	黄永维辞去长园集团副总裁及兼任的一切职务。同日,副总裁王军也申请辞去副总裁职务。值得一提的是,黄永维、王军两位副总裁任职时间刚满 1 年
2019 年 6 月 28 日	董事会秘书高飞也宣布申请辞去董事会秘书职务,由顾宁接替其职务
2020 年 11 月 12 日	财务负责人王伟辞去财务负责人职务,姚择担任

① 资料来源:百家号. https://baijiahao.baidu.com/s?id=1622361208029587656&wfr=spider&for=pc.
② 资料来源:根据长园集团公告整理。

7.11.4　长园集团的未来还值得期待吗

长园集团之所以陷入今天的困境，主要原因在于公司的原管理层在应对沃尔核材争夺控制权时乱了分寸。这也说明对于上市公司而言，市值管理、控制权争夺与安排以及公司治理等对于上市公司而言是一体的，是需要进行系统思考，统筹做出安排。长园集团原管理层在应对控制权争夺时时做出的非理性行为，实际上损害了公司的价值创造能力。

在 2018 年遭遇"黑天鹅"，2019—2020 年出售资产断臂求生之后，长园集团从实控人、管理层和主营业务来看，已经变成一个新的公司。

实控人是珠海国资委，通过格力金投和金诺信共计持股 14.53%。珠海市国资委入主长园集团的一个重要目的，是在放弃了格力电器的控制权之后，需要一个上市公司的平台。而曾经打造出格力电器这样一个白马股的珠海国资委，相信在未来可以推动长园集团价值经营、价值创造和价值实现三阶段的良性循环和发展。

原管理层已退出，董事长现为运泰利的创始人吴启全（持股 8.1%）。

逐渐剥离新能源汽车相关产业后，主营业务已变为"智能电网设备与新能源互联网技术服务 + 消费类电子智能设备"。长远集团在智能电网设备与新能源互联网技术服务领域具有市场和技术优势，而吴启权创办的运泰利在消费类电子智能设备领域的竞争力是比较强的。主营业务的聚焦必能加强长远集团的价值创造能力。

长园集团目前的市值基本上处于底部，触底反弹是大概率事件，让我们拭目以待！

第 8 章

爱尔眼科借力并购基金驱动市值增长

8.1 湖南首富的传奇人生

8.2 分级连锁商业模式创造价值

8.3 针对性的股权激励计划

8.4 积极实施 4R 管理

8.5 "上市公司 +PE" 的并购模式

8.6 并购基金退出渠道多样化

8.7 巨大的商誉风险压身

8.8 花团锦簇下的反思

8.9 健康的市值管理之道

爱尔眼科作为A股第一家IPO上市的医疗机构，也是全球规模最大的眼科医疗集团，其商业模式已经得到了验证，高效运转的分级连锁模式、深度绑定的合伙人制度、四两拨千斤的并购方式，造就了爱尔眼科的市值神话——截至2020年底，11年累计上涨近80倍，高位市值一度超过3 700亿元，创造了民营医院企业的辉煌。

如此优秀的市值管理手段有哪些可以被借鉴的地方？爱尔眼科的市值管理是否存在操纵的成分？在二级市场上的价值是否大于其内在价值？让我们一同来探寻爱尔眼科背后的故事。

8.1 湖南首富的传奇人生[①]

2020年福布斯中国富豪榜中，陈邦以1 047.6亿元财富蝉联湖南首富，位列全国第28名。提起陈邦可能很多人感到陌生，但是如果说到他创办的企业爱尔眼科，那在中国可以说得上是家喻户晓了。爱尔眼科是目前中国及世界最大的眼科医疗集团，旗下眼科医院数量高达600余家，在中国大陆、

---

① 资料来源：(1) 爱尔眼科陈邦：出口转内销暴富. [EB/OL]. https://www.zuimoban.com/vc/chuangye/6846.html; (2) 一夜之间8 000万赔个精光，他31岁从头开始，结果20年开出100家医院！[EB/OL]. https://www.sohu.com/a/340422019_676191; (3) 杨仙仙. 一对湖南儿女的"首富秘史"[EB/OL]. https://dy.163.com/article/foc1ihtc0548o7jn.html; (4) 柳海峰. 爱尔眼科的二十年. 地产资管网[EB/OL]. https://m.sohu.com/a/344916599_290250.

欧洲、东南亚拥有3家上市公司（中国深圳：爱尔眼科，300015；西班牙：CBAV；新加坡：40T）。2009年，距离开办第一家眼科医院不过8年时间，爱尔眼科成功登陆创业板，成为A股首家IPO上市的民营医院。12年后的今天，爱尔眼科成为A股大白马，市值已经突破3000亿元。那么这艘眼科航母是如何成长起来的呢？

爱尔眼科的创始人陈邦出生在一个军人家庭，受到家庭的熏陶他也早早进入了部队。19岁的时候在部队的陈邦报考军校，却在体检中被查出来是红绿色盲，无奈之下只能退伍。这段经历虽然对于年轻的陈邦打击很大，但是也给予了他日后成功的一个宝贵财富——爱尔眼科医院集团副董事长兼总裁李力，正是陈邦当时在部队结识的战友。

陈邦转业回湖南之后，去了一家国企做仓库管理员，恰逢改革开放，大量有志青年跳入商品经济、市场竞争的"大海"，自主挣扎和生存，陈邦也不例外，投入了这一轰轰烈烈的"下海潮"。他来到一家装修公司做了业务员，并在随后成为公司合伙人。21岁的陈邦在好友的撺掇下，开了家文化传播公司，利用业务优势开始创业，倒卖过器材、批发过食品，最后做到饮料代理，但是用陈邦的话来说就是"打不起精神来"，直到昔日的战友李力邀请他到海口做椰子生意，虽然公开报道上没有明写，但是根据时间线的推断陈邦应该是拿下了湖南的椰树椰汁代理权，并开始频繁往返于湖南与海口之间。1988年国家批准设立海南经济特区后，海南淘金热开始在全国盛行，陈邦也看到了这背后的商机，所以果断放弃了在可口可乐等大牌饮料挤压下越来越难做的椰树椰汁代理，于1990年揣着赚到的数百万元资金冲向了海南的房地产市场。

20世纪90年代初的海南房地产泡沫造就了一大批财富神话，陈邦也是其中之一，他通过炒楼花、炒地皮等方式，仅仅两年时间就积累了上千万元的资产。只是，陈邦没能像万通六君子那样做到全身而退。1994年海南楼市泡沫破裂，生意一落千丈，高开低走的陈邦濒临破产。为了挽救事业最后一搏，陈邦选择响应政策号召去台湾投资，他赌上了全副身家8 000万元，在台湾建立了一个中华民俗文化主题公园，成为首个在台投资的内地人。但开园没多久，两岸关系变化，陈邦带着100名员工返回大陆。

而立之年的陈邦和当初20岁那年被查出色盲一样，迎来了人生中的又一个低谷。关于自己这段创业经历，陈邦回忆道："最风光时，坐的是奔驰600，最落魄时，坐的是一毛钱一张票的公交车。"

1995年陈邦来到上海寻找东山再起的机会，他在上海租了一套房子，房东恰好是一位医疗器械商，天生具有敏锐商业嗅觉的陈邦注意到，他的房东正在帮上海第六人民医院引进一台治疗白内障的设备，并与医院展开了深度的合作。房东邀请他一起合作，投资几十万元购买设备然后分成，但此时的陈邦还在琢磨着房地产业的机会，所以并没有把这件事放在心上。

直到1996年春节，陈邦患上了突发性耳聋，不得不回到长沙市第三人民医院调养，因为当时主治医师的妻子恰好在眼科工作，陈邦开始打听当初上海邻居所说的投资是不是靠谱。在多方求证之后，他决定试一试这种"承包科室"的模式。

陈邦此时没有足够的资金，但是还有当年在湖南积攒下来的人脉，他凭借着自己之前的丰富经商经验，成功说服了厂家以10%的首付款的形式，从德国买回了一台白内障超声乳化治疗仪，并且放在长沙市第三人民医院开始"科室承包"的生涯。

2019年"3·15"前夕，知名互联网医疗平台"春雨医生"曾发表了一篇《"莆田系"民营医院名单大揭秘》的文章，本意是为了让广大消费者避免上当受骗，这份名单中就包含有"爱尔眼科"的名字，随后虽然解释清楚了爱尔眼科是湖南人创办的，但是起家的历史的确和莆田系医院一样，都是借着"承包经营责任制"的东风，完成了最初的积累。

陈邦找到了第三医院的院长,"我带着设备进院,承担药品成本、医护工资、宣传费用,医院只要提供挂号和场地就行,利润分成按照之前的老规矩就行。"利用从国外引进的设备和技术,他与长沙市第三人民医院合作成立了白内障治疗中心,同时兼做近视检查和常规眼科手术。设备进了医院,相当于找到了一台印钞机,老百姓对公立医院有一种天生的信赖,根本不用愁没有患者。短短三年时间内,靠着进口设备加公立医院的资源优势,每天来诊疗的病人络绎不绝,这种"院中院"的模式让陈邦不仅很快还上余款,还大赚了一笔。

但是好景不长,由于医生资质、诊疗规范性、收费合理性、虚假广告等一系列隐患,2000年国家开始大力整治"院中院"乱象。陈邦的眼科医院被长沙市第三人民医院清退,不得不搬出来。

陈邦本以为命运又一次同自己开了玩笑,但是天无绝人之路,同年年底,国家卫生部等8部委下发《关于城镇医疗机构分类管理的实施意见》,允许民营资本开办营利性医院。陈邦当机立断决定收购濒临倒闭的长沙钢厂职工医院,据他后来回忆,"当时几乎动用了承兑汇票、融资租赁、信托计划等各种融资手段"。最终完成了收购,并将医院改名为"爱尔眼科",一个眼科帝国波澜壮阔的历史就自此展开了。

在爱尔眼科官方对外宣传中,陈邦于2000年开始谋划转型,2001年筹建首家自己的眼科医院,并陆续在长沙、武汉、沈阳、成都等地开设分院,进入了价值创造的环节。

爱尔眼科能够快速起步的原因有二,一是打出"先进治疗仪"的招牌,眼科和别的专科不一样,对于专家的依赖度并没有那么高,所以相对于来说更为稳定。

二是迅速地跑马圈地,在成本结构上,眼科医疗的主要成本为房租、折旧、摊销、人工工资等固定费用,相对来说每增加一个患者所产生的边际成本比较低。相比于其他深耕在单一省份的眼科医疗机构，爱尔眼科更具优势。

为了快速复制占领市场，爱尔眼科在2006年的时候向世界银行国际金融公司（International Finance Corporation，IFC）借了一笔低息贷款，根据爱尔眼科在招股说明书中披露的信息显示，该笔长期贷款金额高达800万美元，为爱尔眼科的发展壮大提供了坚实保障，由此也标志爱尔眼科的综合实力和发展前景获得国际著名金融投资机构的认可。

截至2009年上市之前，爱尔眼科全国12个省（直辖市）设立了19家连锁眼科医院，同期发展较好的麦格集团国际公司有6家眼科医疗机构，博爱医疗集团有4家中外合作的眼科中心，普瑞医疗投资集团开办了6家眼科医院，艾格眼科集团有2家眼科医疗机构。与上述中外合资合作眼科医疗机构和民营眼科医疗机构相比，爱尔眼科在品牌影响力、业务规模、医师数量等方面不可同日而语。如此之快的发展速度与爱尔眼科的商业模式脱不开关系。

8.2 分级连锁商业模式创造价值

都说拼多多是首个靠着下沉市场发家的企业，其实在此之前看到下沉市场的潜力的大有人在，爱尔眼科就是其中的佼佼者。早在2000年，爱尔眼科就意识到我国的医疗资源分布很不均匀，北京、上海等一线城市聚集了全国最为先进的医疗资源，但是三四线城市和广大农村地区有大量患者，他们的就诊需求在当地得不到满足，只能去省会城市求医。爱尔眼科便是抓准了这个痛点，设计出了分级连锁模式，建立了通畅的优质医疗资源及患者的流通机制，上级医院可以给下级医院输送技术与人才，下级医院则把处理不了的疑难杂症上报，还能通过远程诊疗及相互转诊的方式，让患者在各连锁医院都能享受到高水准、多层次的眼科医疗增值服务。

爱尔眼科的分级连锁模式简单概述起来就是：一级医院——上海爱尔，定位为公司的技术中心和疑难眼病患者的会诊中心；二级医院——省会连锁，主要负责常规的手术与门诊，定位为公司发展的利润中心；三级医院——地级市连锁，侧重于眼视光及常见眼科疾病的诊疗服务，疑难眼病患者可输送到上级医院就诊，定位为提供验光配镜、常见诊疗的客户中心。

如图8-1所示，在2009年上市之后，爱尔眼科将三级连锁模式优化成了分级连锁模式，在地级城市连锁之下又增设了县级城市连锁，这种模式先在爱尔眼科的大本营两湖地区构建起了毛细血管网络，然后借鉴在湖南、湖北的成功模式，积极向其他省份拓展。对于三四线城市的百姓来说，他们选择医院更倾向于熟悉的品牌，此举可以进一步贴近患者，形成接地气、连终端、本地化的商业模式。

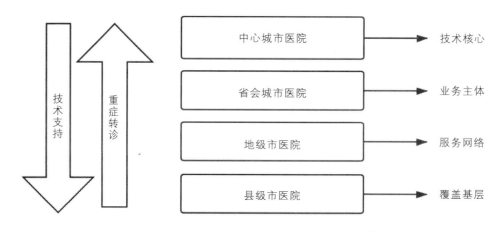

图8-1 爱尔眼科分级连锁模式示意图 ①

如果说陈邦的眼光让他看到了下沉市场的潜力，那么眼科行业的特殊性则让爱尔眼科能运用连锁模式迅速壮大起来。一直以来，连锁模式在零售、餐饮、酒店业运用得比较多，但是在医疗服务行业却并不常见。主要原因在于

---

① 资料来源：爱尔眼科官网. https://www.aierchina.com/about/touzi/gsgg.

医疗服务具有强地域黏性的消费特征，药店具有零售的性质而比较容易复制，而很多专科单体医院投资规模太大、标准化建设难度较高，所以难以形成连锁，目前连锁模式做成功的只有眼科、口腔与健康体检。

表8-1 A股医疗服务业龙头企业对比表[①]

	细分领域	经营区域	销售模式	专业人才依赖度	设备依赖度
爱尔眼科	眼科	全国	2C	一般	一般
美年健康	健康体检	全国	2B+2C	较低	高
通策医疗	口腔	浙江为主	2C	高	较低
老百姓	零售药店	全国	2C	低	低

如表8-1所示，纵观A股市场比较有代表性的几家医疗服务行业企业，它们都保持了不错的成长速度，共同的特点是医疗技术壁垒不高，可以标准化运营，具有较强的可复制性。其中眼科、健康体检和零售药店都已经完成了全国性的布局，口腔行业虽然暂时没有出现覆盖全国的知名品牌，但是以通策医疗为代表的地区性口腔企业正在走向全国。

目前看来，眼科龙头企业的市场占有率最高。相比于口腔来说，眼科对于专业人才的依赖程度较低；口腔中的种植和矫正等细分类，对医生的要求比较高，而且类似正畸方案这种需创造性的工作是无法做到标准化的。眼科虽然在设备投入上略高，但是因为更具有针对性，所以相比建造一家体检中心所需的设备成本来说还是较低的；并且健康体检的获客成本也相对较高，To B仍是主流模式，需求进一步释放需要时间。零售药店的统一性尤为重要，所以只能采用超市连锁模式，无法与爱尔眼科的分级连锁模式一样有针对性地提升资源配置效率。

在眼科这个细分领域还有何氏眼科、华厦眼科和普瑞眼科最近都在冲击

---

① 资料来源：各上市公司2020年年报。

IPO 市场，其中何氏眼科和华厦眼科的成立时间还早于爱尔眼科，那为什么会让爱尔眼科后来者居上呢？何氏眼科成立于 1995 年，一直深耕于辽宁地区，并且在招股说明书中也提到主要是通过自建模式新设医疗机构，所以存在较长的市场培育期。华厦眼科在 2010 年以前都处于单体医院运营阶段，2010 年才开始探索福建省内的连锁化扩张战略，2013 年才开始进行全国性的布局。普瑞医疗成立于 2005 年，根据招股说明书中显示目前有 29 家子公司，但是其中有 16 家存在着不同程度的亏损情况。

而爱尔眼科在 2009 年上市以前，就已经在全国 12 个省(直辖市)设立了 19 家连锁眼科医院，在眼科发展的空白期迅速凭借分级连锁模式先入为主。

2009—2013 年，爱尔眼科通过自有资金及在资本市场上募集来的资金新建及收购医院，平均每年新增 7 家眼科医院。2014—2017 年，爱尔眼科除自身拓展外，也通过产业基金展开并购或新建，数量超过 120 家，平均每年新增 40 家。截至 2021 年 1 月 31 日，爱尔眼科及产业并购基金旗下的医疗机构共计 648 家，其中上市公司在境内 234 家、境外 108 家，产业并购基金 306 家，在全国构建了一张完善的连锁网络。

根据卫生部发布《关于专科医院设置审批管理有关规定的通知》中的规定，设置新的专科医院，要在现有的医疗资源不能满足该专科医疗服务的基础上方能被批准设置[①]。这也就意味着率先抢占市场的爱尔眼科有先手的政策优势。爱尔眼科的对手想要与它进行正式竞争的话，必须面临比爱尔眼科创业之初更加严酷的竞争环境。

通过这种分级连锁的扩张模式，爱尔眼科在品牌、技术、人才、规模上的壁垒越做越高，形成了属于自己的护城河。

---

① 资料来源：卫生部关于专科医院设置审批管理有关规定的通知. 中国国家卫生健康委员会. http://www.nhc.gov.cn/cms-search/xxgk/getManuscriptXxgk.htm?id=53603.

8.3 针对性的股权激励计划[①]

人才是企业发展的核心,爱尔眼科深谙这一道理,可以说爱尔眼科能保持高增长性,股权激励功不可没。

爱尔眼科一共实施了三次股权激励计划,分别是2010年股票期权激励计划、2012年的限制性股票激励计划和2016年的限制性股票计划,这三次股权激励都是在上市之后做的,对市值都有显著的提升效果。

8.3.1 2010年的股票期权激励计划

2010年10月31日,爱尔眼科公司第一届董事会第二十三次会议审议通过了《爱尔眼科医院集团股份有限公司股票期权激励计划(草案)》。此次股权激励拟向激励对象授予900万份股票期权股票,约占公告当日公司股本总额(26 700万股)的3.37%。其中首次授予820万份,占公司股本总额的3.07%;预留80万份,占此次计划拟授出股票期权总数的8.89%,占公司股本总额的0.30%。此次股权激励计划首次授予的股票期权行权价格为41.58元,有效期为7年。预留部分期权自授权日起满1年后,在有效期内分六次行权。

授予期权行权条件为:在该激励计划有效期内,2011—2016年相对于2009年的净利润增长率分别不低于25%、50%、75%、100%、130%、160%。

半年后,爱尔眼科对这次的股权激励计划做了调整,于2011年4月26日修改了行权条件:在激励计划有效期内,2011—2016年相对于2010年

[①] 资料来源:爱尔眼科官网公告。

的净利润增长率分别降低为——不低于20%、40%、65%、90%、110%、140%；另外补充了一条，2011—2013年和2014—2016年的净资产收益率分别不低于9.6%和10%。而且将之前预留部分股票直接一次性在此次授予给了部分高管和核心人才。

在激励对象方面，董事和高级管理人员（共5人）获得的股票期权份数占本次授予期权总额的30.23%，核心管理人员及技术人员（共193人）获得的股票期权份数占本次授予期权总额的69.77%。具体的行权情况如表8-2所示。

表8-2 爱尔眼科2010年股权激励计划行权情况表[1]

时间	事项	具体情况
2010.11.01	方案提出	拟授予900万份股票期权，约占总股本的3.37%。有效期7年，行权价格41.58元。首次提出的股票期权自授予日起满1年后，激励对象将分六次行权。
2011.05.06	行权价格调整	同意授予198名激励对象900万份股票期权，并将行权价格由41.58调整至41.43。
2011.08.30	行权价格调整	原股票期权数量调整为1 425.28万股，行权价格调整为25.89元。
2012.07.25	行权价格调整	公司分配现金股利，行权价格调至25.74元。
2013.06.29	行权价格调整	公司分配现金股利，行权价格调至25.64元。
2014.03.06	第一个行权期满	第一个行权期数量比占比20%，因国内证券市场环境发生较大变化，公司股票价格低于行权价格，激励对象对已授予的第一期股票期权均未行权。
2014.02.26	注销部分股票期权	注销已授予的股票期权346.46万份，有效期内剩余的股票期权数量为1 078.82万份，激励对象由194人调整为175人。

---

[1] 资料来源：爱尔眼科官网公告．https://www.aierchina.com．

续表

时间	事项	具体情况
2014.03.18	第二个行权期可行权	第二个行权期可行权股票期权总数为 215.76 万份,数量占比 16%。
2014.05.09	注销部分股票期权	注销已授予的股票期权 2.76 万份,有效期内剩余的股票期权数量为 861.36 万份,激励对象由 175 人调整为 174 人。
2014.05.16	行权价格调整	股票期权数量调整为 1289.97 万份,行权价格调至 17.02 元。
2014.05.23	第三个行权期可行权	第三个行权期可行权股票期权总数为 322.49 万份,数量占比 16%。
2015.05.06	注销部分股票期权	注销已授予的股票期权 20.05 万份,有效期内剩余的股票期权数量为 950.17 万份,激励对象由 174 人调整为 168 人。
2015.06.08	行权价格调整	股票期权数量调整为 1 425.05 万份,行权价格调至 11.25 元。
2015.06.15	第四个行权期可行权	第四个行权期可行权股票期权总数为 475.02 万份,数量占比 16%。
2016.05.06	注销部分股票期权	注销已授予的股票期权 2.39 万份,有效期内剩余的股票期权数量为 950.03 万份,激励对象为 168 人。
2016.07.11	行权价格调整	行权价格调整至 10.95 元。
2016.07.15	第五个行权期可行权	第五个行权期可行权,可行权股票期权总数为 475.02 万份,数量占比 16%。
2017.05.08	注销部分股票期权	注销已授予的股票期权 9.97 万份,本次注销完成后,公司股票期权激励计划有效期内剩余的股票期权数量为 467.43 万份,激励对象由 168 人调整为 162 人。
2017.05.19	行权价格调整	股权期权数量调整为 701.15 万份,行权价格调整为 7.18 元。
2017.08.02	第六个行权期可行权	第六个行权期可行权,可行权股票期权总数为 701.15 万份,数量占比 16%。

第一个行权期是 2012 年 5 月到 2013 年 5 月,其间爆发了眼科的"封刀门"事件,台湾眼科医生蔡瑞芳宣布,他通过长期观察发现,不少多年前接受激光矫正近视手术的患者,在十多年后视力出现明显下降,因此,为了防止手术后遗症的发生,他个人将停做准分子激光角膜屈光手术。由于蔡瑞芳

是台湾引入"激光矫正近视"手术第一人,所以引发了各大主流媒体关于该手术安全性的大讨论。恰好准分子激光角膜屈光手术一直是爱尔眼科的业绩亮点,因为该手术毛利润一直较高,是爱尔眼科的主打产品,所以一直被视作为支撑爱尔眼科估值的核心之一。

所以我们可以看到,第一个行权期内,公司的股票价格是低于行权价格的,激励对象均未选择行权,爱尔眼科的股权激励计划颇有点出师不利的意味。但好在后续的五个行权期内,爱尔眼科的净利润增长率和净资产增长率都符合授予设定的行权条件,并且由于业绩连年提升,激励对象都收到了不错的回报。可见外在因素对于好公司的影响是暂时的,内生性的良好发展基础才会带来长期的回报。

8.3.2 2012年限制性股票激励计划

虽然2012年的首次股票期权第一期行权没有成功实施,但是爱尔眼科并没有因此放弃,而是在2012年10月又推出了第二次股权激励计划。与首次的股票期权不同的是,此次激励计划授予的是限制性股票。股票期权是在今后的指定时间,可以按照协议价格购买一定数量的股票,而限制性股票则是规定员工必须满足一些条件(如年限、业绩等),才能出售被授予的这些股票。考虑到当时股价已经处于低位,限制性股票以五折的价格授予激励对象,预期收益十分可观,能起到非常好的激励效果。

此次限制性股票激励计划拟向激励对象授予625万股限制性股票,约占公告当日公司股本总额的1.46%(42 720万股),其中首次授予562.5万股,预留62.5万股。授予日定在2013年1月6日,授予价格为8.68元/股,有效期为4年,其中锁定期1年,解锁期3年。如图8-2所示,首次提出的限制性股票自授予日起满1年后,激励对象将分三次进行解锁,每期解锁数量分别为获授限制性股票总额的 40%、30%、30%。预留部分自授予日起满 1 年后分两次进行解锁，每期解锁数量均为预留部分的 50%

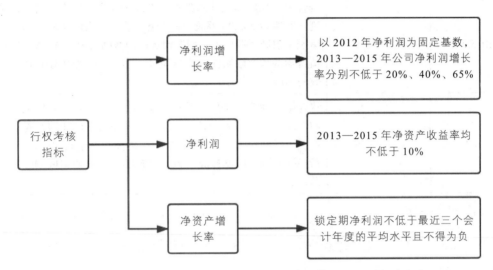

图 8-2　爱尔眼科 2012 年限制性股票激励计划解锁条件①

表 8-3　爱尔眼科 2012 年限制性股票激励计划实施情况表②

时间	事项	具体情况
2012.10.18	方案提出	拟授予 625 万股限制性股票，占总股本的 1.46%。限制性股票授予日为 2013 年 1 月 6 日，授予价格为 8.68 元/股，首次提出的限制性股票自授予日起满 1 年后，激励对象将分三次进行解锁；预留部分的限制性股票自相应的授予日起满 1 年后，激励对象分两次解锁。
2012.12.31	授予数量调整	将首期激励对象调整为 249 人，授予数量调整为 544.65 万股。
2013.12.26	授予预留部分股票	向 62 名激励对象授予 62.5 万股预留部分股票，授予日为 2013 年 12 月 26 日，授予价格为 14.25 元/股。
2014.03.22	第一期解锁	符合第一期解锁条件的激励对象共 244 人，可申请解锁的限制性股票数量为 215.46 万股，占限制性股票总数的 40%。

① 资料来源：爱尔眼科官网公告．https://www.aierchina.com．
② 资料来源：爱尔眼科官网公告．https://www.aierchina.com．

续表

时间	事项	具体情况
2015.03.31	第二期解锁	符合第二期解锁条件的激励对象共233人，可申请解锁的限制性股票为235.23万股；占限制性股票总数的40%。符合预留授予限制性股票第一期解锁条件的激励对象共61人，可申请解锁的预留限制性股票为46.1万股；占预留限制性股票总数的50%。
2016.03.29	第三期解锁	符合第三期解锁条件的激励对象共231人，可申请解锁的限制性股票为351.09万股；占限制性股票总数的40%。符合预留授予限制性股票第二期解锁条件的激励对象共59人，可申请解锁的预留限制性股票为67.27万股，占预留限制性股票总数的50%。

如表8-3所示，从实施情况来看，直到2016年第三期限制性股票解锁，仍然有231人符合解锁的条件，该计划的实施不仅圆满完成了预设的业绩指标，在绑定人才方面也非常成功。

8.3.3 2016年的限制性股票激励计划

爱尔眼科2016年3月30日发布公告称，公司拟实施2016年限制性股票激励计划，本次拟授予2 200万股，占公司总股本的2.23%。如图8-3所示，其中首次授予2 008.99万股，授予价格为14.28元/股；预留191.01万股。激励有效期不超过五年，分四期解锁。

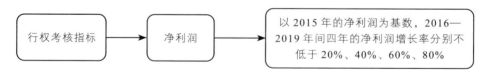

图8-3 爱尔眼科2016年限制性股票激励计划解锁条件[①]

---

① 资料来源：爱尔眼科官网公告. https://www.aierchina.com.

具体的实施情况如表8-4所示。

表8-4 爱尔眼科2016年限制性股票激励计划实施情况表[1]

时间	事项	具体情况
2016.03.29	方案提出	拟授予2 200万股限制性股票，占总股本的2.23%。限制性股票授予日为2016年6月8日，授予价格为每股14.26元，首次提出的限制性股票自授予日起满1年后，激励对象分四次进行解锁；预留部分的限制性股票若为2016年授予则分为四次解锁，若为2017年授予则分为三次解锁。
2016.06.08	授予数量调整	因激励对象个人原因放弃认购其获授的限制性股票，将首期激励对象调整为1 557名。首次授予部分的限制性股票数量调整为2 005.9万股。
2016.07.01	授予价格调整	因公司实施2015年度权益分派，首次授予限制性股票价格由14.26元/股调整为13.97元/股，授予数量不变，仍为2 005.9万股。
2017.05.11	授予价格调整	因公司实施2016年度权益分派，首次授予限制性股票价格由13.97元/股调整为9.19元/股，授予数量由2 005.9万股调整为3 008.85万股。
2017.05.23	授予预留部分股票	公司2016年限制性股票激励计划规定的预留部分限制性股票的授予条件已经成就，同意确定2017年5月23日为授予日，授予价格为10.82元/股，向符合授予条件的326名激励对象授予286.515万股限制性股票。
2017.05.26	授予价格调整	因激励对象个人原因放弃认购其获授的限制性股票，激励对象由326人调整为322人，授予预留限制性股票数量由286.515万股调整为286.315万股。
2017.06.12	回购注销	42人因离职不具备激励对象资格，公司董事会同意回购注销已获授但未解锁的全部限制性股票706 800股，回购价格为9.19元/股。

---

[1] 资料来源：爱尔眼科官网公告. https://www.aierchina.com.

续表

时间	事项	具体情况
2017.06.19	第一期解锁	符合解锁条件的激励对象共计1 515人,共计持有限制性股票数量29 381 700股。本次可申请解锁的限制性股票数量为9 989 778股,占首次授予限制性股票数量的34%。
2018.05.17	授予价格调整	因公司实施2017年度权益分派,首次授予限制性股票价格由9.19元/股调整为5.93元/股,已授予未解锁的限制性股票数量由19 391 922股调整为29 086 769股;预留授予限制性股票价格由10.82元/股调整为7.01元/股,已授予未解锁的限制性股票数量由2 863 150股调整为4 294 617股。
2018.05.31	回购注销	45人因离职已不符合激励条件,公司董事会同意回购注销其已获授但未解锁的全部限制性股票565 321股,其中回购注销首次授予限制性股票453 948股,回购价格为5.93元/股;回购注销预留授予限制性股票111 373股,回购价格为7.01元/股。
2018.06.11	第二期解锁	符合第二期解锁条件的激励对象1 481人,申请解锁的股份数量共计9 516 573股,占已授予未解锁的限制性股票数量的33%;符合预留授予限制性股票第一期解锁条件的激励对象311人,申请解锁的股份数量共计1 422 210股,占已授予未解锁的限制性股票数量的34%。
2019.06.04	授予价格调整	因公司实施2018年度权益分派,首次授予限制性股票价格由5.93元/股调整为4.41元/股,已授予未解锁的限制性股票数量由19 116 248股调整为24 851 123股;预留授予限制性股票价格由7.01元/股调整为5.24元/股,已授予未解锁的限制性股票数量由2 761 034股调整为3 589 344股。
2019.06.11	回购注销	55人因离职已不符合激励条件,公司董事会同意回购注销限制性股票数量为582 965股,其中回购注销首次授予限制性股票422 247股,回购价格为4.41元/股;回购注销预留授予限制性股票160 718股,回购价格为5.24元/股。
2019.06.11	第三期解锁	第三期解锁条件的激励对象1 446人,申请解锁的股份数量共计12 214 229股;符合预留授予限制性股票第二期解锁条件的激励对象291人,申请解锁的股份数量共计1 714 019股。

续表

时间	事项	具体情况
2020.05.22	授予价格调整	因公司实施 2019 年度权益分派，首次授予限制性股票价格由 4.41 元/股调整为 3.28 元/股，已授予未解锁的限制性股票数量由 12 214 647 股调整为 15 879 305 股；预留授予限制性股票价格由 5.24 元/股调整为 3.92 元/股，已授予未解锁的限制性股票数量由 1 714 607 股调整为 2 228 725 股。
2020.06.09	回购注销	29 人因离职已不符合激励条件，公司董事会同意回购注销限制性股票数量为 196 847 股，其中回购注销首次授予限制性股票 167 984 股，回购价格为 3.28 元/股；回购注销预留授予限制性股票 28 863 股，回购价格为 3.92 元/股。
2020.06.09	第四期解锁	符合第四期解锁条件的激励对象 1 424 人，申请解锁的股份数量共计 15 711 321 股；符合预留授予限制性股票第三期解锁条件的激励对象 284 人，申请解锁的股份数量共计 2 199 862 股。

此次计划正好衔接 2016 年 3 月 29 日全部解锁完毕的上一轮限制性股票激励计划，不同的是此次激励计划覆盖面广，上一轮限制性股票计划的激励对象为 249 人，而此次仅首次授予的激励对象就多达 1 585 名，获授股份占 88.52%，董事高管获授股份仅占其中的 2.8%。并且这些激励对象还包含了大部分的爱尔眼科"合伙人"，这就意味着他们能更深度地参与公司的发展，共享未来的激励成果。

8.3.4 爱尔眼科的股权激励计划评述

爱尔眼科发布的这三次股权激励计划，在短期内对股价都有提振的作用，但是市场的短期反应并不是我们所关注的。要客观地评价股权激励计划的有效性程度，我们需要把时间线拉长来观察。从 2010 年至今的爱尔眼科股价走势图中可以看到，除了市场环境（股灾）、行业环境（封刀门）、公司负面新闻（医疗事故）这些因素的影响，爱尔眼科的股价在实施了股权激励计划后还是稳步上升的，这与公司的业绩发展也有着紧密的联系。

随着股权激励计划的展开，爱尔眼科的规模也逐步扩大。其推出的股权激励方案中，激励对象都是董事、高级管理人员、核心管理人员和技术人员，我们在上文中提到过，专科医院对于人才都有一定的依赖性，虽然眼科对人才的依赖程度没有口腔高，但是爱尔眼科股权激励计划的有效实施，的确在公司留住核心人才、吸引外来人才方面，发挥了不可忽视的作用。如表8-5所示，随着公司员工规模的扩大，爱尔眼科也增加了股权激励计划对象的人数，保证在人才市场上的竞争力。

表8-5 爱尔眼科股权激励计划人数表[①]

	激励对象人数	公司总人数
2010年股票期权计划	198人	3 806人
2012年限制性股票计划	252人	6 457人
2016年限制性股票计划	1 585人	13 071人

不仅如此，爱尔眼科还建立了以"四院"（中南大学爱尔眼科学院、武汉大学爱尔眼科研究院、暨南大学附属爱尔眼科医院、湖北科技学院爱尔眼视光学院）、"多所"（眼科研究所、眼视光研究所、各临床亚专科研究所）、"两站"（院士专家工作站、博士后科研流动站）组成的科教研格局。

和股权激励计划同时进行的，还有在"上市公司+PE"模式的并购基金基础上实施的合伙人计划，很多文献将其归为股权激励计划，但是实质上其定义应该为并购基金的跟投，在后文中将对其进行详细的介绍。股权激励计划与合伙人计划者相辅相成，一同促进了爱尔眼科连锁医院网络的发展壮大。

---

① 资料来源：爱尔眼科官网公告. https://www.aierchina.com.

8.4 积极实施 4R 管理

在市值管理的评价体系中，投资者关系管理是最难量化的，但也是最不应该忽视的关键环节。对于上市公司来说，公司的业绩好看是远远不够的，还要通过 4R 管理消除资本市场的投资者和公司之间的信息不对称，酒香也怕巷子深，只有做好投资者关系管理、分析师关系管理、媒体关系管理、社会公众和监督机构关系管理，才能帮助公司更好地被关注与了解，使得公司内在价值的变化真实地反映在市场价值上。

爱尔眼科在投资者关系管理方面做出的表现可圈可点，根据公司官网资料显示，爱尔眼科的董事会秘书办公室一共 6 名员工，分别承担证券事务信息披露和投资者关系维护两大块工作。用个性化表达将公司人格化，借助新媒体以浅显易懂的方式传达公司信息和理念，实现了上市公司和投资者"了解→信任→持有→增值"的闭环。爱尔眼科的董秘吴士君连续多年获得"新财富金牌董秘"的称号，公司获得"最受投资者尊重的上市公司"称号。

8.4.1 投资者关系管理

面对不同的投资者，爱尔眼科灵活采取了有针对性的方式去交流。

海外机构投资者习惯在投资前对公司进行方方面面的调查，相比于公司的财务数据，他们更看重公司的行业空间、发展哲学和企业文化，一旦持有公司股票后，后续提问反而减少，持有周期也更长久。针对海外投资者，公司更多展现企业精神面貌和历史证明的执行能力，除了去海外路演，还邀请他们来医院以患者的身份进行体验式考察，或者随机暗访。

国内机构投资者受考核期限的影响，相对而言持有周期较短，平时交流多，经常半夜也会打电话或微信询问。证券部就要"24 小时在线"，不辞辛苦、耐心解答。同时，国内机构投资者大多分布在北上广深，董秘经常带队去一线城市上门路演，与之进行高效交流。走一线、接地气，董秘办有时组织投资人到医院进行现场调研，加深他们对业务的理解。

针对广大的中小投资者，虽然单个持股量少，但是爱尔眼科也没有忽视，采取了网上路演、"股吧"交流、微信小程序等多种方式进行沟通。爱尔眼科在全景网投资者互动平台上基本保持在每年2~3次高管网上路演的频率，除了每年一次的年度业绩网上说明会以外，还会与深交所、证监会、中证中小投资者服务中心等机构合作，一同开展投资者网上集体接待活动。证券部的员工还会采用电话、手机、微信等方式与之无缝交流，并及时查看"股吧"上的信息，掌握股市舆情。近年来，越来越多"牛散"成为爱尔眼科的股东，他们在"股吧"等社交平台上发表对公司的观点或者信息，吸引大批"粉丝"关注。比如，许多"股吧"的"风云人物"对公司的理解非常深入，在某种程度上被发展为"编外董秘"。除此之外，爱尔眼科还专门开通了"爱尔眼科投资者关系"微信账号与小程序，及时发布公司公告、投资者关系活动、投资者关系记录表、股东大会召开讯息、研究报告等内容，保持但凡交易日均日更新的节奏，与投资者分享丰富、全面、及时的公司信息，把公司价值传播发挥得淋漓尽致。

8.4.2 分析师关系管理

资本市场近些年来已经逐渐出现了"二八分化"的现象，流动性主要集中在头部企业，而尾部公司则无人问津。上市公司数量迅速增加，但是同期内专业金融机构的数量和能力未必能同比例的迅速提升。因此，不同上市公司受到的关注、资源分配将越来越不均衡，其结果将反映在分析师关注度、机构持股比例、股票交易量和流动性，甚至估值等各方面。在这个背景下，如何做好分析师关系管理就显得尤为重要。纵观爱尔眼科每年的分析报告数量，2018—2020 年三年间，分别有 77、72、102 份分析报告，并且基本上都在买入或增持评级，从侧面可以反映出爱尔眼科的分析师关系管理做得十分到位，内在价值获得了资本市场的认可。

8.4.3 媒体关系管理

媒体作为传播的重要媒介，是连接公司与投资者之间的桥梁。近年来，除了采用大众媒体以外，自媒体也是上市公司进行宣传不可忽视的一个途径。爱尔眼科在自媒体的运用意识上可谓是走在前列。

爱尔眼科的董秘吴士君在网络上被大家戏称为"网红董秘"，在他看来，市值管理是检验董秘成果的金标准。"市值是公司大合唱，基本面是大舞台，决定影响力；董事长是总指挥，定位主基调；事业部是后援团，加强重低音；研究员是和声部，渲染好底色；媒体圈是强助唱，扩大影响力；而董秘办就是歌唱队，董秘要做好领唱人。"他曾在多次演讲中表示，在信息爆炸的时代，投资者面对 3500 多家上市公司，其选择投资目标的时间是极其有限的。为此，上市公司必须在投资者关系管理的具体方式上创新求变，不走寻常路，才能吸引到更多投资者的"眼球"，让他们全面了解公司，从而争取到投资者的"选票"。

因此，爱尔眼科利用传播学规律，在社交媒体平台上频发"金句"吸引媒体关注并报道，放大传播效果。董秘吴士君化身公司人格化的代表，经常通过个人的微信"朋友圈"、抖音等社交平台，发表个性化观点和进行宣传。

2019 年 1 月，一些上市公司披露年报，业绩惨遭"洗澡"，动辄二三十亿的商誉减值引发投资者恐慌。爱尔眼科近年来有多起并购，为引导投资者理性看待商誉，防患于未然，董秘在财经平台 e 公司上发表《商誉哭得很委屈》

评论，用电影《大话西游》里的类比铁扇公主商誉，语言幽默、观点犀利，一时间成为资本市场关注的热点。此举对商誉进行了科普，道出商誉减值的根本原因是并购时未做好评估和风控，在一定程度上避免了个人投资者恐慌性抛售。

8.4.4　监管层关系管理

在第 3 章中我们曾提到过，监管层关系管理的要义不是"搞关系"，而是建立信任。爱尔眼科与监管层的关系一直处理得比较融洽，截至 2020 年年末，湖南共有 A 股上市企业 117 家，其中 3 家佼佼者市值过千亿。连年保持高速增长的爱尔眼科更是突破 3 000 亿元，遥遥领先，被投资者誉为"湘股王"。所以基本上每一年都会与湖南证监局、湖南省上市公司协会一同，在全景网上举办湖南辖区投资者网上集体接待日活动，增强与广大投资者的联系，切实提高上市公司透明度和治理水平。

除了直接的联系以外，近年来爱尔眼科还紧跟"一带一路"倡议的步伐，顺利构建在欧美国家的医疗网络，同时在东南亚等地积极拓展；响应脱贫攻坚战、健康中国战略的号召，将医疗资源下沉，展开地县级布局，同时大力推进科技创新。从国家和市场层面提炼出来的企业机遇，通过高效的执行力，源源不断地转化为强劲的发展动力和经营业绩。

总的来说，爱尔眼科在 4R 关系方面的表现可圈可点，这不仅仅得益于优秀的董秘所起到的作用，也凸显了公司重视市值管理对公司发展相互促进的正向循环。在新时代的背景下，上市公司对市值管理也应该赋予新的定义，要想办法让枯燥、成定式的公告新闻，通过各种新兴传播形式变得有趣而具有"传染性"，学习爱尔眼科成功的"秘籍"。

8.5 "上市公司+PE"的并购模式 [①]

上市公司融资渠道多种多样,参与设立并购基金便是其中一种。在A股市场,"上市公司+PE"的雏形是上市公司大康牧业与投资机构浙江硅谷天堂开创的。2011年两家各出资3000万元,其余80%资金向社会自然人和机构投资者募集,由天堂硅谷作为GP负责管理。大康牧业借助PE资源完成在畜牧业的整合,浙江天堂硅谷获得未来股权退出的超额收益。

此后这种模式就在中国的资本市场上流行开来。2012年10月至2014年1月A股历经了历史上最长的IPO空窗期,这导致风险资金不得不寻求更多的退出形式。不能通过上市来退出,PE选择了培育项目卖给上市公司的"保底"方式。"上市公司+PE"大致有以下三种模式:

- 并购基金先入股或者控股一家非上市公司,通过自身的资源与管理经验为其打造与上市公司互补的业务,最后将其卖给上市公司兑现离场。
- 并购专业机构与上市公司一起成立并购基金,由并购基金帮助上市公司寻找标的,体外孵化成熟之后再并入上市公司。
- 并购基金在签订了并购服务协议之后,去买上市公司的股票,把自己买成小股东之后再协助上市公司进行并购。

爱尔眼科选择了第二种"PE+上市公司"的形式设立并购基金。这种方式在当时的A股市场并不流行,爱尔为什么会这样选择呢?

首先从行业入手。眼科行业具有一定的可复制性,爱尔眼科上市之后也恰好赶上消费者意识觉醒和国家放开民办医疗的政策红利,彼时的市场竞争并

[①] 资料来源:(1)并购汪. 2 000亿爱尔眼科:走进后并购基金时代[EB/OL]. https://xueqiu.com/1497498399/158111133;(2)古骊翔. 爱尔眼科10年18倍的秘密——并购基金的力量[EB/OL]. http://www.pinlue.com/article/2019/05/2809/289055968545.html

不激烈，上市之后拥有更强资金调动能力的爱尔眼科在并购方面具有更为强势的话语权。

其次从公司自身的条件看来，爱尔眼科建立的分级连锁模式为并购打下了可复制的基础；合伙人计划又为体外孵化提供了管理以及眼科专业上的人才资源，这种模式要求合伙人跟投，有利于降低并购基金的风险。

2014年起，爱尔眼科先后设立了多家"上市公司+PE"型的并购基金对体外孵化的眼科医院进行投资，对集团整体医疗网络布局的完善效果明显。在上市之后的2009年到并购基金设立的2014年以前，爱尔眼科平均每年新增7家医院；在借力了并购基金以后的2014—2017年期间，爱尔眼科三年并购数量超过120家，平均每年新增40家。截至2021年1月31日，爱尔眼科及产业并购基金旗下的医疗机构共计648家，其中上市公司在境内234家、境外108家，产业并购基金306家，与上市之初的19家医院相比已经扩张了34倍有余。

8.5.1 并购基金的权益结构

爱尔眼科近年来设立的并购基金情况如表8-6所示：

表8-6 爱尔眼科并购基金情况一览表[①]

	成立时间	募资规模（亿元）	爱尔眼科出资比例%	GP	GP出资比例%	对外募资%
深圳前海东方爱尔	2014.03.17	2	10%	深圳前海东方创业金融控股有限公司	3.33	86.67
北京华泰瑞联	2014.03.27	10	10	华泰瑞联基金管理有限公司	2	88

---

① 资料来源：爱尔眼科官网公告. https://www.aierchina.com.

续表

	成立时间	募资规模（亿元）	爱尔眼科出资比例%	GP	GP出资比例%	对外募资%
湖南爱尔中钰	2014.12.21	10	9.80	中钰资本管理（北京）有限公司	0.20	90
江苏华泰瑞联	2015.07.31	100	2	南京华泰瑞联股权投资基金管理合伙企业	1	97
南京爱尔安星	2016.02.05	10	19	深圳市前海安星资产管理有限公司	0.10	80.90
宁波弘晖	2016.02.05	13	3.85	宁波煜晖投资管理合伙企业	—	—
深圳达晨创坤	2016.03.10	15.07	7.96	深圳市达晨创业投资有限公司	—	—
湖南亮视交银	2016.11.30	20	18	上海锦傲投资管理有限公司	0.05	80.45
湖南亮视长银	2017.12.26	10	19	深圳市前海安星资产管理有限公司	0.10	80.90
芜湖远翔天祐	2019.07.11	8	20	北京远旭股权投资基金	0.01	80
湖南亮视晨星	2019.08.22	10	19	深圳市前海安星资产管理有限公司	0.10	80.90
芜湖远澈旭峰	2020.08.28	6.2	19	北京远旭股权投资基金	0.02	80.65

从表 8-6 中我们可以看到，除了在少数几家（华泰瑞联一二期、宁波弘晖、深圳达晨创坤）着重于对医疗服务、医药、TMT、大消费、环保等行业进行投资以外，在剩下几家服务于"分级连锁"目的的并购基金，爱尔眼科的出资比例基本保持在 10%~20% 之间。截至 2020 年底，爱尔眼科曾控制的并购基金有 12 支，利用 18 亿元资金撬动了 214.27 亿元，有效地放大了爱尔眼科的募资能力。而且可以看到，前期爱尔的出资较低，随着"去杠杆"的

监管加强，之后设立的并购基金中出资比例才逐步上升，杠杆力度有所下降。

8.5.2 并购基金的决策机制

根据爱尔眼科回复并购重组委的公告中显示，爱尔眼科在并购基金中都不具有投委会席位，不参与基金的日常管理和决策，也没有董监高层及其关系密切的家庭人员在并购基金中担任职务或持有份额。

与并购基金的关系仅在于签署了《商标字号许可使用协议》和《管理咨询服务协议》，授权其收购或设立的眼科医院主体使用指定商标及"爱尔"字号，并由上市公司对其下属眼科医院提供经营管理相关的咨询意见，以提高其经营、管理、医疗服务水平，树立良好口碑，并确保医院在经营过程中对指定商标及"爱尔"字号不造成损害，同时收取相应费用。

8.5.3 并购基金的利益保障机制

并购基金分为平层化基金和结构化基金，平层化基金主要是由上市公司联合其他机构共同出资，不存在优先劣后之差别，所有投资人承担同样的风险和收益。而结构化基金主要是指在一个投资组合下，对基金收益或净资产进行分解，形成两级或多级风险及收益具有一定差异的多个基金份额，收益和风险均有优先劣后之分。因为在公告中可以看到约定的优先退出方式是并购基金所投资的项目在符合上市公司要求的前提下，优先以上市公司收购的形式完成退出，如上市公司书面声明放弃优先收购后，并购基金才可选择其他形式退出，所以不少分析者推测爱尔眼科在并购基金中担任的是劣后方的角色，也就是说以出资额为限进行兜底，但是从爱尔眼科目前披露的公告中，并没有发现上市公司或大股东提供回购的承诺，并且也没有看到上市公司子公司担任劣后级 LP 的安排。

上述所有的安排都只为了一件事,那就是"不并表"。在"上市公司 +PE"的并购基金设立模式中,最关键的问题就是会计核算方式。如果采取权益法确认,则按照合伙章程中上市公司享有的份额比例来确认投资收益,此时并购基金会影响上市公司的当期损益。而如果采用成本法核算,并购基金未必会影响上市公司的当期损益,只有当并购基金进行分红时,上市公司才能按照合伙章程确认相应比例的投资收益。

按照相关规定,只有不具有控制、共同控制或重大影响的"三无"资产才能采取成本法计量,所以爱尔眼科在并购基金设立之初就是按照这个标准设计的,从"拥有对被投资方的权力"以及"享有可变回报"两个方面来看,爱尔眼科对于并购基金不具有控制,也不具有重大影响。按照设立时的会计准则,爱尔眼科将并购基金的投资确认为"按成本计量的可供出售金融资产"。

2017 年底财政部会计司发布了对金融工具确认、计量与列报准则的修订,境内上市企业自 2019 年 1 月 1 日起执行,爱尔眼科在 2019 年的半年报中也更改了对并购基金的处理方式,将其重新调整为"其他权益工具投资",其公允价值变动进入其他综合收益,不影响当期损益;资产带来的股利收入属于投资收益,影响当期损益。并购基金本身以及并购基金持有的医院资产都属于非流动资产,一般来说公允价值在没有交易的情况下不会出现变动,所以在新的会计准则之下,并购基金的亏损也不会并入爱尔眼科的报表。

8.5.4 合伙人计划

2013 年末至 2014 年初交接之际,国家相关部门连续出台政策,鼓励民办医疗的发展,并且指出要进一步贴近基层患者。该政策正中爱尔眼科下怀,上文中提到过，爱尔眼科正是靠"下沉市场"一步步发展起来的，彼时已经成立十一年了，在品牌、人才、连锁网络、资本调动能力方面都具有很强的先发优势。管理层当机立断，认为要抓住这次历史性的机遇，在内部进行二次创业，一方面能够对核心人才进行激励，另外一方面也能尽快铺设连锁网点，进一步分享医疗改革红利。

2014年4月，在这个背景下爱尔眼科创新性的推出了"合伙人计划"，很多文献资料将其归纳在股权激励的范畴中，但更准确来说该计划是给公司的核心骨干人才机会，让他们和公司一起共同投资设立新医院。在新医院达到一定盈利水平后，公司再根据相关的法律法规，以公允价格收购"合伙人"持有的医院股权，让"合伙人"得以兑现。在爱尔眼科的公告中将其总结为十六字箴言"公司搭台、骨干唱戏、资源共享、高效激励"。

2015年4月，在"合伙人计划"的基础之上，爱尔眼科又推出了"省会医院合伙人计划"，意在快速增强省会医院实力，更好地发挥其对地级市医院的引擎带动作用。计划详情如表8-7所示：

表8-7 爱尔眼科两次合伙人计划详情表[①]

	合伙人计划	省会医院合伙人计划
推出时间	2014.04	2015.04
合伙人对象要求	1.对新医院发展具有较大支持作用的上级医院核心人才； 2.新医院（含地州市级医院、县级医院、门诊部、视光中心）的核心人才； 3.公司认为有必要纳入计划及未来拟引进的重要人才； 4.公司总部、大区、省区的核心人才。	1.各省会医院的核心团队； 2.对省会医院发展进行综合协调、重点支持的总部人员； 3.对省会医院进行对口支援的兄弟医院关键人员； 4.公司未来拟引进省会医院的重要人才； 5.公司认为有必要的其他重要人员。

① 资料来源：爱尔眼科官网公告．https://www.aierchina.com

续表

	合伙人计划	省会医院合伙人计划
推出时间	2014.04	2015.04
实施步骤	第一阶段：公司下属子公司作为合伙企业的普通合伙人，负责合伙企业的投资运作和日常管理。 核心人才作为有限合伙人出资到合伙企业，公司对合伙人进行动态考核，包括其本职岗位的工作业绩及作为合伙人的尽责情况。 第二阶段：合伙企业对某新医院的出资规模确定后，按照"风险共担、利益共享、公平合理、重点突出"的指导思想，对各合伙人的出资额度进行分配。合伙人在各自额度内认缴出资。 第三阶段：在新医院达到一定盈利水平后，公司依照相关证券法律、法规，通过发行股份、支付现金或二者结合等方式，以公允价格收购合伙人持有的医院股权。	第一阶段：公司选定两名省会医院骨干人员代表核心团队设立合伙企业。该合伙企业以公允价值受让公司或医院其他股东持有的部分股权，或依据省会医院发展的实际需要对其增资。受让或增资后，合伙企业持有省会医院10%~20%的股权。 第二阶段：依据集团对各省会医院发展趋势的判断，合伙企业管理人选择合适的时机将合伙企业份额转让给各位合伙人。 第三阶段：在省会医院未来实现更高的盈利目标后，公司通过发行股份、支付现金或二者结合等方式，以公允价格收购合伙企业所持的省会医院股权。
权益转让规定	1. 在合伙企业存续期间，若发生合伙人离职、被辞退或开除等情形，其所持合伙企业权益必须全部转让。 2. 合伙人在公司任职期间，有权转让其部分或全部合伙权益。 3. 合伙人出现退休、丧失工作能力或死亡等情形时，其合伙权益可以转让，也可以由亲属承继。 4. 在上述情况下，合伙权益的受让人仅限于普通合伙人及其同意的受让人（现任或拟任合伙人）。	
退出机制	合伙企业经营期限一般为3~5年。若因项目实际需要，可延长或缩短经营期限。	合伙企业存续期限一般为4~6年。若因实际需要，可延长或缩短经营期限。

爱尔眼科的"合伙人计划"一方面通过"合伙人"这种形式，将核心骨干与医院的绩效长期绑定在一起，最大限度激发核心员工的工作动能；另外一方面也能配合并购基金进行"体外孵化"，在2014年以前，爱尔眼科每年新开医院6家左右，合伙人计划推出后每年新开医院的速度能达到30多家。

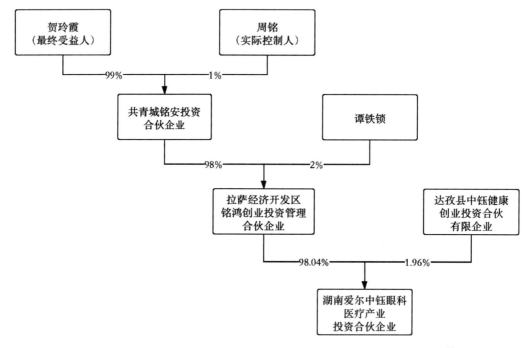

图8-4 湖南爱尔中钰眼科医疗产业投资合伙企业股权穿透图 ①

在上文中我们提到过，爱尔眼科巧妙地进行了"不并表"的架构设计，使并购基金从会计准则上与爱尔眼科并无关联，但是穿透后我们发现实际情况并不是这样。根据图8-4所示，以中钰基金为例，可以看到穿透后的三个自然人都和爱尔眼科有一定联系，贺玲霞作为该合伙企业最大出资方，是爱尔眼科在《2016年股权激励计划名单》中公布的核心骨干；实际控制人周铭是许多体外孵化的爱尔眼科机构的法人代表；而铭鸿创投的执行事务合伙人谭

---

① 资料来源：企查查。

铁索则是爱尔眼科的法律顾问。并且铭鸿创投不仅仅在中钰基金中出现了，爱尔安星、亮视交银、亮视长银这几个上文中提到过的爱尔眼科参与的并购基金中也是以同样的架构出现。

所以虽然公告中没有明确披露，但是我们推导爱尔眼科（上市公司）、PE、合伙人持股平台之间的关系极有可能如图 8-5 所示：

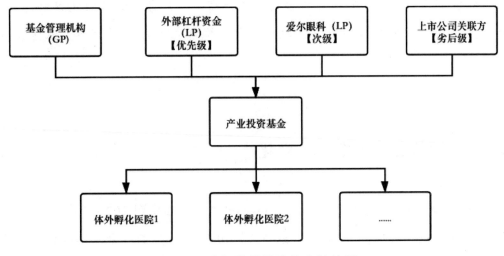

图 8-5　爱尔眼科并购基金结构图

在这个结构化的并购基金中，券商、银行、信托等是主要的募集资金来源，他们的出资比例最大，往往能占到 70%~80% 左右，优先级资金优先分配本金与约定的固定收益。在基金层面作为杠杆资本，放大劣后级的收益与风险。

爱尔眼科的上市公司主体出资控制在 10%~20% 之间，主要是用于保障对并购基金外部 LP 的保本收益。这样一来，一方面爱尔眼科确实对并购基金的可变回报没有影响，另外一方面也可以通过绑定上市公司利益来帮助基金募资。

上市公司关联方的出资占比不超过 10%，作为劣后级 LP 进行兜底，在基金层面承担最大的风险,但同时也能分享超额投资收益。

在这个运作过程中,并购基金可以发挥自己的专业性与社会资源,帮助上市公司寻找优质的收购标的,一方面增强了爱尔眼科的资金调动能力,另一方面在并购基金管理上也更为专业;最为重要的是,这样的安排巧妙地与爱尔眼科的合伙人计划结合起来,有益于上市公司绑定核心人员,也有利于并购基金绑定上市公司利益,可谓是一举三得。最后通过体外孵化这种方式,等到并购标的盈利稳定后再进行收购,可以降低并购标的对上市主体业绩的影响。

8.6 并购基金退出渠道多样化[①]

爱尔眼科 2009 年上市之初的市值为 69 亿元,截止到 2020 年底,11 年中累计上涨近 80 倍,高位市值一度超过 3 700 亿元,并购基金的助推作用功不可没。但另一方面,"募投管退"中最重要的环节——并购基金的退出与否直接决定了这一运作模式是否具有可持续性。根据图 8-6 所示,爱尔眼科的体外医院数量自 2014 年设立并购基金起就开始大规模增长。截至 2021 年 1 月 31 日,爱尔眼科及产业并购基金旗下的医疗机构共 648 家,除去境外 108 家外,上市公司体内的医疗机构有 234 家,产业并购基金旗下有 306 家。如何把这些体外医院并购进来,选择什么时间点并购,都是十分值得关注的问题。

[①] 资料来源:并购汪. 2 000 亿爱尔眼科:走进后并购基金时代. 雪球网 [EB/OL]. https://xueqiu.com/1497498399/158111133.

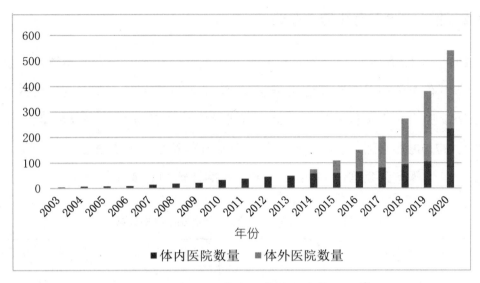

图 8-6　爱尔眼科体内、体外医院数量图[①]

在并购基金的实务中，资金的退出一直是机构最关心的问题。爱尔眼科的"上市公司 +PE"并购模式中有上市公司自有资金收购、非公开发行募集资金收购和发行股票收购三种退出方式。

8.6.1　自有资金收购

爱尔眼科 2019 年 6 月发布公告称，爱尔眼科以 4 250 万元、2 022.98 万元的价格，收购了重庆爱尔儿童眼科医院 85% 股权和普洱爱尔眼科医院 70% 股权。这两家体外医院分别属于亮视长银与中钰基金。根据审议，此次交易不构成关联交易、交易不构成重大资产重组，未达到股东大会议事范围，经公司董事会批准后迅速完成了资产交割。

---

① 资料来源：爱尔眼科公告及投资者互动问答。

8.6.2 非公开发行募集资金收购

2016年12月8日,爱尔眼科公告拟通过非公开定向增发募集资金,公告表示其中有5亿多元募集资金用于收购2014年与前海东方及中钰设立的产业基金所投资的9家眼科医院。此次发行实际发行数量为62 328 663股,发行价格为27.60元/股。陈邦、高瓴资本、易方达基金、信诚基金、九泰基金参与了认购,募集资金总计17亿元有余。并购详情如表8-8所示:

表8-8 2017年爱尔眼科并购明细表①

并购基金名称	标的医院	持股比例(%)	成交价格(万元)
深圳前海东方爱尔医疗产业并购基金	太原爱尔	90	5 830.2
	佛山爱尔	60	3 535.8
	九江爱尔	68	3 106.24
	清远爱尔	80	2 644.8
	东莞爱尔	75	9 847.5
	泰安爱尔	58.70	3 013.66
	湖州爱尔	75	5 425.5
湖南爱尔中钰眼科医疗产业并购投资基金	沪滨爱尔	70	20 884.5
	朝阳爱尔	55	3 724.6
合计			58 012.8

这9家眼科医院都是2014—2015年期间由并购基金收购或培育的,在2017年被爱尔眼科纳入体系内之后,给上市公司带来了4.35亿元的营收及6 871万元的净利润,爱尔眼科依靠并购基金收购所获得的营收增长达到了所有营收增长的22.15%,而净利润的增长来源占所有增长来源的30.45%,有

---

① 资料来源:爱尔眼科公告。

效地促进了业绩的增长。并购后营收和利润的具体增长情况如表 8-9 所示:

表 8-9 爱尔眼科营收和利润增长来源(单位:万元)[①]

	2017 年营收增量	营收增长来源占比(%)	2017 年净利润增量	净利润增长来源占比(%)
爱尔眼科本体	118 799.08	60.54	10 237.71	45.37
并购基金收购	43 473.43	22.15	6 870.76	30.45
普通收购	33 971.07	17.31	5 456.47	24.18
合计	196 243.58	100	22 564.94	100

表 8-10 爱尔眼科收购 9 家体外医院营收与净利润收入[②](单位:万元)

医院名称	收购或设立时间	2014 年		2015 年		2016 年		2017 年	
		营收	净利润	营收	净利润	营收	净利润	营收	净利润
太原爱尔	2014 年 10 月并购		−971.09	1 789.64	−139.77	2 968.13	223.16	3 826.55	444.22
佛山爱尔	2015 年 6 月新建			750.46	−569.53	3 276.51	−27.07	5 163.5	546.93
九江爱尔	2015 年并购	457.22	−129.66	947.55	−52.27	1 410.44	79.48	2 144.74	311.78
清远爱尔	2015 年 1 月新建			602.35	−219.52	940.78	−28.7	1 200.21	68.85
东莞爱尔	2014 年 12 月新建	0.36	−353	1 780.59	−270.05	4 052.91	651.72	8 021.76	1 645.77
泰安爱尔	2014 年 8 月并购	11.37	−212.6	1 527.79	−199.85	2 131.75	−3.09	2 866.55	159.58

---

① 资料来源:爱尔眼科年报。
② 资料来源:爱尔眼科年报。

续表

医院名称	收购或设立时间	2014年 营收	2014年 净利润	2015年 营收	2015年 净利润	2016年 营收	2016年 净利润	2017年 营收	2017年 净利润
湖州爱尔	2015年2月并购			1 465.89	−123.97	2 660.73	315.94	3 463.04	401.24
沪滨爱尔	2015年12月并购			3 223.13	138.76	5 723.8	2361.95	12 207.08	2 352.32
朝阳爱尔	2015年10月并购			1 973.88	341.66	3 058.3	630.06	23 580.05	940.07
合计		468.95	−1 666.35	14 061.28	−1 094.54	26 223.35	4203.45	62 473.48	6 870.76

从表 8-10 中可以看出，爱尔眼科二次并购的时间节点正好踏稳在了体外医院的盈亏平衡点上。2015 年时 9 家医院还只有其中的 2 家实现盈利，到了 2016 年便有 6 家医院实现盈利了，另外 3 家亏损的数额也在 30 万元以内。可以说 2017 年是"并表"的一个绝佳时间点，一方面可以避免收购价格过高；另一方面纳入体系内的医院可以及时给上市主体带来业绩的增长。

8.6.3　发行股票收购

2020 年 1 月 9 日爱尔眼科发布公告称公司拟以发行股份方式购买磐信投资、磐茂投资合计持有的天津中视信 100% 股权：

- 拟以发行股份及支付现金方式购买众生药业持有的奥理德视光 100% 股权与宣城眼科医院 80% 股权（该等股权对应的交易作价中的 70% 部分拟由上市公司以现金方式支付）；
- 拟以发行股份方式购买李马号、尚雅丽、重庆目乐合计持有的万州爱瑞 90% 股权与开州爱瑞 90% 股权；
- 以上股权的交易作价合计 18.69 亿元，同时，公司拟向不超过 5 名特定投资者以发行股份方式募集配套资金，募集配套资金总额不超过7.1亿元。具体的交易情况如表8-11所示：

表8-11 爱尔眼科发行股份收购明细表（单位：万元）[1]

标的资产	交易对方	交易作价		
		发行股份支付对价	现金支付对价	小计
天津中视信100%股权	磐信投资、磐茂投资	127 188		127 188
奥理德视光100%股权	众生药业	6 510	15 190	21 700
宣城眼科医院80%股权		2 790	6 510	9 300
万州爱瑞90%股权	李马号、尚雅丽、重庆目乐	21 816		21 816
开州爱瑞90%股权		6 984		6 984
合计		165 288	21 700	186 988

这次与爱尔眼科常做的并购交易不太一样的地方是，是通过"发行股份+现金支付"对价的方式进行收购的，以上投资者都是看好爱尔眼科发展前景，希望战略入股上市公司主体，所以通过"迂回"的方式认购了爱尔眼科的股票，股票发行价参考的是董事会决议日前120个交易日的公司股票交易均价的90%，锁定期为36个月。天津中视信是中信产业基金专门为本次交易而成立的持股平台；众生药业早在2019年10月与爱尔眼科签订了战略合作框架协议，双方将围绕眼科药品的开发及推广进行合作；李马号、尚雅丽、重庆目乐分别是万州爱瑞和开州爱瑞的实控人。

以其中的天津中视信为例，身为专门为本次交易而成立的持股平台，其可以看作专门用于收购爱尔眼科并购基金旗下26家医院控股权的并购基金。磐信投资及磐茂投资分别持有天津中视信50%股权，它们的GP都是中信产业基金的全资子公司。本次交易分为三步完成，第一步由并购基金收购或参与

---

[1] 资料来源：爱尔眼科公告。

新建体外医院；第二步天津中视信现金收购并购基金（湖南爱尔中钰、南京爱尔安星、湖南亮视交银）所持有的标的资产，需要注意的是员工持股平台未纳入收购范围，被保留了下来；第三步上市公司发行股份收购天津中视信。

这样间接收购的原因有三点：

一是中钰基金合伙期限于2019年12月31日到期，无法参与本次交易，安星基金与亮视交银将分别于2021年6月6日和2021年12月20日到期，其存续期可能无法满足锁定期要求，所以以上三家并购基金并不直接与爱尔眼科交易，而是设立一个第三方公司先承接并购基金持有的26家医院的股权。

二是本次交易前，上市公司直接持有中钰基金9.8%的份额，通过山南智联医疗信息科技有限公司持有安星基金19%的份额，通过拉萨亮视创业投资有限公司持有亮视交银19.5%份额。若上市公司直接向中钰基金、安星基金、亮视交银发行股份购买资产，将造成上市公司循环持股，存在一定的风险。

三是中信产业基金可以通过该方式成为爱尔眼科的战略投资人，并对股份进行锁定，使得上市主体、并购基金、中信产业基金三方实现共赢。

表8-12 天津中视信模拟利润表（单位：万元）[①]

天津中视信模拟利润表（未经审计）			
项目	2019年1—6月	2018年度	2017年度
营业收入	42 307.03	68 191.67	41 915.83
营业利润	4 943.71	1 922.34	−5 103.5
利润总额	4 381.79	466.13	−6 141.56
净利润	3 468.73	500.11	−4 750.18

根据表8-12中对天津中视信的模拟利润分析可以得出，此次注入的26

---

① 资料来源：爱尔眼科公告。

家体外医院的时间也是选在盈亏平衡的转折点上。

"上市公司+PE"的模式是典型的外延式增长手段，截至2020年底，并购基金旗下体外医院大规模的注入上市公司一共有两次。

其中2016年底爱尔眼科发布了关于收购并购基金旗下9家体外医院的公告后，2017年全年爱尔眼科的市值上涨了55.33%。2020年初发布了收购天津中视信（旗下26家体外医院）的公告后，2020年全年爱尔眼科的市值上涨了147%。当然，市值的涨跌是多重因素影响下的共同作用。但是在该模式下，上市公司可以选择在增长乏力时适当并入并购基金旗下优秀标的，使营业收入和净利润平滑增长；持续的并购信息披露也有助于维护投资者的信息，实现价值的创造。

不过，大规模的并购也让爱尔眼科累计了大量的商誉，根据爱尔眼科2020年的报表显示，爱尔眼科目前的商誉已经累积了38.78亿元，而爱尔眼科的净资产在年末仅显示为106.52亿元，这其中的确蕴含着一定的风险。

8.7 巨大的商誉风险压身[①]

商誉通常是指企业在同等条件下，能获得高于正常投资报酬率所形成的价值。这是由于企业所处地理位置的优势，或是由于经营效率高、历史悠久、人员素质高等多种原因，与同行企业比较，可以获得超额利润。但为了防止公司做账时夸大商誉，规定表明内部产生的商誉不能自行确认。只有当市场

---

① 资料来源：(1) 高凤. 爱尔眼科医疗纠纷背后，小公司大市值，利润饥渴带来的隐患！[EB/OL]. https://mp.weixin.qq.com/s/jybBkvYts-zEU245QNT2tg; (2) 爱尔眼科商誉大揭秘 [EB/OL]. https://xueqiu.com/1988350810/151904175; (3) 安顺. 再谈投资爱尔眼科需要跨过的三道坎 [EB/OL]. https://mp.weixin.qq.com/s/9PjfmEaPKLPrsp3X0n2WMw.

上真的有人愿意出钱购买的时候,商誉才会产生,也就是说商誉只会在并购后出现在收购主体的财报上。公司会对被收购的企业未来若干年的现金流进行一个估测,再折现到当前的时间节点,从而计算出收购标的当前的价值;这个价值与被收购标的可辨认净资产的差值,会被计入商誉。

爱尔眼科积极的外延式并购,在市值管理上带来的成效是显著的。但是,为了给医生合伙人足够的回报,也为了投资基金形成正循环,爱尔眼科在收购这些体外医院的时候,也付出了不低的溢价。

根据图 8-7 所示,截至 2020 年底,财报披露的商誉为 38.78 亿元人民币,占同期净资产的比例为 36.41%。若公司与并购的体外医院未来不能实现有效的整合,公司并购的体外医院不能持续保持良好的经营状况,则需要对商誉进行减值。

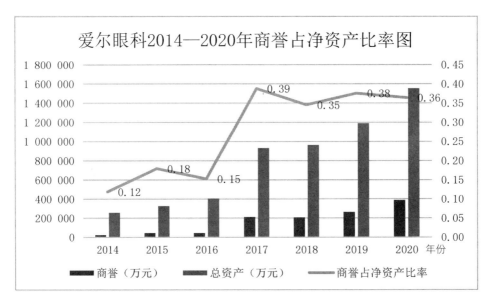

图 8-7　爱尔眼科 2014—2020 年商誉统计图[①]

---

① 资料来源:爱尔眼科公告。

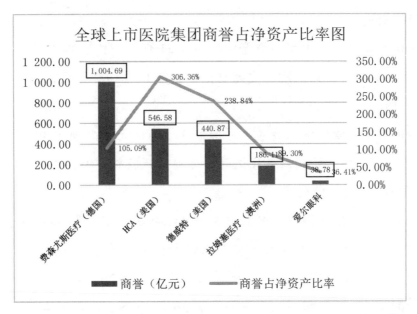

图 8-8　全球 5 家上市医院集团 2020 年商誉占净资产比率图 ①

爱尔眼科的投资者关系主管曾在网上发文，试图用全球市值最高的 6 家上市医院集团的商誉/净资产比率来力证爱尔眼科的商誉，根据图 8-8 所示，与全球同类别公司相比，爱尔眼科的商誉处于较低的区间。但事实上这种论证方法本身具有一定的局限性，例如 HCA，它本身是世界上最大的医疗集团，全美最大的连锁医院，几乎覆盖所有科室，主要为内科、普外科、心脏科、肿瘤科、骨科、妇产科。单论市场而言就与爱尔眼科不可同日而语。市场培育需要一定的时间，与当地的 GDP 水平、居民消费能力也有密不可分的关系。

从图 8-7 中可以看到爱尔眼科的商誉在 2017 年和 2020 年有两次大幅度的增长，这与上文中提到的两次大规模的将体外医院并入报表内的时间相吻合，而商誉占净资产的比率则从 2017 年开始就居高不下，爱尔眼科也采取了

---

① 资料来源：Wind 数据库。

一些减值的措施。

- 2016年，爱尔眼科商誉账面原值4.61亿元，由收购18家医院形成。爱尔眼科对5家医院计提商誉减值准备1 327.62万元，调整后商誉为4.48亿元。
- 2017年，爱尔眼科商誉账面原值21.38亿元，由收购30家医院或资产形成。爱尔眼科对6家医院计提商誉减值准备1 638.41万元，调整后商誉为21.22亿元。
- 2018年，爱尔眼科商誉账面原值21.89亿元，由收购33家医院或资产形成。爱尔眼科共新增商誉减值准备1.11亿元，累计对11家医院计提商誉减值准备1.28亿元，调整后商誉为20.2亿元。
- 2019年，爱尔眼科商誉账面原值26.08亿元，由收购45家医院或资产形成。爱尔眼科对11家医院计提商誉减值准备1.68亿元，调整后商誉为24.40亿元。
- 2020年，爱尔眼科商誉账面原值46.66亿元，由收购82家医院或资产形成。爱尔眼科对21家医院计提商誉减值准备7.88亿元，调整后商誉为38.78亿元。

2020年爱尔眼科队旗下的AW Healthcare Management,LLC、ISEC Healthcare Ltd.、乌鲁木齐爱尔阿迪娅、乐山爱尔计提了商誉减值，主要原因均为当地的经营环境变化以及医院的实际经营情况判断存在减值迹象，不具有鲜明的代表性。

表 8-13　爱尔眼科 2019 年商誉减值表[①]

计提商誉减值准备的相关资产组	减值理由	减值金额（元）
亚洲医疗集团	香港经营环境及亚洲医疗集团的实际经营状况	141 899 838.08
山西爱尔眼科医院	受到医院经营场地及市场状况的影响	53 027 156.10
泰安光明爱尔眼科医院	从 2018 年开始因受到政策的限制市场筛查，以白内障为主的龙头科室的发展受到非常大的影响。	18 447 282.54
清远爱尔眼科医院	屈光科室的规模未能达到公司规定的全飞秒设备投入水平，从而无法按期投入，影响了屈光科室的收入贡献。	10 112 233.35
成都康桥眼科医院	因前股东违反双方签署的《股权转让协议》约定的相关义务，目前案件处于诉讼审理中。这一恶性竞争事件对成都康桥的经营产生影响，特别是部分科室的发展受到冲击。	60 719 374.61
资阳爱尔眼科医院	白内障项目为主营项目，占收入比重的 80%。受到政策限制等原因影响，2019 年度经营业绩明显低于预期，仅达成管理层目标的 50%，且成本率与预测时点发生较大的偏差，经营亏损严重。	6 515 161.26
内江爱尔眼科医院	以单纯的白内障业务为主营项目，受到政策限制等原因影响，2019 年度经营业绩明显低于预期，成本率与预测时点发生较大的偏差，经营亏损严重。	6 461 147.50

---

① 资料来源：爱尔眼科官网公告. https://www.aierchina.com

续表

计提商誉减值准备的相关资产组	减值理由	减值金额（元）
宜宾爱尔优视眼科医院	白内障为收入贡献最大的科室。受到政策限制，经营业绩低于收购预期。	18 802 134.54
宜城爱尔眼科医院	医院规模较小，经营环境和医疗设备陈旧，重资产的结构导致固定成本大，盈利能力较弱。	275 000.00
合计		316 259 327.98

向前追溯一年，根据表8-13，对爱尔眼科2019年计提商誉减值的资产组详细情况进行分析之后，可以发现2019年爱尔眼科商誉减值的主要原因是外部环境发生变化，例如社会事件对于亚洲医疗集团的影响，以及白内障手术受到政策方面的影响等。

香港亚洲医疗集团是爱尔眼科在2015年时收购的，是公司收购的首个大陆外项目。收购价为2.1亿元，其中账面资产5 000万元，商誉1.6亿元。收购后项目运营的效果还不错，但由于社会事件的影响，爱尔眼科直接计提了1.4亿元左右的商誉减值，计提后的香港亚洲医疗的实际价值只有5 000多万元了吗？很明显答案是否定的，等到香港地区的经营外部环境稳定下来的时候，亚洲医疗集团的盈利也会恢复。如果所有的收购标的都按照账面资产价值定价，并购交易是无法达成的。所形成的商誉无法避免，只能尽量控制在合理的范围之内，而商誉计提只是某一时间点财务记账的表现形式，并不能全面反映公司真实的运营情况和市场价值。

如此看来，对于爱尔眼科商誉的担忧并不应该是"非经营性"、"非经常性"事件的发生导致的减值，而是爱尔眼科是否能够继续保持高增速。

二级市场是一个可以"点石成金"的地方。一级市场的PE一般在10倍左右，而像爱尔眼科的平均市盈率高达82倍（截至2020年末），这中间有相当大的套利空间，上文提到过截至 2021 年 1 月 31 日，爱尔眼科体外产业并购基金旗下还有 306 家医疗机构，比上市公司主体内现有医院数量还多，从理论上来讲，只要爱尔眼科一直持续在一级市场低价收购资产，然后装入上市公司，那么这个利润增长率就可以持续维持下去。但实际上这种模式是可以持续的吗？

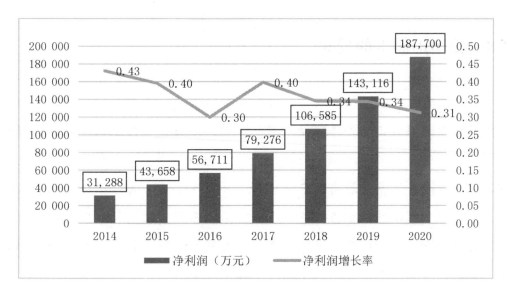

图 8-9　爱尔眼科 2014—2020 年净利润

如图 8-9 所示，自 2014 年以来，爱尔眼科的净利润就保持在稳定的增长水平，在 30%~40% 之间波动。所以网上有舆论推测爱尔眼科通过商誉来进行利润操纵，如果当年的净利润增长率预计不足 30%，便会通过溢价收购体外医院来补足增长，做大当期净利润，把隐患放在资产负债表里，商誉减值压力转移到远期业绩上。

这种并购带来的财务数据下沉在短期内是很难被察觉的，这也就是为什么外界对爱尔眼科的暴雷风险忧心忡忡。因为体外资产庞大，并购基金在确认和后续计量的时候辨认困难，使得投资者无法准确的估算其真正的盈利能力。

目前已经纳入上市公司体系的体外医院都已经进入稳定盈利阶段，剩余医院很多是位于三四线城市的，其盈利能力可能不及先进入上市公司体系内的医院。而 PE 居高不下，未来这些体外资产并入后是否能支撑得起如此之高的估值，恐怕还要打一个问号。

8.8 花团锦簇下的反思

爱尔眼科通过运用兼并收购、股权激励、投资者关系管理、信息披露等市值管理手段有效地与资本市场沟通，正确引导投资者解读公司价值，最终实现了市值的不断攀升。但是花团锦簇之下也存在着一些不和谐的音符，自 2021 年 2 月 10 日盘中最高价冲到 92 元/股之后，爱尔眼科开始了断崖式坠落，一个月内最低价跌到 54.08 元/股，成为昔日抱团白马股中摔得最惨之一。这其中除了"抱团股解散潮"的市场行情打压外，爱尔眼科自身的因素也不容忽视。

8.8.1 大股东高位减持

2019 年 6 月 23 日晚爱尔眼科发布《关于控股股东减持公司股份达到 1% 的公告》，公告中称控股股东爱尔医疗投资集团连续两日以大宗交易方式合计减持 4 027.16 万股，占总股本的 1%。减持完成后，爱尔投资持股比例变为 36.31%，仍为控股股东。

此次交易中控股股东爱尔投资本次减持的成交价格为 42.33 元，折价率达到 8.1%，对减持套现金额为 17.05 亿元。根据爱尔眼科董秘吴士君解释，此次爱尔投资减持所得资金将主要用于在深圳和武汉两地购置房产，未来由公司医院长期租赁使用，由此大幅度提升医院的就诊容量和等级水平，让医院专注于长期稳定发展。同时，吴士君透露，此次各股票受让方均为全球知名大型资产管理公司。

这个操作各位读者是否感到似曾相识？在本书乐视案例的章节中，我们曾提到过贾跃亭在 2015 年的时候，也曾将超 47 亿元减持所得资金借予乐视网，当时被誉为开启了减持反哺上市公司的先河。

查阅资料发现爱尔眼科和控股股东爱尔医疗投资之间有多次租赁交易历史，并且租金价格明显过低。按照测算，通过母公司承担一定租金成本的方式，爱尔眼科每年至少可以厚增大约 777 万元的利润。27 这种方法看似是控股股东爱尔医疗在为上市公司主体爱尔眼科输送利益，实则是进一步推高了爱尔眼科的市值。按照上文提到的二级市场"点石成金"原则，777 万元利润在 80 倍的 PE 之下是可以创造出 6.22 亿元市值的。在市值不断增长的情况下，高管减持所套现的金额也会变多，股市是一个零和博弈的市场，当潮水褪去的时候，买单的人自然只剩下高位接盘的中小投资者。

8.8.2　股权质押风险[①]

大规模的并购是需要现金流支持的，"上市公司 +PE"的模式确实缓解了爱尔眼科快速扩张路上的部分资金需求，但是从某种程度上来说，也只是将资金压力往后推延。产业基金的运营期限一般在 5 年左右，当爱尔眼科体外培育的医院陆续达到收购条件的时候，其仍要面对不小的资金压力。

当然对于融资渠道丰富的上市公司，这也是有办法解决的。爱尔眼科在 2016 年 12 月、2019 年 10 月、2020 年 3 月分别定增了 17.2 亿元、16.53 亿

---

① 资料来源：盛佳荦 . 质押内忧，风评外患，爱尔眼科苦求"新抱团" [EB/OL]. https://mp.weixin.qq.com/s/CYkOQ0b4nTwVyVh3jX90OQ.

元以及7.1亿元。按照这个定增节奏，爱尔眼科本应该在2021年年底通过定增来收购体外医院，但是在2021年3月，爱尔眼科提前进行了定增动作，公布了增发预案金额为36.5亿元的募集方案，并且用途改为打造和升级核心医院。可以看出，如果说爱尔上市后的前十年定位为跑马圈地的十年，那么未来的十年就像陈邦所说的那样，并购基金将会逐步退出历史舞台，上市公司将更加关注主体的高质量发展。想法固然是好的，但是如果同时进行体外医院收购和核心医院升级的话，爱尔眼科的资金压力可能会进一步增大。

除此之外，爱尔眼科前十大股东中，有三大股东均存在股份质押。截至到2021年第一季度末，爱尔眼科股权质押的比例为5.12%，从数据上来看，爱尔眼科的大股东质押率都不高。但是根据东方财富Choice估算，陈邦累计质押股数占总股本比例约为1.66%，预警线为63.13元/股，估算平仓线为55.24元。2021年3月9日爱尔眼科盘中股价一度跌到54.08元/股，触及平仓线，不过好在两日反弹后，3月11日收报60.72元/股。

总体上来说，爱尔眼科的质押比例在合理区间，截至2021年第一季度末，爱尔眼科的股价离平仓线还有一定距离，但是如果未来股价出现再次下跌，将会导致爱尔眼科的资金端进一步承压，在一定程度上会引发市值减少的连锁反应。

8.8.3　广告违规现象严重[①]

对于民营医院来说，医疗广告是非常重要的宣传方式，爱尔眼科能够在全国各地开设连锁医院，大手笔的投放广告是其不能忽视的手段之一，但是重金营销的背后也存在着一些隐患。

---

① 资料来源：葛凡梅.涉嫌虚假宣传诱导消费　爱尔眼科扩张路上费用激增[EB/OL]. https://finance.china.com/industrial/11173306/20200811/37241504.html.

2019年5月8日,国家市场监督管理总局公布2019年第一批典型虚假违法广告案件,河南许昌爱尔眼科医院"榜上有名"。

处罚的原因在于该医院相关人员通过微信公众号,发布了含有中国人民解放军三军仪仗队持枪行进的动态画面、"激光近视手术是国家军检认可,国家体委、军委、教委等五部联合下文,通过准分子激光矫正近视后,可以参加各类考试和当兵"等内容的医疗广告,通过官网发布含有童星形象代言宣传图片、"爱尔眼科集团角膜库,手术成功率90%左右"等内容的医疗广告。国家市场管理监督局认为该医疗广告违反了《广告法》第九条、第十六条、第二十八条和第三十八条的规定,对其作出行政处罚,责令停止发布违法广告,并处罚其10万元的罚款。

2016—2020年爱尔眼科的销售费用分别为5.12亿元、7.74亿元、8.26亿元、10.49亿元及10.66亿元。根据财报披露,广告宣传推广费在销售费用中占比近半。爱尔眼科处于快速扩张阶段,保证一定的营销费用支出是符合发展需求的,但是爱尔眼科作为上市公司,有义务追求社会责任和自身发展的和谐统一,告知消费者诊疗方法中可能存在的风险。

从市值管理的角度来看,虚假、过度的广告宣传无疑是一种短视的行为,不仅会影响之前在公众心目中积累的口碑,也会使民营医院丧失公信力。爱尔眼科在快速扩张的同时,也应该约束分级连锁医院的宣传行为,促进上市公司健康可持续发展。

8.9 健康的市值管理之道

让我们回到本案例一开头的问题,爱尔眼科的市值现在是否偏高呢?

在本案例中尝试以2020年爱尔眼科年报公布的数据为基础,按照自由现金流贴现法对爱尔进行估值。根据自由现金流贴现估值法，第一步先对爱尔眼科的经营活动进行预测，得到表 8-14 如下：

表 8-14 爱尔眼科未来 3 年经营活动预测

单位：万元（下同）

step1：经营活动预测（单位：万元）下同	未来 1 年	未来 2 年	未来 3 年
营业收入	14 764	18 115	22 166
营业成本	7 247	8 908	10 884
营业税金及附加	37	40	47
销售费用	1 506	1 775	2 106
管理费用	2 155	2 630	3 158
影响营业利润的其他收入	—	—	—
补贴收入	—	—	—
经营利润	7 480	9 167	11 235

以 2020 年年报数据为基数得出爱尔眼科的资产周转率，即各项经营性资产与营业收入之比，并假设资产周转率保持不变的情况下，得出其未来各项经营性资产的预测值，未来每一年的经营性资产合计与前一年之差就是企业需要融资的数额，结果如下表 8-15 所示：

表 8-15 爱尔眼科未来 3 年经营性资产预测

step2：经营性资产预测	未来 1 年	未来 2 年	未来 3 年
现金及现金等价物	3 796	4 658	6 097
应收款项	2 022	2 454	3 004
存货	575	720	899
其他流动性资产	235	288	352

续表

step2：经营性资产预测	未来 1 年	未来 2 年	未来 3 年
固定资产	2 976	3 259	3 571
无形资产及其他	524	502	480
长期股权投资	1	1	1
经营性资产总计	10 129	11 882	14 404
需要融资	1 476	1 753	2 522

同样，以 2020 年年报数据为基数得出爱尔眼科的负债周转率，即各项经营性负债与营业收入之比，并假设负债周转率保持不变的情况下，根据上述预测的爱尔眼科未来五年的营收情况，得出其未来各项经营性负债的预测值，未来每一年的经营性负债合计与前一年之差就是企业经营项目可提供的融资，未来每一年需要的融资数额与可提供的融资数额之差就是实际还需要的融资数额，结果如表 8-16 所示：

表 8-16　爱尔眼科未来 3 年经营性负债预测

step3：经营性负债预测	未来 1 年	未来 2 年	未来 3 年
短期借款及交易性金融负债	1 046	327	0
应付款项	958	1 137	1 049
其他流动负债	1 398	1 706	2 073
经营性负债合计	3 402.00	3 170.00	3 122.00
经营性项目提供的融资	68.00	−232.00	−48.00
实际融资需要	1 408.00	1 985.00	2 570.00

在得到实际的融资需求数额后，将融资数额在股权和短期借款、长期借款之间进行分配，分配原则上依据爱尔眼科股权比例和短期、长期借款的比例进行配比，结果如表 8-17 所示：

表 8-17 爱尔眼科未来 3 年融资需求在股权与借款之间的分配

step4：融资需求解决	未来 1 年	未来 2 年	未来 3 年
股权比例（所有者权益/总资产）	0.69	0.69	0.69
短期借款比例	0.21	0.21	0.21
长期借款比例	0.1	0.1	0.1
股权融资	971.52	1 369.65	1 773.30
短期借款	295.68	416.85	539.7
长期借款	140.8	198.5	257
短、长期借款合计	436.48	615.35	796.7

在得到未来每年短期、长期借款的总额后减去上一年的数额，并假设实际利率为 0.05，于是得到新增的财务费用，将表 8-18 中的营业收入减去营业成本、税金及费用等进一步得到经营利润，用预测的经营利润减去财务费用，加上投资收益得到息税前利润。此外，以 2020 年年报所得税费用占营业收入的比重为依据，得到爱尔眼科的实际所得税税率，从而进一步的得到未来 3 年的净利润值，具体如表 8-18 所示：

表 8-18 爱尔眼科未来 3 年净利润预测

step5：净利润计算	未来 1 年	未来 2 年	未来 3 年
实际利率	0.05	0.05	0.05
新增财务费用	21.824	30.7675	39.835
经营利润	7 480.00	9 167.00	11 235.00
财务费用	125	145	155
投资收益	100.00	124.00	62.00
EBIT	7 455.00	9 146.00	11 142.00
实际所得税税率	0.21	0.21	0.21

续表

step5：净利润计算	未来 1 年	未来 2 年	未来 3 年
净利润	5 889.45	7 225.34	8 802.18
提取盈余公积	588.945	722.534	880.218
股权分配比例	0.16	0.16	0.16
分配股权	942.31	1 156.05	1 408.35
新增未分配利润	4 358.19	5 346.75	6 513.61

在上述净利润预测值的基础上，我们进一步的得到爱尔眼科未来三年的所有者权益即股东权益的预测值；

在经营性负债、短期借款、长期借款预测值的基础上，假设其他非流动负债等项目均保持同营收增幅相同的比例递增，得到未来 3 年各年的负债合计数；

显然，负债与所有者权益初始预测值之和与资产的初始预测值并不相等，根据调整后预测的净利润数值，在各年净利润预测值的基础上，对净利润进行调整，减去增加净利润的项目，加上减少净利润的项目，对表中的各科目进行计算后最终得出经营活动产生的现金流净额如表 8-19 所示：

表 8-19　爱尔眼科未来 3 年经营活动现金流净额预测

step1：预测经营活动现金流净额	未来 1 年	未来 2 年	未来 3 年
净利润	2 391	3 154	4 078
资产减值准备	109	77	65
折旧摊销	314	380	437
公允价值变动损失	200	100	50
财务费用	125	145	155
营运资本变动	−746	−116	−538
其他	11	94	156
经营活动现金流	2 278.00	3 688.00	4 250.00

在经营活动产生的现金流净额的基础上减去资本性支出，加上商誉增加和摊销，得到未来每年的自由现金流，具体如表 8-20 所示：

表 8-20　爱尔眼科未来 3 年自由现金流预测

step2：预测自由现金流		未来 1 年	未来 2 年	未来 3 年
经营活动现金流		2 278.00	3 688.00	4 250.00
资本性支出	固定资产增加	216	283	312
	折旧增加	601	536	531
商誉和摊销增加		536.90	536.90	536.9
自由现金流		924.10	2 332.10	2 870.10

接下来确定贴现率，贴现率的确定需要计算出其期望收益率即 WACC 值，根据公式：

WACC= 债权比例 × 债权资本成本 ×（1- 所得税率）+ 股权比例 × 股东预期收益率

其中，股东预期收益率根据 CAPM 模型确定，即：E（RE）=Rf+ β（RM-Rf）

计算过程具体如表 8-21 所示：

表 8-21　爱尔眼科估值贴现率确定

step3：确定贴现率				
2020 年财务费用	2020 年有息负债	2020 年股东权益	2020 年总资产	2020 年总负债
90.00	3 389.44	10 650.00	15 540.00	4 888.00
负债资本成本		股东权益比重		债权比重
0.03		0.69		0.31
2020 年 5 年期国债利率 Rf:4.27%	24 个月风险系数	市场年度收益率	年初大盘指数	
	β：1.53	Rm:12.62%	3 083.78	
股东预期收益率			年末大盘指数	
0.17			3 473.07	
期望收益率 WACC	0.13			

确定贴现率后,将各年的自由现金流预测值进行贴现,未来3年后的每一年以2020年行业平均ROE值为基数,假定分别为7%、8%、9%,并用永续年金法进行贴现,最后得到企业的内在价值,在此基础上减去债务权益和其他剩余索取权后便得到了其权益价值,最终得到其股票内在价值,具体如表8-22所示:

表8-22 爱尔眼科估值

step4:估值	未来1年	未来2年	未来3年
自由现金流预测值	924.10	2 332.10	2 870.10
贴现率	1.13	1.27	1.43
自由现金流贴现值	820.88	2 955.48	2 011.76
预测期自由现金流贴现值总和	5 788.12		
永续年金期间自由现金流的现值	25 295.61	30 825.25	39 448.76
(假设以2020医疗行业平均ROE增速)	0.070	0.080	0.090
企业价值	31 083.73	36 613.36	45 236.88
债务权益	4 888.00		
其他剩余索取权	153		
权益价值	26 042.73	31 572.36	40 195.88
股本	343.4		
股价预测	75.84	91.94	117.05

在乐观/中性/悲观三种情境下,爱尔眼科的股价预计会在75.84元/股到117.05元/股之间波动。

表 8-23 爱尔眼科市值管理示意表

价值创造	"院中院"积累第一桶金	产品阶段
	转型迅速铺设民办医院	运营规模扩张阶段
价值实现	实施股权激励绑定核心人才	持续经营阶段
	4R 管理与资本市场深度沟通	
价值经营	"上市公司+PE"模式降低并购风险	资本扩展阶段

根据表 8-23 所示,"价值创造""价值实现""价值经营"并不是割裂开来的环节,三者是相互联系相互促进的。如今的爱尔眼科来到了一个重要的拐点,市值管理的前半场已经完成的非常漂亮,企业进入到成熟期,现阶段所考验的就是整合能力,也是爱尔眼科重新再出发的能力——如何让并购进来的体外医院发挥出 1+1>2 的效果,为上市主体进行价值再创造,使外延式增长有机地与内生式增长结合起来。很明显这不是一件易事,爱尔眼科也遇到了整合阶段的阵痛。

2021 年年初,爱尔眼科陷入了一场巨大的舆论风波。2020 年 12 月 31 日,武汉抗疫医生艾芬在微博发布了一段视频,讲述其在武汉爱尔眼科医院治疗白内障,术后出现右眼视网膜脱落,近乎失明。艾芬质疑武汉爱尔眼科医院对其治疗不当:"没有检查眼底,就做晶体植入,延误了治疗时间。"据艾芬在微博中所述,在爱尔眼科检查完后,医生表示她的右眼患上白内障,建议换高档人工晶体。

2021 年 1 月 4 日新年开盘首日,爱尔眼科低开报 71.00 元,跌幅 5.19%。当日收盘,爱尔眼科股价报 68.22 元,总市值 2 811.70 亿元,较前一交易日蒸发 274.91 亿元。但是爱尔眼科只是短暂的下跌,之后于 2 月 18 日冲高,一度创下 92.69 元的新高。有业内人士分析认为,此次负面新闻曝光之后仍能继续保持股价增长,或许与其是机构集中"抱团"的个股关系不小。

2月26日，微博用户"幽灵满世界彩虹"爆料发生在自己身上的爱尔眼科的又一起"医疗事故"。"幽灵满世界彩虹"称，自己在2017年3月1日成为重庆爱尔麦格眼科医院市场部员工，入职之后正赶上医院"亿元创收"的年度任务。为了这个目标，全医院各个科室都动员起包括亲属在内的各种资源，作为医院员工，尤其还有近视，"幽灵满世界彩虹"也成为科室的动员对象。只不过，等到她做完手术，不仅近视没治好，还成了十级伤残。随着事件愈演愈烈，爱尔眼科的股价也逐渐走低，3月9日盘中一度跌到54.23元/股，相较于半个月前的历史高点，跌幅多达近40%。

如此之大的股价波动，当然与外部市场因素有着很大的关系，但是还有一个很重要的原因在于，此次爆发的两件负面新闻，直指爱尔眼科最底层的盈利逻辑所在——屈光手术业务与白内障手术业务。根据表8-24所示，我们可以看到这两项是爱尔眼科的三大收入来源其二。

表8-24 2020年爱尔眼科收入构成表[①]

项目	收入（亿元）	收入占比（%）	毛利率（%）
屈光项目	43.49	36.51	58.12
视光服务项目	24.54	20.60	56.93
白内障项目	19.61	16.46	38.05
眼前段项目	12	10.08	45.09
其他项目	11.18	9.39	50.69
眼后段项目	8.175	6.86	35.40
其他	0.123 4	0.10	83.21

如此光鲜的业绩在"艾芬们"的指控之下，暴露出了资本市场最深层次的

---

① 资料来源：爱尔眼科官网公告. https://www.aierchina.com.

隐忧：这个千亿元的眼科帝国中，每年数十万台的手术，有多少是真正的应治尽治，又有多少是在利益驱动下的过度医疗？并购基金培育出来的大量体外资产，能不能被很好的整合消化成合格的眼科医院？在患者获益的公益性和资本的逐利性上，民营医院需通过更加专业、规范合理的诊疗流程和管理才能找到更好的平衡点，才能避免更多的医患纠纷发生。

现如今，爱尔眼科又站在了市值管理新一轮的起点。如何把并购进来的体外培育医院成功的整合进高速发展的上市公司体系，维持营收高增长的同时，严格把控整体服务质量，降低经营利润率下降的风险，增强价值创造能力，完成市值管理的良性循环，将是爱尔眼科接下来需要重点解决的问题。

经历自上市以来的频繁并购扩张，爱尔眼科在交易结构设计上已经具有丰富的经验，但是交割完成仅仅只是并购的开始，上市公司与标的公司进行全面的整合与融入，发挥出"1+1>2"的协同效应，才是并购的最终目的。

爱尔眼科在充分进行外延式增长的同时，也不能忽视内生性增长所带来的重要作用。爱尔眼科的相关负责人在2020年末表示，由于上市公司自身资金实力的逐步增强，"上市公司+PE"收购的模式成本高于上市公司主体直接收购，作为阶段性措施，并购基金将在5~6年完成它的使命后，陆续退出历史舞台。爱尔眼科目前作为行业的头部，市占率已经具有明显的优势，这让爱尔眼科在未来的发展规划中，不仅可以作为眼科医疗服务的提供者，还能与上游的供应商研判，进行医疗器械和耗材的分销，有潜力打通产业链创造平台价值。

总体来说，爱尔眼科在上市后市值管理的上半场做得十分漂亮，设计出"分级连锁"模式进行价值创造，形成规模效应；利用股权激励方案和4R关系管理将内在价值清晰地传递给资本市场，最后运用合伙人计划以及"上市公司+PE"的并购模式，让资本杠杆撬动更大的市场价值。从产融结合和价值管理的角度来看，爱尔眼科完整地运行了市值管理的一个周期。但是前期的快速扩张也带来了商誉高的隐患，在外部环境与内部消化不良的情况下，会存在市值大跌的风险。不过挑战同样给爱尔眼科带来了机遇，如果能顺利将表外资产整合融入上市公司主体，发挥市占率优势打造平台价值，进行新一轮的"价值实现"，爱尔眼科的市值将会更上一层台阶。这个已然是庞然大物的眼科帝国，也将重新再出发，成为中国资本市场，乃至全球资本市场具有鲜明辨识度的市值管理典范。

第 9 章
复星产融结合的进化之路[①]

9.1 发展历程

9.2 产融模式的进化

9.3 业务布局的演变

9.4 投资逻辑与策略

9.5 具有产业深度的投资能力

9.6 CIPC 闭环生态系统

9.7 "平台+独角兽+产品力"的产业模型

9.8 C2M 智造全球家庭幸福生态系统

9.9 全球合伙人制度与股权激励

[①] 资料来源：(1) 张玲玲，胡忻. 复星的秘密：产业逻辑大揭秘 [J]. 浙商，NO.15；(2) 刘一鸣. 复星的海外投资模式亮点与隐忧 [J]. 财经，2016-07-25；(3) 复星官网：2012—2016 年复星宣传册；(4) 复星官网：2007—2016 年公司年报；(5) 复星官网：2012—2016 年；2014—2017 年复星人报；(6) 扑克投资家. 揭底世界一流投资集团复星是如何练成的. http: //mt.sohu.com/20151210/n430792947.shtml.

复星把自己定位为一个投资集团，坚持"价值投资、中国动力嫁接全球资源、抗通胀、CIPC"的投资理念，通过反周期的投资逻辑发现并投资被低估的、有简单商业模式和未来良好前景的、潜在的独角兽企业，通过优化结构和整合产业链，提升整体价值，然后运作上市，再择机高价卖出，获得投资收益。在这过程中，以产业为本，金融为器，不断整合而大。这是典型"产融互动"的结果。

复星的发展还体现了顺应中国动力的变化而自我进化的特点。复星从最早的从事制药、房地产销售与开发、钢铁、矿业等重资产行业向金融、健康、快乐等轻资产转型，最终聚焦于富足中产阶级家庭，构建了C2M智造全球家庭幸福生态系统的商业模式，转型成为一个"保险+投资"双轮驱动的产业互联网投资集团。这种华丽的转身是复星精准地把握住了中国不同经济发展阶段的主要动力、产融互动、顺势而为的结果。

9.1 发展历程[①]

复星集团创建于1992年，由郭广昌、梁信军、汪群斌、范伟和谈剑5名

[①] 资料来源：（1）李明宇. 最佳实践复星的前世今生（复星集团发展模式研究）分析报告. http：//max.book118.com/html/2016/0523/43803695.shtm.

复旦大学校友靠 4 000 美元起家[①]，创立广信科技咨询。广信科技咨询最开始是一个咨询策划公司，经营市场调查业务。在市场调查中，他们发现医药和房地产有机会，就进入了医药和房地产行业。刚开始进入房地产行业的时候，没钱做开发，就做销售代理，慢慢变成了自己从事房地产开发。后来正好赶上国企改革，国有企业的股权大都按照净资产定价释放到市场上。复星就抓住这个机会一步步从做实业走向做股权投资和并购重组。2007 年复星集团整体上市之后，复星开始从国内并购走向全球并购，2011 年开始学习巴菲特的"实业+保险+投资"的产融结合模式，利用"保险+投资"的双轮驱动，实现中国动力嫁接全球资源，成为国际一流的产业投资集团。

复星是典型的草根创业，成功的关键在于把握住了中国经济发展不同阶段的主要动力，敏锐地抓住了各阶段的高成长行业，从而获得了快速成长。25 年的时间，复星从依靠郭广昌借来的 4 000 美元留学费用起家，已经成长为一个积累了 1 228.7 亿元人民币净资产，控股或参股了 40 多家上市公司，管理总资产达 4 867.8 亿元人民币，2016 年归属于母公司股东之利润实现人民币 102.7 亿元。[②] 业务布局涵盖地产、矿业、医药、医疗、钢铁、金融、保险、投资、旅游、商贸流通、文化传媒、智能制造等一系列行业。

我国改革开放以后大概经历过四轮经济发展周期。

1981—1990 年，第一轮经济周期。此轮经济周期由中国的改革开放政策推动，这一阶段的宏观经济政策是改革开放，出口创汇，加强基础工业设施建设。

1990—1999 年，第二轮经济周期。此阶段的宏观经济政策主要是进一步

---

① 注册资金 10 万元，其中启动资金是郭广昌为留学而借到的 4 000 美元学费。
② 这是 2016 年复星的财务数据。2016 年度，复星国际总资产达到人民币 4 867.8 亿元，同比增长 19.5%；归属于母公司股东之权益达到人民币 923.7 亿元，较 2015 年增长 21.9%；近 5 年净资产年均复合年增长率达到 23.7%；2016 年度归属于母公司股东之利润实现人民币 102.7 亿元，较 2015 年同比上升 27.7%，近 5 年复合年增长率为 24.7%。

扩大对外开放，建立社会主义市场经济，推动国企改革转制，大力发展支柱产业，流动性增加。流动性包含三个方面：一是农村富余劳动力的流动性；二是来自资金的流动性；三是土地的流动性。所以在这个阶段，和上述几个因素相关的如劳动力密集型行业、房地产、中小金融机构等行业都是快速发展的。

1999—2012年，第三轮经济周期。此阶段的宏观经济政策主要是全面提高对外开放水平，振兴发展老工业基地，大力发展非公有制经济，积极扩大内需。这一阶段是中国重化工业腾飞的阶段。而且从2008年起，中国、欧洲、美国、日本不同程度地方量化宽松，欧美日处于低利率环境，市场环境呈现复杂化，各种变化加快。

2013年至今，第四轮经济周期。2013年党的十八届三中全会深化经济体制改革方面的举措再一次释放出"改革红利"，从而开启中国经济新一轮的增长周期。此阶段推动内需发展，带动教育、医疗、养老、旅游和商业的发展。

复星的发展，非常高度地契合了经济周期，把握住了不同阶段中国经济发展的动力，从而获得了快速的发展。复星的发展基本上可以分为三个大的阶段：1992—1998年是实业做大（内生式增长）阶段；1999—2007年是产融结合第一阶段；2007年至今是产融结合第二阶段。

9.1.1 实业做大（内生式增长）阶段（1992—1998年）

1992—1993年，复星在创业初期基本上被称为"三无"企业，无资金、无人才、无技术。作为草根创业的郭广昌和梁信军只能从门槛较低的市场调查行业起步，在当时，这一行业在中国属于新鲜事物，全国的咨询公司也就十几家，因此复星一入行就走在市场的前列。很快，广信就做到了100万元的营收。

1993—1994年，在做市场调查的时候，复星发现房地产开始市场化，开始迅速转型，做起了房地产销售。那时的房地产销售几乎都是在工地上竖块牌子的"坐商"模式，复星采用市场调研的"直邮"方式，准确定位客户，赚到了第一个1 000万元。此时，汪群斌、范伟和谈剑加入创业团队，"广信"改名为"复星"。

在这个阶段，复星一个非常重要的决定就是进入制药行业。创业团队中，梁信军、汪群斌和范伟都是毕业于复旦大学遗传工程学专业，复星自然就想在生物制药领域发展。汪群斌和范伟给郭广昌带来的"见面礼"是他们已进行了三年之久的一个研究课题。1995年经过半年的总结，这个课题"种子"转化成了成品，这就是后来在复星医药历史上大名鼎鼎的PCR乙型肝炎诊断试剂。郭广昌将其在房地产上的所得悉数投入，到年底，复星赚到了第一个1亿元，而且还建立了一个覆盖全国的药品销售网络。

1998年，复星医药在上交所上市，成功融资3.5亿元。

同时，复星的地产业务由销售转为开发，第一个项目都是复星花园。作为复星地产平台的复地成立，复星集团早期的两大产业板块顺利成型。

9.1.2 产融结合第一阶段（1999—2007年）[①]

复星医药的上市让复星初尝资本盛宴，复星进入产融结合的第一阶段，即利用金融资本促进实业的发展。此后的复星不再只是在供研产销这条价值链上单纯卖地卖房子和卖药了，而是开始"买卖"企业了。首先是通过内生式成长和外延式并购成长结合的方式做大做强医药和地产板块，同时顺应经济周期变化，投资钢铁和矿业。而且抓住国有企业改制的机会，利用净资产价

---

① 资料来源：王大勤. 郭广昌：复星集团千亿商业帝国是怎样炼成的. http://www.ctsbw.com/article/1191.html.

格收购上市公司母公司的股份,以低成本方式获得快速扩张。

这个阶段对于复星来讲又细分为两个小阶段,1999—2004年是复星国内大举扩张的阶段。复星借助复星医药这个上市平台,先后投资或收购了友谊复星、建龙钢铁、宁波钢铁、豫园商城、江苏南钢、国药控股、招金矿业、德邦证券等公司。尤其是德邦证券的成立,标志着"实业+投行"的产融模式雏形形成。

2004年2月,复地在香港上市。复星医药和复地作为复星集团第一阶段的产业布局所选择的两个具有可持续性的产业,不仅在创业初期快速发展带来稳定利润,为复星接下来的高速发展带来了最初的资本积累;而且随着复星医药和复地的先后在A股和香港上市,为复星集团进入资本市场,进行资本运作培育了稳定的融资渠道。直至如今,复星医药和复地依然是复星提供"富足、健康和快乐"生活方式综合解决方案的核心环节。

2004—2007是复星内部结构调整和转型阶段。2004年,复星遭遇了发展过程中的一道大坎。这一年,国家启动了针对民营企业投资的钢铁、电解铝及水泥等项目的宏观调控,复星投资的宁波建龙被勒令停产。自2004年第二季度起,随着德隆崩盘、托普、啤酒花事件接连出现,社会对于发展速度较快的民营企业,尤其是走并购重组、产融结合之路的民营企业产生了普遍怀疑。被认为最像德隆的复星一时间被推至风口浪尖,主要是质疑多元化、过度扩张和高负债率、资金链紧张。

面对极大的质疑和压力,复星选择进行透明化和内部调整。首先,根据杰克·韦尔奇的建议,当时只是一个非上市公司的复星集团决定将其信息透明化。于是,复星做了三件事情。首先请国务院发展研究中心企业研究所作了份《复星集团的市场地位、竞争力和多元化发展战略的初步研究》,此举是用国家权威机构的"国研报告"来回应外界对复星竞争力的质疑;其次请安永对集团整体进行全面审计,并请权威资信评估机构对集团的资信状况作了一个评估,此举针对的是外界对复星资金链和资产状况的担心;最后主动将上述三份专项报告呈送给银行、监管部门和投资人。信息尤其是财务信息的公开起到了稳定乃至扭转外部舆论的效果,复星有惊无险地迈过了这道坎。

祸不单行的是,国家宏观调控力度加大,金融信贷骤然收紧。对于民营企业的复星现金流压力变得很大,为了拓宽融资渠道,复星开始内部结构调整,在香港成立复星国际,准备整体上市。2007年7月16日,复星国际在香港上市,融资128亿港元,是港交所当年第三大IPO,同时也是香港史上第六大IPO。

整体上市,被认为是复星从一家说不明、看不清的公司变成一家相对透明、"安全"的公司的分水岭。整体上市后,所有的想法得拿出来说,这的确是增加了麻烦;但好处是透明度提高了,没有人再怀疑,相对来说公司的交易成本反而降低了。复星的做法给了做产融结合的多元化投资控股企业一个很重要的启示,要想健康地活下去,资金来源、财务情况等等必须透明化和阳光化,无非是早晚的问题。当然,早比晚更好。

9.1.3 产融结合第二阶段(2007年至今)[①]

这个阶段是复星从资本市场草莽英雄华丽蜕变为价值投资大师的阶段。复星逐渐从产融结合第一阶段进入第二阶段,实业与金融形成良好互动,在全球范围内寻找价值错配机会,形成自己独特的产融结合模式和商业模式。结果直接反映在财务数据上,如图9-1所示,整体上市以后,复星国际的营收从2007年的人民币319.77亿元增长到2016年的739.67亿元,归属于母公司股东的利润从2007年的人民币33.54亿元增长到2016年的102.7亿

---

① 资料来源:砺石商业评论. 中国企业海外大并购之进击的复星. http://www.jiemian.com/article/884227.html.

元。如图9-2所示,净资产从2007年的人民币299.71亿元增长到2016年的1 228.7亿元,管理的总资产从2007年的人民币669.58亿元增长到2016年的4 867.8亿元。复星IPO当天的市值646亿港币,最高时达到1 900亿港币,截至2017年5月26日是1 036亿港币。

这个阶段,又可细分为四个小阶段。2007—2011年是"实业+投行"阶段;2011—2014年是"实业+保险+投资"阶段;2014—2016年,形成中产阶级家庭提供"富足、健康和快乐"生活方式的综合解决方案的商业模式,整体战略以投资为主;2017年起,商业模式进化为以C2M智造全球家庭幸福生活系统,整体战略开始更多着眼于产业。

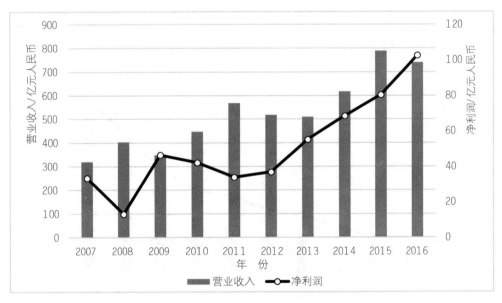

图9-1 复星国际2007—2016年营业收入和净利润变化①

2007年,复星不仅完成整体上市。而且大举进行并购扩展,投资了拥有2.2亿吨储量的中国第一大富铁矿海南矿业,和拥有主焦煤、配煤资源8.1亿

---

① 资料来源:复星国际2007—2016年年报。

吨储量的五麟焦煤。作为战略投资人投资了网络游戏前 3 名的"巨人网络"、炊具及小家电行业前 2 名的"爱仕达"、透平机械第 1 名的陕鼓动力、最大林木林化企业之一的五指山、前三大钛白粉生产企业的佰利联，以及宾化集团等。这些投资基本都是 Pre-IPO 轮的投资，这些企业陆续 IPO 为复星提供了退出的方式。

2007 年，复星第一个集团直属的私募股权基金管理公司复星创富成立。复星创富采用"股权投资+产业投资"的方式，帮助复星更好地与基金、资本结合起来投资产业。这是国内第一个具有全球格局的私募基金，复星以复星创富为基础构建了庞大的私募股权平台，通过广泛开展私募股权投资业务，同时进入资产管理业务，实现了投资收益的常态化。至此，复星构建了"实业+投行"的产融结合模式。

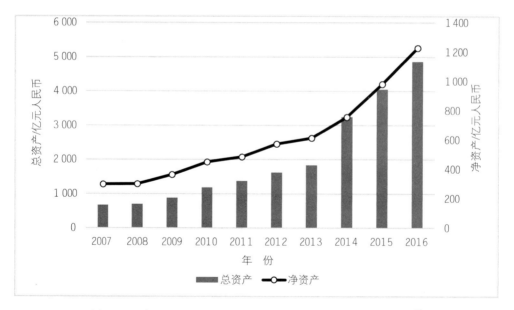

图 9-2　复星国际 2007—2016 年总资产和净资产变化 ①

---

① 资料来源：复星国际 2007—2016 年年报。

2007年，复星开始接触保险业，投资了位列第七大财险公司的永安保险。

2008年，作为反周期股权投资的经典案例，抄底分众传媒。

2010年，复星正式提出全球化战略，开创了"中国动力嫁接全球资源"的投资和并购模式。并且做了第一笔真正的海外直接投资，入股地中海俱乐部（Club Med）项目，获得了两个董事会席位。同年，在北美已拥有自己的投资团队，并开始部署欧洲、日本、澳洲的全球投资网络。

2012—2014年，提出并构建"保险+投资"双轮驱动的投资和并购模式。2012年，复星相继成立了复星保德信人寿和鼎睿再保险，与之前投资的永安财险一起初步构成了财险、寿险和再保险"三驾马车"的保险产业平台。为了实现利用保险资金投资，复星逐渐拿齐了三张保险牌照：财产险、寿险和再保险。

2013年，收购复星葡萄牙保险公司。2014年5月，葡萄牙保险公司并表，保险资产占比达到总资产的37%。并协议收购美国Ironshore 20%的股份。这标志着建成了以保险为核心的投资集团，"实业+保险+投资"的产融结合模式真正成型。

2014年至今，围绕中产家庭提供"富足、健康、快乐"生活方式的"一站式"解决方案，实现产融的真正融合和互动。定位中产家庭，聚焦"富足、健康、快乐时尚"，沿着"保险+投资"双轮驱动及"中国动力嫁接全球资源"的核心战略，促使复星旗下综合金融和产业运营各个板块之间跨界融合，快速展开闭环生态圈布局。围绕实现这样的目标，自2013年起，复星从金融、地产、医疗、休闲时尚和保险五个行业展开了一系列的海外收购和投资。

2013年4月，复星集团以5 500万美元投资美国知名奢侈品女装品牌ST.JOHN，截至2014年12月31日复星集团持有该公司的33.9%股权，成为该品牌第二大股东。

2013年9月，复星集团入股低调的高端男装品牌Caruso，持有其35%

的股权，成为第二大股东。Caruso是意大利时尚奢侈品领域唯一一家获得ISO 9001认证的公司。

2013年10月，复星集团以6 450万英镑收购英国伦敦金融城Lloyds Chambers大楼。同月，又斥资7.25亿美元从摩根大通银行手中买下纽约第一大通曼哈顿广场。

2014年1月，复星集团斥资10亿欧元获得葡萄牙最大保险集团Caixa Seguros的80%股份。

2014年2月，复星集团通过旗下子公司出资2.105亿元人民币参股马来西亚著名餐饮连锁集团食之秘(Secret Recipe)，成为第二大股东。

2014年3月，复星集团出资9 850万欧元收购德国规模最大的独立私人银行之一BHF-BANK的19.18%股份，从而成为其第二大股东。

2014年5月，复星国际宣布完成对日本IDERA资产管理公司98%股权的收购。

2014年6月，复星集团与美国好莱坞影视公司Studio8签署投资协议，截至2014年12月31日，复星集团持有该公司A类投资人中80%的权益。

2014年8月，复星集团完成对澳大利亚石油和天然气上游公司洛克石油的收购；2015年1月，洛克石油已由复星集团100%持有，并正式从澳洲证券交易所退市。

2014年8月，复星集团收购美国保险公司Ironshore 20%的股份，并成为其第一大股东。2015年11月，复星集团斥资18.4亿美元收购该公司剩余80%的股份，至此实现对该公司完全控股。

2014年10月，复星集团通过旗下葡萄牙保险公司Fidelidade，以4.6亿欧元收购葡萄牙医疗保健服务商ESS 96.07%股权。

2014年12月，复星以合并方式收购美国专业财险及保险管理服务商MIG，交易总额约4.33亿美元。

2015年1月,复星国际和澳大利亚资产管理公司Propertylink共同宣布,成功收购澳大利亚北悉尼办公楼米勒街73号。

2015年2月,复星国际牵头的财团对法国度假村运营商Club Mediterranee的要约收购成功,收购结束时取得该公司92.81%股份。

2015年3月,复星集团以9 185万英镑收购国际休闲旅游集团Thomas Cook 5%股份。同月,复星集团通过旗下Fidelidade及Billion Infinity,间接拥有欧洲金融服务集团RHJI总价值5 914.43万欧元、占比约28.61%的股份。

2015年4月,复星国际以合并方式收购美国专业财险及保险管理服务商Meadowbrook Insurance Group, Inc,交易总额约4.33亿美元。

2015年4月,复星集团联合德州太平洋集团(TPG Capital)收购太阳马戏团(Cirque du Soleil)。

2015年6月,复星国际与Delek Group Ltd.订立协议,买入Phoenix Holdings Ltd.已发行股本的52.31%。

2015年7月,复星集团以3.45亿欧元收购了意大利裕信银行(UniCredit)原米兰总部。

2015年7月,复星集团宣布与英国专业地产基金管理公司Resolution Property共同投资设立Resolution Property Investment Management LLP,复星集团拥有其控股权。

2016年7月,复星集团宣布收购巴西RioBravo投资集团。

复星的并购看似杂乱无章,但实际上都是围绕为中产家庭中的高净值客户提供"富足、健康和快乐"生活方式的综合解决方案,在全球内寻找价值错配的反周期投资机会,这是复星投资和并购"形乱而神不乱"的根本所在。

2015年开始,复星开始布局C2M。先后投资了名医主刀、微医、红领、喜天、阳光印网、构家网、摩贝化学(MOLBASE)、博车网、美国妈妈等

C2M 模式的企业，并且在 C2M 的理念下帮助这些企业成长为独角兽或超级独角兽，并将这些公司进行连接，从而打造复星自己的闭环生态系统。

2017 年，复星最新的商业模式进化为"C2M，智造全球家庭幸福生态系统"，整体战略更加着眼于产业。

9.2　产融模式的进化

复星的 5 个创始人都是复旦大学毕业的高才生，学习能力非常强。复星的产融模式和商业模式也是在不断学习中演变着。通过对众多对标企业的研究学习，以及顺应经济周期变化，加之对中国发展动力的把握，复星的产融模式从"产业运营"模式进化到"产业＋投资"模式再进化到"产业＋保险＋投资"模式。

不论是在公开场合，还是在公司年度报告，郭广昌多次提及复星是不断学习的组织，其学习的对象就是巴菲特和伯克希尔公司。媒体也普遍将复星集团称为中国版"伯克希尔哈撒韦"公司，而且复星的产融模式也进化成伯克希尔的"保险＋实业＋投资"模式。

但是，复星并不是简单地复制了伯克希尔模式。而是在其自身产融模式的演变中，分别学习了和记黄埔、GE 和伯克希尔，一直试图汲取这些世界级商业巨头的成功经验，走出一条自己的道路。

9.2.1　向和记黄埔学习分散投资理念

在业务形态上，复星与和记黄埔有着相似之处，2004—2011 年的复星（尤其是 2007 年之前）与和记黄埔的高度相似，都是通过"实业＋投资"两个引擎实现发展，而且两者均不同程度涉足零售、医药和地产领域。在 2011 年，和记黄埔收入主要来源为港口、零售、电讯和房地产，而复星的收入主要来源为医药、矿业和地产板块。

在投资理念上，复星的房地产、商贸零售、钢铁矿业、医药四大板块关联度不强，属于无关多元化。这里面的原因有两个，一是根据把握不同阶段中国的发展动力顺势而为进行投资，结果就成了一个无关多元化集团；还有一个重要的原因就是学习了和记黄埔通过分散投资来分散风险的方式，以抵抗行业周期对公司利润的影响。

2011 年之前复星产业板块中的房地产、钢铁行业和矿业是典型的周期型商业，高利润和高风险并存型；而商贸零售为现金流充沛型，但发展不会大起大落；医药行业研发投入大，但具有持续高速增长的能力。复星旗下不同行业由于相关度低且回报周期不同的特点，反而形成了一个很好的互补。

9.2.2　向 GE 学习"实业 + 投资"模式

2007 年之前的复星非常像和记黄埔，2007—2011 年复星慢慢地开始既像和记黄埔，又越来越像 GE。复星主要从 GE 身上学习了两点，首先是产业和金融结合的方式；其次是选择并购或投资标的企业的原则。

和 GE 一样，复星也是做实业起家，慢慢地做到了金融和投资。GE 金融服务板块建立的最初目的是为其产业部门提供金融服务，因此 GE 强大的产业背景成为支持 GE 金融板发展的重要推力。复星的投资和并购学习了 GE 这种结合自身产业优势进行投资与并购的做法，在 2011 年之前的并购中，复星基本上聚焦在医药行业和矿业。医药行业的并购主要依托的是复星医药在医药领域的资源优势，矿业的投资和并购基于的是建龙集团与南钢股份在钢铁领域的经验复制。

如 GE 有 200 多人专门从事收购和投资项目的工作一样，复星依托产业板块的优势开拓集团层面投资业务平台，先后建立起了十几个投资事业部或专业公司，仅在集团层面，投资岗位就达到 100 多个。

在对收购对象的选择上，复星学习的是 GE 的"No.1 or No.2"原则，以"进入中国行业前三名、具有全球竞争力"为选择目标。

9.2.3　最终学成伯克希尔的"实业＋保险＋投资"模式

由于复星是民营企业，所以现金流方面会有比较大的压力。2011 年之前，复星是实业资本，如果用实业资本进行无关多元化扩张，经常会面临现金流的问题，一旦出现现金流断裂，不但无法完善收购公司的改造，甚至自己都自身难保。因此，如何找到"便宜的钱"就成为复星进行全球化扩张的关键。

于是，复星"被迫"学习巴菲特的伯克希尔的"实业＋保险＋投资"产融模式。复星向巴菲特学习了两点，首先是通过保险找到"便宜的钱"；其次是坚持价值投资，将资金投向"便宜的项目"，以产生最优的回报。

保险是伯克希尔产融模式的核心。1967 年，伯克希尔收购了国民保险，开始涉足保险行业。至今，伯克希尔拥有四大保险公司，分别是 GEICO、General Re（通用再保险）、伯克希尔基础保险公司和伯克希尔再保险公司。巴菲特的产融结合的融资端为何选择保险、而不是银行？巴菲特认为保险有独特的金融特性，可以先收取保费，然后支付赔偿金，让保险公司拥有大量的现金，也就是所谓的存浮金，保险公司可以利用存浮金进行投资并获取收益。

而且巴菲特的保险业务集中于财险、意外险和再保险，而不是寿险。巴菲特认为，虽然寿险资金规模大，而且资金周期长，但由于不确定的利率风险和寿命风险，使得寿险浮存金的投资途径受限，承保利润也受到不确定性风险制约，难以满足巴菲特灵活的投资需求。而财险、意外险和再保险业务，当保费收入超过费用和最终偿付金的总额，保险公司将获得承保利润，这属于保险投资收益之外的额外收益。对于保险公司来讲，相当于是白赚的钱。实际上，财险和再保险已为伯克希尔连续贡献了13年的承保利润。

2007年，复星投资永安财险（主营业务为非寿险），开始涉足保险，复星占股20%。2011年，复星集团对于保险业务的思路才逐步清晰起来，首次提出"构建以保险业务为核心的大型投资集团"，并就此开始了在保险领域的快速布局：2012年，复星和美国保德信金融集团在中国联合成立复星保德信人寿，主营业务为寿险和意外险，复星占股50%；2013年，复星与国际金融公司（IFC）在香港共同成立鼎睿再保险有限公司，鼎睿再保险成为亚太地区内少数能同时承保寿险与非寿险的再保险公司之一，复星占股85.1%；2014年1月，复星集团斥资10亿欧元获得葡萄牙最大保险集团Caixa Seguros的80%股份；之后又相继收购了美国的保险公司Ironshore[①]（特种险）以及MIG（财险）。2016年8月，复星发起设立的复星联合健康保险股份有限公司（专营健康险，预计2017年中开业）获保监会批准设立。

至今，复星集团的保险板块进一步丰富：永安保险、复星保德信人寿、鼎睿再保险、复星葡萄牙保险、MIG，加上刚刚获批筹建的复星联合健康保险，一个由全球性的保险产业网络已经颇具规模。

如表9-1所示，复星的保险业务类型集中于财险、意外险和再保险。从承销收入来看，非寿险业务毛保费收入高，综合成本率低于100%，承保利润为正，而唯一的寿险公司保德信人寿2015年净利润亏损1.13亿元人民币，2016年亏损1.69亿元人民币。从可投资资产和收益率来看，6个保险公司可投资资产充足，但国内、欧洲和美国三地区保险收益率呈现阶梯式下降。

---

① 2014年8月，复星集团收购美国保险公司Ironshore20%的股份，并成为其第一大股东。2015年11月，复星集团斥资18.4亿美元收购该公司剩余80%的股份，至此实现对该公司完全控股。2017年5月，复星以29.35亿美元将Ironshore100%股份全部卖出。

表 9-1 复星集团 2016 年保险业务状况[①]

公司名称	复星葡萄牙保险	永安财险（40.68%权益）	复星保德信人寿（50%权益）	鼎睿再保险	MIG	Ironshore（现已出售）
业务	非寿险为主	非寿险	寿险、意外险等	再保险	财险	特种险
主要地区	葡萄牙	国内	国内	全球	美国	美国
毛保费收入	37.31亿欧元	91.02亿元人民币	1.16亿元人民币	6.98亿美元	7.18亿美元	22亿美元
净利润	2.22亿欧元	6.43亿元人民币	-1.69亿元人民币	0.07亿美元	0.28亿美元	1.15亿美元
综合成本率	97.2%	98.5%	未披露	97.6%	102.8%	102.1%
可投资资产	137.84亿欧元	113.50亿元人民币	20.24亿元人民币	12.19亿美元	15.39亿美元	54.65亿美元
投资收益率	3.2%	7.2%	3.9%	1.5%	3.2%	3.2%

综合来看，复星着力布局财险、意外险和再保险业务，获得可观的承保利润和可投资资产，与伯克希尔保险业务如出一辙。不同的是，复星的保险布局兼具全球化考量，以成熟的欧美保险市场为主，辅以迅速发展的国内保险市场，但是复星在国内仅有 20% 权益的永安财险和规模尚小的复星保德信人寿。与伯克希尔 2015 年保险业务 413 亿美元收入和 49 亿美元净利润相比，显然不在同一量级。所以复星要成长为下一个伯克希尔，把握住快速发展的国内保险市场已势在必行。2016 年，复星开始调整保险业务结构，将美国 Ironshare 保险公司以 30 亿美元价格转让，转而发力国内保险市场，筹建复星联合健康保险公司，获得健康险牌照，成为中国第 6 家专业健康险公司。

在实业方面，伯克希尔拥有被巴菲特称为"五大引擎"的 5 个实业公司，

[①] 资料来源：2016 年复星国际年报。

分别是 BNSF（北方伯顿圣达菲铁路）、BHE（伯克希尔能源公司）、Lubrizol（路博润化工）、IMC（国际金属加工集团）和 Marmon（工业集团）。这些公司业务覆盖了铁路、能源、公用事业和租赁，占据美国 17% 的城际货运、7% 的风力发电、6% 的太阳能发电市场份额。虽属传统行业，但为伯克希尔贡献了充足稳定的利润。2016 年，伯克希尔用 320 亿美元收购 PCC，这是波音和空客发动机配件的全球最大制造商，也是钻井平台等能源开发器材的生产商，与伯克希尔能源可以完美融合，提高每股盈利水平。除五大实业外，伯克希尔还有零售和服务业务，销售汽车、家具用品和其他各种消费品，包括连锁的 Dairy Queen（冰雪皇后）。

除保险和实业外，巴菲特为人们所熟知的是"股神"的称号，也就是伯克希尔的投资业务。伯克希尔投资分为财务投资、战略投资和收购控股三类。伯克希尔财务投资体现于股票市场，就是以低估和成长类公司为标的，寻求价值投资的超额回报。可口可乐是巴菲特财务投资的典型案例，获得的超额收益来自对公司价值低估的准确判断。1987 年，可口可乐面对百事可乐的竞争，股价较为低迷，同时巴菲特认为可口可乐具有超过百事可乐的品牌优势，此时股价低迷并不是竞争力下降的体现，只是价值被短期低估。于是 1988 年，伯克希尔大量买入可口可乐的股票，持仓成本为 5.92 亿美元，此后 10 年巴菲特又加仓一倍股票，持仓成本约 13 亿美元，可是此时持有的可口可乐市值已 134 亿美元，相比投入时获得了 10 倍的回报。

图 9-3 所示的是伯克希尔 2005—2015 年持仓成本和市值变化。从总体上看，伯克希尔持仓成本处于上升趋势，这归因于保险和实业的稳健经营，使得伯克希尔有充足的资金用于加仓。2015 年，伯克希尔持仓成本达 586 亿美元，为 2005 年的 3.68 倍，持仓市值达 1 123 亿美元，为 2005 年的 2.40 倍。从收益率看，在 2008 年金融危机之前，收益率下滑迅速，从 2009 年起，伴随着美股慢牛，收益率波浪形回升，如今已回到 100% 回报率附近。实际上，

2000年后的伯克希尔已不再有大幅高于标普500指数涨幅的惊艳表现，在2008年金融危机中，伯克希尔持仓市值也遭受巨大损失，缩水近34.5%。

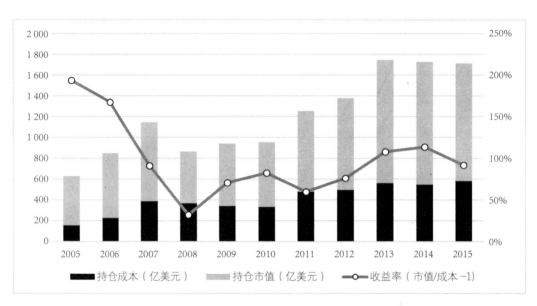

图9-3　伯克希尔2005—2015年持仓成本和市值变化①

战略投资和收购控股是伯克希尔产融结合的一种重要方式。基于改善盈利能力和增加内在价值的理念，伯克希尔的战略投资和收购步伐从未停止。早年巴菲特有收购喜诗糖果的优秀案例，1972年巴菲特以2 500万元收购喜诗糖果，在随后的10年里，喜诗糖果净利润增长5.5倍，达1 000万美元。近年来，在巴菲特主导下，伯克希尔大手笔产业并购动作频频。比如，2016年伯克希尔耗巨资372亿美元收购精密器件公司PCC，此举让媒体调侃，伯克希尔更像是一个工业集团而不是一个投资公司。事实上，这种基于产融结合的投资逻辑，大力加码实业，投资美国基础设施和高端制造，相比于之前在股票市场实现资本增值，能实现更为直接和强大的价值创造，也更富于智慧。

---

① 资料来源：伯克希尔2005—2015年年报。

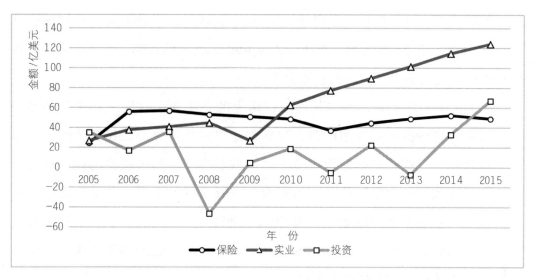

图 9-4 2005—2015 年伯克希尔保险、实业和投资净利润①

图 9-4 所示的是伯克希尔 2005—2015 年保险、实业和投资净利润的变化。在此期间，保险收益稳定于 40 亿～60 亿美元区间，投资收益波动较大，实业显示出强劲的利润增长动力；从 2009 年起，利润从 26 亿美元快速提升至 124 亿美元，占总净利润比例超 50%，由此可见"五大引擎"为代表的实业成为伯克希尔的新发动机。早期的伯克希尔是"保险+投资"双轮驱动，快速发展的保险业务储备了大量浮存金，随后投入股票投资中获得超额收益，1965—1998 年伯克希尔复合年均增长率达 24.1%。进入 21 世纪后，基于战略投资和并购控股的铁路、能源、公用事业等实业成为伯克希尔新的战略重心，这是由融到产的转变。新时期下伯克希尔商业模式的新内涵在于，并购整合后的实业公司展现出强劲的价值创造能力，而保险和投资积累稳定的资本弹药，用于现金收购和控股优质企业。

在伯克希尔"保险+实业+投资"的商业模式进化中，资产规模和盈利

---

① 资料来源：伯克希尔 2005—2015 年年报。

能力不断提升,股东回报日益增长。历经50余年,伯克希尔A类股的股价从16美元攀升至近25万美元,市值进入4 000亿美元俱乐部,仅次于苹果、谷歌和微软,是历史上最卓越的投资公司。

对比复星和伯克希尔的成长历程,两者的"实业+保险+投资"产融模式起点不一样,但是都殊途同归,现在都是以保险为核心的投资集团。巴菲特早年起步于二级市场的股票投资,后来成长为坚持价值投资的综合投资集团,为了寻找到"便宜"的钱,伯克希尔发展了保险业务,并最终形成"实业+保险+投资"的产融模式,其中保险是其产融模式的核心,早期是股票投资的弹药库,如今是加码实业的奠基石。在保险稳定的利润支撑下,伯克希尔得以拓展多元化投资和工业集团。

与伯克希尔不同的是,复星的"实业+保险+投资"模式起步于实业,从创业早期的广信科技,到奠定格局的复地和复星医药,实业是复星的根基。2011年,复星学习伯克希尔打造"实业+保险+投资"的产融模式,提出构建"保险+投资"的双轮驱动的投资和并购模式,将保险作为独立业务架构,复星将保险视作其"投资能力对接长期优质资本"的上佳途径。如今试图融通保险、实业和投资,使其形成良性循环,打造复星的闭环生态圈。

无论是复星的产业资本借力金融资本,还是伯克希尔金融资本拥抱产业资本,殊途同归的是产融结合创造更大的内在价值和市场价值,这也是"实业+保险+投资"模式的精髓所在。

9.3 业务布局的演变

复星的业务布局伴随着产融模式和商业模式的进化而不断演变,最早复星的业务布局是以产品为导向,什么赚钱做什么。从2011年开始,复星的投资逻辑发生了变化，业务布局也随之发生了变化。复星布局保险业后，找到了"便宜的钱"，在投资上就需要寻找"便宜的项目"，进行价值错配的投资。

布局保险后，复星的综合金融板块发展非常快。通过保险业务，复星发现中国的中产阶级在兴起，而中产阶级家庭有生命保障和生命体验两个刚性需求，这两个需求在中国增长非常快。而中国能够针对生命保障和生命体验这两方面需求提供良好服务的企业少之又少，复星就将自己定位成为中产家庭提供富足、健康和快乐生活方式综合解决方案的提供者。于是复星就依托之前的产业布局，进行商业模式的创新与转型，业务布局又有新的变化。比如，依托复星医药、复地进行布局，将医院、制药和养老融通满足中产家庭健康的需求，依托豫园商城、地中海俱乐部等不同行业的跨界融通满足中产家庭快乐的需求。具体来说，复星的业务布局演变过程如下。

在1998年之前实业做大的阶段，复星的业务布局也非常简单：1992—1993年以咨询策划公司创业，1993年开始做医药和房地产销售；1998年复星医药IPO，同年复地成立，复星的房地产业务由销售转向开发。

1998—2007年，复星进入产融结合第一阶段，以"主业+投行"的模式推动产业并购。除了在医药和房地产板块的不断并购扩张之外，复星通过投资或并购进入零售业、钢铁业、矿业和金融业。在医药板块投资或收购了重庆医工、重庆药友、海翔药业、国药控股、桂林制药和万邦药业等；在零售板块投资或收购了友谊商城、豫园商城；钢铁业布局了建龙钢铁、宁波钢铁和南钢；矿业板块布局了招金矿业、海南矿业和五麟焦煤；在金融业布局了德邦证券和永安财险。入住德邦证券意味着复星从纯粹的产业驱动变成了"实业+投行"的模式，对永安财险不经意的投资为日后建立以保险为核心的投资集团埋了一个伏笔。

复星国际整体上市之后，复星的业务布局调整非常快，基本上是1年或最多2年就会有一个调整。

2007—2008年复星的业务布局是医药、房地产开发、钢铁、矿业、零售和投资。

2009年微调为医药、房地产开发、钢铁、矿业、零售、服务及战略投资。

2010年开始进行海外并购，对地中海俱乐部进行投资。

2011年有比较大的调整，整个业务布局变成了保险、产业运营、投资（含战略投资）和资产管理四个板块。这和之前相比就有一个很大的变化，以前的投资是以产业整合为主的多元化投资，到了2011年，保险作为单独的业务板块开始大力发展了，而且复星开始发力构建"保险+投资"的双轮驱动模式。资产管理是利用私募股权基金的方式募集资金，对复星的投资业务进行强有力的支撑，当年旗下已有复星创富、复星创鸿、凯雷复星、复星保德信中国联合基金、星浩资本等多个资产管理公司。

2012年延续了2011年的保险、产业运营、投资和资本管理的业务布局，但是对投资进行细分布局，分为战略联营投资、PE、二级市场投资、LP投资和其他投资。"保险+投资"双轮驱动模型基本成型。保险有3家公司，复星保德信、永安财险和鼎瑞再保险，产业运营主要是4家公司，复地、复星医药、海南矿业和南京南钢。

2013年延续了2012年的业务布局，但是在这一年提出了"蜂巢城市"的概念。蜂巢城市概念的提出实际上就是复星要开始打通旗下各个板块，打造闭环生态圈了。

2014年明确提出要聚焦健康、快乐和时尚，复星开始将客户定位为富足的中产阶级家庭，快速展开生态圈布局，加快全球生态圈整合。业务布局有了非常大的调整，正式转变为综合金融和产业运营两大板块。

- 综合金融板块的布局更加全面，包括保险、投资、资本管理、银行及其他金融业务四个板块。其中保险是综合金融板块的核心，新增了复星葡萄牙保险公司、Ironshore及MIG 3家保险公司；在银行及其金融业务布局中，新增了香港恒利证券①，收购了创富融资租赁，持有 RHJI 19.49% 的权益，RHJI 全资持有德国私人银行 BHF-BANK 和英国私人银行 Kleinwort Benson。至此，复星基本上布局了全球的金融全牌照。

- 产业运营包括健康、快乐生活、钢铁、房地产开发和销售及资源五大板块。健康板块包括复星医药、星堡老年服务等；快乐生活板块包括豫园商城、地中海俱乐部、亚特兰蒂斯、Studio 8 及博纳影业；钢铁板块包括南京南钢及建龙集团；房地产开发和销售包括复地、外滩金融中心、大连东港、策源置业等；资源板块包括海南矿业以及洛克石油。

- 推动"保险 + 产业 + 蜂巢 1+1+1"的产业跨界融合创新闭环，实现产融真正互动。

- "保险 + 投资"模式崭露锋芒。保险板块的权益可供投资资产达到人民币 798.09 亿元，同比增加 1 355.6%，使得调整后可使用资本提高至人民币 2 147.03 亿元，同比增加了 57.2%；与此同时，复星的调整后回报率差达到 2.2%，同比扩大 0.6 个百分点。

- 健康和快乐时尚业务的营业收入已达到人民币 119.4 亿元，同比增长 20.3%，占本集团总收入的 19.3%；归属于母公司股东利润人民币 17.02 亿元，同比上升 53.6%，占本集团净利润的 24.8%；业务净资产已达到人民币 267.47 亿元，同比增长 19.5%，占本集团净资产的 35.3%。

2015 年，明确将客户群定位于中产家庭，聚焦于"富足、健康和快乐"。业务布局的变化主要是综合金融板块，综合金融定位和之前已有所不同，以前是作为集团资本运作的负债端和投资端来考虑的，现在除了满足集团资本

---

① 这是复星布局香港金融平台的一笔重要投资，复星间接持有恒利证券 100% 的股份。收购恒利证券对于复星推进国际化战略、打通海内外资金管道、提升海外资产管理能力具有重要意义。

运作的需求之外,还将其作为满足中产阶级家庭"富足"的需求进行布局。依然包含四个板块,其中前两个板块依然是"保险+投资",但是之前的资本管理和银行及其他金融业务合并为财富管理,新增了一个互联网金融板块①。

- 保险板块中资产已达人民币1 806.0亿元,占集团总资产比例由2014年底的32.9%上升至44.6%;可投资资产达到人民币1 604.0亿元,较2014年同比大幅上升50.2%;保险业务板块归属母公司股东利润达到人民币21.0亿元,占集团归属母公司股东利润的26.2%,同比增长88.4%,其2013—2015年的复合年增长率为100.5%。
- 富足、健康和快乐三大板块总资产达人民币3 033.8亿元,占集团总资产比例上升至74.8%,较2014年底增长47.7%;净资产增长至人民币443.1亿元,占集团净资产比例上升至45.1%,较2014年底增长77.2%;营业收入已达到人民币386.7亿元,同比增长84.6%,占本集团总收入的49.1%;归属于母公司股东的利润达到人民币76.6亿元,同比增长47.7%,占集团归属于母公司股东利润的95.3%。

2016年,复星的客户定位和商业模式更加明确,关注家庭客户幸福生活需求,深耕"健康、快乐、富足"领域,创新智造C2M生态系统。与之相应的是,业务布局也随之调整。如图9-5所示,综合金融重新分为三块,前两块是作为双轮驱动的保险和投资,上一年的财富管理和互联网金融被并为一块,即财富管理及创新金融。在产业运营布局中一个非常大的变化是钢铁板块整个出表了,从2015年末开始,复星通过调整南钢股份股权结构,将南钢股份从财务上变为联营企业,剔除出财务报表,所有项列入投资板块计算,这意味着随复星客户群定位和商业模式的变化,曾经为复星利润做过比较大贡献的钢铁业务从战略上逐渐被边缘化,未来复星甚至有可能将钢铁板块整个卖出。

---

① 互联网金融板块包括浙江网商银行、菜鸟、创富融资租赁、云通小贷和星云资产。

第 9 章 复星产融结合的进化之路

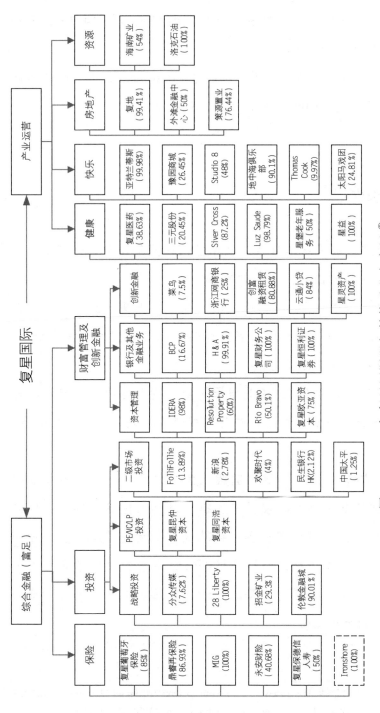

图 9-5 2016 年复星国际股权结构及业务布局 [1]

① 资料来源：复星国际 2016 年年报。虚线框代表在 2017 年已经出售的资产。

- 2011—2016年，连续5年的净利润年均复合增长达到24.7%，净资产年均复合增长达到23.7%。
- "健康、快乐、富足"业务持续增长，截至2016年底，占集团总资产的81.1%、净资产的73.0%、净利润的76.0%。

9.4 投资逻辑与策略 [①]

复星最基本的投资逻辑就是积极寻找并利用价值错配的机会，坚持价值投资。具体来说，复星在投资方面一直坚持做好三件事：

首先是如何找到"便宜的钱"。从利用上市公司平台募集资金，到发展资产管理业务，再到全球保险业务的布局。复星在融资端就一直不断优化创新，从而持续获得稳定、长期和低成本资金。

其次是如何找到"便宜的项目"。因此复星一直在提升自己在资产端的竞争能力，在坚持价值投资的基础上通过发掘全球视野中各类资产的错配机遇，不断提升资产收益率。

最后是平衡好风险与成长，以长期稳健成长为持续目标。因此复星从融资、投资到投后管理都有非常精细的设计与安排，从而形成复星独特的卓越的投融资能力：持续发现并把握投资机会，持续优化运营与管理、提升投资企业价值，持续对接优质资本，在此过程中形成以认同复星文化的企业家团队为核心。这种以上述三大核心能力为基础的价值创造链的正向循环，成为复星业务稳定高速增长的坚实基础。

[①] 资料来源：（1）郭广昌：复星投资哲学. http://www.360doc.com/content/16/0704/09/32307366_572827228.shtml；（2）帮拖. 裸辞的梁信军说：以后就玩中产阶级. http://mt.sohu.com/20170403/n486269099.shtml。

坚持以上的基本投资逻辑，复星在实践中形成了"保险+投资"双轮驱动、中国动力嫁接全球资源、提供"富足、健康和快乐"生活方式的综合解决方案、反周期投资等具体的投资策略。

9.4.1 "保险+投资"双轮驱动

【投资之轮的打造】

在实业做大阶段，复星就在医药和房地产行业打下了坚实的基础，时至今日复星医药和复地仍然是复星实业的脊梁，是复星打造健康和闭环生态圈的核心环节。在产融结合第一阶段，复星除了利用内生式增长结合并购外延式增长推动复星医药的快速稳定扩张之外，复星还通过投资或并购进入零售业、钢铁业、矿业和金融业。并且对投资或收购的企业的运营管理持续优化，提升企业的价值。在这个阶段，复星已经成为具有"产业深度"的投资集团。

在2007年集团整体上市后，复星把自己定位成"中国动力机会的发现者和把握者"。到2011年，快速增长的"产业利润、投资利润、资产管理收益"成为复星的三大业绩增长引擎，推动复星向"专注中国成长动力的世界一流投资集团"愿景稳步迈进。

复星具有产业深度的投资之轮是典型的多股权投资，既有以控股为目的的投资或收购，也有战略投资类和财务投资类股权。

复星首先是运用控股类股权投资，对主营业务进行整合。以保险业务为例，复星通过控股美国和欧洲地区寿险和财险公司，扩大海外保险业务规模，在保险品种、销售渠道和客户资源相互协同，实现规模效益。通过布局中国和欧美成熟市场，实现保险主营业务和地区的横向多元化分布，降低经营风险。除横向业务整合，还有上下游业务整合。比如复星医药通过收购北京金象、投资国药控股对医药分销和零售行业的整合，提升了整体经营效率。

其次是运用战略投资类股权投资，开拓新业务跑道。以复星实业转型为例，在重资产到轻资产的转变中，复星瞄准消费需求升级，以健康、娱乐和富足为主线，先后战略投资分众传媒、中山公用、三元股份、博纳影业、Thomas Cook、FolliFollie 等企业。

最后是财务投资类股权投资，是闲置资金的资产管理。主要以流动性好的二级市场投资为主，通过大宗交易、定向增发和二级市场增减持的方式进行，必要时可对流通受限的股权进行质押融资。除自身财务状况之外，还要结合市场情况评估股票投资价值。复星在二级市场的投资，集中于金融、互联网和高端消费，其中金融涵盖港股民生、工商银行和新华保险，互联网包括美股新浪、优酷、欢聚时代和搜房网。这样的布局有三个方面的考虑：

- 境内资产、港币和美元的资产配置形成天然的汇率风险对冲效应。
- 绩优稳定的金融公司和高成长的互联网企业相互搭配，实现稳健增长的投资收益。
- 复星认为中概股和港股是被低估的，是价值错配的，有价值投资的机会。

多股权投资的精髓在于股权组合的动态优化：控制类股权着眼于主营业务横向和纵向整合，战略投资类股权开拓新业务跑道和高投资回报，财务投资类股权盘活闲置资金，增长资产收益。在依据主营业务、自身战略、财务状况协调多股权投资方向性和目的性同时，还要把握股权价值的评估和整体股权组合的动态优化，比如战略投资需要注意退出、维持和加大投资的时机把握，财务投资就要注意增减持的时机选择。按以上标准来看，复星的多股权市值管理堪称优秀。

【保险之轮的打造】

2011 年之前，复星用于投资的钱基本上来自产业资本和资产管理。产业资本的钱主要来自资本市场的再融资以及银行借贷和发债,复星为了降低负债率,想了很多办法。比如在债权融资安排上,除了利用银行贷款,还对外发行了很多债券。但是作为纯粹民营企业的复星,在内地和香港的金融市场想要找到低成本资金是比较困难的。

资产管理的钱来自基金。复星自整体上市之后就采用"上市公司+PE"模式进行融资,2011年开始,复星旗下的资产管理公司一直都有五六个。2011年管理的基金规模在100亿元人民币左右,2015年复星管理的基金规模大概在633.9亿元人民币。利用基金融资的最大问题就是,当基金盈利的时候,大部分要分给LP;而当市场处于底部,所有资产都处于相对低价时,募集资金又很难。而且中国的LP一般都期望15%以上的年化回报率,如果做不到,基金的第二期、第三期产品就无法发行了。因此从投资集团的角度看,基金的成本是比较高的。所以复星要坚持全球的价值投资,必须要有相匹配的资金来源。

保险的钱是最便宜的。2009年初,保德信曾向复星建议参与保险业,而复星当时对保险业务没有足够兴趣。但随后,保德信的高管与郭广昌、梁信军多次深谈,纠正了复星对保险理念的诸多误解。这也是复星理解巴菲特投资理念与模式的开端。

2011年,复星与保德信合作发起规模为6亿美元的复星保德信基金。保德信成立于1875年,是美国最大人寿保险公司之一。通过此次合作,复星真正看到了保险资金的价值。与保德信合作的同时,复星开始了资金端的转型计划,即改变以往使用自有资金投资的方式,先变为以资产管理为主的投资集团,再到以保险为核心的投资集团。

2011年复星开始构建"保险+投资"双轮驱动模型,2012年就初步成型。从2012年开始,复星就提出要向以金融保险为核心的投资集团转型,这一转型思路很明确,就是希望成为中国的伯克希尔公司,践行"产业+保险+投资"的产融模式，利用保险业务提供的大量现金流输送源源不断的可用作长期投资的投资资本。至2014年，复星已经成为"以保险为核心的综合金融能力"和"以产业深度为基础的投资能力"双轮驱动的全球一流投资集团。

在复星"保险+投资"双轮驱动战略中，保险是供应整个集团"养分"的重要来源，同时也是复星做得最为出色的"错配"领域。当用于投资的钱主要来自保险资金时，那么负债成本就变低、负债时间就拉长了；这个时候，再坚持价值投资，那么回报就会相对较高而且比较稳定。

复星的保险选择在海内外同时布局的主要原因是，不同国家对保险资金使用的监管是不一样的。比如，中国保险资金参与房地产开发是受限制的；而欧美的保险公司是可以投房地产的，而且欧洲可以做到4倍的杠杆率。因此，如果复星把海外的保险资金和房地产业务打通的话，对保险和房地产业务都是非常有利的。

保险全球化布局的结果，也使得复星的负债与资产的货币配置更加多元和平衡。截至2016年12月31日，保险板块可投资资产中欧元137.84亿、美元82.23亿、人民币占133.74亿元，除此之外还有少量的港币、英镑、日元和其他货币。这种多元化的保险负债结构，让复星可以更从容地面对全球汇率波动加剧的局面，形成天然对冲，规避风险。

9.4.2　中国动力嫁接全球资源

发现并紧跟"中国动力"是复星一贯的投资思路。复星的成功发展，很大程度上得益于它对中国经济发展节奏的准确把握。2007年复星整体上市以后，定位为投资集团的复星就面对所有国际顶级投资企业的竞争，包括高盛、KKR和黑石等。这些国际顶级投资机构用全球的市场来吸引那些被投资的企业，这个时候复星就处于竞争的劣势。所以复星就反其道而行之，认为自己是中国专家,有"中国动力",比外来的投资机构更了解中国的经济和中国的市场,因此复星就明确了"中国动力嫁接全球资源"的投资战略,提出"需要在全球整合资源",方式是"中国动力"。

"中国动力嫁接全球资源"本质上就是利用了中国高增长消费市场和欧美便宜的消费资产价格之间的错配。投资欧、美、日的消费资产,帮助它们在中国成长。这种投资成功的可能性很大,就可以做到低风险和高收益。欧美市场,包括日本的服务业已经达到了70%的比例,这就导致了服务业务再增长的速度和动力降了下来,因此在那些市场上消费资产是便宜的。而中国消费市场对很多行业来说已经从新兴市场转为主流市场了。越来越多行业的中国市场规模已经成为全球第一,占比甚至能达到全球的20%~40%。比如奢侈品、旅游、电影。所以海外的低价消费资产和中国高成长的消费市场就可以错配,复星收购或投资Club Mediterranee、太阳马戏团、Caruso、ST.JOHN、Studio 8基本上就是这种投资逻辑的具体践行。

海外(欧、美、日)低成本资金与中国高收益资产之间的错配。一个是资金,一个是资产。在同一个资本市场上,低成本就配不到高收益,高收益的资产要用高成本的资金买入,复星利用"中国动力嫁接全球资源"将其打通了。所以复星在海外布局了保险业务,并且在德国、意大利、英国和日本收购或投资了私人银行和资产管理公司,目的就是找到便宜的钱。

在寻找全球价值错配机会中,复星还发现就是海内外地产投资的错配。中国现在是用7%~8%的资金成本支持2%~3.5%的收益率,这是不可能长久的;欧美是用2%~3%的资金成本支撑5%~6%的资金收益,这是长久的生意。因此复星对地产布局进行了调整,对海外地产进行了增持,如买下了伦敦金融城Lloyds Chambers大楼和纽约第一大通曼哈顿广场,并且减持了国内的地产。之前复星持有的地产95%在中国,到2016年海外持有的地产已经增长到35%左右。

可以说"中国动力嫁接全球资源"投资战略的成功源自复星对中国经济形势及中国发展道路的准确判断，他们有效地利用了中国 13 亿人口的巨大消费潜力来帮助自己做大做强，对宏观经济变化的把握确保复星在战略上一直走在市场前列。

9.4.3 资产端聚焦"B2F"，提供"富足、健康和快乐"生活方式的综合解决方案[①]

2010 年前，在复星的投资版图中，还是以医药、地产、钢铁、矿业为主。在 2011 年之后，复星的投资开始大量地转往体验式消费，开始"投消费"和"投旅游"，比如海外的第一个并购项目 Club Med 就是旅游项目。这种转变主要是源于复星意识到中国成长的动力在发生根本性的改变，中国的消费动力将快速升级为中产阶级的消费方式。

据复星在 2014 年的研究，中国的 GDP 占全球的 12%，消费占了全球的 7.2%，中国的中产阶级人数占了全球的 9%，而且还维持了 15% 的增长。因此复星认为到 2020 年的时候，中国中产阶级的规模将占到全球的 16%，成为全球第一。中产阶级的消费当时占全球的 6.1%，但是增速是 21%，2020 年将占到全球的 13%，成为全球第二。尽管当时中产阶级的消费在国内销售额当中只占 31%，但是中产阶级家庭数量在快速增长，消费能力也在迅猛增长，2020 年就占到 81%。

于是，复星将主要客户定位为中产阶级家庭中的高净值客户。复星发现，这些家庭的消费有两个特点，首先是注重生命保障需求，希望家庭财富

---

① 资料来源：（1）梁信军详解复星全球投资逻辑和战略. http://money.163.com/14/0406/19/9P5VQ89J00252FE1.html；（2）百晓生. 梁信军：中国企业全球化机遇和挑战. http://baixiaosheng.net/5045.

保值增值；其次是强调生命体验需求，重视健康管理和快乐生活。因此，复星坚定地在资产端聚焦 B2F（Business to Family），投资富足、健康和快乐时尚。

基于增加生命保障需求，这些家庭在资产配置上会注重保险和理财，而且会非常在意资产的安全。一般家庭的金融资产大部分是存款，但有余钱的中产阶级考虑的重点是拥有长远舒适的生活，这将会导致金融业态发生改变。比如保险中寿险和健康险的需求就会剧增；银行过去主要依靠对公业务盈利，而将来银行的对私业务的增速以及在银行的盈利占比会很快上升。之前，保险、资产管理、银行是作为复星的融资端为整个集团提供可供投资的资金；如今，既是融资端，但更多的已经被作为资产端，满足中产家庭中高净值客户家庭财富保值增值的需求。

增加生命体验的需求，即健康、快乐的生活方式和生活品质，这个需求增长会非常快。健康是一个大概念，既包括制药、医疗、养老，还包括医疗金融、健康的环境和健康的生活方式。健康的生活方式包括娱乐、旅游、时尚、俱乐部、文化消费等。这些处于不同行业，表面上看起来是毫无关系。比如复星投了西班牙非常有名的火腿、新西兰著名的蜂蜜、意大利著名的西装、美国著名的女装、法国的旅游、美国的影视。看上去是一个无关的多元化，实际上这些都是追求生活品质的中产家庭的消费。因此，复星在整个媒体、游戏、旅游、影视、健身、餐饮、服饰等体验式消费行业都做了非常多的投资。

阿里巴巴现在的战略也是要针对"富足、健康、快乐"的生活方式来提供解决方案，阿里巴巴是要打造一个生态系统，一个大平台。郭广昌认为，像 BAT 那样基于互联网去做"大的生态平台"对于复星是没有机会的。复星最重要的资源是契合客户需求的内容，关注的是有关家庭消费升级的产品，是有产品力的解决方案。基于这样的投资逻辑，复星投资了 Osborne、Club

Med、Caruso、太阳马戏团等具有产品力和内容的企业。

郭广昌希望复星通过资源整合为中产家庭"富足、健康、快乐"的幸福生活提供综合的解决方案，力求达到这样一种效果：一个上海中产阶级家庭，两个大人再加一儿一女，住在御西郊，早餐喝复星的三元牛奶，晚餐 Osborne 的火腿；爸爸到 BFC 的办公室上班穿的是 Caruso 或者红领，妈妈则钟爱 St John，女儿喜欢 Folli Follie，儿子要穿 Tom Tailor；平时看电影，就是选 Studio 8 的好莱坞大片和博纳的贺岁片；太阳马戏团一来，一家人又可以去一起看秀；暑假，一家人可以到三亚亚特兰蒂斯度假，女儿和儿子都玩得很开心；寒假，全家人又可以到复星北海道星野的 Club Med 滑雪。更重要的，这一家人有"和睦家—健康险"守护，同时德邦、H&A 还帮助他们全球资产配置，实现财产的保值、增值。

复星实际上是要为中产阶级家庭打造一种最典型的、非常美好的中产阶级生活方式。

9.4.4　反周期投资模式

寻找价值错配机会，进行反周期操作，是价值投资的关键。很多企业都知道反周期投资理论的操作要点：首先寻找价值错配的最值得投资的行业；其次在这些行业中发现优秀但价值被低估的企业；最后与其现有团队共同优化管理将优秀的企业转变成优异的企业从而获得较高的投资回报。但是很少有人能够真正执行，复星无论是在实业做大阶段、还是产融结合第一阶段和第二阶段都一直在践行以上反周期投资的要点，获得了巨大的成功。

复星选择进入产业的时间点往往把握得比较好，无论是钢铁、医药、房地产、证券还是矿业，都是在行业低谷期进入。例如复地在 1998 年成立，当时正是房地产行业的低谷期；复星在 2003 年前后控股或参股了一批医药公司，那时正是医药行业受产能扩张、医改等影响，毛利率开始逐步下降的时期；2002—2003年，复星投资建龙钢铁、南钢和宁波钢铁的时候刚好是国家对固定资产类投资过热进行宏观调控，钢铁行业处于低谷的时候；2003年投资德邦证券时，证券业也正处在低潮期；2004年投资招金矿业，黄金价格也处在历史低点；2007年投资海南矿业和五麟焦煤时，正处资源行业的低谷。

【反周期投资案例：南钢股份】

南钢股份是复星在A股市场密集资本运作的一个阵地，也是复星反周期投资成功的一个典范。复星集团运作南钢获利渠道主要为收购和整体上市溢价、牛市减持和南钢经营收益。图9-6所示为复星在南钢股份资本运作的重要事件和时点。

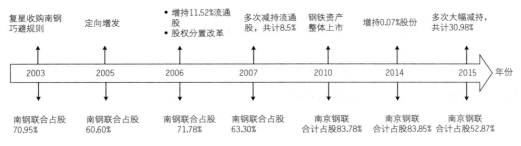

图9-6 复星对南钢股份的反周期投资 ①

首先是2003年的收购和2010年整体上市。复星于2003年时出资16.5亿元，占股60%，南钢集团以3.576亿元国有股及部分资产增资，占股40%，双方成立南钢联合，南钢股份控制权结构如图9-7所示。

---

① 资料来源：根据南钢股份历年年报整理。

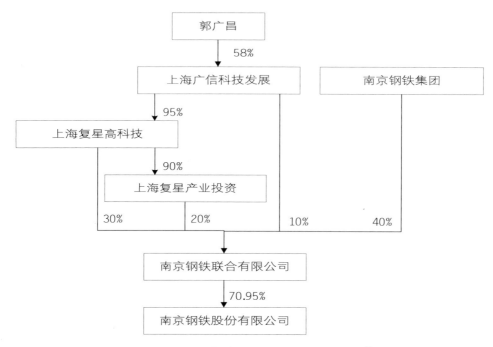

图 9-7 2004 年南钢股份控制权结构图 ①

位于最上层的郭广昌是南钢股份的实际控制人，最下端的南京钢铁股份是上市公司主体，中间四层结构通过金字塔结构实现股权杠杆。这个金字塔表现为广信科技直接持有南钢联合 10% 股份，同时通过复星高科技间接持有 30% 股份，最后复星高科技还通过复星产业投资持有 20% 股份，实际上是双重金字塔结构。然后上下两端通过郭广昌对广信科技的控股和南钢联合对南京钢铁的控股，实现三层股权杠杆的叠加。最终，郭广昌仅享有南钢股份 22.88% 的分红权，却实现了对南钢股份 70.95% 的控制权，实现股权的以小搏大、高效投资的目的。

此次交易涉及国有股权的实际控制人变更，实质上是上市公司的收购行为，且复星持股比例超过 30% 触发全面要约收购义务，成为国内首例上市公

---

① 资料来源：南钢股份 2004 年年报。

司要约收购案例。复星根据定价规则对法人股要约价格为每股3.81元,对流通股要约价格为5.84元。自复星发布要约收购摘要以来,股价大幅上涨,在要约收购的有效期限30天内,南钢股份二级市场股价始终在8.7元附近横盘,较要约价格大幅溢价,最终首例要约收购无人应约。

实际上,复星并无要约收购意愿,为巧妙规避全面要约收购实质性发生,制定规则范围内较低的要约价格,同时在二级市场维持高溢价的市价,从而避免履行实质性义务。收购完成后,以实际控制的3.576亿元国有股计算,平均收购成本为4.61元每股,低于当年市价。

2010年,复星以发行股份购买资产方式推动钢铁主业资产整体上市,评估增值率为91.87%。整体上市以后,复星实际控制(直接和间接持有)南钢股份股权从62.29%增长至83.78%。

其次是踏准时机的增持减持。2006年南钢股价徘徊于4元附近,处在底部区域,此时复星控股的南钢联合出手增持11.52%流通股。一年以后,沪深股市进入牛市阶段,从2007年7月至2008年初,南钢联合在15~25元的股价区间合计减持8.5%股份,通过低价增持和高价减持,完成投入资本的数倍收益。同样,在2010年,复星在南钢股价低迷时推动钢铁主业资产整体上市,控股股权增长21.49%达到83.78%。2015年沪深再次迎来牛市,在2015年2月到5月间,复星密集减持共计30.98%股份,总额逾60亿元,相当于兑现2010年股价低位时所发行股份的市场溢价。

复星2003年收购南钢股份之后,迎来钢铁行业的强周期,2003—2010年南钢总净利润为40亿元;2011—2015年,在钢铁行业弱周期的影响下,南钢净亏损为30亿元;2016年,扭亏为盈,盈利1.43亿元。复星在2014年已经在资产端聚焦于B2F,因此2015年底将南钢剔除报表。如图9-8所示。

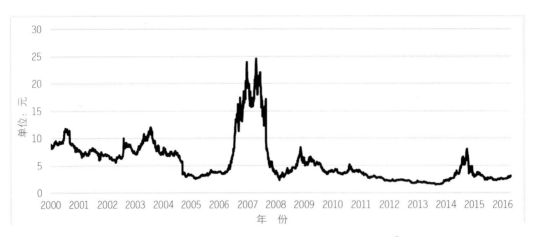

图 9-8 南钢股份 2000—2016 年股价变化 ①

【反周期海外投资案例：Club Med】②

2010 年是复星将反周期运用在海外收购的开端，复星在当年完成了第一笔海外直接投资，收购 Club Med（地中海俱乐部）7.1% 的股权，随后又通过在二级市场上不断增持成为其第一大股东。

这是一笔非常成功的反周期收购案例。由于当时欧洲旅游业处于下行周期，Club Med 在 2009 年亏损高达 5300 万欧元币。Club Med 成立于 1950 年，1966 年在巴黎上市，其股价曾在 2000 年达到顶点 147 欧元，但随后持续下跌，复星在 2010 年首次介入时，Club Med 股价正处于历史低点，跌至 12.6 欧元。

Club Med 当时的亏损主要因为其高端化计划转型的阵痛期。在 2004 年之前，Club Med 的核心市场是中低端度假游，2004 年新上任的 CEO 开启了高端化战略，陆续关闭了二、三星度假村，升级和新建四、五星度假村。这一计划导致了 Club Med 的销售额下降以及高额的资本性开支。

---

① 数据来源：根据上海证券交易所信息整理。
② 资料来源：刘一鸣. 复星的海外投资模式亮点与隐忧 [J]. 财经. 2016-7-25. http://pit.ifeng.com/a/20160727/49671114_0.shtml.

复星在 Club Med 亏损时进入，这缘于其对旅行行业升级周期的判断。复星认为 Club Med 从改造开始的 2004 年到 2010 年已过去 6 年，一个升级周期基本结束，认为 2010 年 Club Med 将迎来转折。事实证明这个判断是正确的，2011 年，Club Med 就扭亏为盈。

复星投资海外项目最重要的一个标准，一定要看对方未来的增长是不是大部分来自中国。在确定完合适标的后，复星会先选择小规模入股，再增持为大股东，一步步获取对方信任。如果双方价值观一致，复星对优质公司会寻求控股。

复星在 2010 年首次入股 Club Med 后，就与 Club Med 在中国的亚布力合作开发了一座滑雪度假村，这远在 2013 年初复星提出收购要约之前。与被收购方共同开发中国市场，是复星获取对方信任的最有效途径。

2012 年，复星下决心将 Club Med 打造成旅游产品平台。从 2012 年起，复星开始运作，终于在 2015 年耗资 9.58 亿欧元、溢价 44% 完成 Club Med 私有化要约，并退市。

复星对 Club Med 的收购并非一帆风顺，意大利投资大亨安德鲁·波诺米（Andrea Bonomi）联合美国老牌投资收购集团 KKR，与复星进行了八轮竞价，以至于最终的收购价格高达 24.6 欧元 / 股，比收购前 Club Med 的股价高出了 80%，比第一次要约提出的每股 17 欧元溢价 44%。

但最终，Club Med 管理层选择支持复星，在最后一轮竞价中联名写信反对另外两家财团。因为另两家财团具有较明显的财务投资属性，但复星是有战略协同的，双方的价值观更为契合。

Club Med 的管理层认为，2013 年时 Club Med 股价很低，但 Club Med 有良好的品牌、良好的商业模式、低负债率，这时候什么事情都可能发生，甚至会遇到恶意收购。Club Med 最终选择复星，很大的原因是希望与复星合作，共同开发中国市场。

复星根据 Club Med 反周期投资总结出了一套海外并购的方法论：制订计划，小额入股，评估公司价值及团队，并一步一步地获取管理层信任，再寻求控股，在持续的收购中积累平台的辐射能力，并与中国市场紧密对接。2014年、2015年复星用这套方法论高歌猛进，分别完成了14起和17起海外并购案，实现复星"中国动力嫁接全球资源"，完成对中产阶级家庭提供"富足、健康、快乐"生活方式综合解决方案的布局。

【反周期投资案例：分众传媒】

2008年和2009年，受到金融危机影响，纳斯达克上市的分众传媒股价陷入低迷。复星于此期间投入3.05亿美元战略投资分众，占股26.30%。随后两年，复星根据自身发展策略择机退出部分投资，减持4亿美元后仍占分众传媒16%股份，此时初始投资已收回成本并且获利33%。

2011年末时，分众传媒被浑水做空，成为之后私有化退市的诱因。2013年5月，分众传媒通过私有化方案从纳斯达克退市，复星获得2亿美元对价，并仍拥有新公司17.41%股份，占据董事会一席。在私有化之后，复星协助江南春和他的分众传媒寻找借壳A股上市机会，在与宏大新材分手后，分众传媒成功借壳七喜控股完成上市。

借壳上市之前的2015年8—12月，复星减持分众传媒部分股份收回5.47亿美元。借壳上市之后，复星仍以8.09%的股份成为第三大股东。以2016年底分众传媒1 250亿市值和7.62%的占股比例，复星持有市值约95亿人民币。相比于复星3.05亿美元的投入成本，复星减持、私有化、上市前套现和持有市值总值达25亿美元，回报率超过7倍。2015年，复星调整自身战略，加大对获利项目退出力度，包括对分众传媒、长园集团和中国国旅战略投资的退出。这背后是复星多股权市值管理的成功，在选择合适投资标之外，还要依据投资回报和自身战略选择合适时机退出、维持或者加大投资，实现投资回报和集团价值最大化。

9.5 具有产业深度的投资能力

在复星的"保险+投资"双轮驱动模式中,"保险之轮"是为了打造"以保险为核心的综合金融能力",目的是找到便宜的钱;"投资之轮"是为了利用复星专业的"以产业深度为基础的投资能力"找到"便宜的项目",从而优化资产配置,践行复星的价值投资理念。

与黑石、KKR、高盛的投资能力不同的是,复星的投资能力是"以产业深度为基础",这一点和GE比较像,复星更多时候是产业投资者,而不是财务投资人。

复星医药的发展很好地诠释了复星的"以产业深度为基础的投资能力"是如何形成的。复星医药创始于1994年,是贯穿复星实业发展历程的核心产业,目前形成了医药工业、医药商业、医疗器械和医疗服务四块业务,覆盖医药健康产业链的多个重要环节,从研发、医药制造、医学诊断与医疗器械到医药分销及零售以及医疗服务,处于国内领先的行业地位。

目前复星医药是集团为富足中产阶级家庭提供健康生活方式的基础产业,其创造的大健康个性化的整体解决方案,提供一套从针对一个疾病的预防、早期诊断,到用药、治疗、康复,以及康复之后持续的关怀,从而实现大健康产业链的闭环。复星从一个生物制药企业发展到覆盖医药健康全产业链的医疗健康集团,依靠的就是"内生式增长、外延式扩张和整合式发展"的模式。复星医药的这种发展模式具体来说就是"持续投入研发创新,通过研发、并购快速增加品牌重磅产品;积极并购,高效整合,持续获得未来业务增长动力。"体现在市值变化上,复星医药1998年8月7日IPO当日市值37亿元人民币,2017年5月26日总市值为774.24亿元人民币。

9.5.1 医药工业的成长与扩张

医药工业指的是医药的研发和制造,这是复星医药发家的行业,复星一直坚持研发创新与投资并购两条腿走路,实现内生式与外延式整合发展。1995年,在生物科技专家汪群斌带领下,复星研发出PCR乙型肝炎诊断试剂,是国内应用医学领域的一大进步,也为复星迈出研发创新的步伐。

在坚持自主研发的同时,复星开始收购国内制药企业,图9-9所示为2000—2015年复星医药制造研发的发展历程。可以看出复星医药制造产业频繁并购,并在医药研发方面设立三个研究院进行细分行业研究。

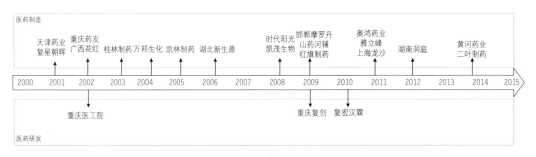

图9-9 2000—2015年复星医药制造研发的发展历程[①]

复星医药并购的标的企业,大多是能够在产品线上形成互补、拥有特色品种药品或者有行业壁垒的高价值产品的企业。比如2002年收购的重庆药友集团的阿拓莫兰产品和广西花红的花红片,就分别是肝病和妇科的名牌产品,在2002年收购时单品销售额已达0.95亿元和1.6亿元,在收购之后结合复星研发和销售能力,成为复星医药的拳头产品。相类似的还有桂林制药的青蒿琥酯片(抢占青蒿市场)、万邦生化的胰岛素、邯郸摩罗丹等拳头产品。随着复星医药并购范围和规模上升,战略也从打造拳头产品转向面对各系统疾病治疗领域的产品制造和研发,至2015年,复星医药已在心血管、中枢神经、

---

① 资料来源:根据复星医药年报整理。

血液、代谢及消化、抗感染、抗肿瘤等领域布局,具体如表9-2所示。

表9-2 复星医药的产品布局[①]

药品领域	核心产品名称	生产企业
心血管系统	心先安、可元、邦坦、邦之、优帝尔	万邦生化、朝晖、重庆药友
中枢神经系统	奥德金、启维	奥鸿药业、湖南洞庭
血液系统	邦亭	奥鸿药业
代谢及消化系统	阿拓莫兰、万苏平、怡宝、复方芦荟胶囊、摩罗丹、优立通	重庆药友、万邦生化、凯茂生物、邯郸摩罗丹
抗感染	抗结核组合药、青蒿琥酯等	桂林制药、红旗制药
抗肿瘤	西黄胶囊、怡罗泽、朝晖先	凯茂生物、朝晖药业
疫苗	甲型H1N1、流行性感冒	雅立峰
原料药和中间体	氨基酸系列、氨甲环酸、盐酸克林霉素	湖北新生源、洞庭药业、凯林制药

通过整理复星不同类别的核心产品,可以清楚发现其生产企业都为复星多年来并购的医药企业,如重庆医药、万邦生化等。正是通过并购不同类别的药企,复星医药得以跨越细分疾病治疗行业的壁垒。按时间脉络,复星医药先后通过收购重庆药友、桂林制药、万邦生化、湖北新生源、凯茂生物、奥鸿药业和雅立峰,进入代谢、抗疟疾、心血管、原料药、抗肿瘤、血液和疫苗等兴奋领域,实现对重大疾病领域的核心产品覆盖。

复星医药对收购来的企业会帮助其持续优化运营与管理、提升投资企业价值,并持续对接优质资本,实现整合发展。以复星医药收购万邦生化为例,2004年、2005年,复星医药分两次收购万邦生化75.20%和20%股权,之后万邦生化成为复星医药的重要控股企业。如图9-10所示,复星医药对万邦生

---

① 资料来源:根据复星医药官网数据整理。

化的整合发展分为三方面：

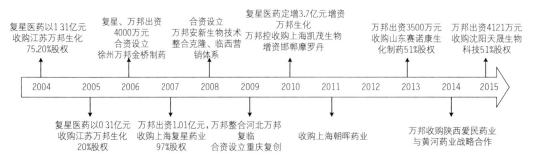

图 9-10　万邦生化医药 2004—2015 年发展历程[1]

- 增资万邦生化帮助其实现产业升级。2010 年，复星医药定向增发募集资金 3.7 亿元投入万邦生化的"重组人胰岛素及类似物产业化（原料＋制剂）项目"，预计带来年均 10 亿元的新增营业收入和 4 亿元的税后利润。

- 推动旗下成员企业和万邦生化的整合。比如 2008 年，复星医药推动万邦生化对克隆生物和复星临西营销团队的整合，于当年设立万邦医药营销公司。在 2007 年、2009 年和 2011 年，万邦生化还分别收购了同为复星子公司的上海复星药业、河北万邦复临和朝晖药业，进行医药产品线整合。

- 复星医药和万邦共同，或者通过万邦进行产业投资和并购。比如，双方合资设立万邦金桥制药和重庆复创，共同增资邯郸摩罗丹等；此外，复星医药通过万邦生化实现对赛诺康、黄河药业、天晟生物的控股和业绩并表。综合来看，复星医药积极推动万邦生化和成员企业产品和团队整合，定增募集资金对万邦进行产业升级，同时与万邦协同进行资本运作，从多方面展现出复星医药的产业整合能力。

从业绩上看，复星医药从没有制剂单品和系列销售过亿元发展到 19 个单品销售过

---

[1]　资料来源：根据万邦生化官网信息整理。

亿元，从新设立研究机构到大量药品通过美国 FDA、欧盟、日本和德国 GMP 认证，从 2001 年的 3.11 亿元收入增长至 2015 年的 89.3 亿元。亮丽的业绩表现背后，正是得益于复星医药内生式研发和外延式收购并举、产业整合和资本运作并进的价值经营手段。

9.5.2 医药商业的成长与扩张

与医药制造和研发紧密相关的下游细分行业就是医药商业，即医药的分销与零售业务。好的产品也需要依托于高效的渠道才能实现产品价值，复星医药在创业早期就着力培育分销网络。从 2001 开始，复星医药着手构建完备的分销和零售网络，具体策略就是持续复制成功营销体系，打造一流营销队伍和能力，并积极扩展营销网络。

如图 9-11 所示，复星医药商业的发展与扩张也是通过自建和投资并购整合来实现的。首先是以自建分销与零售渠道起步，比如复星大药房，早期在上海市场耕耘，在 2001 年获得跨省市连锁资格以后，往其他城市拓展。其次，复星医药参控股医药分销企业。一方面大比例参股当时已是国内最大的医药分销龙头国药控股，实现全国范围的渠道覆盖；另一方面以细分市场为目标，结合自建渠道开拓一线市场需求，参股北京的金象大药房和深圳的一致药业。

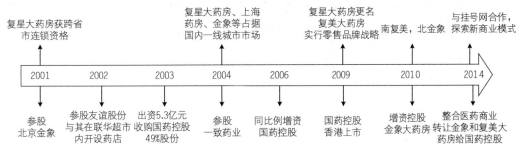

图 9-11 复星医药商业的发展历程[①]

---

① 资料来源：根据复星医药相关公告整理。

从整体发展来看,复星医药商业点面结合,从上海到北京、深圳、天津等一线城市的区域市场战略,之后进行品牌整合,形成"南复美,北金象"的市场格局。同时国药控股进行全国市场开拓,2013年,国药控股已覆盖全国31个省、自治区和直辖市,直接医院客户达13 000余家,旗下国大药房拥有零售店近2 000家。2014年,复星医药再次整合医药分销与零售业务,将"南复美,北金象"整合入国药控股。但自建和投资并购两条发展主线整合之后,复星医药以国药大股东的身份保持与国药控股10多年来的战略合作。

市值管理和资本运作在复星医药商业发展中居功至伟,体现在以下四个方面:

- 通过参股或控股金象大药房和一致药业构建以一线城市为核心的自建渠道。
- 推动自建渠道和国药控股的业务整合。
- 投资友谊股份,进行商业模式创新的探索。
- 不可忽略的是复星的资本手段对于国药控股业务拓展、香港上市和市值管理的功劳。如图9-12所示,国药控股营收从2004年的120亿元增长至2 584亿元,净利润从1亿元增长至69亿元,10余年间一直为国内医药行业分销和零售龙头企业,受益于对国药控股的战略投资,复星医药从而拥有强势的渠道网络和投资收益。强势的渠道网络助力复星医药和器械销售,巩固其内在价值;投资收益为复星医药增厚业绩,实现其市场价值。

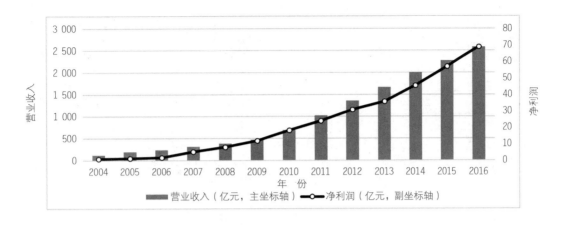

图 9-12　国药控股 2004—2016 年营业收入和净利润[①]

9.5.3　切入医疗服务，布局大健康全产业链

从 2010 年起，在国家政策鼓励和各地方政府推动下，社会资本对医疗领域的投资驶入快车道。同时随着中产阶级家庭数量的快速增长，对医疗服务、医疗器械终端服务和医疗诊断的需求增长非常快，因此，医疗服务、医疗器械终端市场和医疗诊断成为复星医药新的增长点。

以医疗服务为例，如图 9-13 所示，从 2010 年起，复星医药相继收购各地区和各类型医院，并帮助其对接优质资本、进行业务整合和优化管理，实现医疗服务业务的价值提升。复星医药通过投资、并购切入医疗领域的布局过程中，具有如下操作特点：

---

① 数据来源：根据国药控股年报整理。

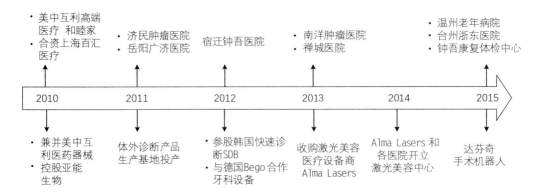

图 9-13 复星医疗的投资并购布局 [1]

标的企业的选择标准非常明确,以便于整合、提供高端医疗服务为目的。

- 以民营医院为主,这样改制和整合阻力小。
- 以国内领先的肿瘤专科医院和地区性综合性医院为主,其中肿瘤专科是壁垒高、空间大的细分行业。
- 以分布于南方沿海城市的医院为主,高端医疗布局于一线高消费城市,在发展初期降低市场开拓风险。

复星医药一般按照行业平均估值水平以现金方式支付收购对价,通过约定业绩保证短期收购效益,如对佛山禅城医院的收购就要求当年净利润不低于 9 000 万元。在收购中,以寻求控股为目的。对初次投资未能控股的优质医院,复星医药会后续谋求控股机会。比如美中互利的和睦家和广济医院,2013 年时,复星医药就推动美中互利从纳斯达克私有化,并受让其他股东 30% 权益实现控股,同年对广济医院增资 8 500 万元,股权比例从 26% 上升至 55%。

---

[1] 资料来源:根据复星医药相关公告整理。

表 9-3 复星医药收购医院一览表[1]

医院名称	投资时间	投资方式	占股	定位	概况
和睦家医院	2010年	现金收购	19%→43%	高端，综合性	北京、上海、广州、青岛、天津
安徽济民肿瘤医院	2011年	现金收购	70%	三级肿瘤专科	民营国家重点专科，700床位
岳阳广济医院	2011年	现金收购	26%→55%	二甲综合	民营，500床位
宿迁钟吾医院	2012年	现金收购	55%	二甲综合	500床位
广州南洋肿瘤医院	2013年	现金收购	50%	肿瘤专科	十佳肿瘤专科
佛山禅城医院	2013年	现金收购	60%	三甲综合性	1200床位
温州老年病院	2015年	合资新建	70.47%	医疗养老	与温州中医院合资筹建
台州浙东医院	2015年	新建	100%	医疗养老	全资筹建

整合对于并购的成败最为关键，复星医药并购后的整合做得扎实有效，主要体现在对各医院持续地投入资金、整合业务和优化管理。

- 持续的资金投入。比如，帮助广济医院、钟吾医院新建门诊大楼；帮助和睦家进行广州、天津、青岛的网点扩张；携手济民肿瘤医院和当地政府投入20亿元建设济民国际医疗健康产业园，通过增设医院床位、扩张医院规模和提升医疗水平，实现医院收入端的增加。
- 推动业务整合。收购后，复星医药整合肿瘤专科医院和综合性医院，推动宿迁钟吾医院在原有综合医院基础上新建宿迁市肿瘤医院，推动

---

[1] 资料来源：根据复星医药公告信息披露整理。

广济医院和禅城医院与旗下肿瘤专科医院合作设立肿瘤中心；整合综合性医院和高端医疗，通过禅城医院与和睦家合作，新建综合医疗大楼"精进楼"，打造差异化的医疗服务平台；整合医疗器械和诊断业务，推动旗下医疗美容器械 Alma Lasers 与综合性医院合作设立激光美容中心。

- 对各医院进行优化管理。在各医院设立董事会和监事会，在保持原有管理层稳定的同时优化公司治理结构；派驻财务和人力资源专业人才，梳理医院内部财务和人事问题。这两方面举措的结果直接减少了支出，降低了成本。

综合来看，复星医药通过资本投入和业务整合增收，通过优化管理减支，实现公司业绩和内在价值的提升，是成功价值经营的体现。

2015 年，复星医药与公立医院温州中医院合资建立温州老年病院，与台州市立医院合作新建医疗养老项目台州浙东医院，启动建设钟吾康复体检医院。这是在老龄化的人口趋势下，复星试图将保险、养老、医药、医疗服务打通，形成大健康闭环生态圈的尝试。

9.6　CIPC 闭环生态系统

2013 年复星开始推出"蜂巢城市"的模式。"1+1+1"蜂巢城市的提出意味着复星要开始融通旗下各个板块，打造闭环生态系统了。2014 年复星开始将客户定位为富足的中产阶级家庭，对全球生态圈进行整合，以客户为中心的商业模式逐步形成。

2015 年中期投资会议上明确提出要打造 CIPC 生态系统，这是复星正式开始构建以客户为中心的商业模式。

- 第一个 C 指的是从客户需求出发。复星选定的核心客户（Clients）是中产阶级中的高净值家庭，进一步明确了复星的在 2014 年确定的客户定位。
- I 指的是投资有价值的企业。聚焦目标客户的健康快乐需求，在全球这两个产业生态圈进行投资（Investments），从财务投资或战略投资的小股东介入，逐步推进并购整合，这实际上是对"中国动力嫁接全球资源"投资战略的细化。在具体操作中，复星坚持：
  - 结合复星"保险＋投资"战略，提升融资端（保险、财富、金融服务）以保险为核心的综合金融能力。
  - 提升资产端配置能力，尤其是对五大重点产业（包括健康、快乐、互联网、地产蜂巢及大宗商品）的投资能力。
- P 指的是提供具备内容优势的产品或服务。这是复星闭环生态系统的特色，以"内容"为主线，强调产品力。具体操作是以项目（Project）为抓手，组建优秀团队（People），研发提供高度竞争力的资产端产品和融资端产品、服务及内容（Product），风险利益共担方式吸引并留住最杰出人才，并持续优化被投资企业。
- 第二个 C 指的是满足客户需求，创造价值。投资具备内容优势的优质产品和服务：大力提升产品力，提升用户体验，并且利用移动互联网、人工智能等先进技术创新以及商业模式创新来实现产品创新，迭代、进化具有复星资源特色的产品和服务。创造令客户尖叫的服务体验、留住更频繁、更广泛交易的客户群。

CIPC 生态系统是复星智造全球家庭幸福生态系统商业模式的 1.0 版本，其最大的贡献就是使得此后复星商业模式无论如何进化，都聚焦于为客户创造价值。CIPC 从客户的需求出发，最终到满足客户的需求。这个客户，可以是金融端的客户，也可以是产业端的客户，CIPC 的目的，就是为客户创造价值。

CIPC 生态系统强调将复星全球资源形成共享，在金融端和产业端各个板块之间实现通融，形成多个产业链之间的互补，构建闭环的生态系统。复星的闭环生态系统比较有特色，是大生态系统嵌套小生态系统。比如，复星医药首先在医药工业和医药商业形成一个小生态系统，然后再和医疗服务和医疗诊断形成一个大的生态系统，然后再和保险和养老形成一个跨界的闭环大健康生态系统。

9.6.1 旅游生态圈[①]

旅游是复星在快乐领域的重要布局。2010年复星试水 Club Med，开始投资旅游业；2013年复星旅游商业集团成立、投资中国国旅成为第三大股东；2014年在海南投建亚特兰蒂斯、要约收购 Club Med；2015年入股拥有175年历史的英国旅行社 Thomas Cook、投资 Makemytrip……

【线下旅游资源布局】

Club Med 地中海俱乐部。全球最大的旅游度假连锁集团，目前在全球26个国家拥有近70个全包式旅游度假村。复星收购后，在中国新建了5家，分别位于黑龙江亚布力、广西桂林、广东珠海东澳岛、海南三亚、吉林长春北大壶湖。

- *Joyview by Club Med*，精致短途度假村，也涉及会奖旅游（MICE）市场。是 Club Med 为中国市场特别打造的子品牌。目前在建的有浙江安吉、浙江舟山、河北昌黎3个，签订合同的有4家（北京密云、苏州太湖的贡山岛、浙江丽水千峡湖和河北张家口崇礼）。

---

① 资料来源：雪球.复星旅游，复星旗下的第一只世界级独角兽. http://xueqiu.com/9985232909/71888555.

- MiniClub，市区儿童游乐平台。也是 Club Med 子品牌，目标客户是城市中心的儿童和他们的父母，让他们周末可以多一个短途游玩的选择，第一个 Mini Club 会在上海的 BFC 落地。

Joyview by Club Med 和 MiniClub 走的都是轻资产品牌运营路线，可以不断复制；而且 MiniClub 还把低频的度假产品提升成高频的消费品。

Thomas Cook，全球最大的老牌旅游代理公司，拥有175年的深厚的品牌传统和欧洲旅游市场的领先地位。Thomass Cook 旗下有3 100多家的零售门店、91架自己飞机、193家自己品牌度假酒店，以及豪华邮轮和度假村等。复星持有其 8.155% 股份，是第三大股东。

豫园商城经营着上海豫园城隍庙商圈10多万平方米核心商业面积，集邑庙、园林、建筑、商铺、美食、旅游等为一体。旗下拥有众多以中国驰名商标、中华老字号、上海市著名商标和百年老店等为核心的产业品牌资源，是上海的地标性建筑群。

太阳马戏团，被誉为"加拿大的国宝"。是迄今最为成功的演艺团体，获得过艾美奖、斑比奖等国际演艺界最高荣誉，是能与美国迪士尼相媲美的文化品牌。复星持有其 25% 的股份。

- 复星将在杭州新天地的一个专属剧院推出国内首个太阳马戏团驻场秀。
- 太阳马戏团与 Club Med 建立了全球合作伙伴关系，将在地中海俱乐部试行合作项目、展示由太阳马戏团操刀设计的主题游乐园。

亚特兰蒂斯，位于三亚海棠湾，复星持有其 100% 股份。亚特兰蒂斯酒店，以海洋概念为特色的一站式旅游度假目的地，也是全球第三座亚特兰蒂斯"七星级"酒店，是复星布局全球旅游生态圈的重要项目，更是稀缺旅游资源。亚特兰蒂斯包括七星级酒店、密室水族馆、水上乐园、全球美食、国际会展和国际化演出等项目。

Dufry,全球免税店龙头,在全球63个国家拥有2 200多家免税。Folly Follie持有Dufry AG的4%股份,复星持有Folly Follie 13.85%的股份。

【线上旅游平台布局】

通过投资世界邦旅游网、来来会、爱玩、途家网等线上平台,布局互联网旅游的各个细分领域,而这些细分领域正是中产阶级家庭的生活方式。

- 世界邦是一家提供出国自助游个性化行程定制服务的旅游产品提供商。
- 来来会是一家专注于出境旅游特卖的旅游电子商务网站。
- 爱玩是携程旗下专注于高尔夫等主题旅游市场深度垂直开发的企业。
- 途家网是一家企业度假租赁O2O平台。

Thomas Cook也是欧洲最大的在线旅游公司之一。

Makemytrip(Nasdaq:MMYT),被称作"印度的携程",是印度最大的在线旅行公司,占印度在线旅游市场份额47%,业务覆盖印度主要国内外航线、印度境内的25 500家酒店和境外的25万家酒店。复星持有其4.37%的股份。

复星还和国内在线旅游巨头建立了良好的合作关系。比如,复星不但投资了携程旗下的爱玩,还跟携程合作一起投资了途家网、Makemytrip等;复星也跟众信旅游联手收购了地中海俱乐部。

【打造旅游闭环生态圈】

复星既有线下的旅游资源,又有线上的旅游平台,而且这些资源遍布海内外。因此,复星针对中国中产阶级的旅游消费增长和升级,整合全球优质的线下资源,将线上平台打通,打造以旅游目的地和内容为核心,旅游渠道为资源纽带,旅游综合体开发能力为支撑的、具备多层次协同效应的闭环旅游生态圈,如图9-14所示。

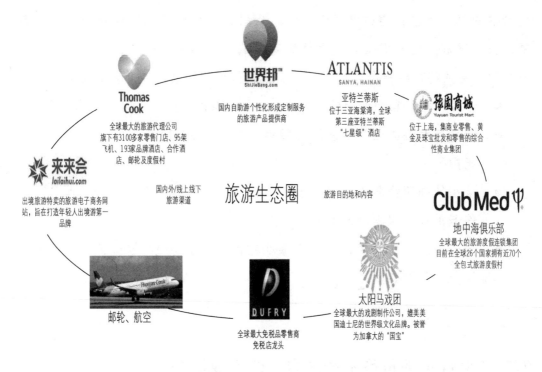

图 9-14 复星的旅游生态圈

9.6.2 "保险+产业（富足/健康/快乐）+蜂巢1+1+1"跨界闭环生态圈

"1+1+1"战略是在蜂巢城市的基础上进化发展出"保险+产业（富足/健康/快乐）+蜂巢"的产业跨界融合创新闭环，目的是形成复星的独特生态竞争力，并将这种独特竞争力为健康、快乐时尚产业、保险和金融、物流和大宗商品、蜂巢地产所共享，依托复星在这些行业已经形成的产业能力，更好地发挥富足、健康、快乐的核心产品力和高收益运营能力，嫁接地产快速回收投资并加快周转能力，创造长期稳定收益资产，更好匹配保险的长期负债。

"保险+产业（富足/健康/快乐）+蜂巢1+1+1"跨界闭环生态圈的打造

是产融的真正互动，通过鼓励产业间跨界融合，积极推动产业嫁接保险和金融，发力推进产业、保险融合到蜂巢城市的环境塑造能力中，打造出一个又一个的复星独特跨界融合运营平台，而且这些平台还能够快速复制发展：

- 全球可租可售旅游目的地发展：Club Med+保险+海外地产。
- 全球持有性办公物业发展（特色小镇）：海外地产+保险+产业（功能招租）。
- 从租赁向可售养老产品发展（大健康生态圈医养社区）：复地+星堡养老+复星保德信人寿。
- 全国性医养体系扩展（大健康生态圈医养体系）：复星医疗+保险+租赁+星健蜂巢。

9.7 "平台+独角兽+产品力"的产业模型

复星在 2016 年初提出"平台+独角兽+产品力"的产业模型是为了做好 CIPC 闭环的生态系统，继续打造产业深度。打造这种产业模型的目的是从客户的需求和痛点出发，寻找最具独角兽基因的团队，打穿所有复星的资源来哺育独角兽的成长，利用复星的资源让独角兽脱颖而出。

9.7.1 打造共同生长的全球大平台

可以利用复星的资源来哺育独角兽成长的平台一共有 3 个：

"保险+投资"双轮驱动提供一个强大的投融资平台。

富足、健康和快乐的服务能力与蜂巢城市、保险打通的"1+1+1"提供一个闭环而又开放的生态平台。

采用"一个复星（One Fosun）"的平台组织架构，将整个复星打造成旗下所有企业共同成长的大平台。

- 复星将是唯一的平台，各个板块都是承担不同功能的"作战团队"，而且各个作战团队中后台要共享，客户数据、IT系统、数据入口等要在集团层面高度统一并彻底打通。

- 这种"前台小型精英团队+全球大集团资源"的打法，让复星可以随时变阵，也敢于和善于变化。复星的中后台是通过移动互联网来精干和集中，这包括以"复星通"作为业务发展及内部管理全面移动化的统一移动互联网平台，共享集团全球内部支持资源。这样做的目的不是让中后台成为脱离战斗的庞大官僚，而是要成为战斗团队的组成部分，从运营系统中"嵌入"业务流程，可以随时给一线提供弹药和火力支援。与此同时，复星的前台也要更小、更灵动、更迅速。

- 大力推进基于数据驱动的线上线下（O2O）解决方案的星际计划，实现与所有投资企业的庞大中产家庭客户资源共享。该计划已覆盖金融、健康、快乐、地产等行业，拥有超过3 000万用户的真实行为数据。

9.7.2 大力推进"轻资产战略"和"独角兽战略"

2015年起，复星聚焦中产阶级中的高净值客户，致力于为其提供富足、健康和快乐的综合解决方案。因此复星的产业布局必然从房地产、钢铁、矿业等"重资产"向金融、健康、快乐等轻资产战略转变。

复星推进轻资产战略并不是说不做重资产了，而是要将轻资产和重资产相结合，形成"轻+重"的能力，用轻资产撬动闲置的重资产。复星"轻+重"能力的核心就是通过打磨产品和服务来提升轻资产的运营能力，然后用复星的轻资产能力来撬动重资产，提高整体资产的回报率。

- 最直接来说，复星可以充分利用控股的上市公司、保险公司及基金等不同层次投资平台来帮助控制本集团的资本支出，以及嫁接保险的天然高杠杆率。比如，"保险＋产业＋蜂巢1+1+1"模式的项目，包括宁波康复养老社区、沈阳豫珑城等就属于这种"轻＋重"的模式。
- 复星还可以通过在"富足""健康"和"快乐"领域的产业深度和优势，来撬动中国闲置的或没有得到充分利用的重资产。用 Club Med、亚特兰蒂斯来撬动那些经营不善的酒店；用和睦家、Luz Saúde 的管理来撬动效率低下的医院；用太阳马戏团来撬动中国大量闲置的演艺场所，等等。

作为轻资产战略的一部分，复星大力推进"独角兽"战略。所谓"独角兽"，就是能够提供为社会和用户解决痛点的产品和服务的企业，能够实现估值的高增长。从规模角度讲，投资人会把市值短期能够快速达到 10 亿美元以上的初创企业称为独角兽，把规模达到 1 000 亿美元的初创公司称为超级独角兽。"独角兽"的特点就是行业的唯一或者第一，体现的方式上重要的一点就是指数式的成长。

复星认为，除了过去的互联网企业，未来在财富、健康、快乐和创新制造等行业中，以复星"轻＋重"的能力为基础，通过推动传统产业主动嫁接移动互联网及人工智能，通过成熟的产品或模式聚集闲散的、低价的资源，也同样可以打造出一批极具竞争力的独角兽企业。因此，复星会按照下述举措大力推进"独角兽"战略：

- 在新增投资上大力推进"独角兽"战略，包括通过 VC、PE 投资于独角兽，如微医集团（原挂号网）、浙江网商银行、菜鸟网络等；还包括在二级市场投资独角兽，如分众传媒；也可以是积极参与国企重组打造独角兽，如国药控股。

- 大力推动存量项目转型成为"独角兽",如复星医疗、复星旅游。
- 持续加大与独角兽企业的合作,最终将复星集团自身变成"超级独角兽"。

9.7.3 打磨产品力,加快成熟模式的复制

复星的 CIPC 生态系统是基于内容的,因此资源、平台、独角兽都重要,但最基本的是这些资源、平台和独角兽最终能够提供令客户"尖叫"的产品和服务。

首先必须提倡工匠精神,要求复星的每一个人都深入产品里面,吸收各块的营养,形成面向客户的强大产品。要把能够持续、专注做产品的能力纳入复星的核心资源里去,培养和提升产品力、令客户"尖叫"。

其次,要花更多的精力打磨产品,并加快成熟模式的复制。以前复星的工匠精神、打磨产品的能力稍弱一些,更多的是把别人打磨好的产品,用"中国动力嫁接全球资源"拿过来。现在,复星希望花更多的精力去打造、去打磨好的产品。同时,当有了非常好的产品,复星就会把所有资源配给它,要求成熟模式的快速复制,打磨好 1 个就是再复制 5 个、10 个,让它快速发展成为"独角兽"。

通过整合富足、健康、快乐生态圈的现有资源,借助包括互联网在内的新技术,持续打磨产品力,整合生态圈资源,激发内生式增长,由成熟品牌衍生新的产品和服务。

- 富足。和睦家、禅城医院联合永安保险推出特色健康险产品;星灵资产联合创富融资租赁推出 ABS 产品。
- 健康。葡保联合 Luz Saúde(光明医院)推出健康管理服务;复星医药:药品制造与研发板块专利申请达 89 项,获得专利授权 15 项,其

中发明专利 9 项（包括美国专利 1 项）；投资美国日间手术中心，探索新医疗服务模式。
- 快乐。地中海俱乐部推出儿童家庭俱乐部；Thomas Cook 为中国客户推出差异化的深度出境游产品。

9.8 C2M 智造全球家庭幸福生态系统①

互联网、移动互联网正进一步改变着世界，对制造业、供应链的渗透，带来越来越快的变化。互联网有两个明显变化趋势，从 PC 互联网向移动互联网转变，以及从消费互联网向产业互联网转变。

在 PC 互联网时代，互联网的商业模式大都是 B2B 的，直接到达 C 端是比较困难的，这个时期组织形式是从原材料到厂家，制造生产，再配送给消费者。进入移动互联网时代之后，B2C 的商业模式成为一种可能。在这个阶段，互联网平台（比如淘宝）也只不过是把商家的货从商家的仓库送到消费者面前，互联网影响的只是从贸易商到消费者整个环节里末端的 10%。但是，这已经使得互联网开始渗透到各个行业，"互联网+"服务与企业组合成为一种可行的商业模式。这个阶段也叫作消费互联网时代，是以顾客为核心，信息传达的管道和价值链与传统的不一样，是从消费末端逆流而上改变整个产业布局所以整个行业的链条和组织形式将发生很大的变化，典型的如互联网约车（滴滴）和外卖（美团）等。

随着移动互联网的发展，将进入产业互联网时代。在这个阶段，超级 App

---
① 资料来源：吴毅飞．一文看懂复星集团的未来供应链理念．http://www.iyiou.com/p/38677?utm_source=tuicool&utm_medium=referral．

将会诞生，有可能完成早期搜索引擎曾经做过的事情：成为链接中心，打造互联网统一体。移动互联网将进一步改变世界，对制造业、供应链的渗透和带来的变化将越来越快。科技创新的突破和进化也越来越快，大数据、人工智能、云计算、物联网、VR 和 AR 对产业的渗透和影响也越来越大。

在产业互联网时代，移动互联网入口将会更加多元化和碎片化，客户对差异化、多元化的有形和无形产品的需求会日益扩大，并愿意为此支付溢价。在这个阶段，传统产业仅仅像之前那样"互联网+"或"+互联网"是不可能优化产业链的，甚至还会破坏生产组织形式。只有将产业和互联网的有效结合才能真正创新商业模式，两者所迸发的能量是给企业赋能的核心原动力。

"消费者"将变成商业模式设计的出发点，"企业服务"将成为整个商业模式的核心。企业设计从需求端出发，以客户的精准预测和拉动式的供应链结构改变多年以来形成的"以产定销"的格局，实现真正意义上的"按需供给"，减少无序的商品生产。

在产业互联网时代，最具竞争力的企业将是懂移动互联网、懂传统产业、懂供应链、懂打造服务性产品且懂金融和资本市场的。在这样的时代背景下，复星构建了 C2M 的生态商业模式。

9.8.1 复星的 C2M

传统意义上，C2M 是 Customer-to-Manufactory 的缩写，强调制造业和客户的衔接。而复星构建的 C2M，如图 9-15 所示，是英文 Customer-to-Maker 的缩写，即从客户（customer）到生产者（maker）畅通连接，是对全社会各个价值链的重构。因为 C2M 通过移动互联网、高效的物流管理和设备、Fin-Tech，尤其基于大数据和人工智能技术，在工业时代第一次彻底地将消费者个体和制造连接在一起。

复星C2M的核心商业逻辑是实现客户和产品生成端的直接对接，砍掉所有不产生价值的中间环节，同时让产品生成端快速、工业化和大规模、低成本地响应与满足客户的定制化需求，生产"不一样"的"令人尖叫"的产品，做到O2O无缝连接，强调为客户创造价值。

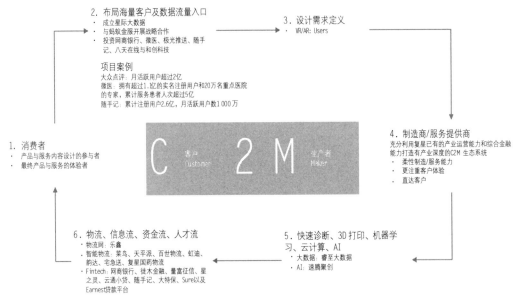

图9-15 复星C2M商业模式逻辑架构图①

C2M绝不是要将商业的中间环节全部消灭，而是要消灭那些没有价值的中间环节；只要中间环节有价值，那C2M也可以是C2B2M（从客户到企业到生产者），这实际上是"消费互联网＋产业互联网"的融合，打通产业链的各个环节。

对于企业来说，C2M模式的优势在于让客户完全参与到最终产品从设计到生成的全过程中，让企业和客户产生更强的联系，实现真正的用户参与；而对客户来说，C2M模式让个性化需求可以更高效的变为现实，同时还能对

---

① 资料来源：2016年复星集团简介（下）。

生产过程有了更清晰的了解，从而提升用户体验。因此，最终产品能够符合个人需求，同时只需要工业化的成本。这就是复星的 C2M，从客户到智造。

9.8.2　复星的 C2M 的布局

随着复星明确将 C2M 确定为现在和未来的商业模式和投资方向，就开始了 C2M 的布局，具体举措是：

- 紧抓碎片化的移动端入口，通过投资拥有海量数据和入口的平台，直接贴近客户，以移动互联网为基础，升级传统服务业。
- 了解客户需求和痛点，整合物流、信息流、资金流、人才流。
- 紧抓产品端，从全球范围寻找最具产品力的物、内容、服务甚至知识产权（IP）。
- 重构商业生态链：打通产品端和碎片化的移动端，实现客户与服务、商品供应商无缝连接，消除无价值的中间环节，增加客户黏性。
- 以高效、低成本的方式满足用户的多样化、个性化需求。

复星在 C 端的布局以触达 C 端为目的。能够触达 C 端，人工智能、大数据对 C 端的需求和客户的个性化描述就能更准确，这是 C2M 商业模式的基础。未来触达 C 端将越来越碎片化、途径也将越来越多元化，而且线下触达 C 端的可能性和价值也在回升，没有一个企业可以只依赖一种渠道或者第三方渠道来触达客户。因此复星通过线上线下同时布局海量客户及数据流量入口，通过多元化的场景互换，来触达 C 端，并充分挖掘其中的价值。

- 线上流量入口的布局。复星投资了微医（挂号网）：国内领先的健康领域在线流量入口；亲宝宝：国内母婴行业领先的在线流量入口；复星钱包：以在线支付为切入点触达 C 端，并能回馈客户的资金流、数据流。

- 挖掘线下流量入口的价值。比如核心地段核心物业的价值正在逐渐回归；利用 Mini Club 等服务将低频旅游产品高频化，直接触达 C 端。

复星对 M 端的智能改造，是以工匠精神和供应链重构，打造柔性化、工业化的 Maker 能力。具体举措是大力投资有产业深度的 C2M 生态圈，推动旗下各个板块的传统企业向 C2M 模式转型。

首先，新投资的企业一定是能够直接在设计、生产上彻底打通客户和产品生成端的，具有成长为"独角兽"潜质的企业。按照这样的投资逻辑，复星投了红领集团、阳光印网、构家网、名医主刀和喜天等具有 C2M 模式的互联网企业。

- 红领，服装业的 C2M。客户通过电脑、手机等智能终端在红领的"私人定制"平台自主选择产品的款式、工艺、原材料，生成订单后支付。客户下单后，工厂才进行生产交付，没有资金和货品积压，实现了"按需生产、零库存"。红领的 C2M 模式砍掉中间环节，最大限度地让利给顾客。最重要的是，红领通过千万级服装板型数据收集、数万种设计元素的积累，可以充分满足客户的制衣需求。智能化的人体数据采集方法、信息化的流水线生产模式，在覆盖客户个性化设计需求的同时，也大幅度降低传统模式下定制化的成本，真正实现大众顾客"一人一版、一衣一款"的个性需求。

- 阳光印网，印刷业的 C2M。通过 C2M 模式对印刷行业进行互联网化改造，把大量闲置的产能和客户对于印刷的需求之间做成一个无缝的链接，提供整套产业链解决方案，打造阳光的企业采购平台，打造企业级共享经济。阳光印网成功的关键在于将客户的闲散订单进行重新打包、整合和再匹配，形成产业链闭环。如果仅提供一个 B2B 平台，是不足以达到这样的效果。

- 构家网，互联网整体家装开创者。"一键构家"的瞬间建模技术结合

VR、AR沉浸式体验，让消费者提前参与到未来"家"的构建中。通过虚拟施工法提前预演施工全过程，达到前置加工、装配化施工，大大提升施工效率，确保工程质量，实现客户所见即所得的效果。更重要的是，构家的IDI室内设计信息化系统可以直接导出图纸对接到工厂生产端，快速响应C端用户的需求，让用户数据连通工厂制造端，用户需求前置，最终实现C2M。

- 名医主刀，医疗业的C2M。名医主刀抓住了中国医疗体系的痛点，解决了医患资源信息不对称这个"顽疾"。一方面，患者，特别是面对生死选择需要争分夺秒的患者，面对几个月的长期排队才能获得有保障的手术治疗的问题；另一方面，医生在得到医院许可的情况下，也希望可以对外提供自己的医疗服务来获得更高的收入以及学术影响力。同时，部分设施完善的公立及私立医院也希望通过提供医疗场所来获取盈利和提升医院知名度。这个多端之间的错配和服务落地难的矛盾通过名医主刀C2M模式实现资源整合和效率上的提高，通过名医主刀为患者更高效地梳理医生和医院，准确地匹配最合适的医生与医院，让医生根据患者的疾病来制订医治方案，让医院更好地提供所需的医疗设备。

- 喜天，娱乐业的C2M。影视文化公司喜天也是C2M模式的践行者，吴秀波、海清和张天爱都是喜天的签约演员。喜天会充分地分析明星的粉丝的喜好与需求，创造IP，编制剧本，塑造演员。《太子妃升职记》中，张天爱饰演了从现代直男穿越回古代的太子妃，演绎男女双重性格，剧集收官时网络播放量达到26亿次。张天爱个人演艺的成功，也可以说是喜天迎合粉丝喜好、探寻C2M模式的成功。

其次，推动复星旗下每一个企业都要按照C2M的标准去改造和提升。这就要求它们能在移动互联网的背景下，了解并处理大量C端的资料、进行更好的研发、改善生产线的流程，让制造本身足够灵活，能够实现柔性生产；供应链也要更科学、高效和灵活，能够适应柔性化、工业化的 Maker，最终完成对消费者个性需求的快速响应。对复星来说，Maker 不仅仅是制造的概念，同时还包括像太阳马戏团的演出、Studio 8 的影视作品、蜂巢城市的新商业和新零售等。

当复星和复星旗下的各个企业都做到了 C2M，在一个生态系统里实现了资金流、信息流和物流的三流合一，并形成一个个为客户提供"一站式"服务、对外开放合作的闭环，那么就打造成了复星想要的生态系统。

9.8.3 家庭和 C2M，复星战略的核心

复星现在的商业模式可以描述成：以家庭客户为中心，为家庭客户的健康、快乐、富足的幸福生活，利用 C2M 打造更具产品力的服务闭环，智造植根中国的全球家庭幸福生态系统。

在复星的商业模式和战略中，有两点是最关键的。首先，客户是家庭、中产阶级中的高净值家庭；其次，基于 C2M 形成针对家庭客户的服务闭环。家庭客户的核心需求是健康、快乐、富足，所以复星要打造能够为客户、为家庭服务的健康闭环、快乐闭环和富足生活的闭环。结合之前复星在健康和快乐领域的布局，复星针对家庭的大健康需求和年轻家庭的需求打造了两个属于复星的闭环生态系统。

图 9-16 所示为复星按照 C2M 模式打造的针对中产家庭和需求的大健康闭环生态系统。复星已经构建了从健康保险到医疗服务到健康管理，再到药品零售和医药、医疗器械研发闭环的雏形。复星大健康闭环生态系统的突破方向：

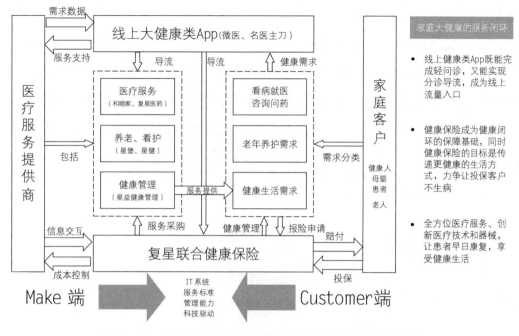

图 9-16 复星针对家庭大健康需求的闭环生态系统[①]

- 打造"健康险+健康管理+医疗服务"的模式,形成一个积极正向的循环,让客户因为复星的健康险和健康管理而不生病、少生病。
- 复星的健康保险将来要着眼于不健康的人群。现在的健康产品都是卖给健康人的,希望以后卖给不健康的人,复星给客户提供医疗服务,让客户变得健康。通过复星的健康护理、健康介入,让客户养成更好的生活习惯,让客户更健康,从而形成一个正循环。
- 充分利用星堡和星健的养老服务能力,配合养老设施、养老保险,形成"老人小区、幸福晚年"的优势闭环。

在年轻家庭里,母婴是核心,另外也关注子女的教育、成长和旅游等。如图 9-17 所示,复星针对年轻中产家庭的需求,通过对母婴产业和快乐、旅游

---

① 资料来源:郭广昌:年轻家庭和中老年家庭最需要什么. 复星集团微信公众号,2017-05-25.

业的跨界整合，形成了一个专注母婴需求的服务闭环。首先有母婴品牌投资，比如说母婴社区的投资，像宝宝树、美囤妈妈等，这个是可以触达 C 端的。复星的积累可以针对母婴社区提供全球最好的产品服务，像 Silver Cross、三元牛奶、地中海俱乐部、Mini Club 等。复星还拥有针对母婴最好的医疗养护，有和睦家、禅城医院。还可以为年轻家庭提供健康保险、保障性寿险。

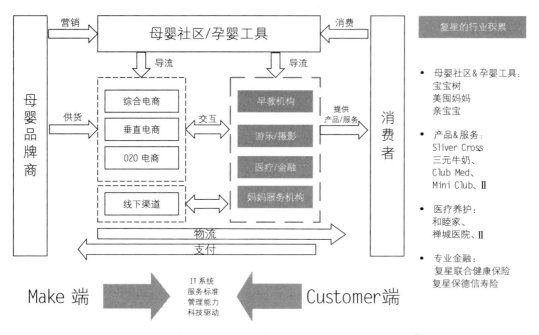

图 9-17　复星针对年轻家庭需求的闭环生态系统①

9.9　全球合伙人制度与股权激励

复星有一个和谐的创始人团队，早期创业的郭广昌、梁信军、汪群斌、范

---

① 资料来源：郭广昌：年轻家庭和中老年家庭最需要什么．复星集团微信公众号，2017-05-25.

伟和谈剑五人能力互补又善于合作，从没出现控制权和利益之争，堪称"中国合伙人"的典范。在创业的五人团队中，唯一的女性谈剑名下没有持有复星的股份，目前是复星集团的监事会主席。长期以来复星国际 70% 以上的股权最终控制在郭广昌、梁信军、汪群斌、范伟四人手中，虽然控制权无忧，但是复星成长中主要受益者也是创始股东，而不是管理层团队和核心骨干员工。

而且，创始人团队也是"铁打的营盘，流水的兵"，总会有曲终人散的一天。2013 年，时任复星集团联席总裁的范伟以"健康原因"休假 3 个月，长假后，范伟选择了从复星"隐退"。在复星 2015 年年报中，范伟在顶层股权架构中消失了，范伟不再是复星国际控股的股东，其股份按照比例由其他 3 位创始股东同比受让。

2017 年 3 月 28 日，梁信军宣布从复星裸辞，辞去副董事长和 CEO 职位，股份暂时保留。

因此，对于目前的复星来讲，商业模式和战略方向都是对的，资源是足够的，调动资金的能力是强大的，唯一的问题就是人的动力问题。因此，复星推出了全球合伙人制度。

9.9.1 全球合伙人制度

2015 年，复星学习高盛，要把复星建成精英组织，推行全球合伙人制度。复星推行全球合伙人制度最重要的目的，就是要将集团的所有资源形成一个整体来进行调配。复星是一个大型的多元化企业集团，有很多产业，也有不同的管理团队。通过全球合伙人机制，复星要统一一个思想，形成一个平台。复星所有的资源，只有一个中心、一个平台；利益可以分配计算，但是方向和资源，只能是一个中心。

复星对全球合伙人的选择标准：

- 要能够处于一种企业家状态，一种持续创业的状态。
- 一定要是全能选手，既要一业专精，能够成为某一具体行业的脊梁；同时又要非常熟悉和了解复星各个板块的业务，在复星多样化的产业和扁平化的组织体系下，具备包括运营管理、核心业务经营、产品打磨等各方面快速学习和拥抱变化的能力。
- 必须具有统一的价值观，而且要在灵魂深处高度认可复星的使命和愿景。
- 要不断地想去创新、创造，不断地学习，不断地思考新的商业模式，而且要有能力、有精力去实现。

复星全球合伙人制度的特点：

- 复星合伙人制度是多层级的，不仅有现在集团层面的合伙人，还有职能/业务部门层面合伙人、核心企业层面合伙人。
- 合伙人一定不是终身制的，更不是论资排辈，若无法通过胜任度考核，就会被清退出全球合伙人团队。
- 建立基于项目的高效、扁平、网状的精英型组织。
- 通过"复星通"，将复星的组织架构塑造成一个透明、覆盖全球、能以最快速度反应的"小组织—大集团"网状架构，信息在这张网上可以无损地交流。

9.9.2　全球合伙人购股权计划

复星全球合伙人制度能否发挥设计之初的效果，最关键的就是要把合伙人的利益跟复星集团的利益高度捆绑，而不只是跟项目的利益挂钩。因此，作为全球合伙人计划的关键环节，2016年1月，复星宣布了建立全球合伙人制度，并公布了第一批18位全球合伙人，覆盖集团各核心业务。这18位合伙人年龄小于50岁的有12位，最年轻的只有37岁，且业务条线与职能条线均有候选人入选。Fidelidade保险首席执行官Jorge也在其列，体现出了合伙多元化、全球化的特点。

复星针对这18位全球合伙人推出了购股权（股票期权）计划，合计授予额度为1.11亿份股票期权。行权的股票来源于复星集团新发行股份后设立的期权池，新发行的1.1亿股占现有股本的1.2%；行权价格为授出日收市价、前五交易日平均收市价和美股面值中最高者11.53元；行权安排分三期，如表9-4所示。

表9-4 复星全球合伙人购股权计划[①]

阶段	时间安排	比例/%
第一个行权期	2021—2026年	20
第二个行权期	2022—2026年	30
第三个行权期	2023—2026年	50

从复星全球合伙人购股权计划的具体方案来看，有三个特点。

首先，激励对象的选择的是全球合伙人，目的是保障全球合伙人制度的成功实施。这种选择是基于"平台+个人"的定位，并且从合伙人资源与价值贡献的角度考虑个人激励额度。其中丁国其等4位执行董事各授予1000万份期权，4人共占36.4%的授予额度。

其次，期权的等待期和行权方式设计合理。等待期5年，一次授予，分3次递延行权（20%、30%、50%），行权有效期10年。这是一个如同教科书般标准的股票期权计划，属于典型的长期激励。每名全球合伙人在授予日满5

---

① 资料来源：根据复星国际公告整理。

年起,方可首次行权获授数量的 20%;至授予日满 6 年时,合伙人方有 30% 获授期权可行权;而合伙人全部获授期权可行权,需要在授予日满 7 年之时。当然,能否行使获授期权还有一个重要前提,就是要不被淘汰,能够持续成为复星全球合伙人中的一员。这非常有利于规避核心管理层的短期行为,可谓是留才"金手铐"和成长"金台阶"。

最后,这份股票期权制定时机恰当,于 2016 年 1 月初制订的这份计划,既在短期内缓解了 2015 年末郭广昌协助调查事件的震荡,平复了复星的军心,又从长期为复星持续经营和成长建立起激励机制。

从以上三个特点来看,复星 2016 年的购股权计划恰到好处。方案公告以后,复星的股价止住 2015 下半年来的跌势,稳定于 11 元附近,对于获得期权的全球合伙人来说,未来 5~10 年的挑战和收益并存。

9.9.3 股份奖励计划

复星在 2015 年还推出过核心人员股份奖励(限制性股票)计划。这个计划是基于"公司+员工"的定位,从员工全面薪酬竞争力的角度考虑个人激励额度。股份奖励计划每年滚动授予,面向复星集团和各个附属公司的核心管理人员与业务骨干。

这个计划的要点是,完成当年业绩目标,激励对象就会获授限制性股票。等待期 1 年,分三年匀速行权,行权时无须出资。这种激励方案最明显的特点就是限制性,体现在三个方面。

- 激励对象的确定与其在复星的司龄和当年的业绩目标挂钩。
- 奖励股份的获授和行权时间都是滞后的,比如根据 2014 年的业绩,在 2015 年获授的奖励股份,要在 2016 年才开始按 33% 的比例逐年发放。

- 奖励股份行权时是有业绩要求的，激励对象在2015年获授奖励股份，但是如果激励对象在2016年、2017年和2018年表现不佳，复星就要下调奖励实际份额。

复星实际上是借鉴了延期支付的方式，将当期获得的奖励股份进行锁定，根据后期业绩逐年发放，是对限制性股票的变形创新。这能够加快激励对象的失败成本，将激励对象的利益与复星的利益进行捆绑。

2015年，复星为满足2014年业绩要求的71名集团骨干和附属公司高管授予462万股股份，奖励股份根据后续表现于2016年、2017年和2018年匀速行权。

2016年，复星为满足2015年业绩要求的69名集团骨干和附属公司高管授予514万股股份，奖励股份根据后续表现于2017年、2018年和2019年匀速行权。

2017年，复星为满足2016年业绩要求的65名集团骨干和附属公司高管授予527.5万股股份，奖励股份根据后续表现于2018年、2019年和2020年匀速行权。

表9-5所示为复星两种股权激励计划的主要不同点。两个股权激励方案具有明确的针对性，相对应的激励力度、约束性有所差异。两者相辅相成，引导复星核心领导层（全球合伙人）专注长期战略和复星成长，激励公司骨干（集团骨干和附属公司高管）落实每年的业绩要求同时留住核心人才。可以说，复星的组合式的股权激励方案目的明确、设计巧妙和协同互补，恰如其分地实现激励和约束机制，为复星中期和长期成长注入活力。

表 9-5　复星股份奖励计划与全球合伙人期权计划差异比较[①]

核心要素	核心差异	全球合伙人期权计划	股份奖励计划
激励工具	合伙人期权计划更强调增量价值创造，股份奖励计划更加侧重利益分享与利益捆绑	股票期权	限制性股票
激励对象	合伙人期权计划更加聚焦精英	18 名	2015 年，71 名； 2016 年，69 名； 2017 年，65 名
激励额度	合伙人期权激励力度更大	1.11 亿份，1.29%	2015 年，462 万股，0.067%； 2016 年，514 万股，0.063%； 2017 年，527.5 万股，0.061%
激励时效	合伙人期权计划侧重长期激励，股份奖励计划侧重中期激励	等待期 5 年，分三年加速行权： $T+5$ 年：20% $T+6$ 年：30% $T+7$ 年：50%	等待期 1 年，分三年匀速行权： $T+1$ 年：33% $T+2$ 年：33% $T+3$ 年：34%
约束性	股份奖励计划有明确业绩要求，确保复星中短期业绩	无硬性业绩要求	有硬性业绩要求
承担风险	期权计划激励合伙人关注复星市值；股份奖励计划激励管理层关注业绩	市场有效性、市场波动风险	业绩风险
出资要求	合伙人期权计划更侧重软性约束	行权式需按授予股价出资购买	无须出资

[①] 资料来源：根据复星国际公告整理。

第 10 章
腾讯的市值管理之道

10.1 腾讯的发家史

10.2 "产品+客户"视角的商业模式

10.3 轻资产运营的财务战略

10.4 良好的公司治理

10.5 以内在价值为基础的市场价值实现

10.6 金融布局逻辑

10.7 腾讯的产融结合模式

10.8 从投资到并购

10.9 腾讯的困局与突围战

10.10 腾讯未来估值与研判

第10章 腾讯的市值管理之道

我国互联网版图曾经三分天下，俗称为"BAT"。百度、阿里巴巴和腾讯分别主导搜索、电商和社交领域。而如今，以市值为标准，BAT已成AT两极之势。2014年，阿里巴巴在纽交所上市，以218亿美元创下美国IPO融资规模记录，并且在当年"双十一"市值超越3 000亿美元。2016—2017年，腾讯市值一路攀升，突破2.56万亿港元，不仅占据了港交所总市值的十分之一，更是超越阿里和三星登顶亚洲市值第一。2017—2020年，腾讯的市值依旧领涨，2021年新年伊始，腾讯市值突破7万亿，已遥遥领先阿里巴巴。

与马云和阿里巴巴的高调不同，马化腾和他的腾讯是低调的。所以，外界并不像熟知阿里巴巴那样了解腾讯。因此，很多人都好奇一件事：腾讯究竟如何做到这么大规模市值的？投资人和资本市场为何认可和追捧腾讯？

理由只有一个，那就是大家认为腾讯未来增值潜力大。面对未来，腾讯充满着巨人的想象空间。从互联网产品公司，到互联网广告公司，再到互联网游戏公司，再到互联网平台公司，再到互联网投资公司的一路进化，腾讯始终抓住"以客户为中心"的企业设计核心，通过市值管理和产融结合，成了"互联网公司中最棒的投资公司，投资公司中最好的互联网公司"。

10.1 腾讯的发家史

10.1.1 QQ第一桶金

腾讯创业之初就是一个互联网产品公司，QQ是其第一个产品。而且这个产品还不是原创，是模仿当时国际上一款比较流行的即时通讯软件ICQ，取名OICQ，后改名为QQ。

OICQ原本是腾讯为广州电信用户提供互联网即时通信服务系统的一个单子，可最后这个单子没能拿下来。但马化腾和创业伙伴仍然把OICQ做了出来，发布到了网上。仅仅过了一年，1999年末OICQ的注册用户已经达到了100万。

10.1.1.1 盈利无门，卖掉还是留下？

在今天看来，有很多种方法可以把100万用户的流量变现，但是在当时，互联网行业还处在萌芽期，就算最传统的广告业务，也没有企业愿意在OICQ上投放。所以即使手握着100万用户流量，马化腾还是在为OICQ如何赚钱烦恼。

更加糟糕的是，伴随用户的快速增长，服务器等运营成本在不断提高，五个创始人的50万元自有资金很快就见底了。于是，创业初期的腾讯找到了IDG和香港盈科，共出让40%股权，换得了220万美元的投资。

在风投资金的支持下，OICQ的注册用户在2000年4月就突破了500万，两个月过后，达到了1 000万。可怎么赚钱仍是最大的问题。到了下半年，互联网的寒冬来临了。投资人也开始踌躇不定，腾讯到了最艰难的时刻。

马化腾为了让公司活下去，带着OICQ的项目到处筹钱，可在互联网泡沫破灭的大背景下，没有人再敢投资一家只会烧钱但没有盈利模式的公司。迫不得已，马化腾准备将投注两年心血的 OICQ 卖掉，找了新浪、搜狐、网易、联想、TOM 等一堆公司，报价从 300 万元、200 万元到只有 60 万元，最后倒是有人愿意接手，但是马化腾不舍得卖了。

马化腾留下了 OICQ，为了让腾讯活下去，只得和其他创业伙伴到处接一些网站和软件的小项目，对于腾讯来讲，这无疑是最惨淡的一段日子。

10.1.1.2　绝处逢生，中国移动带来春天

2001 年是腾讯绝处逢生的一年，中国移动带来了互联网行业的春天。当年中国移动从中国电信中划分出来，并且推出了"移动梦网计划"，邀请互联网的服务提供商一起合作加盟，这种业务模式叫无线增值服务（简称 SP 业务）。

腾讯加盟了移动梦网计划，推出了移动 QQ 业务。这是腾讯发展中至关重要的一次商业模式创新，当时的 QQ 只限于电脑网络端的即时通讯，而加入移动梦网计划以后，QQ 可以实现 PC 端和手机端用户消息的随时收发，将 PC 端的用户关系延伸到了手机端，通过用户移动交流的需求实现了流量的变现。这种收费模式不是腾讯直接向用户收费，而是通过运营商收取费用后按比例分成，在用户、腾讯和运营商之间形成了闭环的产品盈利模式，如图 10-1 所示。

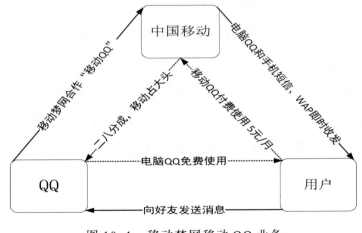

图 10-1　移动梦网移动 QQ 业务

用户的需求是即使离开了PC，也能和网络好友随时随地保持交流。用户支付包月费用订购移动QQ业务，能和PC端好友通过短信、WAP即时收发消息。

腾讯拥有庞大且快速增长的QQ用户群体，但它只是软件服务商，为了满足用户的需求，只能加入"移动梦网"计划，扮演移动增值服务提供商的角色。

中国移动拥有手机用户，通过运营商服务将手机用户和QQ用户结合起来，为用户提供服务、收取费用，再按比例分成给互联网增值服务提供商。

这项业务推出以后，腾讯迎来了自己收获的季节。2001年6月，腾讯终于实现了盈利。到了2001年底，腾讯当年收入4 900万元，利润达到1 000万元。在当时水深火热的互联网行业，"三剑客"新浪、网易和搜狐正面临着退市风险的时候，腾讯这家之前想卖都没人要的公司靠着SP业务赚到了最多的钱，这不得不说是一次商业模式创新的胜利。

SP业务使腾讯起死回生，2001年和2002年，腾讯的移动增值服务收入占总收入的75%以上，毛利率更是高达70%。如图10-2所示，SP业务在腾讯发展的早期起到了至关重要的作用。

腾讯在推出移动QQ增值服务以后，围绕用户需求，还相继推出了移动语音服务、彩铃、移动音乐和图片下载、移动新闻与资讯内容服务、移动电话游戏等增值服务。

与新浪、网易等门户网站的SP业务相比，腾讯的SP业务是一棵常青树。通过移动QQ特有的产品模式和不断的创新，SP业务保持了稳定的增长态势，直到2012年，仍为腾讯贡献了全年37亿元的收入。

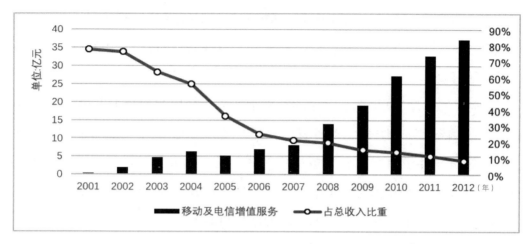

图 10-2　2001—2012 年腾讯移动增值服务收入[①]

但 SP 业务模式的问题渐渐暴露。发展几年之后，腾讯的移动 QQ 增值服务垄断了即时通讯类增值服务利润，占据了 WAP 数据流量的大量资源，又挤压了传统短信业务的生存空间。相当于腾讯吃掉了中国移动传统业务的利润，又加大了运营成本负担，但没了腾讯，又找不到可以替代的服务商，这让中国移动感受到了巨大的威胁。

腾讯也很被动，因为实际上，中国移动牢牢控制住了流量结算、计费分成和支付结算的环节。钱由运营商来分成，分多少也由不得腾讯，一旦移动梦网政策调整，腾讯的这块蛋糕就消失了。

合作共赢的局面很快就被打破。

2004 年下半年开始，信息产业部开始监管违法欺诈、违规收费的 SP 行业，腾讯的 SP 业务也受到了行业整体环境的影响。2006 年 6 月，随着信息产业部对 SP 业务的专项整治开始，几千家服务提供商都受到了限制，SP 行业开始由盛转衰。

中国移动借机开始做自己的即时通讯软件（简称 IM），没多久，市场上就

---

① 数据来源：腾讯控股 2001—2012 年报。2012 年后移动增值服务收入不再单独列出。

传出了中国移动要停止与各类 IM 的 SP 业务合作的消息。无奈之下，腾讯只能退而求其次，选择与中国移动合作开发飞信 QQ，将移动 QQ 的用户拱手相让于中国移动。

此时，在移动 SP 业务上，腾讯已全面受制于中国移动。但有趣的是，"商业模式的创新者可以吃肉，商业模式的追赶者顶多喝汤"，成为商业模式追赶者的中国移动并没有享受到期望中的美味。因为随着移动数据通信技术和手机性能的发展，腾讯另起炉灶，开发了"手机 QQ"软件，开始利用免费的"手机 QQ"软件逐步替代收费的移动 QQ 增值服务。

新的模式跳出了移动梦网的框架：

- 用户向运营商支付数据流量费用，下载免费的"手机 QQ"软件，与好友保持交流。
- 腾讯提供免费的"手机 QQ"软件。
- 运营商提供数据流量服务。

乍看之下，腾讯并没有从中获益，反而是中国移动获得了数据流量费用的收益。但腾讯获得了用户，这是关键所在！腾讯以即时通讯类社交软件起家，最早明白了互联网企业商业模式的核心是"用户的需求"，互联网企业竞争的实质是"用户的争夺"。腾讯的出发点就是围绕用户的即时通讯需求，不断提高聊天体验。相比之下，中国移动提供的落后体验会慢慢被用户舍弃。

至此，SP 行业已江河日下，行业从起步到成熟到衰退，仅仅过去了五年。这也告诉企业家们，在飞快发展的时代，持续地促进商业模式的创新非常重要！

10.1.1.3 QQ 增值服务，柳暗花明又一村

实际上，腾讯很早就意识到了 SP 业务高度依赖运营商的局限性，所以开始在 SP 业务之外拓展新的盈利模式。

最简单的做法是收费注册QQ，但2004年为了扼杀UC和MSN这两个竞争对手而又重新免费。在这之外又衍生出了QQ靓号的盈利模式，这个盈利模式巧在利用用户的差异化的心理需求，出售QQ靓号的使用权，而不是所有权。

但聚焦于QQ号码上的生意只能解一时之困，QQ最宝贵的资源是庞大的年轻用户群体。所以腾讯的产品重心转向开发QQ用户群体需求功能，尝试了很多新颖的互联网生意。

QQ秀是腾讯的产品经理许良从韩国"小人穿衣服"的网络虚拟娱乐项目中得到的灵感，它是一个虚拟形象设计的系统，用户可以选择QQ秀商城的虚拟服饰、首饰和化妆功能来装扮属于自己的虚拟形象。

腾讯的出发点是为了做一款用户真正喜欢的产品。但用户喜欢，就会为网络虚拟道具付出真金白银吗？这一点在当时并不被大家看好。

图10-3所示的是QQ秀商业模式的逻辑：

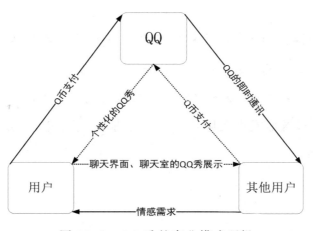

图10-3　QQ秀的商业模式逻辑

- 用户。作为QQ秀的消费者，通过支付Q币购买个性化的QQ虚拟形象，在QQ聊天、聊天室和其他服务中向其他用户展示自己的网络虚拟形象。

- QQ。腾讯在其中扮演了社交平台、产品提供商和支付结算的全部角色。腾讯提供 QQ 的社交平台,腾讯设计出售 QQ 秀产品,腾讯创新性地推出"Q 币"作为虚拟物品的结算方式。
- Q 币。不同于现实货币,这是一种虚拟货币,QQ 世界里的虚拟物品就用它进行结算。这种便捷的购买和支付方式的创新,间接带动了 QQ 增值服务的火爆。
- 用户的心理需求。这是 QQ 秀这款产品的核心,用户为什么会为虚拟道具付费,因为心理需求得到满足。每个用户的心理需求不尽相同,多样化的 QQ 秀给了每个用户选择空间,使其在用户中受众比例非常高。

QQ 秀一经推出,就获得了用户们的喜爱,根据腾讯上市公告披露,仅 2004 年第一季度,就有 2 900 万用户购买了 QQ 秀产品,可见其受欢迎的程度。以单件 0.5~3 元计算,再减去几乎为零的成本,2004 年一个季度的盈利就近 5 000 万元。

腾讯人这样评价 QQ 秀的里程碑意义:"QQ 秀是我们用户真正去爱的一个产品"[①],也就是从 QQ 秀开始,腾讯发现自己的用户愿意为喜爱的虚拟物品付费,于是腾讯找到了 SP 业务之外新的赚钱模式,称之为互联网增值服务。

说到底,一款互联网产品做到用户真正喜欢,用户自然愿意花钱购买。核心还是用户的需求。

10.1.2 3Q 大战

QQ 和 360 的大战是腾讯的转折点,3Q 大战之后,腾讯回到正确的道路

---

① 林军. 马化腾的腾讯帝国 [M]. 北京:中信出版社,2009: 151.

上：始终以客户为中心，从封闭走向开放。

在3Q大战之前，腾讯的版图除了即时通讯以外，还涉及了社交博客、门户网站、游戏、视频影音的领域。而且依靠着庞大的用户群体，腾讯每进入一个新的互联网领域，都会给原有的领先者巨大的压力。从战略上讲，依靠平台优势多元化对竞争对手形成压制，是无可厚非的选择。但当时媒体对腾讯"仗势欺人"的做法已有争议，用户对QQ增加的功能也褒贬不一，这是3Q大战之前的舆论背景。

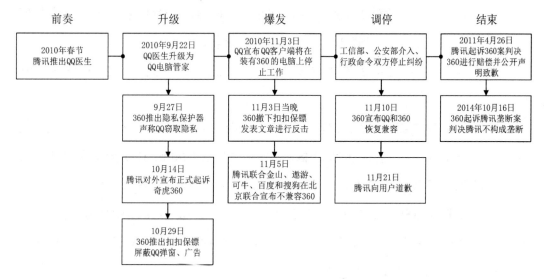

图10-4　3Q大战始末[①]

整个事件经历了"前奏、升级、爆发、调停、结束"五个阶段，前后历时近两年，让腾讯从梦中猛然惊醒。

2010年，腾讯意图扩大安全软件领域的市场份额，开始模仿安全软件商奇虎360。此前360依靠免费杀毒的策略战胜了金山、瑞星、江民等收费杀毒软件成为中国安全软件的老大，免费的策略也受到了用户强烈地欢迎。之

[①] 资料来源：根据维基百科词条归纳整理。

后腾讯推出 QQ 电脑管家，功能与 360 相类似，并且通过 QQ 开始向用户宣传安装。

这一行为触及了 360 的根本利益，引起了 360 的反击。之后两个厂商好戏连台，360 先是用敏感的用户隐私作为武器，而后触动腾讯的盈利点，想要通过扣扣保镖让用户隔绝腾讯的弹窗、广告和游戏功能，意图让腾讯回到聊天通讯的起点。

11 月 3 日，腾讯宣布了一个让所有人震惊的决定，宣布 QQ 和 360 不兼容，让用户二选一。腾讯似乎觉得，这是对 360 触动 QQ 盈利方式的最强回击，用户会选择自己，卸载 360。但事实是这样吗？

11 月 4 日，港交所上市的腾讯控股低开低走，一天之内市值跌去 106 亿元。

紧接着，政府部门加入调停，用行政命令让双方停止纠纷。11 月 10 日，双方软件恢复兼容，事件也暂时告一段落。但从 360 和 QQ 大战的事件中，能看出腾讯忽略了一个重要的问题：那就是，用户的真正需求是什么？

用户在整个 3Q 大战过程中的遭遇为：首先，被 360 发动舆论战，认为 QQ 窃取隐私；其次，被腾讯逼宫，非要在两者中选其一。除此之外，用户被扔在一边。那用户的真正需求是什么？

用户的真正需求是自己的隐私得到保护，自己有权选择使用什么软件，但这两点都被当成了互相攻击的武器。腾讯以 QQ 起家时，靠的就是用心琢磨用户的社交需求，但随着体量的增长，腾讯丢失了初心，开始更多关心自己，而不是用户。

10.2 "产品+客户"视角的商业模式

10.2.1 游戏：利润的支柱

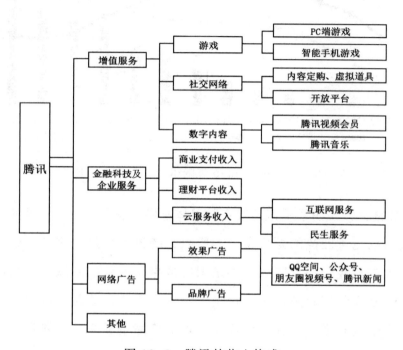

图 10-5 腾讯的收入构成

如图 10-5 所示，腾讯的收入主要可以分为四类：增值服务、金融科技及企业服务、网络广告和其他。

从目前的利润构成来看，腾讯确实是一家互联网游戏公司。图 10-6 所示的是腾讯游戏自 2008 年起历年收入和占比，柱形图呈现了连年增长的漂亮业绩，折线图说明腾讯游戏收入占总收入比重多年维持在 30% 以上，其中 2010—2015 年，腾讯游戏收入占总收入比重超过 50%，如果放眼国内游戏市场，腾讯游戏在国内的市场份额逐年攀升，根据 2020 年年报数据显示，腾讯游戏已占国内游戏市场超一半的份额。

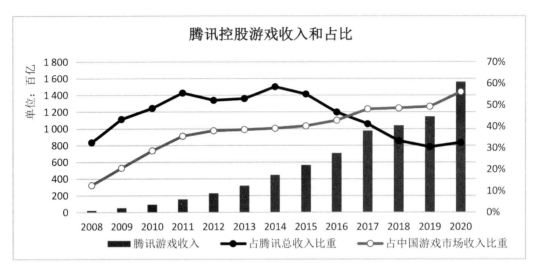

图 10-6　2008—2020 年腾讯游戏收入和占比 ①

这些数据充分说明了腾讯游戏在腾讯体系中的重要地位，以及腾讯游戏在中国游戏市场无可匹敌的龙头实力。所以，腾讯不仅是一家游戏公司，而且是中国最大的游戏公司。腾讯并不是国内最早做游戏的互联网公司，但能够从无到有，从模仿到超越，腾讯也是一步步在探索游戏盈利的秘诀，这其中的奥秘值得研究和学习。在平台优势、聚焦产品创新之外，腾讯游戏的成功有如下三个原因。

10.2.1.1　把握行业趋势，关注用户现实需求的变化

国内网络游戏产业萌芽于 2000 年初，产业规模发展十分迅速，游戏类型和盈利模式也在不断更迭。

2000 年左右，以棋牌游戏为主的休闲游戏最早兴起，当时有"北联众，南中游"的两家休闲游戏中心受到玩家的欢迎。彼时的盈利主要靠与电信运

---

① 数据来源：腾讯控股 2008—2020 年报。

营商分成网络费用，盈利模式单一且毛利较低。2003年，腾讯初涉游戏产业，发布QQ游戏中心，在短短几年内成长为国内最大的休闲游戏平台。

休闲游戏之后，桌面网游的火热带动了游戏产业的成熟。盛大代理的《传奇》网游成为现象级产品，是第一代网民的群体记忆，也是网游产业的里程碑，更是盛大造富神话的基石。《传奇》的盈利模式以时长计费，当玩家花费大量游戏时间沉迷于游戏中时，就为盛大贡献了大量的利润。不久之后，腾讯也开始进入网游产业，并在之后的十年内成长为国内最大的网游企业。

桌面网游之后，移动互联网开始普及，为用户创造了随时随地玩游戏的可能。在游戏市场规模爆炸式增长的同时，游戏行业迎来了新一轮洗牌。这一次，腾讯成为行业引领者，它相继推出"欢乐""天天""全民"系列社交手游，又打造了《王者荣耀》等现象级大型手游，将自己在游戏产业的优势进一步扩大，7年间，腾讯游戏收入从95亿元倍增至700亿元，打下了国内游戏产业的半壁江山。

腾讯在游戏行业每一次大变革时代都没有落下，而且优势积累愈发明显。在每一次行业趋势苗头出现时，腾讯游戏为何果断转型？核心依据就是用户的需求变化。

棋牌休闲游戏代表的用户需求是休闲和便捷的棋牌体验，它将现实中的棋牌游戏搬到了电脑上，在现实里凑不够牌友棋友，在网络里人们还可以在家用电脑相约切磋过瘾。之后网络游戏的崛起代表的是新一代年轻用户对网络社交和虚拟体验的需求，年轻人追求刺激、追求自由、追求心理体验，网络游戏为他们创造了快速满足的虚拟世界。而在移动游戏时代，随着用户群体全民化，各种游戏需求也呈现多样化趋势，单一类型的游戏已经无法满足用户。

在这三个大阶段，用户的需求大不相同。每种需求背后，当游戏公司满足了用户，就会收获特定的用户群体，获得可观的潜在收益。就像在今天，仍有很多用户会在联众世界、QQ游戏中心和好友下下棋、打打牌。腾讯做到了这一点,抓住了用户的现实需求,让自己立于不败之地。除此之外,腾讯还抓住了用户需求的变化趋势,并借此把握产业机会,成长为国内最大的游戏公司。

10.2.1.2 细分创新,发掘用户潜在需求

《地下城与勇士》《穿越火线》和《英雄联盟》这三款游戏是腾讯的扛鼎之作,分别开拓了新的细分领域,引爆了横板格斗、第一人称射击和多人竞技网游的市场,成为影响力广泛的现象级产品。为什么是腾讯打造了这些爆款?

因为腾讯一直在努力挖掘用户的潜在需求。这三款作品不是腾讯自己研发的,两款来自韩国,一款来自腾讯投资的美国企业,腾讯在巩固国内领先市场的同时,仍在积极关注全球先进游戏产业的创新动态。一旦有细分领域的创新产品出现,即通过判断是否击中了用户的潜在需求,而选择投资或者签下代理协议。

《英雄联盟》就是这样淘出来的产品。早在2008年,游戏开发商Riot Games还只有游戏的雏形时,腾讯就相中了这款游戏对用户联合竞技的需求,对其进行战略投资。在之后的几年,Riot Games亏损连连,但腾讯仍旧抱有耐心和信心,并且追加投资。之后《英雄联盟》一经推出引爆了全球多人竞技市场,成为全球最火的游戏,并以16亿美元的年度收入成为全球PC网游冠军。

10.2.1.3 合作共赢,打造游戏生态圈

2012年之前,"抄袭者"的帽子一直扣在腾讯头上,因为腾讯的早期网游产品采取"模仿+自研"的策略。对手有什么热门的游戏产品,腾讯就跟

随模仿，再研发相似的产品。举个例，当时有热门游戏《泡泡堂》《冒险岛》《跑跑卡丁车》和《劲舞团》，腾讯也推出了相似的产品《QQ堂》《QQ三国》《QQ飞车》和《QQ炫舞》。这让腾讯受到玩家和对手的诟病。

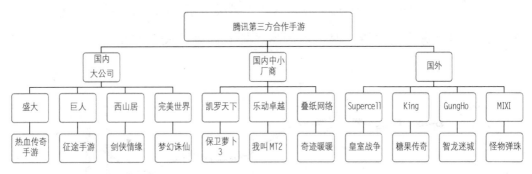

图 10-7　腾讯部分第三方合作手游

在腾讯游戏体系中，不仅有自己体系内的几个工作室群的游戏产品，还有国内各大游戏公司和国外厂商的热门作品。腾讯采取开放的平台策略，国内游戏大厂商都愿意将知名IP作品交给腾讯联合开发，然后在腾讯社交平台上获得用户流量，获得收益后按比例分成。已合作成功的案例，包括与盛大合作的《热血传奇手游》、与巨人合作的《征途》等。

这样，腾讯不再是游戏厂商的角色，更多的是游戏分发平台。这个游戏生态圈，让腾讯不再成为国内其他游戏厂商的大敌，而是互惠互利的生态圈伙伴。

10.2.2　广告：老树新枝

网络广告是互联网企业最传统、最普遍的盈利模式。我们来看看腾讯多年来广告业务发展得怎么样。

如图 10-8 所示，柱状图表示的是腾讯的网络广告收入，从 2003 年的 3

300万到2020年的822.71亿元，增长超2 000倍。上面的曲线代表的是腾讯广告业务的毛利率，多年来一直保持在高位，在市场竞争激烈的今天，仍保持着高达49%的毛利。下面的曲线代表的是广告收入占总收入的比重，多年来稳步提升，到2020年腾讯广告收入占总收入比重为18%，虽然不是营收的大头，但增长势头的保持，对市值的持续增长起到了关键作用。

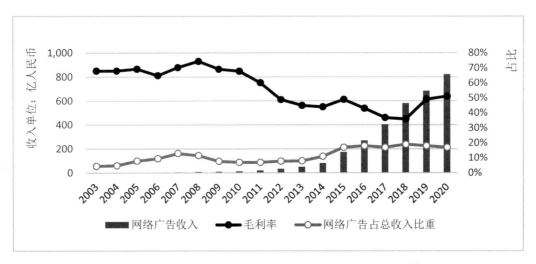

图10-8 腾讯控股网络广告收入、毛利率和占比[①]

那么腾讯是如何经营好自己的网络广告业务的？

- 建立广告平台。腾讯的广告平台连接的一方是想要实现商业目的的广告主，另一方是拥有大量用户流量的流量主。通过建立广告平台，腾讯可以整合自己各类具有丰富流量优势的社交和媒体产品，增强自身的竞争力，吸引更多的广告主。

- 打造强势的广告载体。广告主投放广告，毫无疑问会选择流量大的地方。早年间，央视黄金时间广告历届的"标王"金额都会令人咋舌，

---

① 数据来源：2003—2020年腾讯控股年报。

因为在黄金时间段里，央视的收视率非常高，广告的传播效果最好，广告主得到的商业回报最高。腾讯也是如此，微信和 QQ 这两个强势的社交产品，在国内人人都在使用，还有其他生活类移动应用，贯穿了用户的 24 小时真实生活。相比央视，腾讯拥有的用户流量更大，质量更高。

- 通过大数据进行广告定向投放。对于广告主来讲，希望做到广告投放成本低、效果好。这在以前是不可能的，因为并不能知道投放出去的广告被谁看到了。但是腾讯可以，因为微信、QQ 等应用背后是真实用户，他们的每一项行为都在互联网中产生了数据。腾讯可以知道用户的地理分布、年龄层次、商业喜好、网络行为、消费能力等数据，建立用户群体的画像，根据不同的用户标签投放特定的广告。比如，对于发达地区的中产阶级，经过腾讯的大数据分析，他们的朋友圈就会呈现汽车、中高档消费品、旅游等广告。这样，广告主可以花更少的钱实现更好的广告效果。

虽然是最传统、最普遍的互联网盈利模式，但在腾讯手里，从 2012 年移动互联网时代以来，广告收入开始爆发式的增长。其原因除了腾讯做了上述三件事之外，还有一个重要的原因，就是腾讯离自己的用户越来越近。

10.2.3 泛娱乐模式

"泛娱乐"是腾讯提出的一个概念，它是"基于互联网与移动互联网的多领域共生，打造明星 IP 的粉丝经济"。其核心是 IP，可以是一位明星人物，也可以是一个漫画形象、一个故事、一款游戏、一部动漫或影视剧等一切可以如明星般被追捧的事物。

移动互联网的迅猛发展，让一个明星 IP 不再需要经历漫长的时间从一个领域衍生到另一个领域，可以非常快速地在多个领域共同衍生文化娱乐内容，创造巨大的商业价值。

"泛娱乐"模式提出以后，腾讯是怎么做的？

10.2.3.1　五大业务平台的支撑

想要完成同一 IP 的多领域衍生，上游要有优质内容输出，下游要有 IP 衍生能力，没有一条完整的 IP 产业链很难实现。但腾讯从提出"泛娱乐"战略以来，短短几年间，五大平台已经成型，如图 10-9 所示。

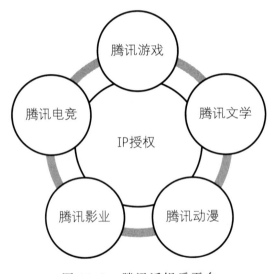

图 10-9　腾讯泛娱乐平台

腾讯游戏是国内目前最大的游戏开发商、运营商，占据国内游戏市场近半游戏收入，它的成功因素在前一节已经分析过。

腾讯文学以阅文集团为阵地，2014 年腾讯以 50 亿元人民币的价格收购盛大文学，组建阅文集团，成为国内网络文学产业的巨无霸，旗下有《琅琊榜》《盗墓笔记》《鬼吹灯》《择天记》《芈月传》等耳熟能详的 IP。

腾讯动漫经过五年的发展，成长为国内最大的网络动漫平台，月度活跃用户达到9 000万，用户中"90后"和"00后"用户占比超过90%，旗下引进大批知名漫画作者。

腾讯影业和腾讯电竞成立时间短，但都潜力无限。不同于腾讯游戏以道具、在线时长的盈利模式，腾讯电竞是以人、赛事和内容为核心，覆盖赛事举办、直播平台、明星经纪、粉丝运营、内容制作在内的完整产业链条，每个环节都有自己的产业价值，是文化产业全新的沃土。

有五个实力强劲的平台做支撑，就构筑了明星IP的孵化、衍生、变现的产业链环节，而要想打通，还需要互相联动。

10.2.3.2 多元衍生的联动

最常见的模式是"影游联动"，在电视剧、电影、动画热播的同时，推出同一题材的游戏作品。这种模式具备时效性强的特点，缺点是IP的持续性不足，所以健康的联动模式不着眼于短期变现，需要的是持续的创新和维护，就像是迪士尼的"漫威"系列，在半个世纪的岁月里成为一代代人心中的经典。

20世纪50年代起，斯坦·李开始创作《美国队长》等漫威系列漫画作品，后来该系列被制作成动画，这些英雄角色陪伴着无数美国人长大。随着21世纪到来，计算机图像技术的发展让漫画衍生成为现实，于是漫威系列的电影相继被斯坦·李搬上大荧幕，《美国队长》《绿巨人》《蜘蛛侠》《钢铁侠》《金刚狼》《X战警》《复仇者联盟》《银河护卫队》等一系列电影成为每年暑期档热门大作，这些跨越国界的文化作品，再一次在全球年轻一代的心中留下烙印，在新的时代重新焕发经典IP的光芒。

腾讯的《择天记》这个IP模仿的就是漫威系列的做法，如图10-10所示。

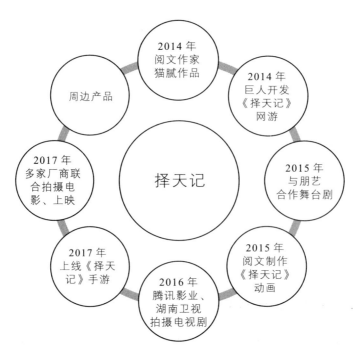

图 10-10 《择天记》IP 全产业拓展

- 2014 年，腾讯旗下的创世中文网著名作家猫腻开始创造《择天记》，受到粉丝热捧，其关注量长期蝉联全网小说排行榜前三。于是，腾讯开始筹划"择天记"IP 的衍生计划。

- 2014 年，在小说连载的同时，腾讯将网游授权给巨人网络，后者于 2014 年末推出《择天记 OL》，但是略显粗糙的游戏质量，并没有让这款游戏大获成功。

- 2015 年，腾讯的阅文集团开始制作《择天记》动画，2015 年推出第一季，2016 年推出第二季，并且在第二季试水付费观看，收获近 5 000 万的播放量。

- 同年，鉴于《盗墓笔记》舞台剧在上海首演一年，票房达 3 500 万元，现场之火爆让人惊讶，腾讯也与朋艺合作，将《择天记》搬上戏剧舞台。

- 2016年，经过两年经验的积累，《择天记》的重磅衍生产品——电视剧、电影和手游被提上议程。在电视剧方面，腾讯影业联合湖南卫视制作《择天记》电视剧，并于2017年搬上荧屏，同期，手游和电影也将上线。

从2014年小说正在火热创作时，腾讯就已经开始了对IP的多元开发。截至2017年5月，"择天记"IP先后以小说、网游、动画、舞台剧、电视剧登场，电影和手游也将于稍后推出。

在早期开发中，巨人开发网游的不成功让腾讯意识到，授权给第三方的作品，如果出现质量问题，对原有IP会造成损害。所以要持续实现IP的商业效益，出发点是要保证每一次衍生开发的产品让粉丝群体满意，让原IP的核心内容得以延续，让原IP的内涵得以丰富。因此，腾讯选择了自己开发2017年即将上线的《择天记》。

到了2018年，腾讯发布了流行IP自制节目的续集，延长了这些IP的生命周期及商业化机会，包括电视剧《鬼吹灯》（第三季）、中国动漫《斗罗大陆》（第二季）及纪录片《风味人间》，此外腾讯还升级了VIP会员计划，为订购者提供不同等级的特权。

2019年将自有IP拓展至不同内容形式，如将网络小说《庆余年》改编为电视剧大获成功。到2020年，得益于流媒体付费模式，腾讯音乐的付费用户也倍速增加。此外，随着微信读书应用被更多人使用，用户也逐渐认同优质收费内容的价值。

不到十年的时间，腾讯的五大支撑平台已然成型，IP的多元联动成效初显。在腾讯的平台上，有可能孵化出中国的"漫威"，到时腾讯也极有可能成长为"互联网的迪士尼。"

10.2.4 开放式平台

3Q 大战之后,腾讯从封闭走向开放,泛娱乐模式的提出意味着腾讯开始打造平台了,而微信的横空出世使得腾讯成为一个开放的互联网平台公司。

在微信出现之前,腾讯只是一家"互联网产品+互联网广告+互联网游戏"公司,微信将腾讯的所有产品和服务进行了连接,建立了一个闭环的强大的生态平台,从而使得腾讯转型成为平台公司,这是腾讯市值迅速提升的关键所在。

微信为用户打造了一个全方位的平台,连接一切。

10.2.4.1 微信是一个社交的平台

图 10-11 微信版本变更及新增重要功能

社交,是微信的出发点。脱胎于 QQ 的微信,是腾讯为移动互联网时代准备的入口。从图 10-11 所示微信版本更迭历史中,可以看出在微信诞生的前三个版本更新的功能,都在服务于社交和通讯。

- 1.0 版本。从模仿通讯录和短信界面入手,展现了替代电话和短信的野心。
- 2.0 版本。开始基于通讯录和 QQ 导入熟人用户,进而通过"查看附近的人"扩展社交定位,从熟人社交到地理位置社交。

- 3.0版本。继续扩展社交定义,"摇一摇""漂流瓶"将用户交往的范围扩展到陌生人。

与此同时,随着多人聊天、语音消息、表情包、实时对讲、视频聊天等通讯功能的开发,微信的即时通讯功能不断增强。

所以,微信通过社交和通讯功能的开发,用多样的社交场景和便捷的沟通选择为用户搭建了一个社会信息流动的平台。

信息交换的基础是什么?是微信爆发式增长的8亿用户。这代表着庞大的社会群体,你也许会有上千个微信朋友,这其中有你生活中的家人、朋友,有工作上的同事、领导,还有事业上的客户。

家人间在微信上分享趣事,在微信上联络感情;同事间在微信上协商工作,接受领导任务;朋友间通过微信保持联系,增进感情;陌生人间通过微信"附近的人""摇一摇""扫一扫"结识成朋友;商家在微信上发布动态,维护客户关系;政府部门在微信上开展便民服务,及时听取民情。

这种社会信息流动就使得微信成为一个社交平台。

10.2.4.2 微信是一个生活的平台

生活需要什么?不外乎"衣、食、住、行、玩"。如图10-12所示,微信虽然自己不做,但在微信平台上,生态圈企业提供各种各样的服务。

打开微信钱包,会发现这些第三方服务覆盖了生活的方方面面。

当需要买点生活必需品,或者买件衣服犒劳一下自己,可以打开京东购物,打开美丽说,还可以选择你信赖的品牌微店;

当需要改善一下伙食,可以从关注的餐饮公众号中得知最近哪儿有优惠,可以从大众点评上看网友们对餐厅的评价,不想下厨的时候,还可以点一份美团外卖,在家偷偷懒。

不只是购物和吃饭,用户生活的所有活动都可以被微信承包。但微信没有自己去做，只是做了一个连接的平台，为用户提供多样化的、便捷的生活服务体验。所以微信是一个生活的平台，提供了一种互联网的生活方式。

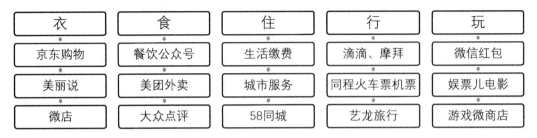

图 10-12　微信 6.0 微信生活服务功能

10.2.4.3　微信是一个媒体的平台

朋友圈和公众号，让微信成为一个媒体的平台。

朋友圈的定位是熟人社交的延伸，是一对多的动态分享。它弥补了一对一聊天的即时性和单一性。在朋友圈里，用户自己就是一个媒体，他向圈子中分享生活，分享人生感悟，分享社会动态。他的朋友就是听众，他们可以互相评论交流。

朋友圈具有特定范围内的个人媒体属性，而公众号就是大众新媒体。通常的媒体形式有纸质媒体、广播电台、电视媒体、网络门户等，它们的特点不尽相同、受众也有所差异。但微信用公众号统一了这一切，又扩展了媒体的内涵。

公众号背后是什么？有个人，有商家，有传统媒体，有公共部门。但在传统媒体形态下，个人和企业要借助传统媒体，才能传递自己的观点。所以公众号扩展了媒体的边界。

公众号前面是谁？是近 10 亿的真实用户，是社会各个阶层，是能力不同的消费者。不管是何种传统媒体，都做不到如此强的覆盖能力和传播范围。

公众号里有什么？这里面有时事新闻、有政府动态、有生活信息、有个人见解、有娱乐八卦、有兴趣圈子。对于个人，公众号是思想展现的舞台；对于企业，公众号是商业宣传的平台；对于政府，公众号是便民服务的工作窗口。这些内容早就超越传统媒体的容量，所以公众号扩展了媒体的内容。

除此以外，微信赋予了公众号更多的新媒体功能。回复评论功能可以让用户和文章作者快速进行想法的互动交流，这点传统的电台、电视，纸质媒体都办不到。所以，微信让新媒体和受众无缝对接、互动交流。

分享功能可以让用户分享自己欣赏的、有帮助的文章，在朋友圈、微信群中实现快速传播。打赏功能可以让用户通过物质性奖励支持优质的公众号运营者，从功能设计上，这些都立足于公众号和粉丝间的良性互动。优质的公众号文章，在微信中会获得大量潜在用户的浏览，获得相应的物质回报。劣质的公众号文章，在微信中用户可以选择举报，运营者会受到相应的警告和惩罚。所以，这是微信在促进媒体质量、传播效果方面做出的努力。

微信建立了公众号的媒体平台，一边延伸了媒体边界，一边扩展了受众群体，在核心的媒体内容上，微信通过持续功能创新，变革了互动体验，加强了传播效果，促进了媒体优质内容的输出。所以，微信更是一个颠覆性的新媒体平台。

10.2.4.4 微信是一个娱乐的平台

微信的娱乐属性，主要体现在微信的游戏平台中。在这个平台上，需求方是游戏用户，供给方是各类手游厂商。为什么国内外手游厂商愿意放弃培育自己的用户群体，将游戏交给微信联合运营？有三点原因：

首先，腾讯在微信中为游戏打造了一个一级入口，与朋友圈的入口在同一个界面。这样做的好处是，巨大的用户流量时时刻刻被导入微信游戏中。吸引如此数量的潜在用户这一点，单靠国内手游厂商的号召力，根本无法做到。

第二点是公平机制，腾讯作为微信游戏平台的裁判，虽然也下场参赛，但在手游产品的竞争上，靠的就是实打实的游戏品质和运营水平。

第三点是微信独有的"社交+游戏"体验。加入微信游戏生态圈后，游戏会获得统一的微信登陆授权、社交体验。微信账号成为用户统一的游戏账号，微信好友成为游戏中的好友，用户可以一键分享自己在游戏中的收获，可以看到好友在游戏中的动态，还可以邀请好友一起加入棋牌等竞技游戏。这种将社交好友关系延续到游戏中，进而加强游戏互动乐趣的体验，只有微信能够做到。

既然微信游戏平台有难以复制的领先优势，为何腾讯不把资源全部留给自己的手游？

因为平台＞游戏厂商。从用户的角度讲，一个平台能让用户在腾讯游戏外同时感受各品牌的游戏大作，满足不同用户多样化的游戏需求。

从腾讯的角度讲，一个平台可以让生态圈的游戏企业建立统一的登录和社交机制，通过建立行业标准对利润区实施战略控制；并且将社交优势转化为游戏平台优势，从而做大平台垄断渠道利润。

这就像复星医药分销平台国药控股和各大医药制造企业的关系，国药控股作为国内最大的药品分销平台，垄断了大部分渠道利润。医药企业有很多，强势的分销平台寥寥无几，在港股上市的国药控股市值千亿，但一百多家医药企业中市值千亿的只有云南白药、恒瑞医药等几家。

所以微信游戏要做一个游戏平台，而不仅是一个游戏开发商。在短短几年间，微信游戏平台凭借强大的流量入口、统一的生态机制和独有的社交游戏优势，已成为国内最大的手游分发平台。

10.2.4.5 微信是一个金融的平台

为什么说微信是一个金融平台？因为有微信支付。微信支付作为第三方支付，在微信金融平台上，连接了用户、公众号、生态圈企业、线下商家。

用户之间的经济往来，可以在聊天界面通过转账、红包等产品功能快速完成，微信为用户带来便捷的交易与沟通；

用户有衣食住行等生活需求，不仅可以在线上的互联网商家用微信支付购物，在线下的实体商户消费时，也可以通过微信支付一键支付，并且通过"支付+会员"的创新功能关注品牌动态；

不止于衣食住行等行业商家，各行各业都可以借助微信实现智慧解决方案。比如水、电、燃气等公共部门，就可以通过微信实现用户自助查询、报数、缴费、预约、报修、咨询等公共服务，这相当于将实体营业部搬到了用户的微信上，创新智慧高效的生活体验，也为传统行业带来价值升级。

微信支付就是金融平台的连接器，它连接线上线下，连接消费者和商家，连接社会经济流动，构筑起金融的基础设施。

当微信支付为用户打造出基础设施，当线下商家加入微信服务体系，当线上电商支持微信支付，当生态圈企业打开支付接口，当公共部门创新服务体验，所有的社会经济活动，都可以在微信的平台上顺畅运行。

社交、生活、媒体、娱乐、金融密不可分，聚合在一起就是平台化的微信。腾讯在微信身上找到了平台化的方向和意义，在QQ、文学、动漫、网游等业务上，也开始采取平台化的思路，对自身的基因进行改造。不再执着于自己单干的腾讯，开始建立开放平台，拥抱生态圈企业，喊出在腾讯平台上"连接一切"的口号。

从自己赚钱，到赚大家的钱，到让大家一起赚钱，平台化的腾讯越来越聪明，也越来越受到用户和企业欢迎，市值也来越来越高。

10.2.5 卓越的客户体验驱动可持续价值创造

腾讯的金融科技及企业服务业务2020年的收入达到人民币1 281亿元，

该项增长主要受商业支付因日活跃用户数及人均交易笔数的增加而带来的收入增长所推动，云服务的收入增加亦推动年度收入增长。

10.2.5.1　金融科技

2017年后，腾讯致力于推动支付创新，增加支付使用场景，扩大理财产品组合。2019年，腾讯开始不断加强线下商户的渗透，巩固在移动支付服务领域的领导地位。截至2020年，腾讯的商业支付日均交易笔数超过10亿，月活跃账户超过8亿，月活跃商户超过5 000万。随着在大众市场的业务扩大，腾讯的理财资产保有量同比增长超过50%，客户数量也同比超过1倍。此外，腾讯联营的微众银行在微信内提供小额贷款产品微粒贷，其贷款余额近两年也在迅速增长，且不良贷款比率一直维持在较低的水平。

展望未来，腾讯也将致力于扩大支付的使用场景，为用户提供更多金融科技产品与服务，并持续提升其基础能力及平台的稳定性。

10.2.5.2　腾讯健康

目前腾讯健康已经成为3亿微信用户获取实时疫情数据、线上问诊及AI诊断等服务的重要渠道。此外，腾讯还通过腾讯医典提供可靠及专业的医疗资讯，通过微信及腾讯新闻等多个高流量平台提供疫情相关内容，访问量超过6亿。腾讯健康码已经成为疫情期间最多人使用的健康及出行记录电子凭证。自2020年2月推出以来，健康码已被超过300个县市的9亿用户使用，累计访问量80亿次。腾讯健康将致力满足疫情引起的短期需求，同时在数字化经济下继续提升能力以服务企业的长远需求。

10.3 轻资产运营的财务战略

腾讯是我国最大的互联网企业之一，同时也是我国典型的轻资产企业。轻资产运营作为企业所采取的一种战略发展模式，其表现形式为企业的流动资产占比高而固定资产和存货比例低，且企业重视打造客户资源、品牌价值、产品设计等方面的软实力。腾讯协同了开放平台和技术并购的经营战略与少量固定资产投资、现金管理及低股利分配的财务战略，而这种轻资产运营的财务战略也成为其进行价值创造的重要前提。

基于轻资产运营模式下的腾讯公司财务特征如下：

- 收入主要来源于轻资产业务。从腾讯发布的2020年财务报告可以看出：2020年腾讯累计实现的营业总收入为人民币4 820.64亿元，其中增值服务收入2 642.12亿元，占总收入比例为55%；网络广告收入为人民币8 227.1亿元，占总收入比例为17%；腾讯公司两大主营业务收入占总收入的72%，而这些都属于投入较低的轻资产业务。
- 固定资产占总资产比例低。具体占比情况如表10-1所示，腾讯的固定资产占总资产比例一直控制在较低水平，从2014—2020年，固定资产占比基本控制在5%以下，而在更早的2013年，腾讯的固定资产占比也没有超过10%。

表10-1 腾讯固定资产占比情况（单位：亿元）[①]

项目	2020年	2019年	2018年	2017年	2016年	2015年	2014年	2013年
固定资产	598.43	468.24	350.91	235.97	139	99.73	79.18	86.93
资产总额	13 300	9 539.86	7 235.21	5 546.72	3 958.99	3 068.18	1 711.66	1 072.35
固定资产占比	4.50%	4.91%	4.85%	4.25%	3.51%	3.25%	4.63%	8.11%

① 数据来源：2013—2020年腾讯控股年报。

- 无形资产比例不断上升。具体占比情况如表 10-2 所示，腾讯的无形资产包括经授权网络内容、特许权、商誉、电脑软件及技术等，无形资产占总资产比例从 2013—2020 年都呈现大幅上升的趋势，且在 2014 年超过固定资产，在 2019 年突破 10%，达到 13.51%，远远超过固定资产占比，在 2020 年无形资产占比依旧保持 10% 以上。

表 10-2 腾讯无形资产占比情况（单位：亿元）[①]

项目	2020 年	2019 年	2018 年	2017 年	2016 年	2015 年	2014 年	2013 年
无形资产	1 594.37	1 288.6	566.5	402.66	364.67	134.39	93.04	41.03
资产总额	1 3300	9 539.86	7 235.21	5 546.72	3 958.99	3 068.18	1 711.66	1 072.35
无形资产占比	11.99%	13.51%	7.83%	7.26%	9.21%	4.38%	5.44%	3.83%

- 存货占比低。存货具体占比情况如表 10-3 所示，腾讯的主要产品为虚拟产品，存货基本为电子商务交易所需用品，存货占比极低，自 2014—2020 年，存货占比基本控制在 0.2% 以下，其中 2018 年仅为 0.04%。

表 10-3 腾讯存货占比情况（单位：亿元）[②]

项目	2020 年	2019 年	2018 年	2017 年	2016 年	2015 年	2014 年	2013 年
存货	8.14	7.18	3.24	2.95	2.63	2.22	2.44	13.84
资产总额	1 3300	9 539.86	7 235.21	5 546.72	3 958.99	3 068.18	1 711.66	1 072.35
存货占比	0.06%	0.08%	0.04%	0.05%	0.07%	0.07%	0.14%	1.29%

- 应收账票占比低；由表 10-4 中可以看出，近八年腾讯应收账票占总

[①] 数据来源：2013—2020 年腾讯控股年报。
[②] 数据来源：2013—2020 年腾讯控股年报。

资产比例均在 4% 以下,且波动幅度小。

表 10-4　腾讯应收账票占比情况(单位:亿元)[①]

项目	2020 年	2019 年	2018 年	2017 年	2016 年	2015 年	2014 年	2013 年
应收账票	449.81	358.39	284.27	165.49	101.52	70.61	45.88	29.55
资产总额	13 300	9 539.86	7 235.21	5 546.72	3 958.99	3 068.18	1 711.66	1 072.35
应收账票占比	3.38%	3.76%	3.93%	2.98%	2.56%	2.30%	2.68%	2.76%

- 充足的货币资金。从表 10-5 中可以看出,近八年腾讯的现金储备占总资产比例保持在 15% 以上。其中,2013—2018 年,腾讯的现金及现金等价物占比均在 20% 以上。

表 10-5　腾讯货币资金占比情况(单位:亿元)[②]

项目	2020 年	2019 年	2018 年	2017 年	2016 年	2015 年	2014 年	2013 年
货币资金	2 212.85	1 799.02	1 607.32	1 424.21	1 222.22	807.69	535.11	398.51
资产总额	13 300	9 539.86	7 235.21	5 546.72	3 958.99	3 068.18	1 711.66	1 072.35
货币资金占比	16.64%	18.86%	22.22%	25.68%	30.87%	26.32%	31.26%	37.16%

在轻资产运营的财务战略下,腾讯的价值创造主要有以下几条路径:

第一,腾讯先后搭建的以业务开放、流量开放、平台开放为不同目标的第三方平台,使供应商端、自主开发端和客户端的价值链得以无缝衔接,增强用户粘性的同时,能超前整合业务资源,进而成功建立起开放生态平台的商业模式,拓展了盈利空间。

第二,固定资产占比低、充足的营运资本能在极大的程度上降低腾讯的运营风险和战略风险,提高了战略灵活度。

---

① 数据来源:2013—2020 年腾讯控股年报。
② 数据来源:2013—2020 年腾讯控股年报。

第三，大量的现金储备及充裕的自由现金流保证了腾讯投资活动顺利进行，实现了对研发能力的补充以及对新兴产业的布局，契合了轻资产运营模式下利用长期积累的资源和技术优势促成产业协同化以创造独特竞争能力与企业财务绩效的理念。

第四，高留存利润、低股利分配政策，满足了内源融资需求。

10.4 良好的公司治理

每个企业之所以能发展壮大并且获得长远的发展，都与企业自身的治理能力存在很大的关系。良好的公司治理不但可以保证公司的可持续发展，同时也可以提高股东价值。

10.4.1 多元化股权结构

1999—2000年，马化腾创立腾讯初见成效时，急需资金购买服务器以及支付员工的开支，准备寻找国外风险投资，IDG和盈科数码以各占腾讯20%的股份为代价向腾讯投资了220万美元，马化腾及其团队各持股60%。

2001年香港盈科以1 260万美元的价格将其所持腾讯股权出售给了米拉德国际控股集团公司（MIH），以110万美元的投资在不到1年的时间里获得了1 000余万美元的回报已经堪称奇迹，但事实证明盈科还是低估了腾讯的成长潜力。

MIH从盈科手中购得20%腾讯股权的同时，还从IDG手中收购了13%的腾讯控股，此后，2002年，腾讯控股其他主要创始人又将自己持有的13.5%的股份出让给MIH，腾讯的股权结构由此变为创业者占46.3%、MIH

占 46.5%、IDG 占 7.2%。

直到 2003 年 8 月，马化腾及其团队才将 IDG 所持剩余股份悉数赎回，并从 MIH 手中回购少量股权，最终形成上市前 MIH 与马化腾及其团队分别持股 50% 的股权结构。

目前，MIH 虽然依然是腾讯的大股东，但不直接干涉腾讯集团日常管理，而是向董事会派驻非执行董事，表现出市场化投资人的公司治理风格。

10.4.2　高效的管理层

阿里有自己的"十八罗汉"，其实腾讯之前也有自己的"腾讯五虎"，分别是马化腾、张志东、曾李青、陈一丹、许晨晔，其中曾李青在 2007 年离职腾讯创业去了。虽然最初的腾讯五虎人员有了变动，但随着腾讯的不断发展，管理队伍也是越来越大，最终发展成为现在的企业发展事业群、云与智慧产业事业群、互动娱乐事业群、平台与内容事业群、技术工程事业群、微信事业群共六大事业群。

腾讯的董事会及高级管理层明确其有责任代表股东的利益行事及提升股东价值。作为腾讯控股董事局主席兼首席执行官（CEO），马化腾对腾讯控股决策权松弛有度的把握亦增加了投资者对其治理能力的信赖。

腾讯现任执行董事兼总裁刘炽平 2005 年加入腾讯，负责公司战略、投资、并购和投资者关系方面的工作；于 2006 年升任总裁，负责管理公司日常营运。2007 年，被任命为董事会执行董事。

现任首席技术官（CTO）为张志东，张志东也是腾讯的主要创办人之一，从 2014 年起开始担任腾讯终身荣誉顾问，和腾讯学院院长职务。

首席信息官（CIO）许晨晔，也是腾讯的主要创办人之一，现在负责腾讯的信息系统和客户关系策略的规划和发展工作。

而首席财务官（CFO）罗硕瀚 2004 年就加入了腾讯，2008 年开始担任腾讯的 CFO。

首席战略官（CSO）为 James Mitchell，他同时还担任集团高级执行副总裁。James Mitchell 在 2011 年加入腾讯，负责公司的战略规划及投资者关系管理，毕业于牛津大学，加入腾讯之前是高盛纽约分部的董事总经理。

首席运营官（COO）任宇昕，同时兼互动娱乐事业群总裁、移动互联网事业群总裁、网络媒体事业群总裁。任宇昕自 2000 年加入腾讯，算来也有年头了，之前是在华为工作。

首席探索官（CXO）网大为，集团高级执行副总裁，负责腾讯国际化和新兴技术探索领域的发展。

除此之外，腾讯还有郭凯天、奚丹等副总裁和一群优质的顾问团队，至此，腾讯通过多元化股权结构、高效规范的董事会和高素质的高级管理团队致力于达到与维持完善的公司治理结构。

10.5 以内在价值为基础的市场价值实现

10.5.1 3Q 大战：战略转折点

3Q 大战中腾讯所采取的行为，首先是运用法律武器起诉 360，其次动员用户力量，最后是牵头其他企业组成联盟。从市值管理的角度看，腾讯这些应对收效甚微，4R 关系管理一个都没有做好。

- 腾讯忽视了媒体关系。在危机事件中，部分媒体对腾讯口诛笔伐，引领了事件舆论走向。所以正确的做法是，从一开始就要做好媒体关系的管理，建立媒体关系管理体系，与重要媒体保持友好沟通和交流，适度控制媒体舆论的风向。

- 腾讯忽视了投资者和分析师关系。当时腾讯宣布 QQ 将在装有 360 的电脑上停止工作，这出乎投资者和分析师的预期，资本市场立刻以暴跌回应。正确的做法是在重大决定前做好信息披露，管理好投资者和分析师的心理预期，使股价平稳过渡。

- 腾讯忽视了监管者关系。整个事件最后以监管者调停尴尬收场，对于政府和网络监管者而言，腾讯和 360 都是这次事件的始作俑者，是未来监管的重点对象，这无疑给腾讯未来发展带来不良影响。正确的做法是腾讯在危机公关的关键问题上要及时与政府和网络监管者沟通，在进行决策时增加对社会影响的考虑。

- 腾讯还忽视了股东的利益。2011 年年中时，事态还未升级，腾讯市值已接近 3 800 亿元人民币，随着下半年事件不断发酵，腾讯市值大幅下滑，到年末时仅剩下 2 500 亿元，短短半年，市值蒸发近 40%。

如果在危机公关时对 4R 关系管理足够重视，腾讯就不会输了民心，输了场面，最后还在资本市场摔了跟头。

10.5.2 腾讯的 4R 管理

3Q 大战后，腾讯开始反思其危机管理有什么问题，应该怎么做。

此后的腾讯不断加强投资者关系管理，运用金融、沟通和市场营销等手段，与现有及潜在投资者进行有效交流，主动展示公司经营状况和发展前景，减少信息不对称，实现了公司与投资者价值均衡化。

2012 年 3 月，腾讯董事采纳股东通讯政策，以确保本公司股东及其他利益相关者可取得即时、平等、定期及适时的重大讯息，与股东保持持续对话，并协助股东在知情情况下行使其权力，同时透过股东大会或其他适当方式让本公司股东及其他利益相关者与公司加强沟通。

腾讯使用多个正式途径向股东交代本集团的业绩表现及业务，并每季度向股东报告。董事会办公室及投资者关系部（Company Secretarial Department/Investor Relations Department）会回复股东和投资者有关各种问题的函件、电邮或电话查询。

路演方面，腾讯集团管理层成员会分别就各季度业绩、中期业绩、全年业绩在中国香港、美国、欧洲、新加坡、韩国等地进行路演，详细介绍公司的产品、发展方向等，并回答投资者关心的问题。

此外，腾讯集团还聘请了花旗、高盛、摩根士丹利等十多家全球知名金融机构的证券分析师负责公司的股票分析，增强了投资者对公司价值的认可。

在信息披露方面，腾讯集团在其官网及相关微信公众账号等多媒体向投资者及时传递公司业务发展、业绩报告、历史运营数据等信息。腾讯集团每年举办业绩发布的电话会议，由多名高管主持并回顾期内业务表现和财务状况，讨论公司未来发展。腾讯控股董事会办公室和投资者关系部也会随时对股东及投资者有关各种问题的函件、电邮或电话查询进行回复。

10.6 金融布局逻辑

腾讯在金融的布局是低调和谨慎的。目前主要是集中精力做好第三方支付和理财通，这主要是服务于微信平台的。在其他方面，腾讯的目的重在金融全牌照的布局。我们将中国平安和阿里巴巴作为腾讯的对标公司，对腾讯的金融布局逻辑和发展轨迹进行分析，如表10-6所示。

表 10-6　腾讯、中国平安、阿里巴巴的金融布局

金融牌照/企业	阿里巴巴	腾讯	中国平安
第三方支付	支付宝	微信支付、财付通	平安付
银行	浙江网商银行	微众银行	平安银行
证券	德邦证券	富途证券	平安证券
保险	众安保险	众安保险、和泰人寿	平安保险
征信	芝麻信用	腾讯征信	前海征信
小贷	蚂蚁小贷	微粒贷、投资人人贷	平安普惠
基金	天弘基金	好买基金	平安大华
理财	余额宝	理财通	陆金所
众筹	蚂蚁达客、淘宝众筹	腾讯乐捐	平安众+
其他	恒生电子、招财宝		平安信托、资产管理

10.6.1　阿里、腾讯和平安三家金融业务的发展轨迹不同

中国平安自90年代起，成立平安保险和平安证券，后通过收购福建亚洲银行、控股深圳发展银行从而发展起平安银行。以平安保险、证券和银行为核心业务拓展综合金融服务。2012年后，中国平安成立陆金所，开始了互联网金融的布局。

阿里巴巴业务起始于电子商务，最早的支付宝是服务于电子商务的第三方支付工具。在10多年的发展中，支付宝通过产品创新成为金融的基础设施，显示出巨大的潜力。支付宝也由一个第三方支付工具演变为蚂蚁金服，成为综合金融服务平台。

腾讯早期的金融发展也带有相似特点，最早的财付通和支付宝一样，服务于腾讯的QQ网购、拍拍网等电子商务业务。后来，随着微信的商业化，社

交和生活属性的微信支付应运而生。和阿里相同的是，第三方支付工具是腾讯金融布局的核心载体。

在其他的金融业务布局上，由于阿里电子商务的产业属性，芝麻信用、网商银行、蚂蚁小贷、余额宝等功能起到互相支持的作用，所以发展迅速。但腾讯在第三方支付外的其他金融领域，与目前的社交娱乐布局联系较弱，类似微众银行、腾讯征信、微粒贷等产品仍处在培育阶段。所以，如何把零散的金融布局更好地整合在一起，还是任重道远。

10.6.2 资产规模和盈利能力

从资产规模、盈利能力上看，从高到低，依次为平安、阿里和腾讯。2020年，平安集团的总收入达12 183亿元人民币，净利润达1 431亿元，在三者中占有绝对优势。从市值上看，平安集团在上海和香港分别上市，市值总计达2.6万亿元人民币。蚂蚁金服于2020年拟IPO时，市场估值已达1.4万亿美元。而腾讯金融并没有分拆成独立的公司进行发展，其仍处于腾讯内部，也未单独披露收益，所以估值无法衡量。

10.6.3 战略地位

从战略上看，平安以综合金融+互联网为发展主线，阿里的蚂蚁金服已成为电子商务外的第二跑道。金融都是两家企业的战略最核心。

如图10-13，可以看出腾讯对互联网金融的布局并不是全面出击，而是有所取舍。现阶段，以QQ钱包和微信支付代表的移动支付平台和理财通代表的理财平台是腾讯的发展重点，这也是和腾讯移动社交联系紧密的两大业务。

比如移动支付，腾讯设立了商业拓展和企业方案两大中心，与线上线下的支付合作商业拓展，生活化支付场景的应用、商业接入管理的技术支持、建设运营和合作开放等。所以从目前来看，腾讯的金融布局虽然全面，但其真正在意的，是契合社交化、平台化、开放化和连接性的金融应用。

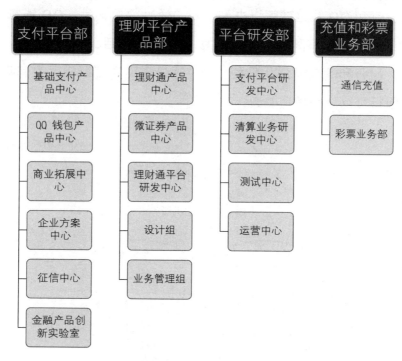

图 10-13　腾讯支付基础平台和金融应用线

10.7　腾讯的产融结合模式

事实上，腾讯和阿里的消费者金融的产融结合模式类似，因为腾讯具有中国最大的社交群体用户，包含了各年龄段、各阶层、各职业、各消费习惯的庞大用户群体。

在腾讯"连接一切"的战略目标下，腾讯的产融结合模式可以按照

图 10-14 所示理解：

第一，金融业务是腾讯"连接一切"最重要的中间介质。"连接一切"的金融手段就是第三方支付，不论用户采取何种行为，只要涉及资金的流出流入，微信支付和 QQ 钱包就可以办到。用户通过微信支付、QQ 钱包可以连接线上购物、数字内容订购和娱乐增值服务等线上生活，也可以连接线下的餐饮、超市、出行和医院等公共服务。用户通过理财通可以满足家庭理财需求，通过微众银行可以满足资金融通。

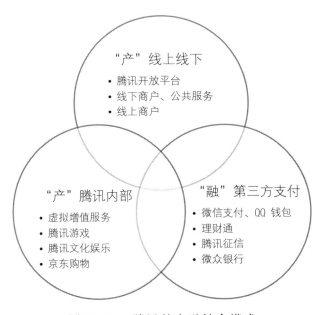

图 10-14　腾讯的产融结合模式

第二，狭义的"产"，指腾讯内部业务，主要是内容服务和虚拟道具。内容服务包括腾讯视频、腾讯文学、腾讯体育、QQ 音乐等的包月、包季、包年的订购套餐，虚拟道具包括腾讯游戏、QQ 会员、QQ 秀等。这些聚焦于线上的内容和数字消费，依赖于"融"的手段统一完成最后的变现。

战略投资的京东也作为线上消费的主体，腾讯为其打开了微信和 QQ 的入口，利用"融"的方式连接到腾讯自己的生态圈体系。相类似的还有美团外卖、58同城、大众点评、滴滴出行和艺龙旅行等生活服务类线上渠道。

第三，广义的"产"，指的是所有线上线下产业，这是腾讯更大的愿景。为此，在线上，腾讯建立开放平台，将第三方的内容提供商和商户接纳到腾讯的体系中来。在线下，腾讯在餐饮、超市、出行、医院和公共机构推广微信支付，打通线上线下的阻塞。

这些产融结合模式阿里的支付宝都可以实现，但是腾讯的优势就在于更贴近用户的生活。支付宝的用户由电子商务积累而来，他们是网购的消费者。而腾讯的用户由沟通交流、娱乐生活积累而来，这些需求占据了人们生活大部分场景应用。比如微信红包这个产品，就是腾讯产融结合的一个体现，一方面是拜年红包这个具有娱乐需求的虚拟产品，另一方面是微信支付这个金融工具。产品为主，金融为辅，相互结合，既活跃社交气氛，又增加微信支付用户数，培养用户在线支付习惯。

后来，支付宝也跟进了红包功能，但由于社交功能的缺失，支付宝要借助微信、QQ等社交工具实现用户间红包互动的良好体验，导致其只能通过阿里单向的派发红包来积累用户人气。

所以腾讯的产融结合的本质是以社交和生活为核心的金融应用，目前的腾讯产融结合是基于用户共性的金融布局，未来在大数据和信息技术的支撑下，用户将拥有属于自己的个性化金融产品组合，从而更好地服务于每个人的线上线下生活。

虽然在业绩方面，腾讯增长的主要动力是游戏和网络广告，但其实游戏增值服务和网络广告引导的线上线下支付依靠于微信和QQ移动支付。微信的连接性、便捷性和高依附性，让微信金融有潜力承担起用户个人金融平台的角色。这是让阿里一直忌惮的关键原因，不过如今的腾讯金融在支付以外的银行、证券、基金、理财、小贷、征信各方面业务深度都不及阿里。要实现个人金融平台的目标，仍需学习蚂蚁金服，完善金融业务的布局，让金融功能成为微信和QQ的第三大核心。

10.8 从投资到并购

战略投资和并购等多股权市值管理对腾讯业绩和竞争力的提升非常显著，图10-15所示的是2018年前以战略投资和并购为主的腾讯股权结构，显示了腾讯在游戏、O2O、文化娱乐、电子商务、工具软件、汽车交通等行业的战略投资和并购逻辑。

与复星、谷歌等诸多在产融结合上做得比较成功的企业一样，腾讯的战略投资和收购是基于其自身产业战略的，并且是具有产业深度的；每次投资和收购的目的都是基于产业的整合、价值的创造。我们将以腾讯投资或收购Riot Games、Supercell和京东三个案例来剖析腾讯多股权市值管理的特点。

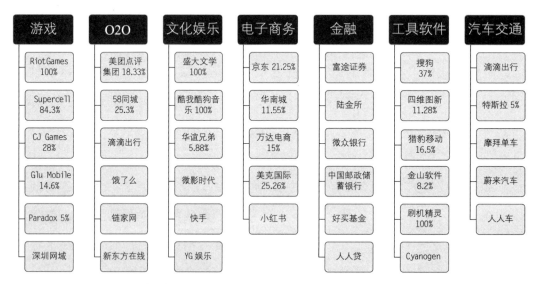

图10-15 2018年前腾讯控股股权结构示意（以并购和战略投资企业为主）

10.8.1 入主 Riot Games，从投资到并购的经典案例

腾讯对 Riot Games 的收购，堪称教科书般经典的从投资到并购的案例。如图 10-16 所示，早在 2008 年，腾讯以 800 万美元领投了 Riot Games 公司，当时《英雄联盟》这款游戏还未开发完成，处在游戏测试的阶段，有趣的是，游戏还未完成，腾讯就已经取得了在中国地区的运营权。

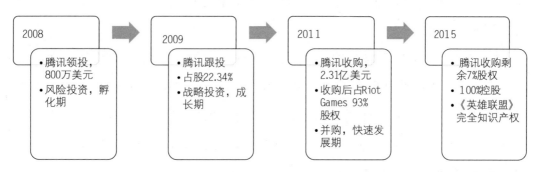

图 10-16　腾讯对 Riot Games 的投资并购历程

2009 年秋季，《英雄联盟》游戏上线。不到 2 个月，同时在线人数达到了 10 万人，随后腾讯进行第二轮投资。此时《英雄联盟》这款游戏刚刚发布，Riot Games 急需资金进行技术改进、游戏更新和团队扩张。对于腾讯来讲，游戏上线两个月的表现展现了《英雄联盟》的未来潜力，作为投资人及合作伙伴，此时对 Riot Games 的继续投资，一方面有助于游戏和团队素质的提升，击败潜在的竞争对手；另一方面有助于稳固合作关系，为该游戏在中国的运营和推广铺平道路。

2010 年，Riot Games 举办了第一届全球总决赛 S1，着手扩大全球的影响力。2011 年，此时《英雄联盟》还未正式引入中国，腾讯便以 2.31 亿美元收购了 Riot Games，拥有了 93% 的股份，这一举动证明了《英雄联盟》在腾讯心目中的地位，短期的风险投资者仅仅是把 Riot Games 作为高额回报的投资对象，而腾讯把这家公司当作了合作伙伴，并且希望其在未来战略中扮演

重要角色。所以 Riot Games 也选择了腾讯。

腾讯在 2011 年的收购获得了极大的成功。当年,《英雄联盟》由腾讯顺利引入中国地区进行测试,开始了这款游戏产品的快速发展期。在随后的几年中,《英雄联盟》成为全球玩家最多、最活跃、收入最高的游戏,并且其牵头的电子竞技赛事受到全球玩家瞩目,在 2015 年的第六届全球总决赛上,中国、北美、欧洲、韩国、东南亚等赛区俱乐部进行角逐,观赛人数达 3 200 万,影响力空前。

2015 年,《英雄联盟》的全球收入达 16.7 亿美元,成为全球游戏收入冠军。同时,《英雄联盟》收入约占腾讯游戏总收入的 20%,在腾讯游戏战略中已成为支柱产品。在这样的成绩下,当年腾讯 2.31 亿美元的并购金额已不值一提。《英雄联盟》超高的投资回报和稳定增长的营收带给腾讯靓丽的财务数据,奠定了腾讯目前的市值基础。

同时,腾讯借助这次并购,在全球游戏产业中树立了优秀的合作伙伴形象,为与国际大游戏厂商合作和运营铺平道路。在游戏产品上,腾讯借此积累了全球游戏产品开发、运营、游戏赛事组织、玩家互动的经验,使腾讯突破国内游戏行业的天花板,开始着眼于全球的游戏市场。

最后,借助这款游戏的全球影响力,腾讯在资本市场得到了世界各地投资者的关注。这促使腾讯的股票交易趋于活跃,市值在 2011 年后稳步提升。

这次并购成功的原因主要有三个:

- 腾讯具有清晰的企业战略。腾讯游戏是腾讯长期的支柱产业,并且要全球化。也正是长远的游戏战略和运营思路契合了 Riot Games 创始人的愿景,成为收购成功的关键。
- 腾讯具有成熟的"投资+并购"分步走策略。从最初投资项目的选择到投后管理,再到决定并购,与其他投资方、创始人协商收购,显示了腾讯在投资上的成熟能力。

- 腾讯具有高效的整合能力。并购之后，腾讯不干涉游戏开发和运营，给予游戏团队信任和自主权，避免了企业文化的冲突。在资源整合上，腾讯将游戏进入中国，将游戏和平台相结合，带动用户数量和活跃度快速提高。这种协同效应，是实现并购后价值增长的关键。

2015 年，腾讯把剩余的 7% 股权也收购了过来，实现了对 Riot Games 100% 的股权收购。腾讯的目的不是独占 Riot Games 的收益，而是着眼于腾讯的"泛娱乐"战略。《英雄联盟》经过了 7 年爆炸式的发展，如今已稳居游戏市场份额第一，同时随着游戏产品和细分行业的成熟，颠覆性创新已难以实现，通过渐进性创新巩固现有的市场份额更为现实。

此外，腾讯在国内的 IP 战略已积累了成功经验，而《英雄联盟》作为腾讯旗下全球影响力最强的 IP，泛娱乐商业模式拓展大有可为。著名游戏公司任天堂的《宠物小精灵》最初也只是一款成功的游戏，之后才开始泛娱乐模式的探索，比如改编为动画、电影，进行周边产品的开发等，都获得了佳绩。而在 2016 年，由任天堂和 Google 合作的《Pokemon GO》这款虚拟现实游戏，更火热了全球手游市场，带动任天堂股价飙升。由此可见，一个经典的 IP 结合正确的泛娱乐商业模式拓展，可以让产品与时俱进，让 IP 经久不衰，产生持续性的经济收益。

10.8.2 胆大心细，砸出 86 亿美元收购 Supercell

在 2015 年，《英雄联盟》以 16.7 亿美元成为全球收入最高的游戏，排名第二的是 13.45 亿美元的《部落冲突》，这是一款移动手机游戏，它的开发商是芬兰游戏公司 Supercell。

2016 年 6 月，腾讯以 86 亿美元收购 Supercell 84.3% 的股权，成为腾讯并购的最大手笔。相比于 Riot Games 的约 4 亿美元的总收购额，为何

Supercell 具有如此高的估值呢？

Supercell 成立于 2010 年，回顾 7 年的发展历程，早期的 2010 年和 2011 年并不成功，2012 年 Supercell 开始转向移动游戏开发，告别了 PC 端重度网游的模式，开始探索移动手游的创新模式。先后发布了《卡通农场》《部落冲突》《海岛奇兵》和《皇室战争》四款游戏，每一款都是细分行业的创新产品。难以置信的是，4 款游戏背后，Supercell 放弃了 14 款已经开发完成的游戏，因为 Supercell 想做的游戏是具有持续生命力的游戏。在 2016 年，四款游戏的日活跃用户数已经达到 1 亿，《部落冲突》上线四年，仍高居全球游戏收入榜第二。腾讯收购时，Supercell 的估值已达 102 亿美元。促使 Supercell 如此成功的因素主要有以下三点：

- 游戏产品的全球化创新。Supercell 的四款游戏都是全球一个服务器，各个国家、各种语言的用户在一起娱乐，而统一这种多样性的是创新的游戏模式。比如《卡通农场》这款游戏，每个用户经营自己的农场，游戏的设计是基于合作经营、互相帮助的模式，很少有竞争性的游戏设计，给用户轻松、愉快的体验，而这种互助式的游戏设计代替了语言、地域的障碍，成为共通的游戏语言。

- 游戏开发和运营团队的小型化。到 2016 年，Supercell 全球团队总人数不过 200 人，其中 10 人一组为一个微型团队，独立负责各自的游戏开发和运营。一个个小细胞（cell）构成了一个生命体，这就是 Supercell 公司名的寓意。对于游戏开发而言，小团队的优势在于减少了行政命令、上下级控制等中间环节，让小团队中的每个人都富有热情地进行创意开发。

- 积极的试错精神。放弃 14 款作品的原因是它们在地区测试时没有获得玩家一致好评，但不意味着无法盈利。Supercell 把失败当成了成功之母：当某款游戏测试失败以后，整个团队会开香槟庆祝会，分享失败的思考，坦然开始下一个创意产品，正是这种积极试错的精神使得 Supercell 的产品具有持续的生命力。手游行业的竞争残酷，同在芬兰的《愤怒的小鸟》游戏开发商 Rovio 在 Supercell 刚诞生时已火遍全球，可随着游戏热度的下降，经历了效益下降、大裁员、负责人离职等动荡，估值下滑大半。相比于《愤怒的小鸟》，《部落冲突》等游戏展现了持续和旺盛的游戏生命力。

腾讯收购 Supercell 的交易方案如图 10-17 所示，具有以下三个特点：

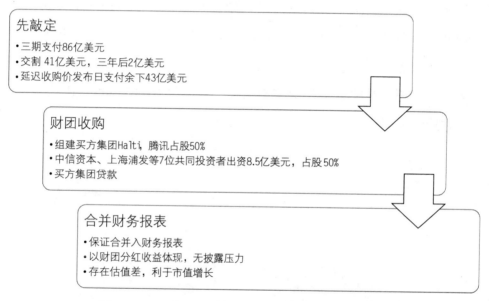

图 10-17　腾讯收购 Supercell 交易方案的特点

首先，腾讯先敲定了收购的方案，组建了收购的集团，再寻找共同投资者出资。同时财团分三期支付收购费用，合理设置了支付期限。

其次，腾讯采用"贷款+杠杆"的形式进行收购，起初财团由腾讯全资，后以 8.5 亿美元出让 50% 股权给另外七家投资方。同时，腾讯在 6 月将五年期贷款规模从 12 亿美元提高到 44.4 亿美元，涉及 20 多家国内外银行。尽管腾讯的现金已能覆盖收购的成本，但"贷款+杠杆"的组合形式能降低腾讯的融资成本和并购风险，使腾讯保持充裕的现金流，寻找新的投资项目。

第三，腾讯承诺将Supercell业绩并表，如果腾讯全资收购，那么Supercell作为腾讯子公司，需要进行详细的披露。而通过引入共同投资者，Halti财团不再是腾讯的附属公司，那么业绩披露时，Supercell的业绩将以通过Halti财团获得分红收益的形式体现。最后，收购Supercell的估值为10倍，而腾讯的市盈率达40倍，并表Supercell会进一步推动腾讯市值上涨。

从5月媒体传出腾讯收购Supercell到6月正式公布收购，再到10月底腾讯宣布收购即将完成，腾讯的股价大幅上扬，如图10-18所示，从低点的约150港元到高点的220港元，涨幅高达46%，市值增长近6 600亿港元，成为亚洲市值最高的公司。因此，标的公司、估值水平、支付方式、融资渠道、风险控制等交易关键环节的正确选择，让腾讯并购Supercell成为并购类市值管理的优秀案例。

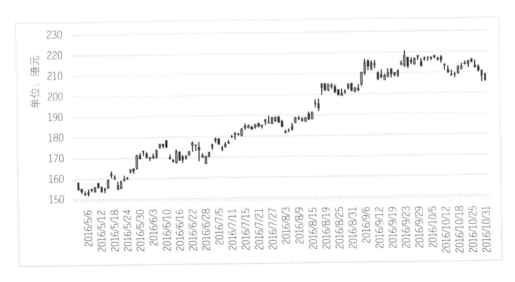

图10-18　腾讯控股2016年5—10月股价走势①

---

① 数据来源：同花顺。

10.8.3 联姻京东,电子商务暗度陈仓

腾讯在发展历程中有两个产品遭遇了滑铁卢,一个是挑战百度的搜索业务,最后以4.48亿美元注资搜狗,将自有搜索引擎搜搜及关联业务并入搜狗,占合并后36.5%的股权。

另一个就是腾讯的电子商务业务。众所周知,马云带领的阿里巴巴和淘宝是国内最大的电子商务企业,占据了行业的大部分份额。腾讯早就想要分一杯羹,先后开辟了QQ网购、拍拍网等电商平台,可是尽管借助了QQ社交平台的流量,业务也并没有起色。

于是2011年,腾讯并购了当时的行业老三"易迅网",这样易迅、拍拍和QQ网购构成了腾讯的电子商务版图。腾讯当时是野心勃勃的,把电子商务的收入在财报中单列出来,与增值服务、网络广告并称为三大战略重心。2012和2013年,腾讯电子商务收入分别为44.3亿和98.0亿人民币,超过了网络广告的收入,但是毛利率远不如游戏和网络广告,如表10-8所示。

表10-8 腾讯控股增值服务、网络广告和电子商务毛利率①

年份	2004	2005	2006	2007	2008	2009	2010	2011	2012	2013	2014	2015	2016
增值服务/%	67.4	70.6	76.7	75	71.6	71.7	69.2	66.9	66	66	67	65	65
网络广告/%	68	69.2	64.8	70.2	74.3	69.1	67.8	60.1	49	45	44	49	43
电子商务/%									5.3	5	6		

从表10-8可以看出,腾讯的电子商务贡献的毛利率低,盈利少。腾讯在反思电子商务战略时,认为腾讯擅长的不是重资产和长产品链的电子商务,而是轻资产和产品链简单的社交和游戏行业,所以果断改变了战略的走向。

2014年,腾讯采取了处理搜索业务的老套路,战略投资京东,把旗下的

---

① 数据来源:2004—2016年腾讯控股年报。

易迅、拍拍和QQ网购都转手给了京东，取得了16%的股权；2016年8月，腾讯增持京东股份，持有21.25%的股权，成为京东的第一大股东。这样，行业的老二老三联合起来，合力挑战老大阿里的地位。

战略投资京东以后，腾讯在QQ和微信中建立京东购物入口，且与QQ和微信账号绑定，创造了"社交电商"的商业模式：QQ和微信提供大量流量和入口，京东利用流量实现商业价值。

2014年，京东在纳斯达克上市，发行价19美元，起初两天股价徘徊在20美元附近。5月27日，北京和上海的微信用户更新后发现微信新增了京东购物的一级入口，当天京东股价上涨14.2%。其股价随后在三个月内上涨至32美元，市值突破400亿美元，如图10-19所示。可以发现，市场对于京东和腾讯的战略合作有积极的正面反应。

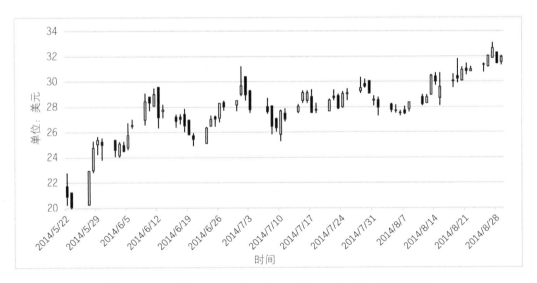

图10-19　京东2014年5月22日—8月29日股价变化

而在其后的两年里，京东披露新增的用户大部分来自于QQ和微信，连接和流量导入的目标在逐步实现。

2015年10月，京东和腾讯联合宣布全新的战略合作"京腾计划"，打造品牌商家入驻京东的全方位营销解决方案。这意味着京东开始直接挑战天猫的服饰和美妆等优势业务，在自营业务上京东的优势也在逐渐扩大。

2017年一季度，在京腾联手的第三年，京东首次实现盈利，净利润达14亿人民币，超过2016年全年，市值逼近600亿美元，大有赶超百度之势。腾讯也凭借3年前与京东的联手，在电子商务领域落下了重要的棋子，上演一出"明修栈道，暗度陈仓"的好戏。

从市值管理的角度分析腾讯的此次战略投资，在投资标的选择、估值、对价和整合方面做得都是比较到位的：

首先，投资决策的选择是正确的。腾讯2014年前电子商务体系处于行业第三，论商业模式，易迅和京东是自营的B2C业务，拍拍网和淘宝是B2C、C2C的平台。但是易迅争不过京东，拍拍争不过淘宝，所以没有市场地位的腾讯电子商务业务面临着被行业淘汰的风险。另一方面，电子商务占用腾讯资源，毛利率又低，所以腾讯选择放弃独自吃不到的蛋糕，和行业第二的京东联合做大蛋糕，将阿里一家独大的格局变成阿里京东两强格局。

其次，估值、交易对价的选择是老道和谨慎的。腾讯对京东的战略投资分为两个阶段[1]，第一阶段，腾讯以"2.14亿美元+QQ网购+拍拍+少量易迅股权[2]"获得15%京东股权；第二阶段在京东首次公开招股时，腾讯额外认购5%的股份。如果以京东的上市价19美元和最高价43.8美元计算，腾讯的股权价值区间在50亿~130亿美元之间；以腾讯2013年电子商务毛利润4.9亿元人民币计算，收益倍数达60~150倍。从财务角度讲，这笔战略投资的回报是非常高的。

第三，战略投资后的整合是成功的。图10-20所示是目前腾讯和京东合

---

[1] 这里指的两个阶段是在京东IPO前，不包括2016年的增持。
[2] 京东获得易迅9.9%的股权，剩余部分腾讯授予京东以8亿元人民币或者双方协商后的公允价中价值最高者收购上海易迅的期权。

作采取的模式，京东得到了腾讯平台的入口、流量和广告营销平台，腾讯补足了微信和QQ便捷购物的功能，提高了网络广告和战略投资的收益。双方的协同效应已显现。

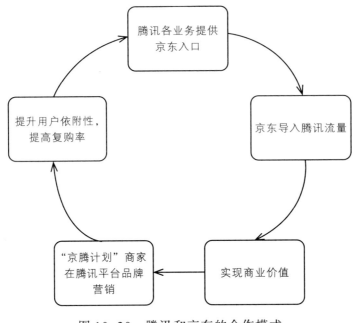

图10-20　腾讯和京东的合作模式

综合腾讯投资或收购Riot Games、Supercell和京东的案例来看，腾讯在标的项目选择、投资方式、投后管理、资源整合等方面的出色能力，在多股权市值管理中起到了关键作用。这三个战略投资和并购项目给腾讯带来了超高的投资回报，体现了2010年后腾讯战略调整的大方向，推动腾讯股价和市值持续上涨。

毫无疑问，腾讯是互联网公司中最好的投资公司，是投资公司中最好的互联网公司！

10.9 腾讯的困局与突围战

10.9.1 腾讯的困局

10.9.1.1 游戏业务遭监管

腾讯投资次数最多的创业赛道分别是：文化娱乐、游戏和企业服务，三大赛道合计占比超过40%。2010—2015年投资收购的主要是游戏，腾讯的游戏业务对利润贡献的比重非常大，腾讯2017年的全年总营收为2 377.6亿人民币，网络游戏业务占了2017年总营收的41.2%。网络游戏与社交网络的毛利润没有分开介绍，但这两项之和占了腾讯2017年总毛利的79.2%。

2018年游戏行业最耳熟能详的词语莫过于"监管"和"版号"二词，客观上造成了游戏的寒冬。在2018年政策监管以及没有获得版号等多重利空因素影响下，腾讯游戏发展进入下行通道。根据我国游戏行业数据显示，2016年上市新游戏1 319款，2017年下降到1 242款，2018年6月游戏备案窗口关闭，造成全年上市新游戏只有510款。腾讯游戏营收从2018年第一季度的287亿元跌至第四季度的241亿元，相比2017年腾讯游戏收入占腾讯总收入的41.17%，2018年到2019年分别下降为33.26%和30.4%，环比增长率也由2017年的38.17%分别下降至6.25%和10.29%。

表10-9　2016—2020年腾讯游戏收入环比增长率[①]

年份	2016年	2017年	2018年	2019年	2020年
腾讯游戏收入	708.44	978.83	1040	1147	1561
占腾讯总收入比重	46.60%	41.17%	33.26%	30.40%	32.38%
环比增长率	25.19%	38.17%	6.25%	10.29%	36.09%

10.9.1.2　云业务起步晚

早在QQ以及QQ空间等王牌产品的高速发展过程中，腾讯历经服务考验，就已经积累了丰富的云经验，打下了坚实的基础，可以说1999年至2010年腾讯云就已初具雏形。2010年2月，腾讯开放平台接入首批应用，腾讯云正式对外提供云服务（包括CDN等）。但是，直到2013年9月，腾讯云（yun.qq.com）才正式向全社会开放。

根据腾讯控股年报显示，包括腾讯云在内的金融科技及企业服务业务2020年的营业收入为人民币1 281亿元，相比于2019年同比增长26%。腾讯控股指出，该项增长主要反映在扩大的用户基础和业务规模推动下，商业支付、理财服务及云服务的收入增长。根据年报，金融科技及企业服务业务2020年的营业成本为918亿元，同比增长24%。而该项增长主要反映因总支付金额增加导致的交易成本上升，以及因云服务业务扩展造成的服务器与频宽的成本增加。值得关注的是，截至2020年，腾讯云业务还没有单独列报营收。

相比于腾讯，亚马逊早在2006年就推出了AWS云计算服务，目前，AWS已经成为亚马逊利润的主要来源，并推动亚马逊市值在二级市场上屡创新高。AWS在2020年全年营收达到了457.3亿美元，折合成人民币约为

[①] 数据来源：2016—2020年腾讯控股年报。

2 995亿元，相比2019年全年，同比增长47%，且全年运营利润高达135.3亿美元。2020年，亚马逊实现营业收入3 860亿美元，净利润213.3亿美元，因此，AWS的利润占总利润的63%。2020年全球云基础设施服务收入为1 290亿美元，按此营收规模，AWS占据了全球35%的云服务市场，可以说，AWS领跑全球云服务市场，成为全球市场当之无愧的老大。

而国内最早提出云计算的公司阿里云创立于2009年，是全球领先的云计算及人工智能科技公司，2017年阿里云实现112亿元营业收入，成为国内首家百亿规模的云计算服务商，并以47.6%市场份额的绝对优势坐稳了中国云市场老大位置。2018年和2019年，阿里云分别实现营业收入213.6亿元、355亿元。到2020年，阿里云营业收入突破500亿，同比增长56.6%，至556亿元。而在细分行业排名中，阿里云在零售、政务、金融等行业也位居市场第一，其中零售和金融行业市场占有率均超过50%。

10.9.1.3 人工智能卡位失败

在动辄融资上亿美元的资金投入之下，目前人工智能已经烧过了第一把火，不仅烧出了一个"All in AI"的百度，还烧出了商汤、旷视、云从、依图等一批产业独角兽，他们中的不少已经在产业落地有所建树，并且还在一路拼命狂奔。

在BAT中，腾讯布局人工智能可以说是最晚的，其最初在人工智能的整体战略布局上也没有百度和阿里清晰。腾讯虽然在语音AI、视觉AI方面都有所投入，但是始终缺少一款标杆性的AI产品。相比于腾讯，亚马逊的Alexa、谷歌的TensorFlow、微软的小冰与小娜、苹果与华为的AI芯片、科大讯飞的语音、甚至百度的DuerOS与Apollo都算在内，无数互联网与科技巨头早已在各大细分领域的AI山头插下了旗子，为自己树立起至少一款标杆性的AI产品。就连阿里都在大张旗鼓地兴办达摩院，搞AI芯片。然而，腾讯直到 2018 年才正式发布 AI 开放平台，在此之前，腾讯主要是靠进入人工智能国家队的医疗 AI "腾讯觅影"才在该领域有资格与亚马逊、谷歌、微软等同台竞技。

除了上述三大问题之外，腾讯还面临着短视频与信息流业务几乎被抖音、今日头条碾压式压制，社交产品增量天花板逼近，技术开发无人牵头且不受重视（没有 CTO），组织结构庞大、部门内耗加剧等种种问题。

2018 年 1 月至 10 月，腾讯的股价遭遇了有史以来最大跌幅，在 10 个月的时间里，股价从最高的 476.6 港元一路下滑到 251.4 港元，跌幅高达 47.25%，股价跌了将近一半。市值从 1 月顶峰的 4.5 万亿港元跌至 2.39 万亿港元，缩水 2.11 万亿港元。

10.9.2 腾讯的突围战

10.9.2.1 从 To C 到 To B 和 To G

腾讯一直以来的强项是"消费互联网"，2018 年遭遇的市值"滑铁卢"让腾讯清醒地意识到 To C 业务已经明显不够了。互联网下半场应该是产业互联网。上半场腾讯通过连接为用户提供优质的服务，下半场腾讯则在此基础上，助力产业与消费者形成更具开放性的新型连接生态。

产业互联网的兴起，其背后的核心就是由云计算、AI 等前沿技术所驱动的产业革命。作为一家以互联网为基础的科技和文化公司，技术是腾讯公司最坚实的底层基础设施，面向 AI 以及即将到来的 5G 时代，腾讯将以技术为驱动引擎，探索社交和内容融合的下一代形态。

- 腾讯云。最近几年，腾讯一直专注于开发定制化行业解决方案，帮助企业加强与用户的联系，助力各行业的数字化升级。作为腾讯 To B

业务的重要出口，腾讯云原属于"以打造娱乐化社交、场景化通讯和云化企业服务"的SNG。截至2019年年底，腾讯的云服务收入已超过170亿元人民币，合作深化，其付费客户也已超过100万。随着供应链的优化及业务规模的扩大，毛利率得到相应的改善，目前腾讯已成功扩大市场份额，并在互联网服务、旅游、民生服务及工业等垂直领域持续拓展业务，并发挥其连接消费者的优势，助力企业进行数字化升级。2020年爆发的新型冠状病毒疫情使得腾讯云相关的项目落地有所延迟，但可以预见，各企业在长期上会更愿意使用云服务以满足远程办公及与客户远程互动的需求。此外，腾讯云也已经投入国际化，其主要驱动力是匹配腾讯客户国际化战略、海外客户的入华需求以及腾讯海外投资企业的需求。目前，腾讯云在全球范围内开放了美国、印度、俄罗斯等25个地理区域，运营着50多个可行区域。

- 企业微信。凭借强大的流量优势，微信进入工作场景已经成了不争的事实。2016年4月，企业微信面世时，仅支持企业通信录、公费电话等沟通功能和公告、考勤等简单的管理功能。2017年，企业微信与企业号合并推出企业微信2.0，并连接了微信支付满足企业收付款需求，API接口和第三方应用也逐渐成熟。2018年，企业微信与微信消息开始互通，并且接入了硬件应用和设备，在与拥有超11亿用户的微信打通之后，企业微信不再仅适用于企业内部办公管理，而是让公司内部与外部实现了互通，这一年马化腾提出腾讯必须成为连接人与人、人与应用、人与设备的"连接器"，可以说企业微信是这个连接器在To B场景中的核心部件。到了2019年，企业微信开始了更多商业变现的探索，中国500强企业有80%都在使用企业微信。企业微信让员工成为企业对外进行客户触达的触点，也帮助企业以商业身份构建社会关系，对外沟通与对内管理协同进行。[①] 因此，腾讯进一步深化微信及企业微信的互通，协助企业进行客户及销售转化，2020年疫情期间有数百万企业通过企业微信顺利恢复办公。

- 腾讯会议。作为腾讯云旗下的一款音频会议产品，腾讯会议于2019年12月上线，具有300人在线会议、全平台一键接入、音视频智能降噪、美颜、背景虚化、锁定会议、屏幕水印等功能。该软件提供实时共享屏幕、支持在线文档协作。为了满足用户日益增长的云上办公需求，腾讯会议也不断对重点功能和服务升级，40天内更新迭代了14个版本。[②]2020年新型冠状病毒疫情暴发进一步体现了远程办公及远程医疗服务的效用，腾讯会议自2019年12月底推出后的两个月内，日活跃数超过1 000万，成为当前国内最多人使用的视频会议专用应用。此外，为助力全球各地抗疫，腾讯会议还紧急研发并上线了国际版应用，短短3个月时间，腾讯会议国际版在全球超过100个国家和地区上线。2020年3月份，腾讯会议宣布开放API接口，无论企业IT、系统集成商还是SaaS服务商，均可轻松适配多种会议场景的需求，同时还支持Android、IOS、Windows、macOS以及Web端平台全覆盖。

10.9.2.2　调整组织结构

从1998年成立至2020年，22年的时间，腾讯经历了三次重大组织变革，分别是2005年的"BU变革"、2012年的"518变革"以及2018年的"930变革"。[③]

---

① 资料来源：国泰君安证券网.企业微信：腾讯究竟有没有To B的基因？.
② 资料来源：百度百科。
③ 资料来源：腾讯控股官网。

2018年，腾讯控股在重重困境下拉开了其史上第三次组织变革的序幕：

- 成立2大事业群："云与智慧产业事业群（CSIG）""平台与内容事业群（PCG）"；云与智慧产业事业群（CSIG）主要分管腾讯云、各类开放平台以及"互联网+"、腾讯地图等业务，相对而言更加to B，面向产业；平台与内容事业群（PCG）则主要包括QQ、QQ空间、浏览器、网络文学影音、腾讯视频、腾讯新闻、天天快报等内容业务。同时，以技术驱动，推动IP跨平台多形态发展，为更多用户创造多样化的优质数字内容体验。
- 撤销3大事业群："移动互联网事业群（MIG）""社交网络事业群（SNG）""网络媒体事业群（OMG）"，将业务分拆进现有的6大业务群组内；
- 原有互动娱乐事业群（IEG）将进行剥离，只保留游戏业务；

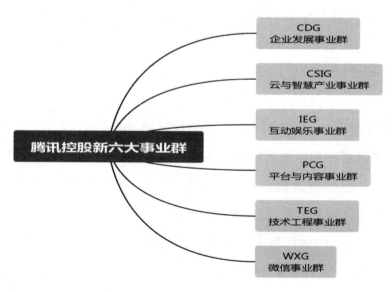

图10-21　腾讯控股新六大事业群

- 原有微信事业群（WXG）、技术工程事业群（TEG）、企业发展事业群（CDG）继续保留。

总的来说，腾讯此次变革的思路有两条：一是抓住产业互联网的机遇，新设 To B 业务，将原本分散于社交、网络等各事业群的 B 端技术与服务相整合，统一对外开辟市场；二是进一步巩固消费互联网基本盘，合并 C 端业务，将所有面向用户的内容相聚合。

10.9.2.3 产业互联网时代的投资和并购

2018 年腾讯控股进行大规模的组织架构调整和业务扩张的目的就是希望以此来激活其 B 端的业务潜力，To B 业务在 2018 年开始成为腾讯的主攻方向，这也成为外界对腾讯的重要期望点，To C~To B 和 To G 的重大转变后，腾讯前途是否能转向光明？

10 年投资超过 700 家企业后，投资并购业务已经被腾讯提至与 CSIG 和 PCG 同样重要的位置，它为腾讯开拓了大量 B 端和 C 端新领域，奠定了外部生态基础。值得注意的是，在腾讯开始第三次战略架构调整的同时，投资相对也发生了变化。

- 2018 年后，腾讯投资除了保持对消费互联网新型消费、头部内容、垂直领域和前沿技术的探索外，更注重对产业互联网各个关键节点的布局：包括智慧零售、智能教育、企业金融、智慧出行、智能制造、智慧城市以及传统产业的信息化等。
- "双百计划"就已公布成功扶持包括微票儿、映客、拼多多 3 家细分领域在内的 100 家优质创业企业，成功孵化社交电商、直播、运动健康、众筹、医美、票务、企业服务、智慧交通、陌生社交、手机回收、工具、知识社区、内容创作、阅读服务等超 20 个移动互联网赛道领跑者。

- 而 TOPIC 基金从 2017 年 11 月发布至今，共投资 50 多家内容创业公司，覆盖游戏、生活、旅游、汽车、二次元、娱乐、体育、文化等 14 个细分垂直赛道，这些公司在腾讯系平台的流量上涨 250%，商业化收入增长了 300%。

- 投资重点方向和投后服务有所"变"：加大对产业互联网的投资布局，强化升级投后服务，助力投资伙伴更好地成长；同时坚守投资理念"不变"：始终与腾讯整体开放平台生态战略保持高度协同，支持优秀创业者，放眼全球持续进行着重长期价值的投资。

目前腾讯在企业服务 To B 领域已重点投资了超过 50 家公司。2018 年之后，数美科技、销售易、法大大、BOSS 直聘、太美医疗、博思软件等等加入腾讯企业服务生态的阵营，目前这个投资名单还在逐步扩大。

突围战的枪声打响后，2018 年，腾讯从毛利率到净利润率都面临一定压力，具体见图 10-22。这一方面在于新业务初期基础设施大规模投入造成的折旧摊销成本过大，而另一方面业务初期由于尚不具备规模优势，成本和费用无法从中稀释。2019 年初两大指标上攻后有所回调，并在 2020 年都呈现出了企稳上升的势头，这意味着，2018 年 To B 业务经过上一个周期的大手笔投入后，从规模和效率上都在发生着明显的变化。而从腾讯整体的财务数据看，To B 业务经过 2018 年以来的大规模扶持和调整，在增长和盈利性方面都得到极大地体现。至此，直到 2018 年底，腾讯的股价也开始回温，到 2020 年底，二级市场上腾讯控股的市值将近翻了一倍。

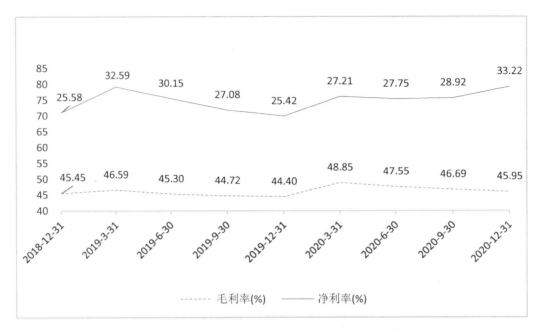

图 10-22　腾讯控股毛利率和净利率走势[①]

10.10　腾讯未来估值与研判

以 2020 年腾讯控股年报公布的数据为基础，按照自由现金流贴现法对腾讯进行估值。根据自由现金流贴现估值法，第一步先对腾讯控股的经营活动进行预测。根据腾讯控股营业收入的增长趋势，假设其营业收入未来 3 年都以 1.3 倍的速度增长，营业成本、营业税金及附加、销售费用、管理费用以同样的幅度增加，得到的结果如表 10-10 所示：

---

① 数据来源：东方财富网。

表 10-10　腾讯控股未来 3 年经营活动预测　单位：亿元（下同）

step1：经营活动预测（单位：万元）下同	未来 1 年	未来 2 年	未来 3 年
营业收入	6 266.83	8 146.88	10 590.95
营业成本	3 386.92	4 402.99	5 723.89
营业税金及附加	0.38	0.48	0.63
销售费用	455.73	574.22	775.20
管理费用	852.08	1 073.61	1 352.75
影响营业利润的其他收入	—	—	—
补贴收入	—	—	—

以 2020 年年报数据为基数得出腾讯控股的资产周转率，即各项经营性资产与营业收入之比，并假设资产周转率保持不变的情况下，得出其未来各项经营性资产的预测值，未来每一年的经营性资产合计与前一年之差就是企业需要融资的数额，结果如下表 10-11 所示：

表 10-11　腾讯控股未来 3 年经营性资产预测

step2：经营性资产预测	各项资产周转率	未来 1 年	未来 2 年	未来 3 年
货币资金	0.41	2 571.90	3 343.47	4 346.51
交易性金融资产	0.01	76.63	99.62	129.50
应收账票	0.08	522.79	679.63	883.52
应收账款	—	—	—	—
预付款项	0.07	468.63	609.22	791.99
其他应收款	—	—	—	—
应收关联公司款	—	—	—	—
应收利息	—	—	—	—

续表

step2：经营性资产预测	各项资产周转率	未来1年	未来2年	未来3年
应收股利	—	—	—	—
存货	0.00	9.46	12.30	15.99
一年内到期的非流动资产	0.00	0.00	0.00	0.00
其他流动资产	0.00	13.17	17.12	22.25
固定资产	0.11	695.53	904.19	1 175.44
在建工程	—	—	—	—
工程物资	—	—	—	—
固定资产清理	—	—	—	—
生产性生物资产	—	—	—	—
油气资产	—	—	—	—
无形资产	0.33	2 040.09	2 652.11	3 447.75
开发支出	—	—	—	—
长期待摊费用	—	—	—	—
经营性资产总计	—	6 398.20	8 317.66	10 812.96
需要融资	—	893.22	1 919.46	2 495.30

同样，以2020年年报数据为基数得出腾讯控股的负债周转率，即各项经营性负债与营业收入之比，并假设负债周转率保持不变的情况下，根据上述预测的未来五年的营收情况，得出其未来各项经营性负债的预测值，未来每一年的经营性负债合计与前一年之差就是企业经营项目可提供的融资，未来每一年需要的融资数额与可提供的融资数额之差就是实际还需要的融资数额，结果如表10-12所示：

表 10-12 腾讯控股未来 3 年经营性负债预测

step3：经营性负债预测	负债周转率	未来 1 年	未来 2 年	未来 3 年
应付票据	0.1744	1 092.87	1 420.73	1 846.95
应付账款	—	—	—	—
预收账款	—	—	—	—
应付职工薪酬	—	—	—	—
应交税费	0.0265	166.01	215.81	280.55
应付利息	—	—	—	—
应付股利	—	—	—	—
其他应付款	0.1007	631.20	820.56	1 066.73
应付关联公司款	—	—	—	—
一年内到期的非流动负债	—	—	—	—
其他流动负债	—	—	—	—
经营性负债合计	—	1 890.07	2 457.10	3 194.23
经营性项目提供的融资	—	263.86	567.02	737.13
实际融资需要	—	629.36	1 352.44	1 758.17

在得到实际的融资需求数额后，将融资数额在股权和短期借款、长期借款之间进行分配，分配的原则依据福莱特股权比例和短期、长期借款的比例进行配比，结果如表 10-13 所示。

在得到未来每年短期、长期借款的总额后减去上一年的数额，并假设实际利率为 0.05，于是得到新增的财务费用，将表 10-1 中的营业收入减去营业成本、税金及费用等进一步得到经营利润，用预测的经营利润减去财务费用，加上投资收益得到息税前利润。

表 10-13 腾讯控股未来 3 年融资需求在股权与借款之间的分配

step4：融资需求解决	未来 1 年	未来 2 年	未来 3 年
股权比例（所有者权益/总资产）	0.58	0.58	0.58
短期借款比例	0.02	0.02	0.02
长期借款比例	0.39	0.39	0.39
股权融资	367.23	789.14	1 025.88
短期借款	15.03	32.29	41.98
长期借款	247.11	531.01	690.31
短、长期借款合计	262.13	563.30	732.29

此外，以 2020 年年报所得税费用占营业收入的比重为依据，得到腾讯控股的实际所得税税率，从而进一步的得到未来 3 年的净利润值，具体如表 10-14 所示：

表 10-14 腾讯控股未来 3 年净利润预测

step5：净利润计算	未来 1 年	未来 2 年	未来 3 年
实际利率	0.05	0.05	0.05
新增财务费用	22.41	15.06	8.45
经营利润	1 571.72	2 095.57	2 738.47
财务费用	13.11	28.17	36.61
投资收益	1 772.80	1 772.80	1 772.80
EBIT	3 331.42	3 840.20	4 474.66
实际所得税税率	−0.1419	−0.1419	−0.1419
净利润	3 804.11	4 385.09	5 109.57

续表

step5：净利润计算	未来 1 年	未来 2 年	未来 3 年
提取盈余公积	380.41	438.51	510.96
股权分配比例	0.5835	0.5835	0.5835
分配股权	2 219.67	2 558.67	2 981.39
新增未分配利润	1 204.03	1 387.92	1 617.22

在上述净利润预测值的基础上，我们进一步的得到腾讯控股未来三年的所有者权益即股东权益的预测值，具体如表 10-15 所示：

表 10-15　腾讯控股未来 3 年股东权益预测

所有者权益 1 轮	2020 年	未来 1 年	未来 2 年	未来 3 年
实收资本	95.95	463.18	1 252.31	2 278.19
资本公积	7 083.96	7 083.96	7 083.96	7 083.96
盈余公积	—	—	—	—
减：库存股	—	—	—	—
未分配利润	—	—	—	—
少数股东权益	740.59	740.59	740.59	740.59
外币报表折算差额	—	—	—	—
归属于母公司股东权益合计	6 995.72	7 547.14	8 336.27	9 362.15
所有者权益 (或股东权益) 合计	7 780.43	8 287.73	9 076.86	10 102.74

在经营性负债、短期借款、长期借款预测值的基础上，假设其他非流动负债等项目均保持同营收增幅相同的比例递增，得到未来 3 年各年的负债合计数，具体如表 10-16 所示：

表 10-16 腾讯控股未来 3 年负债情况初步预测

负债1轮	未来1年	未来2年	未来3年
短期借款	157.45	189.74	231.72
交易性金融负债	49.69	64.59	83.97
应付票据	1 092.87	1 420.73	1 846.95
应付账款	—	—	—
预收账款	—	—	—
应付职工薪酬	—	—	—
应交税费	166.01	215.81	280.55
应付利息	—	—	—
应付股利	—	—	—
其他应付款	631.20	820.56	1 066.73
应付关联公司款	—	—	—
递延收益	1 076.751	1 399.7763	1 819.70919
一年内到期的非流动负债	—	—	—
其他流动负债	72.371	94.0823	122.30699
流动负债合计	3 246.33	4 205.28	5 451.93
长期借款	2 589.13	3 120.14	3 810.45
应付债券	101.98	101.98	101.98
长期应付款	—	—	—
专项应付款	—	—	—
预计非流动负债	—	—	—
递延所得税负债	228.07	323.85	459.87
其他非流动负债	295.13	454.49	699.92
非流动负债合计	3 214.30	4 000.46	5 072.22
负债合计	6 460.63	8 205.75	10 524.15

同样在经营性资产预测值的基础上,假设商誉保持不变,递延所得税资产、其他非流动资产等项目均保持同营收一样的增速,得到未来3年各年的资产合计数,如表10-17所示:

表10-17 腾讯控股未来3年资产情况初步预测

资产1轮	未来1年	未来2年	未来3年
货币资金	2 571.90	3 343.47	4 346.51
交易性金融资产	76.63	99.62	129.50
应收票据	522.79	679.63	883.52
应收账款	0.00	0.00	0.00
预付款项	468.63	609.22	791.99
其他应收款	—	—	—
应收关联公司款	—	—	—
应收利息	—	—	—
应收股利	—	—	—
存货	9.46	12.30	15.99
一年内到期的非流动资产	—	—	—
其他流动资产	13.17	17.12	22.25
流动资产合计	3 662.59	4 761.36	6 189.77
可供出售金融资产	—	—	—
持有至到期投资	4 927.455	6 405.6915	8 327.39895
长期应收款	—	—	—
长期股权投资	3 968.354	5 158.8602	6 706.51826
其他长期投资	—	—	—

续表

资产 1 轮	未来 1 年	未来 2 年	未来 3 年
投资性房地产	—	—	—
固定资产	695.53	904.19	1 175.44
在建工程	—	—	—
工程物资	—	—	—
固定资产清理	—	—	—
生产性生物资产	—	—	—
油气资产	—	—	—
无形资产	2 040.09	2 652.11	3 447.75
开发支出	—	—	—
长期待摊费用	—	—	—
商誉	—	—	—
递延所得税资产	277.52	360.78	469.02
其他非流动资产	644.19	837.45	1,088.68
非流动资产合计	12 553.14	16 319.08	21 214.80
资产总计	16 215.72	21 080.44	27 404.57
1 轮负债+所有者权益	14 748.35	17 282.61	20 626.89
1 轮调增借款	1 467.37	3 797.83	6 777.68

显然，负债与所有者权益初始预测值之和与资产的初始预测值并不相等，根据资产=负债+所有者权益的原则，以等式左右两边的差额对借款或货币资金进行调整。由于总资产大于负债与所有者权益之和，于是调增负债的借款项，经过调整后的负债预测值如表 10-18 所示：

表 10-18 腾讯控股未来 3 年负债预测调整

负债 2 轮	未来 1 年	未来 2 年	未来 3 年
短期借款	241.56	407.45	620.25
交易性金融负债	49.69	64.59	83.97
应付票据	1 092.87	1 420.73	1 846.95
应付账款	—	—	—
预收账款	—	—	—
应付职工薪酬	—	—	—
应交税费	166.01	215.81	280.55
应付利息	—	—	—
应付股利	—	—	—
其他应付款	631.20	820.56	1 066.73
应付关联公司款	—	—	—
递延收益	1 076.751	1 399.7763	1 819.70919
一年内到期的非流动负债	—	—	—
其他流动负债	72.37	94.08	122.31
流动负债合计	3 330.45	4 422.99	5 840.46
长期借款	3 972.38	6 700.26	10 199.60
应付债券	101.98	101.98	101.98
长期应付款	—	—	—
专项应付款	—	—	—
预计非流动负债	—	—	—
递延所得税负债	228.07	323.85	459.87
其他非流动负债	295.13	454.49	699.92
非流动负债合计	4 597.55	7 580.58	11 461.38
负债合计	7 928.00	12 003.58	17 301.83

同时，因对负债中的借款项进行了调整，因此财务费用、净利润等项目也会发生改变，同样对所有者权益进行调整，调整后满足：负债＋所有者权益＝资产的条件。

根据预测的净利润数值，在各年净利润预测值的基础上，对净利润进行调整，减去增加净利润的项目，加上减少净利润的项目，对下表中的各科目进行计算后最终得出经营活动产生的现金流净额如表10-19所示：

表10-19 腾讯控股未来3年经营活动现金流净额预测

step1：预测经营活动现金流净额	未来1年	未来2年	未来3年
净利润	2 691.24	3 016.85	3 409.57
资产减值准备	115.14	115.14	115.14
固定资产折旧、油气资产折耗、生产性物资折旧	507.74	507.74	507.74
无形资产摊销	−245.10	−245.10	−245.10
长期待摊费用摊销	—	—	—
处置固定资产、无形资产和其他长期资产的损失	—	—	—
固定资产报废损失	—	—	—
公允价值变动损失	—	—	—
财务费用	210.70	355.39	540.99
投资损失	−17.65	−17.65	−17.65
递延所得税资产减少	−64.04	−83.26	−108.23
递延所得税负债增加	67.46	95.79	136.02
存货的减少	−1.32	−2.84	−3.69
经营性应收项目的减少	−138.41	−297.43	−386.66
经营性应付项目的增加	263.86	567.02	737.13
其他	—	—	—
经营活动现金流	3 389.62	4 011.65	4 685.26

在经营活动产生的现金流净额的基础上减去资本性支出加上商誉增加和摊销得到未来每年的自由现金流,具体如表10-20:

表10-20 腾讯控股未来3年自由现金流预测

step2:预测自由现金流		未来1年	未来2年	未来3年
经营活动现金流		1 797.27	3 710.21	4 628.68
资本性支出	固定资产增加	97.10	208.66	271.26
	折旧增加	—	—	—
商誉和摊销增加		101.55	121.86	146.23
自由现金流		1 801.72	3 623.41	4 503.65

接下来确定贴现率,贴现率的确定需要计算出其期望收益率即WACC值,根据公式:

WACC= 债权比例 × 债权资本成本 ×(1－所得税率)+ 股权比例 × 股东预期收益率

其中,股东预期收益率根据CAPM模型确定,即:E(RE)=Rf + β(RM-Rf)

计算过程具体如表10-21,最终计算得到贴现率为0.03。

表10-21 腾讯控股估值贴现率确定

step3:确定贴现率				
2020年财务费用	2020年有息负债	2020年股东权益	2020年总资产	2020年总负债
9.3	6 039.99	7 780.43		5 553.82
负债资本成本		股东权益比重	13 334.25	债权比重
0.002		0.583		0.417
2020年5年期国债利率 Rf:4.27%	24个月风险系数 β:1.01	市场年度收益率 Rm:-3.5%	年初恒生指数 28 225.42	
股东预期收益率 0.05			年末恒生指数 27 231.13 27 231.13	

确定贴现率后,将各年的自由现金流预测值进行贴现,未来 3 年后的每一年以 2020 行业平均 ROE6.11% 为永久增长率,并用永续年金法进行贴现,最后得到企业的内在价值,在此基础上减去债务权益和其他剩余索取权后便得到了其权益价值,最终得到其股票内在价值,具体如表 10-22:

表 10-22 腾讯控股估值

step4:估值	未来 1 年	未来 2 年	未来 3 年
自由现金流预测值	1 801.72	3 623.41	4 503.65
贴现率	1.03	1.061	1.093
自由现金流贴现值	1 749.24	3 415.41	4 121.48
预测期自由现金流贴现值总和	9 286.13		
永续年金期间自由现金流的现值(假设以 2020 软件服务行业平均 ROE:7.2% 的增速)	115 459.50		
企业价值	124 745.63		
债务权益	5 553.82		
其他剩余索取权	740.59		
权益价值	118 451.22		
股本	95.95		
股价预测	1 234.51		

根据上表对腾讯控股进行估值的结果可以看出,腾讯控股的市值有望达到 11.8 万亿元左右,相较于目前的 5.7 万亿元市值,差不多有 2 倍的上涨空间。当然这一估值结果只是基于其财务现状的预测,没有考虑宏观环境、政府政策等因素的影响。腾讯控股自身经营状况出现恶化,或宏观环境发生改变,抑或是出现政府政策管制,均会影响其市值的上涨。但从目前腾讯控股的经营情况来看,未来腾讯控股市值翻倍仍然值得期待。

腾讯成功的路径难以复制，但剖析之后，其在发展过程中遵循的核心逻辑、展现的创新能力、提出的战略愿景、运用的资本手段等细节，是可以学习和借鉴的。不积跬步，无以至千里，市值管理和产融结合不是一个技巧，而是一项系统工程。通过腾讯的案例分析，希望能帮助广大创业者和企业家，熟悉并运用市值管理之法，通晓并领悟市值管理之道，助力企业蒸蒸日上、欣欣向荣。

参考文献

[1] 谢风华. 市值管理 [M]. 北京：清华大学出版社，2008.

[2] 马永斌. 公司治理之道：控制权争夺与股权激励 [M]. 北京：清华大学出版社，2013.

[3] 施光耀，刘国芳. 市值管理论 [M]. 北京：北京大学出版社，2008.

[4] 刘国芳. 市值管理：股市新生态内核 [J]. 新理财，2015(1)：39-40.

[5] 毛勇春. 中国资本市场市值管理三个发展阶段 [N]. 上海证券报·中国证券网（上海），2015-11-21.

[6] 蓝天祥，陈阳，刘强，等. 市值的博弈：市值管理理论、实践与探索 [M]. 北京：中国金融出版社，2011.

[7] 毛勇春. 市值管理方略 [M]. 上海：同济大学出版社，2012.

[8] 毛勇春. 市值管理新论——从定性到定量 [M]. 上海：同济大学出版社，2015.

[9] 亚德里安·斯莱沃斯基，等. 发现利润区 [M]. 凌晓东，等，译. 北京：中信出版社，2010.

[10] 亚德里安·斯莱沃斯基，等. 利润模式 [M]. 张星，译. 北京：中信出版

社,2001.

[11] 亚德里安·斯莱沃斯基,等. 价值转移 [M]. 凌郢,译. 北京:中国对外翻译出版公司,1999.

后　记

在 2013 年写作《公司治理之道：控制权争夺与股权激励》时，我就意识到，公司治理不可能单独促进企业成长，只是企业走向资本之道的重要制度保障。因此决定将商业模式、投融资、并购重组、公司治理和股权激励的整合起来研究，从企业创始人的视角寻找一条健康的资本之道。

随着研究和实践的深入，发觉一本书不足以将企业面向资本市场时的关键问题都讲透，于是就决定写作一套丛书"资本之道"来剖析企业创始人如何在"资本+"的时代进行"实业+资本"的转型，将自己的企业打造成一个能够自我进化的伟大企业。丛书共有四本，分别是《公司治理之道：控制权争夺与股权激励》《市值管理与资本实践》《公司控制权安排与争夺》和《公司并购重组与整合》。

随着丛书的陆续出版，我在公司金融领域的研究和实践做到了闭环：从上市前的产融结合第一阶段的商业模式创新、融资、股改（股权结构与股权激励），到上市后产融结合第二阶段的市值管理、并购重组、公司治理。

我给金融硕士、EMBA 和 EDP 学生开设的课程也从"公司治理"拓展到"股权激励与股改设计""公司金融与商业模式创新""公司并购重组""产融结合与市值管理"。但是在一个项目上一般只讲一门课，很多学生听完其中一门课后都纷纷问我可以通过什么渠道听到其他课程。但是，老师只是教学内容的提供者，平台掌握在各个大学和培训机构手里，按常规做法我难以满足众多学生的愿望。

通过近三年的调研和谋划，我决定借助互联网的力量进行破局，推出线上和线下相结合的资本课程。2019 年通过微信公众号"马永斌资本频道"和微信朋友圈针对企业创始人和金融从业人士推出线下深度学习课程"马永斌资本私塾课程"，为期 10 天，课程内容涵盖产融结合第一阶段和第二阶段的所有关键点，将"培训＋顾问＋咨询＋投资"融为一体；2021 推出覆盖并购全流程的四天四夜"并购特训营"；2022 年还将推出一个两天的"估值与价值投资"短期课程。所有课程的招生通过朋友圈、公众号、抖音、快手等互联网渠道完成。力求打造一个深度学习和深度社交的学习资本、实践资本的平台。

本书第一版从 2014 年初开始酝酿，2016 年初开始正式写作，2017 年年中完稿，进展还算顺利。这主要得益于大家的帮助、激励、关爱和支持，对此我一直心存感激，并在此表达我真心的谢意。

首先要感谢妻子丁惠玲女士。多年来一直默默在身后支持着我，为了让我有更多的时间和精力投入教学研究，她承担了家中的大小事务，让我没有后顾之忧。而且在我面临各种压力和挫折的时候，正是妻子的鼓励与支持，我才能一路坚持下来。

其次要感谢已是翩翩少年的儿子马博韬，他的那些不受传统束缚的、脑洞大开的新奇想法，经常给我带来写作的灵感。

衷心感谢康飞宇教授为我创造的良好工作环境，使我可以静下心来，专注地聚焦教学研究实践。感谢康飞宇教授、严继昌教授、王孙禹教授多年来的关爱和提携。

感谢我所任教的各个大学的 EMBA 项目和金融投资 EDP 项目的领导与老

师。正是你们提供的平台使我有机会将市值管理、公司治理、公司并购和公司金融的研究成果与企业家分享，帮助企业家寻找适合自己企业的资本之道。本书已被复旦大学管理学院"资本与并购企业家课程"预约为指定教材。

感谢我的团队，正是大家的共同努力使本书可以高效面世。在第一版写作中，闫佳博士后对分析框架的构建给了很多有益的建议；研究助理高丽娜、陈佳妮和徐稼宇收集了大量的资料，极大地提高了我的研究和写作效率；研究助理刘昱珩完成了对书稿的首次校对。其中，陈佳妮收集并整理了乐视和长园集团的资料；徐稼宇收集并整理了复星的资料，并且对美的、海航和腾讯的案例做了初步的分析。在本版修订中，刘昱珩完成了对爱尔眼科的分析，邱雪妮完成了腾讯的修订，陈佳妮完成了长园集团和乐视网的修订。

本书第 1 版出版于 2018 年 3 月。出版之后，本书受到监管层、上市公司创始人以及金融从业人员的认可，深交所和上交所将本书用作其主办的上市公司相关培训教材，这促使我们与时俱进地对本书就行了修订。

注册制自 2020 年在科创板和创业板实施以来，"A 股美股化"已成为中国资本市场的基本投资逻辑。资金流入头部的大市值公司，而小市值公司的成交量和关注度都很低。100 亿元市值对于上市公司是生死线，300 亿元市值是合格线，而大量 50 亿元以下的小市值公司存在高度的焦虑。我们希望，修订后的本书能够帮助中小市值公司遵循价值创造、价值实现和价值经营的逻辑和方法合理合法合规地进行市值管理，促进上市公司健康成长，早日迈过生死线、越过合格线。

读者对本书如有任何疑问或想对公司金融相关问题进行探讨，请搜索微信公众号"马永斌资本频道"联系我们！

马永斌

2021 年 6 月 10 日于深圳西丽大学城